高等院校学前教育专业教材

幼儿教师口语

You'er Jiaoshi Kouyu

（第3版）

主　编　钱维亚
副主编　吴雪青
编写者　王以棣　吴雪青
　　　　肖曼芸　周国华
　　　　胡　瑛　钱维亚

高等教育出版社·北京

质检

内容提要

本教材从幼儿教师的工作实际出发，针对学前教育对象的特殊性，融基础理论知识学习和基本技能训练于一体，是切实适应特定教育对象、具备学前教育专业特色的口语训练教材。

全书共分三篇，上篇为幼儿教师口语基础，中篇为幼儿教师职业口语，下篇为幼儿教师交际口语。教材的修订遵循"幼儿教师口语"课程的内在逻辑，总体上按循序渐进原则编排内容；紧扣学前教育专业的特点，整体与部分、部分与部分之间体现一种科学的序列；增加数字化资源，为学习者的口语训练提供直观的、可模仿和借鉴的材料。本教材切合学前教育专业和幼儿园的教学实际，具有针对性、实用性、可操作性和时代感。

本教材可作为高等院校学前教育专业本科、专科教材，也可供幼儿教师继续教育使用。

图书在版编目（CIP）数据

幼儿教师口语 / 钱维亚主编 . -- 3 版 . -- 北京：
高等教育出版社，2022.9
ISBN 978-7-04-056315-3

Ⅰ．①幼… Ⅱ．①钱… Ⅲ．①汉语－口语－高等学校
－教材 Ⅳ．①H193.2

中国版本图书馆CIP数据核字(2021)第129848号

策划编辑	刘晓静	责任编辑	刘晓静	封面设计	于 博	版式设计	于 婕
责任校对	吕红颖	责任印制	刁 毅				

出版发行	高等教育出版社		网　址	http://www.hep.edu.cn
社　址	北京市西城区德外大街 4 号			http://www.hep.com.cn
邮政编码	100120		网上订购	http://www.hepmall.com.cn
印　刷	河北鹏盛贤印刷有限公司			http://www.hepmall.com
开　本	787 mm×1092 mm　1/16			http://www.hepmall.cn
印　张	20		版　次	2008 年 5 月第 1 版
字　数	280 千字			2022 年 9 月第 3 版
购书热线	010-58581118		印　次	2022 年 9 月第 1 次印刷
咨询电话	400-810-0598		定　价	42.00 元

前言

《幼儿教师口语》第 1 版自 2008 年出版以来，在教学中深受广大高校师生的喜爱与欢迎，并于 2013 年修订出版了第 2 版，教材的体例和序列都已经比较完整。本次修订调整了教材的编写框架，使篇章结构更加合理，仍旧遵循语言表达训练"由易到难、由浅入深、循序渐进、逐步提高"的原则编写，从幼儿教师的工作实际出发，针对学前教育对象的特殊性，融基础理论知识学习和基本技能训练为一体。

结构调整后，全书分为三篇，共十一章：上篇"幼儿教师口语基础"、中篇"幼儿教师职业口语"、下篇"幼儿教师交际口语"。

本教材针对学前教育专业特色和教育对象的特殊性，基于对幼儿教师口语的内在规律的研究，以培养技能为目标，以训练为手段，以提高学前教育专业学生的口语表达水平为宗旨，努力以现代汉语语音学、应用语言学等基本理论为先导，吸收教育学、心理学、发声学、朗读学、交际学、逻辑学、美学等学科的科研成果，使教材尽量突出科学性、规范性和指导性。

本教材是我们在重点课程建设的基础上，通过多年的实践积累，根据学前教育专业特点和教学需要编写而成的。我们筛选、整理出较为理想的训练材料，并尝试运用各种行之有效的训练方法，借鉴、吸收一些广播学院、戏剧学院等艺术院校发声技能和语言表达技巧训练的方法，紧密结合幼儿园教学实际，通过口语艺术教育的手段，尽量使口语艺术表达训练感性化。教材中深入浅出的基础理论知识阐述、理论和实践相结合的训练原则、生动有趣的训练素材内容、行之有效的训练方法和紧密结合幼儿教育实际的案例等，都将有助于学生开展幼儿教师口语训练并取得较为理想的效果。

修订时，我们对有些比较陈旧、缺乏时代感的训练材料进行了替换，并增加了一些口语表达方面的优秀作品。为了让学习者在口语训练中能更准确地把握作品的感情基调和节奏感，本次修订增加了数字化资源，邀请几位口语表达优秀的教师对部分作品进行诵读。学习者扫描二维码，即能听到作品的音频诵读，获得对作品直观具体的感受，可以通过模仿、借鉴，提高口语训练的效率。

参与第 1 版教材编写的是：第一章第一节、第二节、第三节、第五节中的大部分和第二章第一节由浙江师范大学杭州幼儿师范学院钱维亚撰写，第一章第四节和第五节中的"即兴演讲"由杭州师范大学教师教育学院吴雪青撰写，第二章第二节、第三节由浙江师范大学杭州幼儿师范学院附属幼儿园周国华撰写，第二章第四节、第五节由浙江师范大学杭州幼儿师范学院附属幼儿园胡瑛撰写，第三章由浙江省温州市第三幼儿园肖曼芸、王以棣撰写。全书由钱维亚和吴雪青统稿。

参与第 2 版教材修订工作的有钱维亚、吴雪青、周国华、胡瑛、肖曼芸、王以棣。钱维亚负责全书统稿。

第 3 版教材各章节的分工是：第一章、第二章、第三章、第四章，以及第五章第一节、第六章中的大部分、第七章第一节、第十章第一节由钱维亚修订；第五章第二节、第三节以及第六章第一节中的"即兴演讲"由吴雪青修订；第七章第二节、第八章由周国华修订；第九章、第十章第二节由胡瑛修订；第十一章由肖曼芸、王以棣修订。

本次修订工作由钱维亚、吴雪青负责统稿。赵亚萍（杭州市西湖区教师进修学校）、黄军华（平湖市职业中专学校）、严川川（杭州市省府路小学）为本教材录制了音频资料，在此对他们的辛勤付出和努力表示真挚的感谢。

本教材的建设得到了浙江师范大学杭州幼儿师范学院领导的大力支持，得到了高等教育出版社的大力帮助，在此谨表感谢。高等教育出版社刘晓静编辑对本次修订工作给予了大力支持和具体指导，在此对她表示真挚的感谢！

在本教材的编写和修订过程中，我们参阅了一些相关的教材与专著，得到了很大的启示，并采纳了许多专家学者的观点，在此一并向他们表示诚挚的谢意。我们希望第 3 版教材在学前教育专业"幼儿教师口语"课程的教学中能给予学生更加具体、到位的指导与训练，也希望各位专家、授课教师和广大学生对本教材的进一步完善提出宝贵意见，以求更适应学前教育专业教学的要求。

钱维亚

2022 年 2 月

目录

上篇　　　幼儿教师口语基础

学习提示

　　由于教学对象——幼儿的特殊性，幼儿教师具有较强的口语表达能力就显得尤为重要。通过对发声技能、朗读技能、幼儿文学作品表演技能和说话技能的学习与训练，学习者可以掌握这些技能的基本要领，从而为将来进入幼儿园从事幼儿教师职业打下良好而坚实的口语基础。

第一章 发声技能训练

訓练目标

1. 通过对用气发声、共鸣控制、吐字归音的学习与训练，学会运用正确、科学的方法进行发声。

2. 掌握有控制的胸腹联合呼吸方式，结合"以口腔为主，三腔共鸣"的方式进行口语表达。

3. 吐字归音要求自然清晰、圆润集中、灵活轻巧、饱满有力，尽力达到"字正腔圆"的效果。

第一节 用气发声训练

气息是指人呼吸出入的气流。它是人体发声的原动力，"气乃音之帅""气动则声发"。口语表达中声音的亮度、力度、清晰度，以及音色圆润、甜美、持久与否等，主要取决于气息的控制和呼吸的方式。声音的高低、强弱、长短及共鸣状态与气息的速度、流量、压力的大小有直接的关系。要控制声音、驾驭语言，首先必须学会控制气息。掌握科学的用气发声方法是口语表达的基础与前提。

一、日常生活中的一般呼吸方式

日常生活中的一般呼吸方式，是一种不受主观控制的自然的神经反射活动，是下意识的。它表现为以下几种形式：

1. 胸式呼吸

胸式呼吸又称浅呼吸。人进行胸式呼吸时往往肩膀微耸，颈动脉凸起，吸进的气息拥塞于上胸部，吸气量少，难以控制。为控制气息，人往往束紧喉头，因而造成声音挤压、粗糙、有杂音，并且容易损坏声带。胸式呼吸常见于剧烈运动之后。

2. 腹式呼吸

腹式呼吸又称单纯膈式呼吸。人呼吸时往往腹部外凸，胸廓活动不明显，主要靠膈的收缩或放松，使腹部一起一伏，从而进行呼吸。吸进的气流量少且微弱，不能控制。用这种气息发声往往声音无力，不能持久。腹式呼吸常见于平卧在床时。

3. 胸腹联合呼吸

胸腹联合呼吸又称深呼吸。它是胸、腹两种呼吸方式的结合。呼吸时，由于胸、腹同时进行，吸入的气流量大，而且有一定的厚度，容易产生较为坚实的音色。胸腹联合呼吸最大的缺陷是气息难以控制，进气快，出气也快，胸部和腹部大起大落，用于口语表达时难以自如地调控。

二、有控制的胸腹联合呼吸方式

有控制的胸腹联合呼吸是口语表达较为理想的方式。它的特点是：吸气量大，能使气息达到理想的深度；控制力强，支持的时间长，通过两肋的展开和小腹的内收拉住呼出的气流。这种呼吸方式可以根据各种感情变化的需要，自如地进行快慢、长短、松紧等多种气息状态的调节，是气息训练的最佳方式。

三、气息训练要领

在进行气息训练时，首先要保持一种积极、振奋、从容的精神状态；全身肌肉相对放松，呼吸器官要舒展自如；肩部放松，脖颈与下巴角度要适中，胸部微向前倾，小腹自然内收。

吸气时，两肋向上、向外提起，口、鼻同时进气，口角向两侧微展，将气吸到肺的底部，膈下降。此时感觉腹部发胀，小腹逐渐收缩。

呼气时，两肋保持一定的控制，小腹保持收缩状态，维持两肋的扩张，同时慢慢收缩腹部肌肉和膈，产生一股压力。随后，将吸入肺部的气息缓缓呼出，随之逐渐放松小腹肌肉。小腹是气息的支点，是控制气息的重要部位。

有控制的胸腹联合呼吸训练要求做到以下几点：

1. 保持稳定的气息压力

一般在吸气之后呼气，开始时气息流量大、压力大，慢慢地流量和压力就会减小。训练时要注意始终保持一定的气息压力，控制住气息的流量和压力，使气息均匀、平稳，避免前强后弱或渐强渐弱的气息状态，以便我们在朗读中根据口语表达的要求进行自如的调整。

2. 保持较长的呼气时间

呼气时尽可能地保持较长的时间，一般不少于 30 s。因为气息保持的时间越长，运用气息发声时就越自如。朗读作品时语句有长有短，结构复杂的长句，需要较长的气息才能保持语句结构的完整性。

四、发声训练要领

声音的好坏直接影响口语表达的效果。人的发声是由于气流振动声带而形成的。声音有真声和假声之分，它们的区别主要在于：用真声发音时，声带处于自然放松的状态，很小的气流就能使声带颤动，发声较省力气；而用假声发音时，必须拉紧声带，气流只能振动声带的边缘部分，于是音调就会升高，发音较吃力。在口语表达中一般都用真声发音，很少用假声发音。优美的声音能给语言的表达增添效果，而干瘪平直、僵硬呆滞的声音则不能给人美感。只有经过严格训练的声音，才能朴实自然、优美动人，才能做到朗读或说话时寓情于声、以声传情，达到声情并茂的效果。

用气发声训练应注意以下几点：

1. 声音要松弛、自然

发声时喉部放松，声带才能振动自如，发出的声音才会自然悦耳。喉部放松，气流通过声带时，发音效率高，较小的气流就能使声带振动，发声省力、轻松。松弛的声音并不是指处于松懈状态没有力度的声音，而是指轻松、舒展、自然、悦耳、毫不造作的声音。这样的松弛才能自然，不给人紧张、吃力、做作、声嘶力竭的感觉。发声时不要提嗓子，也不要挤压嗓子，更不能拔直嗓子喊。

2. 声音要圆润、集中

声音圆润、饱满才能给人美感，声音集中才能洪亮、结实、有力度。要做到声音圆润、集中，发声时必须注意口腔的状态，要打开口腔，提起上腭，使气息畅通；朗读或说话时不故作姿态，不拿腔提调，字音不偏，声音不散，吐字如珠。只有这样，声音的可塑性才强，才能适合表现不同文体、不同风格、不同情感的朗读作品。单一的声音会使作品单调乏味，缺乏艺术的感染力。

五、用气发声训练方法

（1）运用有控制的胸腹联合呼吸方式，慢吸慢呼，要吸得深，呼得慢，呼得匀，呼气时间不少于 30 s。

（2）闻花香：从意念上感觉面前放着一盆鲜花，做深呼吸，将气吸到肺的底部，要吸得深入、自然、柔和。

（3）半打哈欠：不张大嘴巴打哈欠，感受进气的最后一刻与运用有控制的胸腹联合呼吸方式吸气最后一刻的相似之处。

（4）吸气后发单韵母 a，o，e，i，u，ü 音，每次发一个单韵母音，持续的时间越长越好。

（5）吸气后连续数数字、数冬瓜、数葫芦等。

（6）模拟练习：模拟生活中的叹息声——唉；模拟吆喝牲口的声音"yu——"；模拟吹掉桌上的尘土，或撮起双唇吹响空瓶。练习时喉部要放松，气息要缓慢而均匀。

（7）喊人练习：以发音响亮的音节组成人名，由近渐远或由远渐近地喊。声音要洪亮，力度要适宜，尽量把每一个音节的韵腹拉长。

（8）弹发练习：弹发 hèi，hà，huò，从意念上想象声音从背部送至口腔前部。每发一音，膈弹动一次。

思考与实践

一、口语表达中较为理想的呼吸方式是哪一种？

二、在用气发声训练中要注意哪些问题？

三、练习下列绕口令。

要求：把握好绕口令的气口，语音准确，吐字清晰，语句连贯而流畅，并注意绕口令语言的节奏感。

数 枣 儿

出东门，过大桥，大桥底下一树枣儿。拿着杆子去打枣儿，青的多，红的少。一个枣儿，两个枣儿，三个枣儿，四个枣儿，五个枣儿，六个枣儿，七个枣儿，八个枣儿，九个枣儿，十个枣儿。十个枣儿，九个枣儿，八个枣儿，七个枣儿，六个枣儿，五个枣儿，四个枣儿，三个枣儿，两个枣儿，一个枣儿。这是一个绕口令儿，一口气说完才算好。

练 嘴 皮 儿

进了门儿，倒杯水儿，喝了两口儿运运气儿，顺手儿拿起小唱本儿，唱了一曲儿又一曲儿，练完了嗓子练嘴皮儿。绕口令儿，练字音儿，还有单弦儿牌子曲儿，小快板儿，大鼓词儿，越说越唱越带劲儿。

第二节 共鸣控制训练

共鸣是指发声体之间的共振现象。人体发声的共鸣是指喉部声带发出的声音，经过声道共鸣器官时引起共振而扩大，从而变得响亮、圆润，形成各种不同的音色。有共鸣的声音传得远，具有一定的穿透力，而且可塑性比较强。发声时借助共鸣器官，可以达到扩大音量、美化音色的作用。

人体的共鸣器官主要有胸腔、口腔、鼻腔等。不同的共鸣器官由于位置不同，对发声也起着不同的作用。胸腔共鸣能使声音浑厚、洪亮，口腔共鸣能使声音结实、明亮，鼻腔共鸣能使声音高亢、明丽。在口语表达中，最为理想的共鸣方式是"以口腔为主，三腔共鸣"的方式，这种共鸣方式在发声中能达到最佳的表达效果。

一、共鸣控制训练要领

掌握发音的总体感觉：气息下沉，两肋扩张，喉部放松，胸部不僵，声音像一条有弹性的带子，从小腹拉出垂直向上，经口咽部向前，沿着上腭中线前行，"挂"于硬腭前部，透出口外，使声音通畅，运行自如。

二、共鸣控制训练方法

（1）用自己感觉最舒服的音高发 6 个单元音——a，o，e，i，u，ü，体会气息上下贯通的共鸣状态。

（2）适当打开后槽牙，使上下牙呈⊃形，从容地发复韵母音——ai，ei，ao，ou，体会声束沿上腭前行，"挂"于硬腭前部的感觉。

（3）发较短促的音——ba，bi，bu，pa，pi，pu，ma，mi，mu，体会声束冲击硬腭前部的感觉。

（4）降低声音发6个单元音——a，o，e，i，u，ü，体会胸腔共鸣的加强；提高声音重发，体会胸腔共鸣的减弱和共鸣位置上移的感觉。

（5）交替发口音 a 和鼻化音 ã，体会软腭升起和下垂的不同状态，以及由此产生的不同声音的变化。

（6）拔音练习：由低拔向最高，发 a，i，u 音，体会共鸣状态的变化。

（7）绕音练习：由低至高呈螺旋形向上发 a，i，u 音；或由高至低呈螺旋形向下发 a，i，u 音。

（8）四声夸张练习：读成语"山—明—水—秀""风—调—雨—顺""青—春—焕—发""乘—风—破—浪"等。练习时要求灵活运用三腔共鸣，学会调节、控制，使声音富有变化。

思考与实践

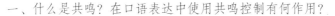

一、什么是共鸣？在口语表达中使用共鸣控制有何作用？

二、在口语表达中最为理想的共鸣方式是哪一种？

三、练习下列绕口令。

要求：打开口腔，以气托声，语音准确，口齿清晰，声音结实、饱满、吐字圆润、集中，语言连贯而富有节奏。

四 和 十

四是四，十是十，十四是十四，四十是四十。谁能说准四、十、十四、四十四，谁来试一试。谁说四十是细席，就打谁四十；谁说十四是涩柿，就打谁十四；谁说四十四是是是是，就打谁四百四十四。

扁担与板凳

扁担长，板凳宽，扁担没有板凳宽，板凳没有扁担长。扁担要绑在板凳上，板凳不让扁担绑在板凳上，扁担偏要绑在板凳上。

报 山 名

山，山，祖国的名山：河北狼牙山，山西太行山，内蒙古阴山，黑龙江黑山，吉林长白山，辽宁千山，山东泰山，江苏紫金山，安徽黄山，浙江雁荡山，江西庐山，福建黄岗山，台湾阿里山，河南嵩山，湖北大巴山，湖南衡山，广东南岭，广西阳朔山，陕西华山，宁夏六盘山，甘肃祁连山，青海昆仑山，新疆天山，四川峨眉山，贵州苗岭山，云南横断山，西藏喜马拉雅山。

四、练习朗诵下列古诗词。

千字文（节选）

[梁]周兴嗣

天地玄黄，宇宙洪荒。

日月盈昃，辰宿列张。

寒来暑往，秋收冬藏。

闰余成岁，律吕调阳。

春夜喜雨

[唐]杜　甫

好雨知时节，当春乃发生。

随风潜入夜，润物细无声。

野径云俱黑，江船火独明。

晓看红湿处，花重锦官城。

☞音频《春夜喜雨》

满　江　红

[宋]岳　飞

怒发冲冠，凭栏处、潇潇雨歇。抬望眼，仰天长啸，壮怀激烈。三十功名尘与土，八千里路云和月。莫等闲、白了少年头，空悲切。

靖康耻，犹未雪。臣子恨，何时灭！驾长车，踏破贺兰山缺。壮志饥餐胡虏肉，笑谈渴饮匈奴血。待从头，收拾旧山河，朝天阙。

第三节　吐字归音训练

"吐字归音"是我国传统说唱艺术理论在咬字方法上运用的一个术语。吐字归音是指把一个音节的发音过程分为出字、立字、归音三个阶段。出字是指声母和韵头的发音过程，立字是指韵腹的发音过程，归音是指音节发音的收尾过程。吐字归音是朗读的重要环节，是一项非常重要的基本功。吐字归音是气息、发声、共鸣作用的归宿，是体现作品内容和思想感情的载体。朗读能否再现作品的内容和情感，关键在于吐字归音是否得当。

一、吐字归音训练要领

1. 咬紧字头，出字有力

出字时，要准确有力。发声母要有"咬"的感觉，并且要"咬紧"。"咬紧"是为了发音准确、清晰，但又要紧而不僵、紧而不滞，发出的声母和韵头要结合紧密，有"弹出"的感觉。咬紧字头的关键是要把握好声母的发音部位和发音方法，使字音喷吐有力，清晰可辨。

2. 发响字腹，立字饱满

立字时，韵腹的发音要圆润饱满、充实集中，要有"拉开""立起来"的感觉。音位、口形必须准确，口腔开合要适度，松紧要适宜。气息要足，共鸣要强。一个音节的声音色彩主要表现在字腹上。

3. 收全字尾，归音完整

归音时，韵尾趋向要鲜明、干净利落。韵腹向韵尾滑动的过程要清晰、流畅，唇、舌、腭的活动要灵活自如，讲求到位收住，既不可拖泥带水留尾巴，也不可唇、舌位置不到家。归音时口腔由开到闭，肌肉由紧渐松，声音由强到弱，字尾要弱收到位，使整个音节发音完整，不念"半截子"字。

吐字归音要求一个音节的发音过程有头有尾，呈"枣核"型。声母、韵头为一端，韵尾为一端，韵腹为核心。音节的两端发音动程小，音长短促；音节的中间发音动程大，音程长。发音时要使每个音节犹如一颗颗珍珠一样圆润饱满，灵活轻巧，流畅自然，从而达到"字正腔圆"的效果。

二、吐字归音训练方法

利用口部操训练口腔的开合与唇、舌、腭的灵活性。要求：口腔的开合要自如，唇、舌、腭要有力度，整个"咬字"器官要有灵活性。

（1）双唇阻住气流，然后突然放开，爆发出 b 或 p 音。

（2）双唇紧闭，用力噘嘴，然后嘴角后拉，交替进行。

（3）双唇紧闭，噘起，上下左右交替进行；或左转 360°，右转 360°，交替进行。

（4）舌尖抵住下齿背，舌中纵线部位用力，用上门齿刮舌面，把嘴撑开。

（5）用力将舌伸出口外，使舌前端呈尖形，向上卷回。

（6）闭上双唇，用舌尖顶内颊左右，交替进行。

（7）闭上双唇，用舌尖在唇齿之间左右环绕，交替进行。

（8）以半打哈欠状打开牙关，提起上腭，使软腭有撑起来的感觉，然后再缓缓闭拢。

一、什么是吐字归音？吐字归音的训练要领是什么？

二、练习下列绕口令。

要求：以气托声，字音饱满，口齿清楚，发音规范，把握气口，语言连贯；唇、舌、腭等发音器官喷吐有力，滑动自如，协调灵活。

发声要领口诀

学好发声辨四声，阴阳上去要分明。部位方法须找准，开齐合撮属口型。双唇班报劈百波，舌尖当地泥楼逗，舌根高狗可耕湖，舌面精尖七减息，翘舌主争池日时，平舌资次早在私。擦音发翻飞分复，送气查柴产彻称。合口呼午枯胡古，开口河坡歌安争，撮口虚学寻徐剧，齐齿衣优摇业英。前鼻恩因烟弯稳，后鼻昂迎中拥生。咬紧字头归字尾，阴阳上去记变声。循序渐进坚持练，不难达到纯和清。

满　天　星

天上看，满天星。地下看，有个坑。坑里看，有盘冰。坑外长着一老松，松上落着一只鹰，鹰下坐着一老僧，僧前点着一盏灯，灯前搁着一部经，墙上钉着一根钉，钉上挂着一张弓。说刮风，就刮风，刮得那男女老少难把眼睛睁。刮散了天上的星，刮平了地下的坑，刮化了坑里的冰，刮倒了坑外的松，刮飞了松上的鹰，刮走了鹰下的僧，刮灭了僧前的灯，刮乱了灯前的经，刮掉了墙上的钉，刮翻了钉上的弓。这就是星散、坑平、冰化、松倒、鹰飞、僧走、灯灭、经乱、钉掉、弓翻的绕口令儿。

子　词　丝

四十四个字和词，组成一首子词丝的绕口词。桃子、李子、梨子、栗子、橘子、柿子、槟子、榛子，栽满院子、村子和寨子。刀子、斧子、锯子、凿子、锤子、刨子、尺子，做出桌子、椅子和箱子。名词、动词、数词、量词、代词、副词、助词、连词，造成语词、诗词和唱词。蚕丝、生丝、热丝、缫丝、染丝、晒丝、纺丝、织丝，自制粗丝、细丝、人造丝。

三、练习朗诵下列古诗词。

蒹葭（节选）

（选自《诗经·秦风》）

蒹葭苍苍，白露为霜。

所谓伊人，在水一方。

溯洄从之，道阻且长。

溯游从之，宛在水中央。

望庐山瀑布

［唐］李　白

日照香炉生紫烟，

遥看瀑布挂前川。

飞流直下三千尺，

疑是银河落九天。

水 调 歌 头

［宋］苏　轼

丙辰中秋，欢饮达旦，大醉，作此篇，兼怀子由。

明月几时有？把酒问青天。不知天上宫阙，今夕是何年。我欲乘风归去，又恐琼楼玉宇，高处不胜寒。起舞弄清影，何似在人间。

转朱阁，低绮户，照无眠。不应有恨，何事长向别时圆？人有悲欢离合，月有阴晴圆缺，此事古难全。但愿人长久，千里共婵娟。

第二章　朗读技能训练

✍ 训练目标

1. 了解朗读的特点和朗读的基本要求。

2. 学习与训练停连、重音、语气、语调、节奏等朗读技巧，能运用这些朗读技巧表达不同的情感。

3. 能独立运用朗读技巧处理文本，使语言作品的表达停连得当，重音突出，语气、语调自然和谐，语言的节奏感鲜明并具有一定的艺术表现力。

第一节　朗读概述

朗读是把文字作品转化为发音规范的有声语言的再创作活动。将书面语言用更能表情达意的有声语言朗读出来，对听者来说将会产生更为强烈的感染力。

朗读学的理论体系揭示了朗读的基本规律："理解是基础，目的是统帅，感受是关键；感情要运动，声音要变化，状态要自如。"[①] 我们在朗读文字作品时，必须遵循朗读的基本规律。也就是说，朗读者要在深入分析、理解文字作品内容的基础上，加强内心的感受，产生真实的感情和鲜明的态度，然后通过富有感染力的声音，准确、清晰、生动地再现文字作品的思想内容，加深听者对作品的理解，激发听者的情感并引起共鸣，从而达到朗读的目的。

一、朗读的特点

1. 声音性

朗读是有声语言的一种形式。它与书面语言的区别就在于它的声音性。同时，朗读和书面语言有着必然的联系，朗读必须依附书面语言，"取他人之所作，由自己所读，为别人所听"[②]。也就是说，用朗读者的口，来代替作者说话。实际上，朗读者在作者和听者之间起媒介或桥梁的作用。

说话和朗诵也是有声语言的表达形式，但它们和朗读有一定的区别。

一个人在说话时，想和说几乎是同步进行的。说话很自由，想说什么就说什么，愿意怎么说就怎么说，说错了可以马上纠正，说得不全面可以补充。但朗读不像说话那么自由，朗读必须以文字作品为依据，必须尊重作者，按照原作品一字不差地读。平时我们口语中难免出现的一些毛病，在朗读中是不允许出现的。因此，朗读比说话要精确、严肃。

朗诵虽然也以文字作品为依据，但它毕竟是一种艺术形式，是供观众欣赏的表演艺术。朗诵者除了尽量脱离文字稿外，还必须运用态势语，如眼神、面部表情、手势、形体动作等来帮助表情达意。朗诵作为一种艺术形式，不仅仅是诉诸观众听觉的语言艺术，还是诉诸观众视觉的造型艺术，已接近戏剧表演。而朗诵的这些因素，恰恰是朗读所不必多加考虑的。当然，朗读者可以从朗诵这种艺术形式中汲取大量的营养，从而提高自己的朗读水平。

2. 再造性

文字作品是朗读的依据，它是作者的创作成果。但是文字作品往往无法传达

---

① 张颂.朗读学 [M].北京：北京广播学院出版社，1999：16.
② 张颂.朗读学 [M].北京：北京广播学院出版社，1999：20.

生活语言中的某些语气、语调、语势、语感、抑扬顿挫、轻重缓急、情感上的细微差别等，朗读可以通过有声语言弥补书面语言无法传达的内容，从而使文字作品具有更强烈的感染力。这个过程离不开朗读者的再创作。可以这么说，作者用文字记录生活、反映生活是一种创作，而朗读者把这些记录下来的文字材料用声音形式还原其生活面貌是一种再创作。

3. 规范性

朗读必须使用规范的现代汉民族的共同语——普通话。规范的普通话以北京语音为标准音，以北方话为基础方言，以典范的现代白话文著作为语法规范。它要求从语音到词汇、语法都要正确、标准。朗读要使用规范的普通话，朗读的内容才能为广大听者所接受和理解，使听者获得一定的美感享受。同时，用规范的语言进行朗读，不仅可以提高朗读者的普通话水平，也有利于提高其语言表达能力。

二、朗读的基本要求

要朗读好一篇作品，必须做到：准确清晰、自然流畅、富有感情。

1. 准确清晰

朗读作品时，朗读者必须使用规范的普通话语音，每个音节的声、韵、调发音都要准确到位，吐字清晰，声音响亮。含糊、轻微的声音不易为听者所接受，也不能达到较好的朗读效果。朗读者要忠于原作，不读错字，不丢字，不添字，不改字，不"吃"字（即把字音含糊不清地带过去）。朗读者应该熟悉作品，对于把握不准的字音要勤查字词典，不能胡乱猜测，随意地读。

朗读者还必须特别注意语流音变的问题，如"一"和"不"的变调、上声的变调、轻声词与儿化词、语气词"啊"的音变、多音字的读法、叠字形容词的变调和外来音译词的读法等。在文字作品中，字和词处在一个特定的语言环境中，它们的读音也就相对固定了下来。因此，朗读者应根据字、词在特定语境中的音变规律，准确规范地进行朗读，以免造成听觉上的错误。

2. 自然流畅

文字作品不是字和词的简单排列组合，朗读者自然也不能简单地照字读音。一篇作品中的每一个句子或句群都表示一定的中心语意，朗读者必须围绕其中的语意，在准确、清晰朗读的基础上，将作品表达得自然流畅。要做到自然流畅，朗读者首先要熟悉作品，朗读时语流速度适当，不破词、不破句（即造成前后词语的割裂或句子前后语意的分歧），不重复字句，不随意停顿，不结巴，使前后语句连贯、中心语意突出。朗读者如果仅仅照字读音，不顾及语意，就容易出现停顿、断句不当等问题，这样带给听者的不是一篇完整的作品，而是支离破碎的东西。

3. 富有感情

朗读者是作者与听者之间的桥梁。作者在写作时，或要表达某一种思想情感，或要分析议论某一件事情、某一种观点，或要塑造某一种人物形象，他把自己的爱憎褒贬、喜怒哀乐的情感全都融入作品的字里行间。朗读时，朗读者是作者的代言人，他要把作品中作者的爱憎褒贬、喜怒哀乐通过有声语言传达给听者，富有感情地朗读作品，可以增强作品的表现力，只有发自内心的富有真情实感的朗读，才能引起听者的想象，激发听者的情感，获得听者的共鸣。

朗读时，听者只能从朗读者的有声语言中获得信息、进行思维，因此朗读者必须充分运用朗读的技巧，把作者的意图准确、真实地用有声语言表现出来。如果朗读者处在冷漠的状态中刻板地照字读音，听者会觉得平淡乏味，不能很好地理解作品的内容和内涵。

朗读时，朗读者应在理解作品内涵的基础上，把握好作品的感情基调，突出各种不同体裁作品的特点，恰到好处地表现出发自内心的真实、自然的情感。朗读者应避免故意拿腔拿调，声音忽高忽低，情感过于夸张，这会给人一种虚假、做作的感觉。

三、朗读的作用

在日常生活中，朗读是不可缺少的，如幼儿启蒙，语文教学，念信读报，宣读论文、讲稿，传达文件、报告，法庭宣判，念剧本、歌词，播报新闻，等等。朗读的应用范围相当广泛。

1. 朗读是学好普通话的重要途径

《中华人民共和国宪法》第一章总纲第十九条明确规定："国家推广全国通用的普通话。"在当前我国"大力推行，积极普及，逐步提高"普通话的今天，朗读无疑是学习普通话、达到语言规范化的一条重要途径。朗读必须使用规范的普通话。朗读者要朗读好一篇文字作品，就要解决字词读音的准确性问题，要解决每个音节声母、韵母、声调的发音到位问题，要解决词语的轻声、变调、儿化等语流音变问题。学好普通话、提高普通话语音水平，不是一朝一夕的事情，必须通过循序渐进、持之以恒的口耳训练。朗读是进行普通话口耳训练的一种最佳方法。通过朗读，朗读者可以不断积累普通话语音的规范发音，同时学会如何自如地调控发音器官进行准确发音。所以，朗读是朗读者学好普通话的重要途径。

2. 朗读有利于提高阅读能力

朗读要把书面语言无法表达的内在的感情变化，通过语气、语调的抑扬顿挫、轻重缓急表达得细致入微。它需要朗读者认真领会、准确表达文字作品的词语含义和精神实质。它要求朗读者对文字作品有深入的理解和深刻的感受。同时，加深对文字作品的体味，还可以使朗读者养成认真阅读、深入钻研的好习惯。朗读者在进行朗读再创作的过程中，通过想象、联想活动，把语言符号转换成可观照的形象，从中可获得审美愉悦，陶冶思想情操。

3. 朗读有利于提高语言表达能力

朗读者只有具有一定的语言表现力，才可能把对作品的理解与感受形之于声。朗读一般以别人写的文字作品为依据，朗读的过程正是广泛汲取语言表现力的营养，体会那些名家高手究竟如何以他们的生花妙笔反映生活、表现世界、阐明事理、抒发情感的。这些文字作品被朗读者仔细分析、深入体味并通过有声语言加以表达时，绝不会只是"念字出声"的无思维活动，而是倾注了朗读者自己全部精力和心血的再创作。作品中准确的词语概念、生动的形象描写、严谨的逻辑顺序、巧妙的布局构思、感人的场景描写、优美的韵律配置，都会被吸收、储存，当积累到一定量的时候，朗读者无论在写作还是在说话时，都会自然而然地融合前人的精华，达到表达自如的境地，朗读者的语言表达能力也会潜移默化地得到提高。

思考与实践

一、什么是朗读？它具有哪些特点？

二、朗读的基本要求是什么？

三、朗读训练对我们有些什么作用？

第二节 朗读的准备

朗读把无声的书面语言转化为有声的口头语言，是一种再创作的活动。在这种再创作的过程中，朗读者必须进行认真、充分的准备，即在分析、领会朗读作品的基础上把握作品、具体感受、确定基调。

一、把握作品

朗读者要把握好一篇朗读作品，首先必须学会分析作品。分析作品主要从以下几个方面入手：

（一）字音与字义

理解字词是分析作品的前提。对朗读作品中字词的理解着重表现在字音、字义上，即使是稍有疑惑的字词，朗读者也要认真地查阅字词典，把每个生字、生词弄清楚。朗读是以声音形式将文字作品所表达的事物、阐发的事理、蕴含的情感等传递给听者的，如果字音念得不准确，信息的传递就可能出现错误，使听者莫名其妙、不知所云，甚至会产生误解。

例如，"几个人在狭窄的山间小路上行进，其中一个人落下了。"这句话中的"落"应读成"là"，是指他与前面的人拉开了一段距离。如果读成"luò"，意思就变成这个人从山上掉到山沟里去了。虽然只有一音之差，但它所表达的语意迥然不同。

（二）内容与形式

在弄懂字词之后，朗读者还要把握作品的内容与形式。作品的内容是作者用来表达写作意图的主要材料，包括人物、事件、景物、事例、数据、道理等。一篇文字作品的内容是作者在深入观察生活、广泛搜集材料的基础上，经过精心选择和巧妙安排的，借以表达自己对社会生活的感受和对人类活动的观点与态度。要把作者的感受、观点、态度用有声语言表达出来，朗读者就必须深入研究这些材料，领会并体验这些材料的内涵，熟悉并把握这篇作品的内容，这样，朗读时才能做到心中有数、言之有物。

一切文字作品的内容，都是借助一定的形式来表达的。各种不同的表达形式又有各自的特点。从体裁来看，文字作品有诗歌、散文、小说、童话、寓言等形式；从表达方式来看，文字作品有记叙文、议论文、说明文等形式。各种不同文体的作品，都有各自表达方面的特点，对朗读的要求也不相同。了解文体的形式，把握表达的特点，能使朗读者借助这些形式和特点进行再创作。所以说，朗读是受文字作品内容和形式制约的。

例如，《桂林山水》是一篇优美的写景抒情散文，全文着重描写了桂林的山和漓江的水，体现了"桂林山水甲天下"的美。作者用了许多生动、形象的比喻，描绘了漓江水的静、清、绿和桂林山的奇、秀、险，最后以云雾、绿树、红花作衬托，构成了一幅优美动人的画卷。朗读时，朗读者必须根据作品具体描写的内容，抓住写景散文的特点，将桂林山水的全貌展现给听者。

（三）结构与主题

作品的结构对作品的内容起支撑作用。如果说把握内容与形式仅仅是对一篇作品的总体把握的话，那么把握结构则是对作品的具体剖析。

作品的结构包括段落层次、开头和结尾、过渡和照应等方面。段落层次有纵向递进的，也有横向并列的，这两种形式往往纵横交错，变化出许多样式。对文字作品结构的剖析要学会归并与划分，多层次的自然段可以归并为几个部分，自然段内又可以划分成若干小层次。朗读者要搞清楚语句之间、自然段之间、层次之间是什么关系，它们之间又有什么联系。例如，散文《桂林山水》的结构层次就非常清晰，全文共四个自然段，可分为三个部分：第一部分为第一自然段，总写观赏桂林山水的缘由；第二部分为第二、三自然段，着重描写漓江的水和桂林的山；第三部分为第四自然段，总写漓江的水和桂林的山在云雾迷蒙、绿树红花映衬下所构成的美妙的画卷。第二部分又可分为两个层次：第一层次为第二自然段，着重描写漓江的水；第二自然段又可细分为三个小层次，抓住漓江的水静、清、绿的特点，进行具体生动的描绘。第二层次为第三自然段，着重描写桂林的山；第三自然段也可细分为三个小层次，抓住桂林的山奇、秀、险的特点，进行具体形象的刻画。通过对一篇文字作品的结构进行剖析，作者的思路和语脉就非常清晰地呈现出来了，有利于朗读者更好地体会与把握作品。

开头和结尾、过渡和照应，是作者在写作时非常重视的。开头和结尾是作品的有机组成部分，具有很强的表达作用。过渡和照应则是行文中巧制密缝的重要方面，它能使文章前后的内容融为一体。朗读者在朗读前要认真领会和把握这些方面，这也是成功朗读不可或缺的一个环节。

主题是指作品的基本思想和作者的写作意图，也就是中心思想。主题是作品内容的集中和升华，它表达了作者的观点、态度、情感，是文字作品的灵魂；它统率、支配着文字作品的一切，成为统领全篇的基本线索。

作品的主题是通过内容来体现的，所以，主题必须从内容中概括出来。概括主题要具体、确切，不可笼统空泛。例如，《桂林山水》这篇散文通过对桂林山水具体、生动、形象又充满诗情画意的描绘，展现了桂林山水优美动人的全貌，表达了作者对祖国河山的热爱、赞美之情。我们只有准确地把握作品的主题，表达才有依据，朗读才有灵魂。

（四）重点与背景

文字作品的重点是指那些最集中、最典型地表现主题思想的部分，或最有力、最生动地体现写作意图的地方，或最强烈、最浓重地抒发情感的地方，也就是最能打动人、感染人的地方。作者往往在这些地方花的笔墨最多，是文字作品的精华所在。重点包括重点部分、重点段落、重点层次、重点语句、重点词组或词。重点显示了各个片段之间的内在联系，体现了作品的创作目的，因此，朗读者在朗读时应着重对其进行渲染。

一般说来，文字作品重点的分布有两种情况：一是重点集中在一两个段落或层次中间，这些重点就比较容易把握。例如，散文《桂林山水》的重点应在第二、三自然段，它着重描绘了桂林山水的美。二是重点分散在各段落或各层次之间。贯穿这些重点的是作品的主题，它像一根红线将这些重点串联起来。这样的文字作品的重点就不那么清晰，朗读者必须在搞清楚文字作品的内容、主题、结构之后，根据作品上下文的联系，来确定朗读的重点所在。

了解文字作品的背景在朗读的准备中也是不可忽视的，如作者是在哪个具体的历史时期以及在哪种社会条件、哪个特定的环境、哪种具体的心境下写作这篇作品的。作品的写作背景往往和作者所表达的思想感情紧密地联系在一起，不了解作品的写作背景，朗读者就不能很好地把握朗读作品的感情基调，因此也就不能准确地表达作品蕴含的思想感情。

例如，《荷塘月色》是朱自清的一篇著名抒情散文，写于 1927 年。作为一个进步的知识分子，朱自清在当时的社会环境中，看不到光明的前景，在迷惘与彷徨中苦苦挣扎。这种心态在作品中借助对荷塘上的月色和月色下的荷塘的生动形象的描绘，得到了一时的解脱。这种情景交融的描写，表现了朱自清在不满现实而又幻想超脱现实的思想状态下，所流露出的那种淡淡的喜悦中夹杂着淡淡的忧愁的思想感情。朗读者如果不了解作品创作的历史背景或脱离作品特定的环境，就很难把握作品的感情基调进行再创作。

二、具体感受

具体感受包括形象感受和逻辑感受。

（一）形象感受

形象感受是指"通过文字作品词句的概念及其运动刺激，引起我们对客观事物的感知、体会的过程"[①]。形象感受是由于客观事物的刺激而产生内心反应的活动过程。它是因"感之于外，受之于心"[②] 而形成的。它包括眼、耳、鼻、舌、身方面的感觉和时间、空间、运动方面的知觉。朗读中的形象感受不是客观外界直接刺激的结果，而是由视觉对文字语言的刺激反应引起的，因此，它是一种间接的感受。这种对文字语言的"感"是一个心理活动的过程，即由文字符号系统到客观事物再到接受刺激。"感"是"受"——产生内心反应——的前提。"受"来自"感"，有"感"才有"受"。

【示例】

天冷极了，下着雪，又快黑了。

——［丹麦］安徒生《卖火柴的小女孩》

透过这些文字，我们仿佛看到了天色、雪花，感到了寒冷，这是因为"冷极了""雪""黑"这些表达形象的词语，对我们的触觉、视觉产生了一定的刺激，在我们的脑海里形成了一定的视觉形象，这就是形象感受。

在朗读中，朗读者如何去获得形象感受呢？首先，朗读者要善于抓住文字作品中那些表达事物形象的"实词"，透过文字，仿佛真的看到、听到、嗅到、尝到、伸手即可得到一样，让文字作品中的情、景、人、物、事、理等，在朗读者的内心"活"起来，形成"内心视像"。

【示例】

热心肠的同志送给我两瓶。一开瓶子塞儿，就是那么一股甜香；调上半杯一喝，甜香里带着股清气，很有点鲜荔枝的味儿。

——杨朔《荔枝蜜》

① 张颂.朗读学［M］.北京：北京广播学院出版社，1999：76.
② 张颂.朗读学［M］.北京：北京广播学院出版社，1999：77.

在这段文字里，我们可以抓住"甜香""清气""鲜荔枝的味儿"等实词，通过嗅觉和味觉的想象去获得形象感受。

其次，朗读者要善于发挥记忆联想和再造想象，去再现作品表现的情景。朗读时，朗读者通过文字作品中词语的刺激，会形成一定的视觉形象，这种视觉形象是通过记忆联想和再造想象形成的，即根据作品用语言表达的种种条件进行联想与想象，从而在头脑中形成有关事物的形象。例如，朗读《桂林山水》，在读到漓江水的"静""清""绿"和桂林山的"奇""秀""险"时，我们的脑海里会出现一幅桂林山水的美景图。观赏过桂林山水的朗读者会运用自己的记忆联想，再现桂林山水的优美景色。没有见过桂林山水的朗读者，往往会借助自己的生活体验，通过再造想象，如用西湖的柔美、黄山的险峻来替代桂林山水的视觉形象。因此，这种视觉形象与朗读者的生活阅历和体验以及知识的积累等有着密切的联系。

【示例】

卡拉玛·拉克希曼出来了。真是光艳的一闪！她向观众深深地低头合掌，抬起头来，她亮出了她的秀丽的面庞和那能说出万千种话的一对长眉，一双眼睛。

——冰心《观舞记》

这是作家冰心在《观舞记》中赞美印度舞蹈家卡拉玛·拉克希曼出场风姿的一段描写。朗读者根据作品中的文字，凭借自己的视觉感官所接受、积累的感知经验，通过联想和想象再现卡拉玛·拉克希曼的形象。"光艳的一闪""低头合掌""秀丽的面庞""能说出万千种话的一对长眉，一双眼睛"等，都是我们平时生活中或影视戏剧中常见的。借用生活中的感知经验，尽管朗读者没有见过卡拉玛·拉克希曼本人，但她的形象依然会活灵活现地展现在朗读者的眼前。

（二）逻辑感受

逻辑感受是指作品中的概念、判断、推理、论证，以及全篇的思想发展脉络、层次，语句之间的内在联系让朗读者形成的感受。作品的主题是体现在内容、语言、结构之中的。内容的各部分之间、句子的各组成部分之间、结构的段落层次之间，都有内在的联系，都反映了作者的思维活动，都存在逻辑关系。如果朗读者对这些逻辑关系缺乏体验，朗读则会"有形而无神"。只有朗读者对这些内在联系感之于心、动之于情，朗读才能以声传情、以情动人。

逻辑感受主要体现在以下两个方面：一是语言本质要准确，不能含糊其词；二是语言链条要清晰，不能模棱两可。

语言本质包括作品思想感情的目的性和具体性，朗读者必须抓准语句、篇章的真正含义，挖掘其实质。

【示例】

原来如此！……

——鲁迅《为了忘却的记念》

这是得知柔石等五位青年作家惨遭杀害的消息之后，鲁迅先生在文中写的一个段落。四字一句，独立成段，一个感叹号，又加一个省略号，其语句的真正含义是什么呢？这不仅是个理解的问题，还有个具体感受的问题。鲁迅在众说纷纭之中盼望着五位青年作家的消息，在严寒之中惦记着他们的冷暖，就在这时传来噩耗，鲁迅被这噩耗震惊了，心底掀起了感情的狂澜。这感叹号正是这种强烈思想感情的表达，而这省略号中包含了千言万语，有对惨死者的惋惜与悲痛，有对法西斯暴行的强烈控诉，有对凶残卑劣手段的愤怒痛斥……在这个语句中蕴含着深刻的寓意和复杂的情感，这就是这个语句的逻辑意义。对这个语句的逻辑意义只有联系上下文的关系进行体味和感受，才能准确地把握。同时，从结构上来看，此段不仅突出强调了语句的内在含义，而且还顺应作者思想感情急剧变化的需要，表达了作者在这特定环境中强烈的思想情绪。

语言链条包括文章的上下衔接、前后呼应的连贯性和流动性。作品中贯通文气，连接上下层次、语句的"虚词"，是获得逻辑感受的重要途径。朗读时，朗读者抓住这些虚词并厘清它们的关系，可以收到事半功倍的朗读效果。

【示例】

3月14日下午两点三刻，当代最伟大的思想家停止思想了。让他一个人留在房里还不到两分钟，当我们进去的时候，便发现他在安乐椅上安静地睡着了——但已经永远地睡着了。

这个人的逝世，对于欧美战斗的无产阶级，对于历史科学，都是不可估量的损失。这位巨人逝世以后所形成的空白，不久就会使人感觉到。

正像达尔文发现有机界的发展规律一样，马克思发现了人类历史的发展规律，即历来为繁芜丛杂的意识形态所掩盖着的一个简单事实：人们首先必须吃、喝、住、穿，然后才能从事政治、科学、艺术、宗教等等；所以，直接的物质的生活资料的生产，从而一个民族或一个时代的一定的经济发展阶段，便构成基础，人们的国家设施、法的观点、艺术以至宗教观念，就是从这个基础上发展起来的，因而，也必须由这个基础来解释，而不是像过去那样做得相反。

不仅如此。马克思还发现了现代资本主义生产方式和它所产生的资产阶级社会的特殊的运动规律。由于剩余价值的发现，这里就豁然开朗了，而先前无论资产阶级经济学家或者社会主义批评家所做的一切研究都只是在黑暗中摸索。

一生中能有这样两个发现，该是很够了。即使只能作出一个这样的发现，也已经是幸福的了。但是马克思在他所研究的每一个领域，甚至在数学领域，都有独到的发现，这样的领域是很多的，而且其中任何一个领域他都不是浅尝

辄止。^①

《在马克思墓前的讲话》是恩格斯在安葬马克思时发表的演讲。演讲词虽短，却极其全面地阐述了马克思一生为无产阶级和全人类的解放事业所做的伟大贡献，表达了全世界无产阶级和劳动者对马克思无限崇敬、爱戴和深切悼念的心情。示例是演讲词的第一部分，恩格斯用极其准确而概括的语言，论述了马克思在科学理论方面的杰出贡献。朗读者只有厘清语言的逻辑关系，才能把作品表达得准确、完整。例如，第三自然段用复合句式论述了马克思对人类历史发展规律的发现。"……一个简单事实"前是一个单句，其后则是用一个复句对前面的内容进行具体的解释。朗读时，朗读者只有抓住虚词"首先……然后……所以……因而……"，才能把文字的上下逻辑关系表述清楚。

逻辑感受可以帮助朗读者沿着作品的结构与语言链条，将作品中的主次、并列、转折、递进、对比、总括等文路转化为自己的思路，从而形成内心的语流，以增强有声语言表达的说服力。

三、确定基调

基调是指作品的基本情调，即作品总的感情色彩和分量。它包括作品总的态度和感情。^② 每一篇作品的基调是一种整体感，是部分、段落、层次、语句中具体思想感情的综合表现。

朗读基调有各种类型：有深沉坚定的，有高昂亢奋的，有喜悦明快的，有舒缓从容的，有悲愤凝重的，有细腻清新的，有憧憬期待的，有悲切哀婉的，有亲切可爱的，有热情赞颂的，有愤然控诉的，等等。例如，朱自清的散文《春》的朗读基调是舒缓从容、细腻清新的，叶挺的就义诗《囚歌》的朗读基调是悲愤凝重、坚定有力的，恩格斯的《在马克思墓前的讲话》的朗读基调是严肃庄重的。

一篇作品的基调是由它的思想内容决定的，朗读者应该在对作品思想内容理解与感受的过程中去把握基调，然后在朗读的过程中以声音的形式去体现。基调是一篇作品整体感的体现，把握基调，就是总体地把握作品的感情色彩和分量，但并不是说作品中的每个段落、每个层次、每个语句都用同一种感情色彩去朗读。

例如，《卖火柴的小女孩》的朗读基调是亲切爱怜、压抑愤懑的，但小女孩在划着火柴之后，看到幻觉中的美丽境界时，那种梦幻般的短暂的温暖和喜悦，就不能用压抑愤懑的感情色彩来朗读，而应该用充满喜悦和向往的感情去朗读。随着火柴的熄灭、幻觉的消失，朗读者的情感随之又回到原先亲切爱怜、压抑愤懑的基调上。

---

① 恩格斯.在马克思墓前的讲话 [M] // 马克思，恩格斯.马克思恩格斯选集：第 3 卷.北京：人民出版社，1995：776-777.

② 张颂.朗读学 [M].北京：北京广播学院出版社，1999：123.

基调是统一和谐的，它是就作品的总体而言的；同时也应该是丰富多彩的，因为每个段落、每个层次、每个语句都有各自具体内容所决定的感情色彩和分量。随着作品内容的发展、感情的运动，各个段落、层次、语句的感情色彩和分量也会相应地发生变化。朗读者在作品感情色彩纷繁变化的情况下，不要被枝节和次要色彩所迷惑，要善于识别和驾驭统一和谐与丰富多彩的基调，使其得到完美的体现。

思考与实践

　　一、朗读的准备具体有哪些步骤？

　　二、把握一篇朗读作品主要从哪些方面入手？

　　三、什么是形象感受？什么是逻辑感受？它们和朗读有什么关系？

　　四、什么是基调？请扫二维码，分析《荷塘月色》的主题、结构、重点，并确定其朗读基调。

☞《荷塘月色》

第三节　朗读的技巧

　　朗读技巧是指朗读者把文字语言转化为有声语言时，为了表达思想内容、目的情感而运用的方法。朗读的准备为朗读技巧的运用提供了依据。朗读时，朗读者要想牢牢把握对作品的理解、感受且形之于声，准确地表现作品，必须运用一定的朗读技巧，这就是朗读的再创作。朗读的技巧主要有停连、重音、语气、语调、节奏等。

一、停连

　　停连是指朗读语流中声音的中断和延续。[①] 一个句子是由词语按照语法规则连缀起来表达一个完整意思的，而朗读是以音节连缀的声音形式展现语意的。朗读不是一字一顿地读，也不是毫无间歇地一口气连读下去，而是连中有停，停中有连，停连结合的。在一个完整的语句中，词语大量是连接的，从而造成语言的流动；而停顿的安置则可以使语言的链条井然有序，使语意的表达清晰明了。

　　停连既是朗读者生理上换气的需要，也是朗读者表达作品思想内容和听者感受情绪的需要。朗读者必须以思想感情的运动状态为前提，根据作品的内容和语句的目的安排停连。生理上换气的需要，要服从心理状态的需要，不能破坏语意的完整性。

---

① 张颂．朗读学［M］．北京：北京广播学院出版社，1999：161．

停连处理得当，可以把语言的层次表现得更清楚，增强语言的表现力和感染力，引起听者对语言内在含义的思考。一般来说，词的内部联系紧密则连接多，词与词之间结构松散就会出现一定的停顿。一个句子如果没有停顿就会语意不清，但是停顿太多则会显得支离破碎。因此，无论是停顿还是连接，都必须视作品思想感情发展变化的需要，而不是任意的。如果朗读者随意地停顿或连接，可能会割裂词语、改变句子语意，甚至造成歧义，使听者产生误解。

【示例】

①小白兔没有了兔妈妈 / 就着急了。

②小白兔没有了 / 兔妈妈就着急了。

从以上例子我们不难看出，随意的停连将会带来不同的表达效果或另外的意思。所以，正确处理停连是朗读不可缺少的技巧之一。作品中的标点符号是我们进行停连安排的重要参考依据，诉诸人们听觉的"标点符号"就是停连。但是在朗读时，朗读者不能完全受标点符号的制约，应大胆地突破标点符号的束缚，用停连取代标点符号。朗读者要学会停连技巧，做到"连到好处，停在妙处，通情达理，配合默契"[①]，以增强有声语言的表现力。

（一）停连的类型

在朗读过程中，停连的位置由语言的结构决定，也因作品内容的发展和思想感情的运动而变化。一般我们可以用"/"表示停顿，用"⌣"表示连接。连接号常用于有标点符号处；停顿号无论有无标点符号均可以用，用于有标点符号处则表示停顿的时间稍长一些。停连一般分为语法停连和强调停连。

1. 语法停连

语法停连是由语言的结构形式决定的语流声音的中断或延续。语法停连反映了段落、层次、句子、词语之间的结构形式。一般说来，段落、层次之间的停顿时间要长于句子之间的停顿，句子之间的停顿又长于句子内部结构成分之间的停顿。文字作品中的标点符号是朗读者进行停连安排的重要依据。停顿时间的长短一般是句号、问号、叹号＞冒号、分号＞逗号＞顿号。除了标点符号之外，有时为了语意表达更清晰，朗读者可以在句子内部各成分之间停连。

（1）主语和谓语之间的停连

【示例】

①山 / 朗润起来了，水 / 涨起来了，太阳的脸 / 红起来了。

——朱自清《春》

②地球上的人 / 都会有国家的概念，但未必时时都有国家的感情。

——冯骥才《国家荣誉感》

---

① 张颂.朗读学［M］.北京：北京广播学院出版社，1999：163.

③ 桂林的山 / 真奇啊，一座座 / 拔地而起，各不相连，像老人，像巨象，像骆驼，奇峰罗列，形态万千。

——陈淼《桂林山水》

（2）谓语和宾语之间的停连

【示例】

① 我知道 / 太阳要从那天际升起来了。

——巴金《海上的日出》

② 我仿佛看见 / 它们在对我眨眼，我仿佛听见 / 它们在小声说话。

——巴金《繁星》

③ 现在我要回家了，胸前佩戴着 / 醒目的绿黑两色的解放十字绶带，上面挂着 / 五六枚我终生难忘的勋章，肩上还佩戴着 / 军官肩章。

——[法]罗曼·加里《我的母亲独一无二》

（3）定语、状语、补语和中心语之间的停连

【示例】

① 我在加拿大学习期间 / 遇到过两次募捐。

——青白《捐诚》

② 从中传出的笛儿般 / 又细又亮的叫声，也就格外 / 轻松自在了。

——冯骥才《珍珠鸟》

③ 不久 / 就只见大片大片的雪花，从彤云密布的天空中 / 飘落下来。

——峻青《第一场雪》

④ 漓江的水真清啊，清得 / 可以看见江底的沙石。

——陈淼《桂林山水》

2. 强调停连

强调停连是句子中特殊的间歇与连接，是为了突出强调某一事物，突出某个语意或某种情感，或为了加强语气而进行的停连。强调停连可以在不是语法停顿的地方做适当的停顿，也可以在语法停顿的基础上变动停顿的时间。

【示例】

① 这座桥不但坚固，而且美观。桥面两侧有面栏，栏板上雕刻着精美的图案：有的 / 刻着两条相互缠绕的龙，嘴里吐出美丽的水花；有的 / 刻着两条飞龙，前爪相互抵着，各自回首遥望；还有的 / 刻着双龙戏珠。所有的龙似乎都在游动，真像活了一样。

——茅以升《赵州桥》

② 这样的山 / 围绕着这样的水，这样的水 / 倒映着这样的山，再加上空中 / 云雾迷蒙，山间 / 绿树红花，江上 / 竹筏小舟……

——陈淼《桂林山水》

作品中属于同等位置、同等关系、同等样式的词语之间一般需要停顿。例①中"有的"后面的停顿，表示了它们之间的并列关系。例②中"山""水"和"空中""山间""江上"后面的停顿，不但可以强调它们后面的内容，还可以形成并列感，增加排比的气势，使语意明确，同时也可以使有声语言产生一定的节奏感。

【示例】

① 太阳在白天 / 放射光明，月亮在夜晚 / 投洒清辉，——它们是相反的；你能不能告诉我：太阳和月亮，究竟谁是谁非？

——伊人《启示的启示》

② 爸爸以前 / 也和你一样小，现在 / 也不能回到你这么小的童年了。

——林清玄《和时间赛跑》

③ 那时，我对自己 / 遗憾得要命，对丽娜 / 羡慕得要命。

——艾菲《我不再羡慕……》

以上例子中的"白天"和"夜晚"，"以前"和"现在"，"自己"和"丽娜"都分别有一种内在的联系，在语句中它们形成了一种呼应的关系。在这些词语的后面停顿，不仅起着区分的作用，而且突出了它们之间的呼应关系。

【示例】

① 别了！我爱的中国，我全心爱着的 / 中国！

——郑振铎《别了，我爱的中国》

② 你问我？难道 / 你看不出 / 我 / 是这里的下士吗？

——刘云喜译《上将与下士》

以上例子中的停顿是某种强烈情感在运动状态下所形成的语流声音的中断。合理地设置停顿，可以更好地表情达意，使语言具有强烈的感染力。

（二）停连的一般规律

（1）停连必须依据文字作品的内容和具体语句来安排，必须以思想感情的运动状态为前提，不能毫无根据地胡乱停连。

（2）句子越长，内容越丰富，停顿就越多；句子越短，内容越浅显，停顿就越少。

（3）朗读感情凝重深沉的作品时，停多连少；朗读感情欢快急切的作品时，连多停少。

（4）停顿的时间长，表示停顿前后词语的组合关系较松散；停顿的时间短，表示停顿前后词语的组合关系较紧密。

（5）停连必须和重音、语气、语调、节奏等相配合，共同完成有声语言的再创作。

【练习】

给下面的朗读作品设置停连，并根据停连朗读全文。

桂 林 山 水

陈　淼

☞音频《桂林山水》

　　人们都说："桂林山水甲天下。"我们乘着木船，荡舟漓江，来观赏桂林的山水。

　　我看见过波澜壮阔的大海，欣赏过水平如镜的西湖，却从没看见过漓江这样的水。漓江的水真静啊，静得让你感觉不到它在流动；漓江的水真清啊，清得可以看见江底的沙石；漓江的水真绿啊，绿得仿佛那是一块无瑕的翡翠。船桨激起的微波，扩散出一道道水纹，才让你感到船在前进，岸在后移。

　　我攀登过峰峦雄伟的泰山，游览过红叶似火的香山，却从没看见过桂林这一带的山。桂林的山真奇啊，一座座拔地而起，各不相连，像老人，像巨象，像骆驼，奇峰罗列，形态万千；桂林的山真秀啊，像翠绿的屏障，像新生的竹笋，色彩明丽，倒映水中；桂林的山真险啊，危峰兀立，怪石嶙峋，好像一不小心就会栽倒下来。

　　这样的山围绕着这样的水，这样的水倒映着这样的山，再加上空中云雾迷蒙，山间绿树红花，江上竹筏小舟，让你感到像是走进了连绵不断的画卷，真是"舟行碧波上，人在画中游"。

二、重音

　　重音是指在朗读中根据句子的语意强调或突出一些词或短语等。句子的内容是由组成这个句子的词或短语表达的，而这些词或短语在句子中并不完全是同等重要的，有主次之分。重音表示句子中词或短语的主次关系。重音存在于语句之中，经常在独立、完整的语句中出现，它不同于词或短语的轻重格式，因此也称为"语句重音"。重音绝不是"加重声音"的简称，把重音理解为声音上的加重，是对作品内容的主次关系和重音表达方法的片面理解。

　　重音是体现语句目的的重要手段。[①]朗读时，朗读者必须区分句子中哪些词语是主要的，哪些词语是次要的，并使次要的词语从属于主要的词语。一个独立完整的句子，只能有一个主要重音。体现语句目的的重音不宜过多，重音过多则会使语句目的模糊。重音在语句中的位置没有一个固定的模式，朗读者必须在深刻理解和感受作品内容的基础上，根据语句目的确定重音的位置。重音可在词语

---

① 张颂.朗读学［M］.北京：北京广播学院出版社，1999：192.

下方用着重号"．"表示。

【示例】

小王明天去上海。

A. 如果语句目的是"谁去"，重音放在主语"小王"上。

B. 如果语句目的是"什么时候去"，重音放在状语"明天"上。

C. 如果语句目的是"去"还是"不去"，重音放在谓语"去"上。

D. 如果语句目的是"去哪儿"，重音放在宾语"上海"上。

语句目的要靠重音来体现，因此，重音必须准确地为语句目的服务。朗读者必须具体分析语句的实质，联系上下文，明确语句目的，然后根据遣词造句的具体情况来确定重音的位置。朗读时，语句中的重音处理得当，可增强朗读语言的表现力，使语意更清晰明了，使听者便于理解和接受。

（一）重音的类型

重音一般分为语法重音和强调重音。

1. 语法重音

语法重音是根据句子的语法结构特点，为突出某个句子成分而自然读出的重音。

（1）突出主语

【示例】

① 晚饭过后，火烧云／上来了。

——萧红《火烧云》

② 我们的船／渐渐地逼近榕树了。

——巴金《小鸟的天堂》

③ "谁／能把花生的好处说出来？"

——许地山《落花生》

（2）突出谓语

【示例】

① 山／朗润起来了，水／涨起来了，太阳的脸／红起来了。

——朱自清《春》

② 在星的怀抱中／我微笑着，我沉睡着。

——巴金《繁星》

③ 却见它们可爱的鲜红小嘴儿／从绿叶中伸出来。

——冯骥才《珍珠鸟》

（3）突出宾语

【示例】

① 这一切 / 都是原始生命得以产生和发展的 / 必要条件。

——童裳亮《海洋与生命》

② 她的名字 / 叫翁香玉。

——苦伶《永远的记忆》

③ 原来 / 里面竟然是 / 耀眼闪光的 / 紫水晶。

——爱薇《一言既出》

（4）突出定语

【示例】

① 这块石头 / 有个动人的故事。

——爱薇《一言既出》

② 那是小鸟舒适 / 又温暖的巢。

——冯骥才《珍珠鸟》

③ 那时 / 天还没有亮，周围 / 是很寂静的，只有 / 机器房的声音。

——巴金《海上的日出》

（5）突出状语

【示例】

① 跟庙门前的大石头狮子 / 一模一样，也是那么大，也是 / 那样蹲着，很威武 / 很镇静地蹲着。

——萧红《火烧云》

② 妈和我笑容可掬地 / 一起拍的照片，多得 / 不可胜数。

——［美］艾尔玛·邦贝克《父亲的爱》

③ 从山沟沟里 / 跨进大学那年，我才 16 岁。

——艾菲《我不再羡慕……》

（6）突出疑问代词、指示代词

【示例】

① 什么 / 是永远不会回来呢？

林清玄《和时间赛跑》

② 是他们自己逃走了罢：现在 / 又到了哪里呢？

——朱自清《匆匆》

③ 在逃去如飞的日子里，在千门万户的世界里的我 / 能做些什么呢？

——朱自清《匆匆》

2. 强调重音

强调重音是为了突出语意重点或表达某种思想感情而特意读出的重音，通常比语法重音要明显得多。强调重音在语句中出现的位置往往不固定，朗读者可以根据所要强调的语意和突出的思想感情安排重音。任何一个词或短语，甚至某个音节，都可以被确定为重音。同一个语句，在不同的语言环境或不同的思想感情支配下，要突出和强调的部分并不相同。强调重音不仅仅和本语句有关，更重要的是与上下文的联系，以及与整篇作品的内容和思想感情的联系。所以，朗读者应在理解和感受作品的基础上，在独立完整的意思中确定强调重音的位置与表达。

【示例】

① 太阳出来了，人 / 却不能够看见它。

——巴金《海上的日出》

② 今天早晨，天放晴了，太阳 / 出来了。

——峻青《第一场雪》

以上两个例句，同样表达"太阳出来了"，但由于语意不同，重音的位置也不相同。例①表明云层很厚，即使太阳"出来"了也看不见。例②则表明"太阳"出来了，照耀着粉妆玉砌的瑞雪世界，让人感到欣喜。

在朗读中把握强调重音尤其重要，因为它关系到语意的明确性。在一定的语言环境中，当强调重音和语法重音一致时，重音要比一般情况下读得更明显一些；当强调重音和语法重音不一致时，则要突出强调重音。常见的强调重音有以下几种形式：

（1）比喻性重音

【示例】

① 像只无头的苍蝇，我到处乱钻，衣裤上 / 挂满了芒刺。

——唐若水译《迷途笛音》

② 微风过处，送来缕缕清香，仿佛 / 远处高楼上 / 渺茫的歌声似的。

——朱自清《荷塘月色》

③ 远远望去，既像一簇 / 洁白的贝壳，又像一队 / 扬帆的航船。

——司徒一凡《悉尼歌剧院建设逸事》

（2）并列性重音

【示例】

① 桂林的山 / 真奇啊，……桂林的山 / 真秀啊，……桂林的山 / 真险啊，……

——陈淼《桂林山水》

② 山川、河流、树木、房屋，全都罩上了一层 / 厚厚的雪。

——峻青《第一场雪》

③ 海上的夜 / 是柔和的，是静寂的，是梦幻的。

——巴金《繁星》

（3）对比性重音

【示例】

① 我 / 感到了自己的无知，也感到了 / 丑石的伟大。

——贾平凹《丑石》

② 老牛 / 那样高大，它看河水 / 当然很浅；松鼠 / 那样矮小，一点儿水 / 就能把它淹死，它当然说深。

——彭文席《小马过河》

③ 我 / 怎么会把您喝的水 / 弄脏呢？您 / 站在上游，水 / 是从您那儿 / 流到我这儿来的，不是从我这儿 / 流到您那儿去的。

——［古希腊］伊索《狼和小羊》

（4）照应性重音

【示例】

① 燕子去了，有再来的时候；杨柳枯了，有再青的时候；桃花谢了，有再开的时候。

——朱自清《匆匆》

② 轻轻的 / 我走了，正如我 / 轻轻的来；……悄悄的 / 我走了，正如我 / 悄悄的来；……

——徐志摩《再别康桥》

③ 于是——洗手的时候，日子 / 从水盆里过去；吃饭的时候，日子 / 从饭碗里过去；……

——朱自清《匆匆》

（5）递进性重音

【示例】

① 有一天，孔雀 / 昂着头，挺着胸脯，拖着 / 美丽的长尾巴，沿着湖边 / 散步。

——黄俊杰《骄傲的孔雀》

② 狼 / 不想再争辩了，龇着牙，逼近小羊，大声嚷道："你这个小坏蛋！说我坏话的不是你就是你爸爸，反正都一样。"

——［古希腊］伊索《狼和小羊》

③ 只要大鸟儿 / 在笼里生气地叫一声，它立即 / 飞回笼里去。

——冯骥才《珍珠鸟》

（二）重音的表现方法

确定重音的位置是为了在朗读中更好地表达重音，如果重音表达得不贴切、不恰当，就不能收到良好的表达效果。所谓的重与轻是在对比中体现出来的，要处理好重音与非重音之间的关系。由非重音到重音，由重音到非重音，它们总是在有机的衔接、过渡中显示的,是统一、和谐的。重音的表现方法多种多样,常见的有以下几种。

(1)重音重读:加强音量和气势,使字音高亢响亮、饱满有力。

【示例】

① 大白狗 / 变成红的了,红公鸡 / 变成金的了,黑母鸡 / 变成紫檀色的了。

——萧红《火烧云》

② 乔治·华盛顿 / 是美利坚合众国的 / 第一任总统。

——刘云喜译《上将与下士》

③ 我会告诉他:假若 / 你一直和时间比赛,你 / 就可以成功!

——林清玄《和时间赛跑》

(2)重音轻读:控制声带和气息,把强调的音节轻轻地读出来,使字音柔和亲切,悦耳动听。重音轻读一般用来表达亲切、体贴、怀念、幸福的情感和营造平静、舒适的氛围。

【示例】

① 小草偷偷地 / 从土里钻出来,嫩嫩的,绿绿的。

——朱自清《春》

② 漓江的水 / 真静啊,静得 / 让你感觉不到 / 它在流动。

——陈淼《桂林山水》

③ 傍晚时候,上灯了,一点点黄晕的光,烘托出一片 / 安静而和平的夜。

——朱自清《春》

(3)重音慢读、拖长音节:特意放慢速度或延长音节,以突出强调的音节。

【示例】

① 这太阳 / 像负着什么重担似的,慢慢儿,一步一步地,努力 / 向上面升起来。

——巴金《海上的日出》

② 我 / 仰望一碧蓝天,心底轻声呼喊:家乡的桥啊,我 / 梦中的 / 桥!

——郑莹《家乡的桥》

③ 哪儿 / 也不如故乡好!

——王文杰《可爱的小鸟》

(4)利用停顿:在重音前后留出声音的某种空隙,使听者产生某种期待。

【示例】

① 船桨 / 激起的微波扩散出 / 一道道水纹,才让你感觉到 / 船 / 在前进,岸 / 在后移。

——陈淼《桂林山水》

② 花生做的食品 / 都吃完了，父亲的话 / 却深深地 / 印在我的心上。

——许地山《落花生》

③ 一个读书人，一个有机会拥有 / 超乎个人生命体验的 / 幸运人。

——谢冕《读书人是幸福人》

重音的表现方法并不是孤立的，它常常和其他表现方法互相联系，时常并用。所谓的"重"是在和"轻"的对比中产生的，因此，除了上面所列举的方法之外，朗读者还可以运用对比的方法，如以轻显重或以重显轻，以弱显强或以强显弱，以虚声烘托或夸大调值等表现重音。

【练习】

请给下面的朗读材料设置重音，并结合停连技巧朗读全文。

<h3 align="center">狼 和 小 羊①</h3>

狼来到小溪边，看见小羊正在那儿喝水。

狼非常想吃小羊，就故意找碴儿，说："你把我喝的水弄脏了，你安的什么心？"

小羊吃了一惊，温和地说："我怎么会把您喝的水弄脏呢？您站在上游，水是从您那儿流到我这儿来的，不是从我这儿流到您那儿去的。"

狼气冲冲地说："就算这样吧，你总是个坏家伙。我听说，去年你在背地里说我的坏话！"

可怜的小羊喊道："啊，亲爱的狼先生，那是不会有的事。去年我还没有生下来呐！"

狼不想再争辩了，龇着牙，逼近小羊，大声嚷道："你这个小坏蛋！说我坏话的不是你就是你爸爸，反正都一样。"

三、语气与语调

（一）语气

"语"是指通过声音表现出来的语句，"气"是指朗读时支撑有声语言的气息状态。朗读作品是以句子为基本单位的，朗读者通过有声语言把句子的思想感情准确地表达出来。朗读的语句既有内在思想感情的色彩和分量，又有外在的高低、强弱、快慢、虚实的声音形式，我们把这两个方面的内容称为"语气"。语气是朗读中语句"神"和"形"的结合体。

在日常生活中或文学作品中，我们常常会听到或看到对语气的描述："亲切

---

① 中国传媒大学凤凰学院.语言艺术素质测评教程：第 1 册［M］.北京：中国传媒大学出版社，2016：
77.

的语气""坚定的语气""悲痛的语气""愤怒的语气"等。这些描述，既有说者思想感情的表达及气息、声音的表现，又有听者的具体感受及对气息、声音内容的判断。在朗读中，声音受气息支配，气息由感情决定，而感情的引发又受朗读目的和语境的影响，它们是相辅相成、互相制约的。有什么样的感情色彩，就会产生什么样的气息状态；有什么样的气息状态，就会出现什么样的声音形式；有什么样的声音形式，就会表现出什么样的感情色彩。因此，朗读者应学会以情运气、以气托声、以声传情的技巧，将情、气、声三者融为一体，并能自如地运用，从而增强有声语言的表现力。

在朗读中，总的感情色彩体现在基调中，而具体的感情色彩则体现在语气中。语气隐含在语流声音之中，它不可剥离又溢于言表，给人"情"的感染。

【示例】

现在，这海 / 就完全属于我们的了！

——鲁彦《听潮》

这句话是在夜晚观赏海景时说的。朗读时，感情应是兴奋的，气息应是饱满的，声音应是高昂的，充满了自信。

【示例】

望着星天，我 / 就会忘记一切，仿佛 / 回到了母亲的怀里似的。

——巴金《繁星》

这句话是在天空布满繁星，四周一片静寂的环境中说的。朗读时，感情应是温柔的，气息应是舒展的，声音应是柔和的，充满了甜蜜的回忆和向往。

【示例】

外祖母 / 生前最疼爱我，我 / 无法排除自己的忧伤，每天 / 在学校的操场上 / 一圈一圈地跑着，跑得 / 累倒在地上，扑在草坪上 / 痛哭。

——林清玄《和时间赛跑》

这句话是在悲痛、哀伤的心境下说的。朗读时，感情应是悲伤的，气息应是低沉的，声音应是缓慢的，充满了忧伤。

语气运用的一般规律是：喜的感情气满声高，悲的感情气沉声缓；爱的感情气缓声柔，憎的感情气足声硬；急的感情气短声促，冷的感情气少声平；怒的感情气粗声重，疑的感情气细声黏；惧的感情气提声凝，静的感情气舒声平；等等。语气是语句内在的具体思想感情的运动在声音与气息上的显露，它们在朗读中绝不是孤立的，经常是交错结合、结伴同行的。色彩缤纷的感情会带出千变万化的气息和声音，也就体现出千姿百态的语气。

（二）语调

语调是语气外在的快慢、高低、长短、强弱、虚实等各种声音形式的总和。它是有声语言在思想内容、感情态度的驱使下，借助停连、轻重的变化所形成的高低起伏、强弱有致的声音形式。语调是语气的载体，语气借助语调来表现。语调的起伏千变万化，很难有完全相同的形式。为了训练方便，这里仅对一般语调总的运动趋势进行粗略的归纳，把基本相似或大体相同的语调归纳为以下几类：

1. 平直调（→）

在这种语调中，语流的运行状态基本平直舒缓，没有显著的高低升降变化，句尾和句首差不多在同一高度上。平淡、悲哀、庄重、沉着、迟疑、冷漠等语气多用这种语调。这种语调也用于表示动作的持续。

【示例】

① 想着想着，我不由得／背靠着一棵树，伤心地／呜呜大哭起来……

——唐若水译《迷途笛音》

② 记得／一位伟人说过：母亲／是女儿心中的太阳。

——庞秀玉《爱痕》

③ 这篇文章／收在我出版的／《少年心事》／这本书里。

——苦伶《永远的记忆》

2. 高升调（↗）

在这种语调中，语流的运行状态由低向高升起，句尾音强并向上扬起。疑问、反诘、号召、高兴、惊讶、紧张等语气多用这种语调。这种语调也用于表达激动的心情。

【示例】

① 这／不是很伟大的奇观吗？

——巴金《海上的日出》

② 这又怪又丑的石头，原来／是天上的啊！

——贾平凹《丑石》

③ 因为这样慈善的冬天，干什么／还希望别的呢？

——老舍《济南的冬天》

3. 降抑调（↘）

在这种语调中，语流的运行状态由高向低降落，句尾音强而短促。坚定、自信、祝愿、命令、恳求、愤怒等语气多用这种语调。这种语调也用于表达沉重的心情。

【示例】

① 唯有这种国家之间／大规模对抗性的大赛，才可以唤起那种／遥远而神圣的情感，那就是：为祖国而战！

——冯骥才《国家荣誉感》

② 我认定／科学本身／就具有伟大的美。

——［波兰］玛丽·居里《我的信念》

③ 我相信 / 这一场十分及时的大雪，一定会促进明年春季作物，尤其 / 是小麦的丰收。

——峻青《第一场雪》

4. 曲折调（ ∿、∿ ）

在这种语调中，语流的运行状态呈起伏曲折形，或由高而低再扬起，或由低向高再降下，或有更多曲折，起落部分声音强度较大。反语、讽刺、幽默、怀疑、惊讶、双关等语气多用这种语调。这种语调也用于表达特殊的思想感情。

【示例】

① 你问我？难道 / 你看不出 / 我 / 是这里的下士吗？

——刘云喜译《上将与下士》

② 会不会 / 是他已经表达了 / 而我 / 却未能察觉？

——［美］艾尔玛·邦贝克《父亲的爱》

③ 人的身躯，怎能从狗洞子里 / 爬出！

——叶挺《囚歌》

有声语言具有多样性与丰富性，因而在使用语调的过程中也带有一定的曲折性。曲折性是语调的根本特征。语调的曲折性是由语气的色彩和分量决定的，是通过声音的高低、强弱、长短、音色等综合表现的。有声语言在发展或行进过程中形成了语句整体的趋向与态势，即语势。它是由语调的曲折性规律造成的。在语流中，语势永远是呈波浪式行进的，而不是直线式的，从而造成了有声语言抑扬顿挫、轻重缓急、曲折回环的艺术效果。

【练习】

朗读下面的短文，体会语气和语调的变化。

<h2 align="center">匆匆（节选）</h2>

朱自清

☞音频《匆匆》

　　燕子去了，有再来的时候；杨柳枯了，有再青的时候；桃花谢了，有再开的时候。但是，聪明的，你告诉我，我们的日子为什么一去不复返呢？——是有人偷了他们罢：那是谁？又藏在何处呢？是他们自己逃走了罢：现在又到了哪里呢？

　　……

　　去的尽管去了，来的尽管来着；去来的中间，又怎样地匆匆呢？早上我起来的时候，小屋里射进两三方斜斜的太阳。太阳他有脚啊，轻轻悄悄地挪移了；我也茫茫然跟着旋转。于是——洗手的时候，日子从水盆里过去；吃饭的时候，日子从饭碗里过去；默默时，便从凝然的双眼前过去。我觉察他去的匆匆了，伸出手遮挽时，他又从遮挽着的手边过去；天黑时，我躺在床上，他便伶伶俐俐地从我身上跨过，从我脚边飞去了。等我睁开眼和太阳再见，这算又溜走了一日。我掩着面叹息。但是新来的日子的影儿又开始在叹息里闪过了。

在逃去如飞的日子里，在千门万户的世界里的我能做些什么呢？只有徘徊罢了，只有匆匆罢了；在八千多日的匆匆里，除徘徊外，又剩些什么呢？过去的日子如轻烟，被微风吹散了，如薄雾，被初阳蒸融了；我留着些什么痕迹呢？我何曾留着像游丝样的痕迹呢？我赤裸裸来到这世界，转眼间也将赤裸裸的回去罢？但不能平的，为什么偏要白白走这一遭啊？

你聪明的，告诉我，我们的日子为什么一去不复返呢？

四、节奏

节奏是指在朗读中，由一定的思想感情的波澜起伏所造成的，在有声语言的表达上所显示的抑扬顿挫、轻重缓急、回环往复的声音形式。[①] 节奏是由朗读时思想感情的运动状态产生的，它立足作品的全篇和整体。

语速是指朗读中语流的快慢，它表现在作品的段落、层次、语句及它们之间的停顿、转换上，也表现在语句中音节的长短上。语速的快慢是相对的，互为映衬的。语速的快慢交替可以显示出作品的节奏感，体现出作品的感情基调。语速是构成节奏的主要内容，但节奏并不完全等同于语速，节奏是就整篇作品而言的。

纷繁的感情色彩会导致语流不同的节奏和速度。例如，急切、暴躁、愤怒、狂欢、喜悦、惊慌等感情，内心节奏是强烈的，语速相对就会快些；而沉思、想念、迟疑、慰劝、忧虑等感情，内心节奏相应缓弱些，语速也就会慢些。但有时节奏与语速也会产生矛盾，虽然内心节奏强烈，但语速反而显得缓慢，犹如戏剧唱腔中的紧拉慢唱一般。例如，当你惊恐却又要故作镇静，装作若无其事时，你的内心节奏也许相当强烈，心怦怦乱跳；但你说话时，只能语调平缓，语速很慢。

节奏的类型很多，下面列举几种常见的节奏类型：

1. 轻快型

多扬少抑，多连少停，语流显得轻快、欢畅。如《小弟和小猫》《小蝌蚪找妈妈》《猴子捞月亮》等。

2. 紧张型

多连少停，多重少轻，语流速度快、密度大，音节短促，语气急促、紧张。如《飞夺泸定桥》《董存瑞舍身炸碉堡》《最后一次的讲演》等。

---

① 张颂.朗读学［M］.北京：北京广播学院出版社，1999：267.

3. 低沉型

语调多抑，句尾沉重，停顿多而长，语流沉缓，声音偏暗。如《卖火柴的小女孩》《十里长街送总理》《一月的哀思》等。

4. 高亢型

语调多扬，多连少停，语流畅达，语速稍快，语气高昂、爽朗。如《开国大典》《海燕》《白杨礼赞》等。

5. 舒缓型

多连少停，声音清亮，语调较高但不着力，语气舒展自如，语速缓慢。如《桂林山水》《春》《落花生》等。

6. 凝重型

多抑少扬，多停少连，语气坚定而有力，语流平稳、凝重。如《囚歌》《草地夜行》《最后一课》等。

以上各种节奏类型的基本特点不是一成不变的。朗读中运用节奏，不是从概念出发指定类型，而必须从具体作品、具体层次、具体思想感情的运动状态入手，在深刻理解、感受文字作品的基础上，正确地把握朗读的节奏和语速。

朗读时，并不是说朗读每一句话都要符合节奏类型，也不是说每一种基本语气、基本转换都要雷同，节奏类型应当是对作品全局性、整体性的概括。

【示例】

提示：《卖火柴的小女孩》充满了对穷苦无依、命运悲惨的小女孩的深切同情，鲜明地揭示出贫富悬殊的世界黑暗的一角。作者巧妙地运用了实境与虚境的对比，表达了自己的悲哀与同情。作品朗读的节奏类型应属于低沉型，基本语气是痛苦与愤懑的倾诉。尽管在小女孩点燃火柴后，出现了火焰幻觉的欣喜，但欣喜中的凄苦是明显的。当朗读幻觉中的"幸福感"时，在某种程度上的轻快的语气，是为了烘托、强化低沉的性质，因此在节奏的运用上，要体现"幻境破灭"的反差。全篇以抑为主，欲抑先扬，回环交替，形成现实和幻境的深刻对比。

☞音频《卖火柴的小女孩》

卖火柴的小女孩①

［丹麦］安徒生

天气冷得可怕。天正下着雪，黑暗的夜幕开始垂下来了。这是一年中最后的一夜——新年的前夕。在这样的寒冷和黑暗中，有一个光头赤脚的穷苦小女孩儿正在街上走着。是的，她离开家的时候还穿着一双拖鞋，但那又有什么用呢？那双拖鞋是那么宽大，以前一直是她妈妈穿着的。在她匆忙越过街道的时候，两辆马车飞快地闯过来，吓得她把鞋子

---

① 章红，等.幼儿文学作品及评述［M］.北京：新时代出版社，2003：151.

都跑落了。有一只鞋，她怎么也找不到；另一只又被一个男孩子拾起来抢跑了。他还说，等他将来有了孩子的时候，他可以把它当作一个摇篮使用。

现在小姑娘只好赤着一双小脚走路了。这双脚已经冻得又红又青。她的旧围裙里兜着许多火柴，她手中也拿着一束火柴。这一整天谁也没有向她买过一根，谁也没给她一个铜板。

可怜的小姑娘！她又饿又冷，哆嗦着向前走。这简直是一幅悲惨的画面。雪花落在她的金黄色的头发上——这头发卷曲地披散在她的肩上，看起来非常美丽。不过她并没有想到自己的美。所有的窗子都射出光来；街上飘着一股烤鹅肉的香味儿，因为今天是除夕。是的，她在想，今天是除夕。

她在两座房子——一座比另一座更向街心凸出一点——所构成的一个墙角里坐下来，缩成一团。她把她的一双小脚也缩了进去，不过她感到更冷了。她不敢回家去，因为她没有卖掉一根火柴，没有赚到一个铜板。她的父亲一定会打她，而且家里也是很冷的。他们什么也没有，头上只有一个屋顶，风可以从顶上吹进来，虽然最大的裂口已经用草和破布堵起来了。

她的一双小手几乎冻僵了。唉！哪怕一根小火柴对她也是有好处的。只要她敢抽出一根来，在墙上擦一下，暖一暖手就好了！她终于抽出了一根。哧！火柴燃起来了，冒出火来了！当她把手覆在火上面的时候，它便成了一朵温暖的、光明的火焰，活像一根小小的蜡烛。这是一道美丽的微光！小姑娘觉得自己真像坐在一个有发亮的黄铜炉和护身的小火炉面前一样。火烧得多么旺，多么暖和，多么美好啊！唉，这是怎么一回事呀？小姑娘刚刚伸出她的一双脚，打算暖一下，忽然火焰熄灭了！火炉不见了。她坐在那儿，手中只有一根烧过了的火柴。

她又擦了一根。火柴燃起来了，发出光来了。墙上的那块被亮光照着的地方，现在忽然变得透明，像一片薄纱一样，她可以看到房间里的东西：桌上铺着雪白的台布，上面放着精致的盘碗，还有填满了梅子和苹果的、冒着香气的烤鹅；更美妙的是：这只鹅从盘子里跳下来，背上插着刀叉，蹒跚地在地上走着，一直向这个穷苦的小姑娘走来。这时火柴熄灭了，她面前只有一堵又厚又冷的墙。

她又擦了一根火柴。现在她是坐在美丽的圣诞树下。这株树比上次圣诞节她透过一个富有的商人家的玻璃门所看到的那一株还要大，还要美。它的绿枝上燃着几千支蜡烛；一些跟挂在商店橱窗里一样美丽的彩色图画在向她眨眼。小姑娘把她的两只手伸过去，于是火柴熄灭了。圣诞树的烛光越升越高，她看到它们现在变成一些明亮的星星。这些星星有一颗落下来，在天上划出了一道长长的红线。

"现在又有一个什么人死去了。"小姑娘说，因为她的老祖母——她是唯一待她好的人，但是现在已经死去了——曾经说过：天上落下一颗星，地上就有一个灵魂升到天上去。

她在墙上又擦了一根火柴。火柴把四周都照亮了，在这亮光中老祖母出现了。她显得那么光明、那么温柔、那么和蔼。

"祖母！"小姑娘叫起来，"啊！请把我带走吧！我知道，这火柴一灭掉，您就会不见的，您就会像那个温暖的火炉，那只喷香的烤鹅，那棵美丽的圣诞树一样不见的！"

于是，她急忙把整束火柴中剩下的那些都擦亮了，因为她非常想把祖母留住。这些火柴发出强烈的光芒，照得比大白天还要亮。祖母这次显得特别美丽和高大。她把小姑娘抱起来，搂在怀里，飞到既没有寒冷，又没有饥饿，也没有忧愁的地方去了。

第二天的清晨，这个小姑娘却坐在这个墙角里，她的双颊通红，嘴唇上带着微笑，她已经死了——在旧年的除夕冻死了。新年的太阳升起来了，照着她小小的尸体！她坐在那儿，手中还握着火柴——其中有一束几乎都烧光了。

"她想给自己暖一下。"人们说。谁也不知道：她曾经看到过多么美丽的东西，她曾经多么幸福地跟着她的老祖母一起走到新年的幸福中去。

【练习】

朗读下列作品，体会朗读的节奏与语速。

听潮（节选）

鲁　彦

☞音频《听潮》

海睡熟了。

大小的岛拥抱着，偎依着，也静静地恍惚入了梦乡。

星星在头上眨着慵懒的眼睑，也像要睡了。

许久许久，我俩也像入睡了似的，停止了一切的思念和情绪。

不晓得过了多少时候，远寺的钟声突然惊醒了海的酣梦，它恼怒似的激起波浪的兴奋，渐渐向我们脚下的岩石掀过来，发出汩汩的声音，像是谁在海底吐着气，海面的银光跟着晃动起来，银龙样的。接着我们脚下的岩石上就像铃子、铙钹、钟鼓在奏鸣着，而且声音愈响愈大起来。

没有风。海自己醒了，喘着气，转侧着，打着呵欠，伸着懒腰，抹着眼睛。因为岛屿挡住了它的转动，它狠狠地用脚踢着，用手推着，用牙咬着。它一刻比一刻兴奋，一刻比一刻用劲。岩石也仿佛渐渐战栗，发出抵抗的嗥叫，击碎了海的鳞甲，片片飞散。

海终于愤怒了。它咆哮着，猛烈地冲向岸边袭击过来，冲进了岩石的罅隙里，又拨刺着岩石的壁垒。

音响就越大了。战鼓声，金锣声，呐喊声，号叫声，啼哭声，马蹄声，车轮声，机翼声，掺杂在一起，像千军万马混战了起来。

思考与实践

一、什么是停连？停连一般有哪几种形式？有哪些规律？
二、什么是重音？重音有哪几种表现方法？
三、请给《春》设置重音，并结合停连技巧朗读全文。

春（节选）

朱自清

盼望着，盼望着，东风来了，春天的脚步近了。

一切都像刚睡醒的样子，欣欣然张开了眼。山朗润起来了，水涨起来了，太阳的脸红起来了。

小草偷偷地从土里钻出来，嫩嫩的，绿绿的。园子里，田野里，瞧去，一大片一大片满是的。坐着，躺着，打两个滚，踢几脚球，赛几趟跑，捉几回迷藏。风轻悄悄的，草绵软软的。

……

"吹面不寒杨柳风"，不错的，像母亲的手抚摸着你。风里带来些新翻的泥土的气息，混着青草味，还有各种花的香，都在微微润湿的空气里酝酿。鸟儿将窠巢安在繁花绿叶当中，高兴起来了，呼朋引伴地卖弄清脆的喉咙，唱出宛转的曲子，与轻风流水应和着。牛背上牧童的短笛，这时候也成天在嘹亮地响。

雨是最寻常的，一下就是三两天。可别恼。看，像牛毛，像花针，像细丝，密密地斜织着，人家屋顶上全笼着一层薄烟。树叶儿却绿得发亮，小草儿也青得逼你的眼。傍晚时候，上灯了，一点点黄晕的光，烘托出一片安静而和平的夜。乡下去，小路上，石桥边，撑起伞慢慢走着的人；还有地里工作的农夫，披着蓑，戴着笠的。他们的草屋，稀稀疏疏的，在雨里静默着。

天上风筝渐渐多了，地上孩子也多了。城里乡下，家家户户，老老小小，他们也赶趟儿似的，一个个都出来了。舒活舒活筋骨，抖擞抖擞精神，各做各的一份事去。"一年之计在于春"；刚起头儿，有的是工夫，有的是希望。

春天像刚落地的娃娃，从头到脚都是新的，它生长着。

春天像小姑娘，花枝招展的，笑着，走着。

春天像健壮的青年，有铁一般的胳膊和腰脚，他领着我们上前去。

四、什么是语气？语气运用一般有哪些规律？

五、什么是语调？语调大致可归为哪几类？

六、朗读短文《小猫钓鱼》，体会语气和语调的变化。

小 猫 钓 鱼

猫妈妈带着小猫在河边钓鱼。

一只蜻蜓飞来了，小猫看见了，就去捉蜻蜓。蜻蜓飞走了，小猫空着手回到河边，看见妈妈钓着了一条大鱼。

一只蝴蝶飞来了，小猫看见了，又去捉蝴蝶。蝴蝶飞走了，小猫还是空着手回到河边，看见妈妈又钓着了一条大鱼。

小猫说："真气人！我怎么一条小鱼也钓不着？"

猫妈妈看了看小猫说："钓鱼就钓鱼，不要一会儿捉蜻蜓，一会儿捉蝴蝶。三心二意，怎么能钓到鱼呢？"

七、什么是节奏？朗读的节奏主要有哪几种基本类型？

八、朗读短文《麻雀》，体会朗读的节奏和语速的变化。

麻雀（节选）[①]

[俄]屠格涅夫　巴金译

我打猎归来，沿着花园的林荫路走着。狗跑在我前边。突然，狗放慢脚步，蹑足潜行，好像嗅到了前边有什么野物。我顺着林荫路望去，看见了一只嘴边还带黄色、头上生着柔毛的小麻雀。风猛烈地吹打着林荫路上的白桦树，麻雀从巢里跌落下来，呆呆地伏在地上，孤立无援地张开两只羽毛还未丰满的小翅膀。

我的狗慢慢向它靠近。忽然，从附近一棵树上飞下一只黑胸脯的老麻雀，像一颗石子似的落到狗的跟前。老麻雀全身倒竖着羽毛，惊恐万状，发出绝望、凄惨的叫声，接着向露出牙齿、大张着的狗嘴扑去。

---

① 选自国家语委普通话培训测试中心.普通话水平测试实施纲要［M］.北京：商务印书馆，2004：386.

老麻雀是猛扑下来救护幼雀的。它用身体掩护着自己的幼儿……但它整个小小的身体因恐怖而战栗着，它小小的声音也变得粗暴嘶哑，它在牺牲自己！

在它看来，狗该是多么庞大的怪物啊！然而，它还是不能站在自己高高的、安全的树枝上……一种比它的理智更强烈的力量，使它从那儿扑下身来。

我的狗站住了，向后退了退……看来，它也感到了这种力量。

我赶紧唤住惊慌失措的狗，然后我怀着崇敬的心情，走开了。

是啊，请不要见笑。我崇敬那只小小的、英勇的鸟儿，我崇敬它那种爱的冲动和力量。

爱，我想，比死和死的恐惧更强大。只有依靠它，依靠这种爱，生命才能维持下去，发展下去。

第三章　不同文体的朗读训练

📝 训练目标

1. 了解诗歌、寓言、童话、散文、小说等不同文体的特点，能根据不同文体的特点处理文本，准确运用停连、重音、语气、语调、节奏等朗读技巧表现作品的内容与蕴含的感情。

2. 朗读作品要求语音准确，吐字清晰，语流顺畅，语调自然，情感到位，基调恰当，能艺术地展现作品的感人魅力。

第一节　诗歌的朗读

诗歌是我国最古老的一种文学形式。诗歌具有澎湃的激情、丰富的想象、深邃的意境、精湛的语言、和谐的韵律等。

一、格律诗与自由诗

诗歌有格律诗和自由诗之分。格律诗有一定的字数、一定的句数和一定的节拍（即诗行中有规律的顿歇，也称"音步"），诗句的对偶、平仄、押韵等也较一致。最典型的是五言或七言的绝句和律诗。

【示例】

春　晓

［唐］孟浩然

春眠 / 不觉晓，/
处处 / 闻啼鸟。/
夜来 / 风雨声，/
花落 / 知多少？/

送元二使安西

［唐］王　维

渭城 / 朝雨 / 浥轻尘，/
客舍 / 青青 / 柳色新。/
劝君 / 更尽 / 一杯酒，/
西出 / 阳关 / 无故人。/

黄　鹤　楼

［唐］崔　颢

昔人 / 已乘 / 黄鹤去，/
此地 / 空余 / 黄鹤楼。/
黄鹤 / 一去 / 不复返，/
白云 / 千载 / 空悠悠。/
晴川 / 历历 / 汉阳树，/
芳草 / 萋萋 / 鹦鹉洲。/

日暮 / 乡关 / 何处是？ /

烟波 / 江上 / 使人愁。/

格律诗以明显的格律来包容凝聚思想感情，诗歌的节拍成为格律诗的重要标志之一。一般来说，五言诗以"二、三"格式，七言诗以"二、二、三"格式较为普遍。节拍可以更好地展现意境、增强韵味，使诗歌产生一种韵律美。朗读格律诗时如果不考虑节拍，格律诗就会失去特征和韵味。

与格律诗相比，自由诗要自由得多，它不受诗歌字数、句数、节拍、对偶、平仄、押韵等的限制。尽管自由诗在形式上较自由，但我们在朗读自由诗时，仍然需要深入诗歌的意境，把握好诗歌的节拍。

【示例】

再别康桥（节选）
徐志摩

悄悄的 / 我走了，/

正如我 / 悄悄的来；/

我 / 挥一挥 / 衣袖，/

不带走 / 一片云彩。/

诗歌的韵味来自诗歌的节奏。自由诗虽然长短不一、行数不定，不如格律诗那样整齐，但朗读时的节拍恰恰是表现诗歌的节奏，展现诗歌的意境美和音韵美的关键所在。因此，朗读前朗读者应根据诗歌的意境划分出节拍，灵活地利用抑扬顿挫、轻重缓急来显示诗歌的节奏感。

二、诗歌的朗读技巧

（一）要有充沛的激情

诗歌是抒情性最强的一种文学形式。朗读者是诗人与听者之间的桥梁。朗读者必须在理解、感受诗歌深厚情感的基础上，准确地将诗歌所要表达的感情传递给听者。朗读者应当将自己饱满充沛的感情寓于诗歌的形象和意境之中，通过扣人心弦的节奏，引起听者感情上和思想上的强烈震撼，从而发挥诗歌的教育作用和美育作用。

充沛的激情主要表现为有感情地进行朗读。有感情并非朗读时大声叫喊，或声音忽高忽低，装腔作势，拿腔拿调，这种虚假的感情表达会给人一种做作的感觉。感情本身是多种多样的，如喜悦与悲哀，挚爱与憎恨，焦急与冷漠，惊恐与欲求等。朗读时，不同的感情色彩在表现形式上是不同的，即使是同一类感情也有程度上的差异，应该从声音上体现出这种差异。

有感情地朗读诗歌首先要求朗读者必须对作品"有动于衷"，体会诗人流淌在字里行间的情感，并能被感染、被打动，然后才能恰到好处地用声音去表现这个作品。要做到"恰到好处"并不容易，有的朗读者自己被诗歌感染、打动后，往往会处于一种"自我陶醉"的状态而不能自拔。自我陶醉虽然也属于"有动于衷"，但容易陷入情感泛滥的境地而影响朗读的效果。这时，朗读者必须清楚自己是诗人与听者之间的桥梁，诗人的情感是通过你的朗读传递给听者，为听者所理解、接受，并产生共鸣的。朗读目的不是朗读者的自我陶醉，而是打动听者的心，朗读者只有恰如其分地表达，才能达到朗读目的。相反，如果朗读者朗读时无动于衷，或感情虚假、故意做作，也会给人一种不自然的感觉，甚至令人厌恶。朗读者在朗读诗歌时一定要把握好感情的尺度，不温不火，不逊不过，恰到好处地去表现诗人的情感。

（二）要充分展现诗歌的意境

诗歌的意境，是指诗人强烈的思想感情与生动形象的客观事物相契合，在艺术表现中所创造出来的可感可信、情景交融、神形兼备的艺术境界。意境是诗歌的灵魂。一首有意境的诗歌必须蕴含诗人深沉的思想、强烈的感情和鲜明可感的具体形象。朗读者朗读时应注意充分展现诗歌的意境。

【示例】

早发白帝城

［唐］李　白

朝辞白帝彩云间，
千里江陵一日还。
两岸猿声啼不住，
轻舟已过万重山。

这首诗是唐肃宗乾元二年（759），李白在被流放夜郎途中遇赦，从白帝城返回江陵时所作。李白在流放途中辗转千里，历尽艰辛，当接到朝廷的大赦令时，不禁喜出望外。他是带着困鸟出笼、寒灰重暖的心情，从白帝城乘舟返回的，内心的喜悦和兴奋不言而喻。这欢愉之情充溢于诗句的字里行间，如白帝的"彩云"，疾驶的"轻舟"，迢迢"千里"的行程竟然"一日还"，啼声不住，万重高山，倏然"已过"。此景此境，都蕴含着诗人此时此刻满心欢喜、归心似箭的心情。诗人借助这种生动形象的客观事物来抒发自己强烈的思想感情，这种情景交融的艺术境界，正是朗读诗歌时应尽力展现的。

朗读者要充分展现诗歌的意境，应注意以下几个方面的问题：

第一，朗读者应追随诗人去了解诗歌创作的时代背景。例如，李白的《早发白帝城》，如果朗读者不了解诗人创作这首诗的时代背景，就无法体会诗人喜悦而兴奋的心情，也就无法体味诗歌深邃的意境，更谈不上如何去展现意境。朗读者应与诗人所表达的情感形成默契，并和诗人一起展开想象的翅膀，把诗歌的文字符号还原成引起诗人创作欲望的具体画面，即通过形象感受在我们的脑海里再现当时的情景。这样朗读者就能以富有感情的声音，准确、生动地再现诗人的心声。

第二，凭借着诗歌的内在感情来连接诗歌跳跃式的镜头。诗人要在有限的篇幅里创造出一个感人的意境，常常会选择几个最有典型性的镜头，进行大幅度的跳跃式描写。这种典型性的镜头之间是凭借着诗的内在感情来衔接的。朗读者应将这些静态的镜头通过想象和联想转化为动态的、立体的画面，使诗歌意境的传达有一个感情的依据和基础。

【示例】

黄鹤楼送孟浩然之广陵

［唐］李　白

故人西辞黄鹤楼，
烟花三月下扬州。
孤帆远影碧空尽，
唯见长江天际流。

这首诗描写了李白于黄鹤楼送别孟浩然的情景，抒发了依依不舍的离别之情。诗中的"孤帆""远影""碧空尽""天际流"是几个非常典型的、跳跃式的镜头，李白将这几个镜头组接在一起，表现自己对孟浩然依依惜别的真挚之情。李白登上可以极目千里的黄鹤楼目送朋友远去，首先望见的是"孤帆"，这只船始终牵系着他的心。继而是"远影"，船已远去，孤帆一点，已是迷茫难辨了，但依然望之不舍。再继之是"碧空尽""天际流"，船已消失在天水相接之处，转而遥望东去的长江水，尽管目力有限，但江水无穷，李白将自己的无限之情寄予无穷的江水之中。可以想象，黄鹤楼上的李白，望的神情是多么专注，望的时间是多么长久，望的感情是多么真挚。朗读时，朗读者应运用语调的变化将这些跳跃式镜头之间的空白连接起来，使之成为一个完整的整体。特别是诗歌起伏、转折、高潮的地方应衔接得当，给听者完整、清晰、动态的画面想象。

第三，借助凝练、精湛、富有表现力的语言表现诗歌的意境。诗歌的语言一般都凝练、精湛，具有极强的表现力。例如，"春风又绿江南岸"中的"绿"字，"红杏枝头春意闹"中的"闹"字，诗人经过无数次推敲、琢磨，才将诗歌的意境浓缩在这些精练而又极具表现力的字眼上。因此，在朗读时，朗读者必须深入意境中，仔细品味每一个字的深刻含义，充分挖掘诗句的内涵，酣畅淋漓地把诗歌蕴藏的诗情画意传达给听者。

（三）要充分表现诗歌的音韵美

诗歌的朗读应运用有声语言的优势，充分地表现诗歌固有的音韵之美。诗歌的音韵美主要表现在以下三个方面：

1. 韵脚的显示

韵脚是指有规律地在一定间隔的诗行末尾重复出现的具有相同韵腹和韵尾的音节。韵脚一般在诗里都是有规律地重复出现的，于是在声音上形成一种回返往复、遥相呼应、和谐优美的韵律。这也正是诗歌读起来朗朗上口、悦耳动听的关键所在。朗读时，朗读者应有意识地显示一下韵脚，或稍稍重读，或稍稍延长。有的诗歌是一韵到底的，也有的诗歌中途转韵，一首诗押好几个韵。不管是押一个韵，还是押几个韵，朗读者都必须注重韵脚的显示，以表现诗歌和谐的韵律。

2. 语调的升降

朗读诗歌不能使用同一种语调，否则会呆板、乏味。每个诗行的语调，必须服从诗行与诗行之间的组织关系，服从诗句语意、情感的表达需要。一首诗的语调只有做一些升降的调配，朗读时才能显现出诗句抑扬的变化。诗行语调的升降变化，一般比文章语调的升降明显一些。

3. 节拍的把握

诗行的节奏叫作节拍，它是音节的舒缓和拖延，是一种匀称的顿挫，与音乐的节拍不完全相同。诗行的节奏也可称为"音步"，因为节奏或长一些，或短一些，如同迈步前进一样。朗读者需要注意的是，格律诗的节拍比较整齐，一首诗中各诗行的节拍基本相同；但自由诗的节拍则不一定整齐，一首诗中有的诗行节拍多一些，有的诗行节拍少一些。自由诗的节拍应根据表情达意的需要来确定，节拍的多少不宜形成一种固定的格式。显示节奏的方法是：节拍与节拍之间有极短的间歇，或者拖长前一音节的读音，同时再配以轻重缓急的变化，这样就能显示出诗歌鲜明的节奏和优美的旋律。

思考与实践

一、诗歌的朗读技巧是什么？

二、朗读下列诗歌。

将 进 酒

［唐］李 白

君不见，黄河之水天上来，奔流到海不复回。
君不见，高堂明镜悲白发，朝如青丝暮成雪。
人生得意须尽欢，莫使金樽空对月。
天生我材必有用，千金散尽还复来。

☞音频《将进酒》

烹羊宰牛且为乐，会须一饮三百杯。

岑夫子，丹丘生，将进酒，杯莫停。

与君歌一曲，请君为我倾耳听。

钟鼓馔玉不足贵，但愿长醉不复醒。

古来圣贤皆寂寞，惟有饮者留其名。

陈王昔时宴平乐，斗酒十千恣欢谑。

主人何为言少钱，径须沽取对君酌。

五花马，千金裘，呼儿将出换美酒，

与尔同销万古愁。

茅屋为秋风所破歌

［唐］杜　甫

八月秋高风怒号，卷我屋上三重茅。

茅飞渡江洒江郊，高者挂罥长林梢，下者飘转沉塘坳。

南村群童欺我老无力，忍能对面为盗贼。

公然抱茅入竹去，唇焦口燥呼不得，归来倚杖自叹息。

俄顷风定云墨色，秋天漠漠向昏黑。

布衾多年冷似铁，娇儿恶卧踏里裂。

床头屋漏无干处，雨脚如麻未断绝。

自经丧乱少睡眠，长夜沾湿何由彻！

安得广厦千万间，大庇天下寒士俱欢颜，风雨不动安如山！

呜呼！何时眼前突兀见此屋，吾庐独破受冻死亦足！

雨　巷

戴望舒

撑着油纸伞，独自

彷徨在悠长、悠长

又寂寥的雨巷

我希望逢着

一个丁香一样地

结着愁怨的姑娘

她是有

丁香一样的颜色

丁香一样的芬芳

丁香一样的忧愁
在雨中哀怨
哀怨又彷徨

她彷徨在这寂寥的雨巷
撑着油纸伞
像我一样
像我一样地
默默彳亍着
冷漠，凄清，又惆怅

她默默地走近
走近，又投出
太息一般的眼光
她飘过
像梦一般地
像梦一般的凄婉迷茫

像梦中飘过
一枝丁香地
我身旁飘过这女郎
她静默地远了、远了
到了颓圮的篱墙
走尽这雨巷

在雨的哀曲里
消了她的颜色
散了她的芬芳
消散了，甚至她的
太息般的眼光
丁香般的惆怅

撑着油纸伞，独自
彷徨在悠长、悠长
又寂寥的雨巷

我希望飘过

一个丁香一样地

结着愁怨的姑娘

认识你真好

徐志摩

☞音频《认识
你真好》

一个人真正的魅力，

不是你给对方留下了美好的第一印象；

而是对方认识你多年后，仍喜欢和你在一起。

也不是你瞬间吸引了对方的目光；

而是对方熟悉你以后，依然欣赏你。

更不是初次见面后，就有相见恨晚的感觉；

而是历尽沧桑后，由衷倾诉说：认识你真好！

认识你真好！

虽然你不在我身边，却一直在心间。

有一种目光不远不近，却一直守望；

有一种朋友不惊不扰，却一直陪同。

最深沉的爱总是无声，最长久的情总是平淡。

每个人心里，都有一道最美丽的风景。

距离，让思念生出美丽；

懂得，让心灵有了皈依。

人生最幸福的事，莫过于认识你，有你暖暖的住在心底。

认识你真好！

这么多年后，我一回头，你还在。

我喜欢那么一种友情：

不是那么多，不是那么浓烈，

不是那么甘甜，也不是那么时时刻刻，

甚至有时候会用年、十年、半个世纪去给它计时，

它是那么少，那么真，那么长久。

若悲伤有人分担，又何尝不是一种慰藉；

若孤单有人陪伴，又何时何处不是心暖、心安。

最真的感情永远都是：

死皮赖脸中破涕为笑，心甘情愿中不厌其烦。

有些人，走着走着就进了心里，恰似故友；

有些人，走着走着就淡出视线，难以交心；

有些情，于岁月中，慢慢消融，不再刻骨铭心；

有些人，于相交中，慢慢远离，好像无影无踪；

有些事，于时光中，慢慢淡定，从此不再动心。

所以，人与人之间的相遇靠缘分，心与心相知靠真诚；

人生若有二三好友，无话不谈，不离不弃，可谓幸运……

认识你真好！

因为认识了你，我也愿意变成更好的自己。

其实我们都不需要太多，孤单时有人陪，无助时有人帮，

于心灵是一种温暖，于生命是一种感动。

因为有你，我们彼此携手前进，遇见更出色的自己。

彼岸的守望，是此岸的感动；

千里的陪同，是心中的丰盈。

最深沉的爱，总是风雨兼程；

最浓厚的情，总是冷暖与共。

一份好的感情，是两心相依的温暖，是相濡以沫的陪伴。

最真的拥有，是我在；最美的感情，是我懂。

此生四季冷暖，有人叮咛你加衣；

生活劳碌，有人嘱咐你休息，足矣。

认识你真好！此生多谢有你！

第二节　寓言的朗读

寓言是一种隐含着明显讽喻意义的简短故事。"寓"是寄托的意思，"寓言"也就是寄托之言。寓言的作者把要说明的某个事理或哲理寓于一个虚构的短小故事中，让读者自己去体味、领悟，从中获得教益。

一、寓言的特点

寓言的一个突出特点就是借事喻理，具有一定的讽刺和教育作用。寓言通常假托一个小故事来说明深刻的道理，所以"故事"和"寓意"是构成寓言必不可少的两个要素。

　　我国是世界寓言文学的发祥地之一，春秋战国是我国寓言文学最发达的时期。我们今天所熟悉的许多成语，如守株待兔、掩耳盗铃、画蛇添足等，都是出自那一时期的寓言故事。

二、寓言的朗读技巧

1. 确定寓意

　　寓意就是指寓言中所包含的道理。不同的寓言包含着不同的寓意，有的反映人们对生活的看法，有的对某种社会现象加以批评，有的对某一类人物进行讽刺，有的为人们提供某种生活的教训，有的则对一些人的某种行为进行劝诫，等等。朗读时确定寓意是至关重要的，只有确定寓意才能抓住寓言的关键所在，才能用最恰当的语气、语调来表现作品。

　　寓意通常由作者直接阐述，如寓言中开头或结尾的议论。下面这则寓言的第一自然段叙述了一个完整的故事——太阳和北风打赌以及打赌的结果，第二自然段作者点明了这则寓言的寓意。

【示例】

北风和太阳①

[古希腊] 伊　索

　　北风和太阳争论谁的威力大。他们议定，谁能剥去行人的衣裳，就算谁胜利。北风开始猛烈地刮，行人把衣裳裹紧，北风就刮得更猛。后来行人冷得厉害，又加上了更多的衣裳，北风终于刮累了，就让位给太阳。太阳先温和地晒，行人脱掉了添加的衣裳；太阳越晒越猛，行人热得难受，就把衣裳脱光，跳到附近的河里洗澡去了。

　　这故事是说，说服往往比压服更有效。

　　寓言开头或结尾明确点出寓意，朗读者把握起来就比较容易。但有些寓言的寓意是包含在整个故事之中的，需要朗读者通过生动形象的故事去领会、感悟其中深刻的道理。对于这样的寓言，朗读者就必须在理解的基础上把握其寓意。

【示例】

说谎的孩子②

[古希腊] 伊　索

　　从前有个放羊的男孩子，他每天早晨把羊赶到山坡上吃草，每天傍晚赶羊回家。

---

① 伊索，等.《伊索寓言》古希腊诗歌散文选 [M].罗念生，译.上海：上海人民出版社，2016：238-239.
② 韩进.儿童文学 [M].合肥：安徽大学出版社，2013：152-153.

一天，那孩子感到又厌烦又焦躁，因为从早到晚除了看羊吃草外，无事可干。如果现在有狼来袭击我的羊群，有没有人来帮助我呢？那孩子心里想着。

他决心试一试。"狼来了！狼来了！"那孩子高声叫喊。

村里的人听到呼救，纷纷从家里冲出来——可他们哪儿看到狼啊。

有两三回村里人惊慌地跑来，随即又笑着、骂着回去了。

后来，在一个冬天的傍晚，男孩子正打算把羊赶拢来回家时，一只狼真的来了。他从羊群发出的惊恐的"咩咩"叫声，意识到狼就在不远的地方；接着，他就发现一个长长的、灰色的、模糊的影子。放羊的男孩子吓坏了。

"狼来了！狼来了！"男孩子一边放声呼喊，一边向村子跑去。然而，这一次村里的人没有出来打狼。其中一两个人在干活儿，只抬起头朝他这边看了看，没有理睬他，他们以为男孩子又在开玩笑哩。

男孩子找不到人帮忙，结果狼把他的羊全吃掉了。

这是一则著名的道德寓言，它告诉人们：做人要诚实，因为谁也不会相信爱撒谎的人说的话，哪怕他说的是真话。这则寓言的寓意作者并没有直接用文字表达出来，朗读者必须通过对寓言故事的理解与领会，感悟、概括出寓意来。因此，朗读前确定寓意，关系到对寓言本身的把握和理解，也关系到朗读时语言表达的准确程度。

2. 抓住特点

寓言的一个突出特点是借事喻理，但每篇寓言所借的事都是不尽相同的，所以，朗读者在朗读时应注意把握每篇寓言的不同特点。例如，《乌鸦和狐狸》这则寓言告诫我们：在任何时候都应保持清醒的头脑，不要被别人的奉承搞得飘飘然。这个寓意是通过狐狸对乌鸦的奉承——硬把丑的说成美的，把刺耳的说成动听的——来体现的。朗读时，朗读者应抓住这一特点，把重点放在狐狸对乌鸦吹捧的过程上，用柔和的、细声细气的声音造型和呈弧形的语调突出狐狸的"媚"态和狡猾，同时也就更能衬托出乌鸦的愚蠢。抓住特点，也就抓住了寓言朗读的重点所在。

3. 揣摩形象

对于寓言中出现的不同形象，作者总是赋予其不同的感情色彩，或褒或贬，或讽刺，或嘲笑，或批评，或赞美，等等。朗读时，朗读者要把握作品中的形象所具有的代表性，分析这个形象所具有的特点，甚至可以分析他们各代表现实生活中的哪一类人，他们之间具有什么样的感情冲突，然后再决定用什么样的语气、语调来显示他们的个性，揭示寓意。

例如，《猴吃西瓜》这则寓言告诉我们：在生活中，如果靠不合理的推理、倚老卖老，甚至狡诈的手段，都是不能找到真理的，反而容易犯错误。故事的寓意是通过对猴王、老猴、小毛猴、短尾巴猴等形象的生动刻画来揭示的。朗读时，朗读者应通过不同的声音造型和语气、语调来塑造不同形象的个性特征。猴王虽为众猴之王，名声、地位显赫，但"腹中空空"，不知道吃西瓜该吃皮还是吃瓤。它刚愎自用，为了维护猴王的地位与尊严，自作聪明、滥用权力、发号施令。朗读猴王的语言时，语调应夸张一些，体现出它的"权威性"。老猴倚老卖老，语调宜平稳、缓慢，朗读时声音可适当苍老一些。小毛猴率直、天真、稚气，朗读时声音可稚嫩一些，可以通过气息和共鸣腔的运用加以适当调节。短尾巴猴有三寸不烂之舌，能说会道、思维敏捷，而且论点鲜明，论证有力，层层推进，富有逻辑性。但它的思考方法的错误，导致了认识的错误。表现这一典型形象时，语气、语调应表现得铿锵有力、掷地有声。朗读时，朗读者在塑造这些形象的个性特征的同时，还应显示出自己的态度和作者的讽刺意味。

4. 把握节奏

朗读寓言要求把故事的情节叙述清楚，把寓意表达明白，这就要求朗读者必须把握好朗读的节奏。什么时候读得急，什么时候读得缓，什么地方停，什么地方连，都要由作品的内容决定。例如，在《东郭先生》中，逃难之中的狼惊慌失措，而避难之后的狼却振振有词、凶相毕露。在路上走的东郭先生是悠闲自在的，而处于危难之中的东郭先生却是手足无措、战战兢兢的。在同一环境之下，狼和东郭先生的表情各不相同，朗读的节奏也应不同；前后两处背景不同，朗读的节奏也应有所变化。有不少寓言在开头或结尾插有议论，这些议论往往富有哲理并有助于点明寓意，朗读这些议论时应节奏沉稳，做到含而不露、引而不发，让听者在回味中心有所得；语调应肯定、有力，从容、扎实，不宜犹豫、飘浮、草率了结。寓言中的叙述、描写部分则可以处理得生动活泼一些。

思考与
实践

一、寓言的特点是什么？

二、朗读寓言有哪些技巧？

三、朗读下列寓言。

乌鸦和狐狸 ①

关于阿谀拍马的卑鄙和恶劣，不知告诫过我们多少遍了，然而总是没有用处，拍马屁的人总会在我们心里找到空子。

上天不知怎么赏给乌鸦一小块乳酪，乌鸦躲到一棵枞树上。它好像已经安顿下来，准备享受它的口福了。但是它的嘴半开半闭着，含着那小块美味的东西在沉思。

☞音频《乌鸦和
狐狸》

---

① 人民教育出版社语文二室.听话和说话：第二册［M］.北京：人民教育出版社，1986：215.

　　不幸，这时候跑来一只狐狸，一阵香味儿立刻使它停住了。它瞧瞧乳酪，舐舐嘴。这坏东西踮起脚偷偷地走近枞树。它卷起尾巴，目不转睛地瞅着。它那么柔和地说话，一个字儿一个字儿都是细声细气的。

　　"你是多么美丽呀，甜蜜的鸟，那脖子，唷，那眼睛，美丽得像个天堂的梦！而且，怎样的羽毛！怎样的嘴呀！只要你开口，一定是天使的声音。唱吧，亲爱的，别害臊！啊！小妹妹，说实话，你出落得这样美丽动人，要是唱得同样地美丽动人，那么在鸟类之中，你就是令人拜倒的皇后了！"

　　那傻东西被狐狸的赞美搞得昏头昏脑，高兴得连气也透不过来了。它听从狐狸的柔声劝诱，提高嗓门儿，尽乌鸦之所能，叫出刺耳的声调。

　　乳酪掉下去了！——乳酪和狐狸都没影儿了。

猴 吃 西 瓜 [①]

　　猴王找到个大西瓜。可是怎么吃呢？这个猴儿啊是从来也没吃过西瓜。忽然，它想出一条妙计，于是就把所有的猴儿都召集来了，对大家说："今天，我找到一个大西瓜，这个西瓜的吃法嘛，我是全知道的，不过我要考验一下你们的智慧，看你们谁能说出西瓜的吃法，要是说对了，我可以多赏他一份儿；要是说错了，我可要惩罚它！"

　　小毛猴一听，搔了搔腮说："我知道，吃西瓜是吃瓤儿！"猴王刚想同意，"不对，我不同意小毛猴的意见！"一个短尾巴猴说："我清清楚楚地记得我和我爸爸到我姑妈家去的时候，吃过甜瓜，吃甜瓜是吃皮，我想西瓜是瓜，甜瓜也是瓜，当然该吃皮啦！"大家一听，有道理，可到底谁对呢？于是都不由把眼光集中到一只老猴身上。老猴一看，觉得出头露面的机会来了，就清了清嗓子说道："吃西瓜嘛，当然……是吃皮啦，我从小就吃西瓜，而且一直是吃皮，我想我之所以老而不死，也正是由于吃了西瓜皮的缘故！"

　　有些猴早等急了，一听老猴也这么说，就跟着嚷起来："对，吃西瓜吃皮！""吃西瓜吃皮！"猴王一看，认为已经找到了正确的答案，就向前跨了一步，开言道："对！大家说得都对，吃西瓜是吃皮！哼，就小毛猴崽子说吃西瓜是吃瓤儿，那就叫他一个人吃，咱们大家都吃西瓜皮！"于是西瓜被一刀两断，小毛猴吃瓤儿，大家伙儿是共分西瓜皮。

---

① 人民教育出版社语文二室.听话和说话：第四册 [M].北京：人民教育出版社，1987：199.

有个猴吃了两口，就捅了捅旁边的说："哎，我说这可不是滋味儿啊！"

"咳——老弟，我常吃西瓜，西瓜嘛，就这味儿……"

第三节　童话的朗读

童话是一种通过丰富的想象、幻想和夸张来创造形象、反映生活、对儿童进行教育的文学体裁。童话是一种以幻想为基本特征，具有特殊审美价值的虚幻故事。在童话作品中，人物是虚构的，环境是假设的，情节也是离奇的。童话的语言浅显、生动而优美，情节富有趣味性，常常以夸张、拟人、象征、反复为主要表现方法。

童话独特的艺术形式与幼儿的心理、生理特点相适应，丰富的幻想有助于发展幼儿的思维能力和想象能力。同时，童话积极的思想内容又有助于陶冶幼儿的情操。因此，童话是一种深受幼儿喜爱的文学样式。

一、童话的分类

从内容来看，童话大致可分为两类：一类是文学童话，它以反映社会生活为主要内容。例如，《小马过河》通过小马过河这件事，教育幼儿遇事要多动脑筋想一想，还要亲自去试一试，不要人云亦云、盲目听信别人的话。另一类是知识童话，它以介绍科学知识为主要内容，也称为科学童话。例如，《小蝌蚪找妈妈》讲述小蝌蚪找妈妈的过程，通过"误会法"向幼儿介绍了青蛙的生长过程、外形特征和生活习性。童话作品的类别不同，朗读时的侧重点也有所不同。

二、童话的朗读技巧

1. 要有一颗"童心"

所谓"童心"，即从幼儿的心理角度出发，用幼儿的眼光来看待童话，相信童话中所发生的一切都是"真实可信"的，这是朗读童话应具备的一种心理状态。朗读者在朗读时的自我感受是给幼儿讲一件自己亲眼所见或亲身经历过的事情。这样，幼儿才会被朗读内容所吸引并积极思考，从中受到教育。例如，英国作家山姆·麦克布雷尼的《猜猜我有多爱你》是一篇让人在朗读过程中领略到天真童趣的童话，幼儿在听的过程中通过想象、动作表演和语言讲述等形式感受到兔妈妈与小兔子之间那种浓浓的母子之爱。

童话中的形象在一切文艺作品中是最为自由和广泛的，鱼虫鸟兽、花草树木、日月星辰、风霜雨雪，无所不有。童话中塑造的形象往往是现实生活中不存在的，但这些形象揭示了一定的现实意义，具有一定的象征性。在童话中，无论是有生命的还是无生命的，是有形的还是无形的，是具体的物质还是抽象的概念，都可以通过人格化的手法作为有性格、有思想、有语言、有行动的形象表现出来。朗读者绝不能因为童话中讲的都是"小儿科"的东西，就觉得别扭、不自在，调动不起朗读童话的情绪。

2. 生动与夸张相结合

朗读童话时，朗读者要使幼儿相信童话故事是"真实"的，语气应尽可能接近口语化，做到自然而流畅。童话有两种不同的语言：一种是叙述语言，它主要介绍故事情节的开端、发展、高潮、结局。朗读叙述语言时，语调要沉稳，语气要客观，把故事情节交代清楚，并准确传达作者褒、贬的态度。另一种是人物对话，人物对话可表现各种形象的特点，塑造不同形象的性格。朗读人物对话应突出各种形象的个性特征和思想感情，可以根据各种形象的特点朗读得夸张一些，但又不能失去口语自然生动的本色；应通过不同的音色、语气、语调、语速使幼儿从声音造型上感受到童话中具体的形象。例如，在《小马过河》中，老马耐心、严格，朗读时语气要亲切、沉稳；小马天真、幼稚、单纯，朗读时声音应稚嫩一些；老牛温和、老成，朗读时语速应较缓慢，声音浑厚；小松鼠热情、活泼而又性急，朗读时声音应尖细，语速较快。朗读者应把握好夸张的尺度，一切以塑造人物形象的性格为目的，表现出人物形象此时此刻在特定环境中的思想感情。

反复是童话中常用的表现手法，相同的话往往反复出现多次，在朗读重复的语言时，朗读者除了要从技巧上注重停连的不同方法、音量的高低起伏、语速的快慢调节和语调的变化外，还要根据故事情节的发展，在语气上予以区别。一般来说，童话中所重复的语言不会处于同一背景、同一状态之中，因此，朗读重复的语言就不应该只是简单地重复。例如，在《小蝌蚪找妈妈》中，小蝌蚪每找一次妈妈，都会喊一句"妈妈！妈妈！"，这句话虽然对情节发展的作用不大，但处理不好，就会显得单调、乏味。随着小蝌蚪慢慢长大，它们越发急切地寻找妈妈，如果朗读者每一次呼喊除了带上急切的心情之外，再加上欣喜的成分，就会使同样的语言表现得不雷同、不单调。

另外，有些童话往往带有一段富有教育意味的内容，例如，在《小马过河》中有老马教育小马要亲身实践，不应人云亦云的话语。朗读者在朗读这样的内容时，应用亲切和善、循循善诱的语气，引导幼儿自己去思索，以求得正确的答案，千万不能用教训人的口吻来朗读。

思考与实践

一、童话有哪些分类？

二、童话的朗读技巧有哪些?

三、朗读下列童话,体会童话朗读的童趣。

猜猜我有多爱你①

[英]山姆·麦克布雷尼　梅子涵译

☞音频《猜猜我有多爱你》

小兔子要上床睡觉了,他紧紧地抓住兔妈妈的耳朵,要妈妈好好地听他说。

"猜猜我有多爱你?"小兔子问。

"噢,我猜不出来。"兔妈妈笑眯眯地说。

"我爱你有这么多。"小兔子使劲地伸开手臂。

兔妈妈也伸开手臂,哇,兔妈妈手臂长多了。兔妈妈说:"瞧,我爱你更多呢!"

小兔子想了想,踮起脚,把手高高地举起来。"我爱你,就像我举得那么高。"

"我爱你,就像我举得那么高。"兔妈妈不用踮起脚,就把手举得很高很高,好像快摸到天花板啦。

小兔子有了好主意,他爬到床上,倒立起来说:"我爱你,就像我的脚指头那么高。"

兔妈妈抱起小兔子,把他高高地抛起来,说:"我爱你,到你的脚指头那么高。"

小兔子笑起来说:"我爱你,像我跳得那么高。"小兔子使劲地跳,使劲地蹦。

兔妈妈笑着说:"我爱你,像我跳得那么高。"妈妈轻轻地一跳,就跳得很高很高,这回真的要到天花板了。

小兔子想,我要是能跳得像妈妈那样高就好啦。小兔子动脑筋想了一想叫起来:"我爱你,出了门口,过了小路,一直到小河边上。"

兔妈妈哈哈笑起来,说:"我爱你,一直过了小河,越过大山,到了山的那一边。"

小兔子说累了,他躺到床上打了个哈欠,轻轻地说:"妈妈,我爱你,从这里一直到月亮。"

"噢,那么远。"兔妈妈和小兔子一起躺下,搂着小兔子亲了亲说:"真的非常远,非常远。"

兔妈妈听见小兔子打起了呼噜,给他盖上被子,小声地说:"好孩

---

① 方美波.幼儿文学作品导引[M].杭州:浙江大学出版社,2009:134.

子，我爱你，从这里到月亮，再……绕回来。"

猴子捞月亮[①]

在一座山上，住着一群猴子。

一天晚上，月亮又圆又亮。猴子们都下山来玩儿。它们蹦蹦跳跳，东瞧瞧，西看看，玩儿得很快乐。

一只小猴子看见一口水井。它趴在井沿儿上朝井里一看，咦！井里有一个又圆又亮的月亮。小猴子吓得撒腿就跑，一边大声叫喊："不好了！不好了！月亮掉在井里了！"

大猴子听见了，连忙跑过来，朝井里一看，真的，井里有个又圆又亮的月亮。大猴子也吓得大声叫起来："不好了！不好了！月亮掉在井里了！"

老猴子听见了，也连忙跑过来，朝井里一看，月亮果然在井里。老猴子就把猴子们都喊了来，对它们说："不得了！不得了！月亮掉在井里了！我们赶快把月亮捞上来吧。"

小猴子说："我们爬到大树上去，一个接一个倒挂下来，一直挂到井里，就可以把月亮捞上来了。"

大家说这个主意不错，都爬上了大树。老猴子用两只脚紧紧钩住了树枝，倒挂下来。大猴子从老猴子身上爬下去，用两只脚钩住老猴子的手。就这样，一个猴子接一个猴子，一直倒挂到了井里。最后一个是小猴子，听见它在井里喊："行了，行了，够得着了。"

小猴子把手伸到水里去捞月亮，井水给它一搅，月亮碎成一片儿一片儿，在水里飘荡。小猴子吓得喊了起来："唉哟，不好了！月亮给我抓破了！"

老猴子听了，生气地说："唉，这么点儿小事都干不好！月亮抓破了，可怎么办呢？"大家都埋怨起小猴子来。

一会儿，井水慢慢儿平静了，又出现了又圆又亮的月亮。小猴子高兴地喊："好了，好了，月亮又圆了！"

小猴子又伸手去捞，捞啊，捞啊，捞了半天，还是捞到一把水。小猴子捞不到月亮，急得"吱吱吱"直叫唤："唉哟！累死我了！月亮一碰就破，再也捞不起来啦！"

小猴子这么一叫唤，上边的猴子们也都叫起来了。这个说："我的腿酸了，挂不住啦！"那个说："我的手疼了，抓不紧啦！"

---

① 全国幼儿园教材编写组 . 语言［M］. 北京：人民教育出版社，1984：336.

这时候，老猴子忽然抬头一看，又圆又亮的月亮还好好儿地挂在天上，就对大家说："你们看，月亮不是好好儿地挂在天上吗？在井里的是月亮的影子。傻孩子，快上来看月亮吧！"

听老猴子这么一说，小猴子，大猴子，一个一个都爬上来。大家看着又圆又亮的月亮，"吱吱吱吱"笑起来了。

第四节 散文的朗读

散文的概念较广泛，这里所说的散文是指用凝练、生动、优美的文学语言写成的叙事、记人、状物、写景的短小精悍的文章。散文语言优美，构思巧妙，意境深远，抒情性很强。

一、散文的特点

"形散神聚"是散文的重要特点。所谓"形散"，一是指散文所选用的材料领域非常广泛，取材也十分自由，古今中外，天南地北，不受时间和空间的限制；二是指散文的结构灵活多变，不拘一格。所谓"神聚"，是指散文的立意深远，主题集中。无论散文的内容多么广泛，结构和表现方法多么灵活多变，都是为它的主题和立意服务的。

二、散文的朗读技巧

（一）厘清线索，确定主题

由于散文题材广泛、结构灵活，朗读时，朗读者不能陷于众多的材料和多变的结构中不能自拔。朗读者要厘清线索，明确主题，了解作者要表达的是怎样的思想、怎样的感情。如果朗读者曲解了作者的原意，就不能准确地代替作者说话。散文的构思都很精巧，作者在组织这些纷繁的材料时，会用一条线索把所有材料贯穿成一个有机的整体。尽管散文所选的材料不一定有完整的故事、丰满的形象和景物的全部特征，但它们都紧紧围绕文中的"神"，表达了真切的感受和深刻的启迪。所以，"神"是散文的魂，只有抓住散文的"神"，才能驾驭"形"，才能厘清文章的结构层次，才能找出文章的线索。因此，在朗读时，朗读者应注意把握文章的"神"，运用恰当的声音形式展现作品的层次结构，从而揭示出作品的主题和意境，体现出散文"形散神聚"的特点。

例如，朱自清的《荷塘月色》是一篇现实和历史交织、眼前景和心中情交织的抒情散文。作者以精湛的语言、生动的形象、渊博的知识、巧妙的构思，为我们描绘了一幅具有立体感的"荷塘月色"图。朗读者如果只注意画面的描述，而忽略了隐藏在字里行间的那种"不宁静"的心绪，就不能很好地表现作者通过情景交融的描写创造出的优美的艺术境界。

（二）感情真挚，自然朴实

散文具有很强的抒情性，作者正是凭借自己倾注在作品中的强烈感情，达到感染人、教育人的目的的。朗读者首先要让自己进入作品中，理解、感受、品味作者的情感，从而唤起心中的激情。是褒，是贬，是喜，是恶，都应随作者的情绪起伏而起伏，并通过贴切感人的声音将这些情绪准确地传达给听者。没有感情的朗读会给人平淡、乏味的感觉，但过于夸张、做作的朗读也会令人厌烦。朗读散文时感情的处理应把握好尺度。虽然散文的抒情性很强，但一般说来，散文的朗读没有感情上的大起大落，只要感情真挚，娓娓道来，便会让人心领神会。因此，朗读散文时，感情要真实、朴素、自然、亲切，语速不宜太快，朗读者如同把自己的所见所闻告诉听者一样，使听者获得一种美的享受。

（三）抓住特点，挥洒自如

散文是一种灵活自由、不受拘束的文学体裁，但不同类型的散文具有不同的特点，朗读时表达的侧重点也有所不同。

1. 叙事散文朗读的侧重点

叙事散文是指侧重写人记事，有较完整情节的散文。朗读这类散文时，朗读者应着力表现人的特征、事的来龙去脉，以及蕴含在人和事背后的深层含义。例如，《落花生》这篇散文语言平实，通过家人之间的对话，深入浅出地阐释了一个做人的道理。朗读者应把侧重点放在叙述情节的前因后果、来龙去脉上，语气平稳，语速适中，尤其是父亲那段语重心长的话语，更应娓娓道来，不能用教训的口吻。又如，《父亲的爱》以一件件生活的琐事勾画出了一个充满爱心而又不善于言辞的父亲的形象。文章的语言朴素，但又饶有趣味。朗读者要把表现的侧重点放在对父亲形象的刻画上，侧重在平凡琐事中表现出伟大的父爱；朗读时语气要轻松、平实。

2. 状物散文朗读的侧重点

状物散文是指以状物绘景为主，叙写风土人情、托物言志、情景交融的散文。朗读这类散文时，朗读者应着力于景的差异性、物的独特性，通过景中之情、物中之志来传达作者的心声。例如，巴金的《海上日出》是一篇写景的散文，具体描写了日出前、日出时、日出后的不同景色。朗读时，朗读者应把侧重点放在不同景色的变化上，表现出不同景色的差异和各自的特征；同时，从等待日出到欣赏日出再到感受日出，要表现出作者期待、欣喜、兴奋、赞颂的感情色彩。朗读者的语气要沉稳，语速可随着景色的变化进行调节。又如，高尔基的《海燕》是一篇感情炽烈、语言精练、极具节奏感的散文。它托物言志，通过对海燕的描绘，赞颂了海燕大无畏的英雄气概，也抒发了作者追求胜利的坚定信念。海燕的形象具有一定的象征性，作者将它同海鸥、海鸭、企鹅进行对比，从而突出海燕的勇敢与自信。朗读这篇散文时，朗读者要充满激情，把握好朗读的语速和节奏，着重表现海燕对暴风雨无所畏惧的形象特征。

3. 抒情散文朗读的侧重点

抒情散文是指那些以自由的笔墨抒发作者心灵感受与生命体验的艺术性散文。朗读这一类散文时，朗读者应着力因感生情、缘景抒情，表达作者寄托在作品中的美好情感。例如，朱自清的《春》，把春天万物复苏、生机盎然的景象描写得充满了诗情画意，字里行间透出了浓浓的春意和勃勃的生机，给人一种既充满生活气息又奋发向上的心灵感受。文章写得非常优美，并多次用了短句和排比的表现手法。朗读这篇散文时，朗读者要用舒缓的节奏，语调轻柔、语气舒展自如，以给听者带来充满春意的美好心灵感受。又如，《家乡的桥》通过家乡桥的蜕变，表现了农村的巨大变化，抒发了作者对家乡的思念和对家乡巨大变化的欣喜之情。文章语词华美，感情浓烈，作者儿时的希望和遐想，终于变成了美好的现实。朗读这篇散文时，朗读者应用颂扬的语气，节奏舒缓，语调自然，避免夸张做作；应当传递出梦想成真后的喜悦之情。

思考与
实践

一、散文的特点是什么？

二、散文的朗读技巧有哪些？

三、朗读下列散文。

☞音频《海燕》

海　燕①

[俄] 高尔基

在苍茫的大海上，狂风卷集着乌云。在乌云和大海之间，海燕像黑色的闪电高傲地飞翔。

一会儿翅膀碰着波浪，一会儿箭一般地直冲云霄，它叫喊着，——在这鸟儿勇敢的叫喊声里，乌云听到了欢乐。

在这叫喊声里，充满着对暴风雨的渴望！在这叫喊声里，乌云感到了愤怒的力量、热情的火焰和胜利的信心。

海鸥在暴风雨到来之前呻吟着，——呻吟着，在大海上面飞蹿，想把自己对暴风雨的恐惧，掩藏到大海深处。

海鸭也呻吟着，——这些海鸭呀，享受不了生活的战斗的欢乐：轰隆隆的雷声就把它们吓坏了。

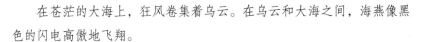

① 刘照雄. 普通话水平测试大纲 [M]. 长春: 吉林人民出版社, 1994: 549.

愚蠢的企鹅，畏缩地把肥胖的身体躲藏在峭崖底下……只有那高傲的海燕，勇敢地、自由自在地，在翻起白沫的大海上面飞翔。

乌云越来越暗，越来越低，向海面压下来；波浪一边歌唱，一边冲向空中去迎接那雷声。

雷声轰鸣。波浪在愤怒的飞沫中呼啸着，跟狂风争鸣。看吧，狂风紧紧抱起一堆巨浪，恶狠狠地扔到峭崖上，把这大块的翡翠摔成尘雾和水沫。

海燕叫喊着，飞翔着，像黑色的闪电，箭一般地穿过乌云，翅膀刮起波浪的飞沫。

看吧，它飞舞着，像个精灵——高傲的、黑色的暴风雨的精灵，——它一边大笑，它一边高叫……它笑那些乌云，它为欢乐而高叫！

这个敏感的精灵，从雷声的震怒里早就听出困乏，它深信乌云遮不住太阳，——是的，遮不住的！

风在狂吼……雷在轰响……

一堆堆的乌云像青色的火焰，在无底的大海上燃烧。大海抓住金箭似的闪电，把它熄灭在自己的深渊里。闪电的影子，像一条条的火舌，在大海里蜿蜒浮动，一晃就消失了。

——暴风雨！暴风雨就要来啦！

这是勇敢的海燕，在闪电之间，在怒吼的大海上高傲地飞翔。这是胜利的预言家在叫喊：

——让暴风雨来得更猛烈些吧！……

一个美丽的故事（节选）[1]
张玉庭

有个塌鼻子的小男孩，因为两岁时得过脑炎，智力受损，学习起来很吃力。打个比方，别人写作文能写两三百字，他却只能写三五行。但即便这样的作文，他同样能写得很动人。

那是一次作文课，题目是"愿望"。他极其认真地想了半天，然后极认真地写，那作文极短，只有三句话：我有两个愿望。第一个是，妈妈天天笑眯眯地看着我说："你真聪明。"第二个是，老师天天笑眯眯地看着我说："你一点儿也不笨。"

于是，就是这篇作文，深深地打动了他的老师，那位妈妈式的

———————————
① 国家语委普通话培训测试中心.普通话水平测试实施纲要［M］.北京：商务印书馆，2004：434.

老师不仅给了他最高分，在班上带感情地朗读了这篇作文，还一笔一画地批道：你很聪明，你的作文写得非常感人，请放心，妈妈肯定会格外喜欢你的，老师肯定会格外喜欢你的，大家肯定会格外喜欢你的。

捧着作文本，他笑了，蹦蹦跳跳地回家了，像只喜鹊。但他并没有把作文本拿给妈妈看，他是在等待，等待着一个美好的时刻。

那个时刻终于到了，是妈妈的生日——一个阳光灿烂的星期天。那天，他起得特别早，把作文本装在一个亲手做的美丽的大信封里，等着妈妈醒来。妈妈刚刚睁眼醒来，他就笑眯眯地走到妈妈跟前说："妈妈，今天是您的生日，我要送给您一件礼物。"

果然，看着这篇作文，妈妈甜甜地涌出了两行热泪，一把搂住小男孩儿，搂得很紧很紧。

是的，智力可以受损，但爱永远不会。

第五节　小说的朗读

小说是以塑造人物为中心，通过完整的故事情节和具体的环境描写，反映现实生活的叙事作品。

一、小说的要素

人物、故事情节、环境是构成小说的基本要素。

塑造人物形象是小说的中心任务。小说塑造人物形象是通过多个侧面、多个细节进行的。小说中的人物不同于一般记叙文中的人物。一个成功的小说人物形象，必须具有鲜明的性格特征，作者一般运用各种表现手法，通过人物的言行举止、音容笑貌和心理活动，细致入微地刻画典型人物的典型性格。

故事情节是小说描写生活事件发生、发展和演变的过程与结果，它是人物性格形成、发展的轨迹。只有在完整的故事情节中，人物形象才能得以表现。故事情节是由矛盾冲突构成的，它一般包括开端、发展、高潮、结局四个部分。

故事情节的发展必须基于一个具体的客观环境，小说中的客观环境包括社会环境和自然环境。小说中环境的描写能使人物性格得以充分发展，增强作品的真实性。小说的创作不受任何时空的限制，也不受真人真事的限制，为了更真实地反映广阔的社会生活，表现人物之间的复杂关系，作者往往对人物、事件的历史背景和社会条件进行深入细致的描绘，具体、充分地展现各种不同的社会环境和自然环境。

二、小说的朗读技巧

朗读小说时，朗读者首先要了解整个故事情节开端、发展、高潮、结局的多样性结构，了解人物的性格特征及发展过程，了解作品的主题思想，把握全篇的基调与节奏。朗读者必须着力于人物语言、行为、心理的特征性刻画，从人物在特定环境下的特定言行中，展示人物的精神面貌，突出其个性化的性格特征。

如果朗读的是小说的节选部分，朗读者也一定要先通读全篇，分析理解，具体感受，准确把握节选部分与全篇的关系。如：节选部分居于全篇的什么位置？故事情节发展到什么地步？人物性格发展到什么阶段？小说是怎样安排人物命运的？体现了哪些方面的主题思想？等等。朗读者将节选部分的来龙去脉搞清楚了，就能准确地把握朗读的基调与节奏。

小说的朗读应注意以下几个方面：

（一）叙述语言的朗读

小说的故事情节，基本上是用叙述的方法来展示的，通过叙述交代情节的开端、发展、高潮、结局。没有叙述只有纯对话的小说，很少见到。朗读叙述语言时，语气要舒缓，语速适中，语调从容、平稳，没有大起大落的感觉；语流要顺畅，表达要清晰，犹如朗读者在讲述一件自己亲眼所见的事一样，给人自然亲切感。随着情节的发展，根据小说内容的起伏，朗读者可以灵活地变换语气、语调和语速，但仍以从容、平稳为主，前后语气统一。因为过分地渲染叙述语言，容易使听者产生思维上的顿歇，也会不同程度地影响人物形象的塑造。

（二）描写语言的朗读

塑造人物形象，离不开人物所处的生活环境。塑造典型的环境，必须借助描写。离开了环境的描写，人物的思想行为就失去了依据，也就不能显示出时代的特征。小说中社会环境的描写主要交代作品的时代背景，自然环境的描写具体交代人物活动的地点、季节、气候、时间和场景。这两个方面的环境描写对表现人物的身份、地位、性格、心情以及渲染气氛有很大的作用。朗读时，朗读者应展开丰富合理的联想与想象，运用形象感受的方法，使小说的文字语言转化为可以观照的具体、形象的画面，给听者身临其境的感觉。同时，朗读者应根据作品的主题和环境描写的具体内容，确定相应的朗读基调，在此基础上再进行绘声绘色的适当的渲染。

【示例】

这时候，我的脑里忽然闪出一幅神异的图画来：深蓝的天空中挂着一轮金黄的圆月，下面是海边的沙地，都种着一望无际的碧绿的西瓜，其间有一个十一二岁的少年，项带银圈，手捏一柄钢叉，向一匹猹尽力地刺去，那猹却将身一扭，反从他的胯下逃走了。

　　这是鲁迅小说《故乡》中一段关于少年闰土的描写，刻画了闰土天真、淳朴的形象，朗读时语气、语调可轻快一些，尽可能读得充满诗情画意。因为作者的意图，正是将少年时代的闰土和后来现实生活中麻木、衰老的闰土进行鲜明的对照，以突出作品的主题。

【示例】

　　月亮升起来，院子里凉爽得很，干净得很，白天破好的苇眉子潮润润的，正好编席。女人坐在小院当中，手指上缠绞着柔滑修长的苇眉子。苇眉子又薄又细，在她怀里跳跃着。

　　要问白洋淀有多少苇地？不知道。每年出多少苇子？不知道。只晓得，每年芦花飘飞苇叶黄的时候，全淀的芦苇收割，垛起垛来，在白洋淀周围的广场上，就成了一条苇子的长城。女人们，在场里院里编着席。编成了多少席？六月里，淀水涨满，有无数的船只，运输银白雪亮的席子出口。不久，各地的城市村庄，就全有了花纹又密又精致的席子用了。大家争着买："好席子，白洋淀席！"

　　这女人编着席。不久在她的身子下面，就编成了一大片。她像坐在一片洁白的雪地上，也像坐在一片洁白的云彩上。她有时望望淀里，淀里也是一片银白世界。水面笼起一层薄薄透明的雾，风吹过来，带着新鲜的荷叶荷花香。

　　这是孙犁的小说《荷花淀》的开头。这段非常优美的环境描写引出了小说的主要人物——水生嫂，点明了她劳动的时间和环境，写得充满诗情画意。形象、贴切的比喻将她劳动的场面诗化了。在"一片银白世界"里，"一层薄薄透明的雾"和"新鲜的荷叶荷花香"牵系着水生嫂惦念丈夫的情思。情景相生的环境描写不仅衬托人物，还为故事情节的展开作了铺垫，激发起人们对战争的痛恨和对生活的热爱之情。朗读这段环境描写时，语调宜舒缓，语气清新、柔和，语速不宜太快，以渲染情景交融的秀丽画面。

（三）人物对话的朗读

　　小说朗读中最自由、最生动的是人物的对话，也是朗读者最不容易把握的语言。人物对话能显示人物的性格特征。小说中人物的性格是多样化的，每个人物都应该有"自己的"语言，而且随着情节的推移，人物语言也要随着性格的形成、发展而变化。忽略了这一点，朗读容易形成单一的人物语言模式，使人物形象缺乏个性。朗读者要想鲜明地再现人物形象，必须抓住人物的性格特征，可以从"外形"和"内心"两个方面去把握：外形方面要察其细、观其变；内心方面要觉其动、感其深。朗读者把人物的"外形"与"内心"紧密地结合起来，才能使人物形神兼备、栩栩如生。

【示例】

　　女人们到底有些藕断丝连。过了两天，四个青年妇女集在水生家里来，大家商量：

"听说他们还在这里没走。我不拖尾巴，可是忘下了一件衣裳。"

"我有句要紧的话得和他说说。"

水生的女人说：

"听他说鬼子要在同口安据点……"

"哪里就碰得那么巧，我们快去快回来。"

"我本来不想去，可是俺婆婆非叫我再去看看他，有什么看头啊！"

《荷花淀》中这段精彩的人物对话写出了女人们思念自己的丈夫，一起商议准备去探望丈夫的急切心情。尽管女人们内心思念丈夫，但由于羞涩，大家都没有明白地说出来，而各自找出一些天真的借口来掩饰自己对丈夫的思念。简短的语言表现了人物的不同性格，使人物形象跃然纸上，如第一个女人的腼腆，第二个女人的急切，第三个女人——水生女人的谨慎，第四个女人的爽快，第五个女人的忸怩。

朗读人物对话时，朗读者首先要根据小说通篇对各个人物的介绍和描写，设计出各个人物的基本语气。朗读者以各个人物的基本语气为原型，并以此时此地、此情此景为条件加以变化，体现各个人物在特定环境中的语言性格，读出"这一个"人物来。

值得注意的是，朗读不是表演，它不需要朗读者去扮演小说中的人物，只要求在不改变自己音色的情况下，尽可能从语气、语调、停连、节奏上加以表现。如果朗读者分寸把握得不好，朗读带有表演的痕迹，就会破坏小说情节的连贯性。

小说是反映现实生活的。在现实生活中人们的对话受地位、场合、环境、背景、心理的影响，会呈现出不同的特点，朗读人物对话也不能违背生活的本来面貌，应当尽可能做到生活化。"千人一腔"的朗读语言是缺乏个性、脱离生活的。朗读语言必须是活生生的生活语言，但它又不等同于拉家常式的自然语言，它比自然语言更规范、典型、生动，更具有美感。朗读对话时，朗读者必须深入挖掘语句的实质和目的，不仅仅再现出作品中人物是怎么说的，更重要的是强调人物说了些什么，把不同的人物，人物的不同心情，人物语言的发展和变化，通过有声语言展现出来，从而塑造出性格鲜明、形象丰满的典型人物。

（四）叙述语言、描写语言、对话的有机结合

在小说中，叙述语言、描写语言与对话是交替出现的，一会儿是叙述的语言，一会儿又穿插人物的对话，转而又是环境的描写。朗读者必须将这三者有机地结合起来，构成一个完整的故事情节，塑造出栩栩如生的人物形象，展现作品的主题思想。要做到叙述语言、描写语言、对话的有机结合，关键要解决一个"进"和"出"的问题。所谓"进"，是指朗读时朗读者的思想感情能马上进入某个人物或某种场景中去。所谓"出"，是指朗读者的思想感情又能马上跳出原

先的人物或场景，转移到别的地方去。在小说中，叙述语言、描写语言、对话的作用各不相同，朗读时，朗读者可以从叙述语言、描写语言进入对话，也可以由对话跳回到叙述语言或描写语言，如此循环，直到朗读结束。因此，朗读者应做到能进能出，挥洒自如。叙述语言是沉稳从容的，描述语言是形象生动的，对话是个性鲜明的，在掌握了这三个方面的朗读要求之后，三者之间的有机结合就会自然而流畅。如果这三个方面的朗读要求掌握得不好，叙述语言、描写语言、对话混杂在一起，听者就弄不清楚是怎么回事，朗读也会因达不到自身的目的而失去意义。

思考与实践

一、小说的要素是什么？

二、小说的朗读技巧有哪些？

三、朗读下列小说。

祝福（节选）

鲁　迅

她不是鲁镇人。有一年的冬初，四叔家里要换女工，做中人的卫老婆子带她进来了，头上扎着白头绳，乌裙，蓝夹袄，月白背心，年纪大约二十六七，脸色青黄，但两颊却还是红的。卫老婆子叫她祥林嫂，说是自己母家的邻舍，死了当家人，所以出来做工了。四叔皱了皱眉，四婶已经知道了他的意思，是在讨厌她是一个寡妇。但看她模样还周正，手脚都壮大，又只是顺着眼，不开一句口，很像一个安分耐劳的人，便不管四叔的皱眉，将她留下了。试工期内，她整天的做，似乎闲着就无聊，又有力，简直抵得过一个男子，所以，第三天就定局，每月工钱五百文。

大家都叫她祥林嫂；没问她姓什么，但中人是卫家山人，既说是邻居，那大概也就姓卫了。她不很爱说话，别人问了才回答，答的也不多。直到十几天之后，这才陆续的知道她家里还有严厉的婆婆；一个小叔子，十多岁，能打柴了；她是春天没了丈夫的；他本来也打柴为生，比她小十岁：大家所知道的就只是这一点。

日子很快的过去了，她的做工却毫没有懈，食物不论，力气是不惜的。人们都说鲁四老爷家里雇着了女工，实在比勤快的男人还勤快。到年底，扫尘，洗地，杀鸡，宰鹅，彻夜的煮福礼，全是一人担当，竟没有添短工。然而她反满足，口角边渐渐的有了笑影，脸上也白胖了。

老人与海（节选）

［美］海明威

☞音频《老人
与海》

太阳落下去了，夜晚来临，老人感到寒冷。他望着满天的星星，他的那盏哈瓦那鱼灯也不像从前那么亮了，那条鱼拖着老人的船在海上游了一夜。老人没想到，等待一场博斗需要这么长的时间。

"我已经感到了你的力量，让我们面对面地斗一斗吧。我老了，没什么力气。我虽然跟你磨了三天，其实我等了你一辈子了。来吧，来吧，让我看看你是谁？我知道你是谁，用你的大尾巴来拍碎我的船，用你那坚硬的长尾来刺穿我的身体吧。"

那条大鱼挣扎着向老人的小船冲过来，它游得那么的快，那么的有力，坚硬的长尾就像一把利剑。老人觉得自己快要撑不住了，他用软绵的双手努力地握紧了鱼叉，将鱼叉举过头顶，他把鱼叉举到了不可能再高的高度。

老人拼尽他最后的生命，将鱼叉扎入了大鱼胸鳍后面的鱼腰里，那鳍挺在空中高过老人的胸膛，老人扎中了大鱼的心脏。大鱼生机勃勃地做了最后的一次挣扎，它跳出水面，跃向空中，把它的长，把它的宽，把它的威力和它全部的美毫无保留地展现了出来。尔后，轰然一声落入水中。

老人他赢了，他战胜了自己，战胜了那条大鱼，那条他一生都没有见过的美丽的大鱼。

这时候，一群无所畏惧的鲨鱼正嗅着血迹，朝这里涌来。成群结队的鲨鱼向老人的战利品——那条系在船边的大鱼，发起了猛攻。

那撕咬鱼肉的声音让老人再一次地站立起来，他重新举起鱼叉，悲壮地站在了船头。

"你们可以杀死我，你们就是打不败我，永远、永远打不败我！"

第四章　幼儿文学作品表演

✑ 训练目标

1. 了解幼儿接受文学作品的特殊性和幼儿文学作品的不同特征，掌握幼儿文学作品表演的基本要素和技巧。

2. 通过幼儿诗歌朗诵与表演、幼儿故事讲述与表演、幼儿戏剧表演的学习与训练，提高对幼儿文学作品表演的认识与实践能力。

第一节 幼儿文学作品表演概述

幼儿园语言教育对幼儿起着启蒙心智、锻炼口语并且使幼儿获得愉悦和快乐感受的作用。幼儿文学是为适应0—6岁这个阶段幼儿的接受特点而创作或改编的文学。

一、幼儿接受文学作品的特殊性

幼儿文学作品用贴近幼儿的语言来反映幼儿的生活和内心世界，符合幼儿的思维特点与认知心理，因此容易被幼儿理解和把握。幼儿所处的身心发展阶段及其特殊性，决定了幼儿接受文学作品的方式有别于成人。

幼儿在理解、接受、鉴赏文学作品的时候，除了通过听教师或家长的朗读或讲述来认知、感受、体验幼儿文学作品外，还通过扮演、模仿的方式，把自己幻化成作品中的主人公，去体验主人公的遭遇，以游戏的心态追求快乐的体验。

游戏是幼儿的天性，幼儿渴望长大，希望参与成人世界的活动。但由于生活经验不足，幼儿只能采取游戏的方式去扮演、模拟现实生活中的情境，在游戏中认识自己、认识社会。所以，在幼儿园语言教育中，幼儿特别喜欢直接参与文学作品的表演，从中得到愉悦、快乐的审美体验。运用游戏方法进行教育，是幼儿园语言教育常用的方法之一。教师必须在幼儿理解诗歌、童话、故事内容，熟悉人物对话以及体会角色心理的基础上，指导幼儿正确地运用语言、动作、表情等扮演角色，再现故事情节。

幼儿文学对幼儿的启蒙是在快乐的前提下进行的，幼儿喜爱游戏的天性也决定了幼儿文学带有很强的游戏性。有的幼儿文学作品并不一定蕴含深奥的道理，而只是单纯地逗乐，但能让幼儿在接受文学熏陶的过程中充分享受到游戏的乐趣。

【示例】

拔 萝 卜

春天，老公公买到一粒特殊的种子，他把奇怪的种子种到了地里。没过几天，就长出了一个萝卜。于是，老公公天天都给萝卜浇水。老公公对着萝卜说："长吧，长吧，萝卜啊，长得甜啊！长吧，长吧，萝卜啊，长得大啊！"萝卜就像听懂了老公公的话一样，越长越大，大得像房子一样。

秋天，老公公来拔萝卜啦。他拉住萝卜叶子，"嗨哟，嗨哟"拔呀拔，拔不动。老公公叫老婆婆来帮忙，老公公喊："老婆婆，老婆婆，快来帮忙拔萝卜！""唉——来了，来了。"老婆婆拉着老公公，老公公拉着萝卜叶子，"嗨哟，嗨哟，拔萝卜；嗨哟，嗨哟，拔不动。"

老婆婆喊："小姑娘，快来帮忙拔萝卜！""唉——来了，来了。"小姑娘拉着老婆婆，老婆婆拉着老公公，老公公拉着萝卜叶子，"嗨哟，嗨哟，拔萝卜；嗨哟，嗨哟，拔不动。"

小姑娘喊："小花狗，快来帮忙拔萝卜！""汪汪汪！来了，来了。"小花狗拉着小姑娘，小姑娘拉着老婆婆，老婆婆拉着老公公，老公公拉着萝卜叶子，"嗨哟，嗨哟，拔萝卜；嗨哟，嗨哟，拔不动。"

小花狗喊："小花猫，快来帮忙拔萝卜！""喵喵喵！来了，来了。"小花猫拉着小花狗，小花狗拉着小姑娘，小姑娘拉着老婆婆，老婆婆拉着老公公，老公公拉着萝卜叶子，"嗨哟，嗨哟，拔萝卜；嗨哟，嗨哟，拔不动。"

小花猫喊："小老鼠，快来帮忙拔萝卜！""吱吱吱！来了，来了。"小老鼠拉着小花猫，小花猫拉着小花狗，小花狗拉着小姑娘，小姑娘拉着老婆婆，老婆婆拉着老公公，老公公拉着萝卜叶子，"嗨哟，嗨哟，拔呀拔。"大伙儿使劲地拔呀拔，累得满头大汗。大萝卜有点松动了。于是，大家再用力地拔呀拔，大萝卜终于拔出来了！

看着这个比房子还大的萝卜，老公公可高兴啦！小姑娘和小动物们围着萝卜又蹦又跳。为了把大萝卜运回家，老公公又做了一个好大好大的推车。大伙儿一起使劲地把萝卜推上了车，高高兴兴地帮老公公和老婆婆把萝卜拉回了家。

示例中的教师对俄国作家阿·托尔斯泰的经典童话名篇《拔萝卜》进行了改编，幼儿对拔萝卜的情节很感兴趣，教师让幼儿表演这个童话故事，他们全身心地投入其中，在"嗨哟，嗨哟，拔萝卜；嗨哟，嗨哟，拔不动"的富有节奏感的用力呼喊中，在终于拔出大萝卜的欢乐中，得到与身体运动相符合的愉悦感受。因此，幼儿文学作品表演能满足幼儿强烈的求知欲、好奇心和游戏心理，切合幼儿心灵深层的精神需要。

二、幼儿文学作品表演的基本要素

幼儿文学作品表演是幼儿在教师的指导下完成的。指导幼儿文学作品表演，教师首先要掌握一定的表演技巧。表演是实践性极强的艺术学科，表演之难在于不是有了正确的观念，明确了表演的道理就能有精彩的表演，而是需要丰富的技巧、反复磨砺的感觉与领悟过程。

表演艺术具有假定性的特征，表演技巧的基础训练是让幼儿建立正确的表演观念，掌握多元素的表演方法，努力达到演员与角色统一、艺术与生活统一、体验与体现统一的艺术境界。优秀的表演必须符合生活的真实，反映生活的实质，同时又是生活的艺术升华。优秀的演员必须具备理解力、想象力、表现力三种基本素质，创造角色时要将内心与形体融为一体，使表演既动于衷又形于外。

幼儿文学作品表演虽然不要求像专业演员那样有专业到位的表演，但仍要求教师具有理解力、想象力、表现力三种基本素质。例如，对幼儿文学作品主旨的理解分析与感情基调的整体把握，对作品中情节与人物形象的想象与感受，如何用恰当的语言与适度的形体动作、面部表情等去表现人物的性格特征，等等。因此，理性分析、感性体验、艺术体现是幼儿教师指导幼儿进行幼儿文学作品表演的基本能力。

（一）表演语言的基本要求与训练

1. 表演语言的基本要求

表演是供观众欣赏的艺术，语言是表演的基本要素之一。由于表演的空间、条件、手法和技巧的不同，表演语言除了朗读作品时所要求的声音抑扬顿挫、轻重缓急的表达技巧变化之外，比朗读语言在技巧上更要求夸张、鲜明，否则就达不到舞台语言"听得清，听得懂；要动听，要感人"的要求。因此，表演语言非常强调吐字归音的延伸和音量的加大，表演者必须将吐字归音的过程拉长、延伸，字头咬紧，声调提高，加大音量，抬高发声位置，发挥共鸣腔的作用，以达到音域幅度宽，声音响度大、亮度强，具有穿透力的效果。这样，坐在后面的观众才能听得清楚。同时，表演语言必须强化重音、停顿和语调等表达技巧。表演语言运用大起大落、跌宕起伏极为鲜明的重音、停顿和语调，能使舞台表演产生较强的表现力和感染力。表演语言与生活语言相比存在虚实、远近的区别，表演语言就像是生活中的远距离说话，需要加大表演的强度与力度。表演语言主要有以下几个基本要求：

（1）人物语言性格化

表演时人物角色之间的对话称为对白，它是台词的基本形式。儿童剧、童话剧、儿童歌舞剧都是借助人物的对白来刻画人物、发展情节、表现主题的。生活中人们由于年龄、职业、身份、经历、爱好、修养等的不同，会形成各自独特的个性、气质、风格与语言表达方式。同时，性格迥异的人在特定的场合，言谈举止也会有一定的差异。因此，表演时，表演者在处理性格化的对白语言时，必须了解角色的音容笑貌，按照角色的思想感情、行为逻辑生动地再现人物的视觉形象。

对白是展现人物内心活动的手段，表演时，对白既要符合人物的年龄、个性等特点，又要切合人物的思想感情，把握角色积极的、活跃的、具体的思想活动，充分展现人物的内心世界，增强人物的立体感，使观众既能感受到人物的风姿，又能触摸到人物的心理脉络。

【示例】

《两只笨狗熊》是一个根据匈牙利民间故事改编的童话故事，主要讲述狗熊兄弟大黑与小黑为了分一块干面包，互不相让，都怕对方多分一点儿而自己吃亏，于是上了狐狸大婶的圈套，最后让狐狸大婶占了便宜。表演这个童话故事时，表演者首先应把握狗熊兄弟稚拙蠢笨、斤斤计较、互不谦让和狐狸大婶虚伪、狡猾的性格特点，然后根据其性格特点设计人物角色的表演语言。在角色的声音造型上，狗熊兄弟显得笨拙、幼稚，音调低而节奏慢；狐狸大婶则音调高，并用带有弧形的语调表现它的妩媚、虚伪和故意捉弄狗熊兄弟的狡猾心理。表演语言应根据不同人物角色的性格特征尽量表现出角色之间的反差，反差越大，则人物形象之间的差异就越明显，人物形象的性格也就越鲜明。

（2）准确挖掘潜台词

潜台词是指潜藏于人物台词中的实质性意思，没有说尽的意思或者言外之意。潜台词是对白中展示人物心灵的一种特殊的语言形式。通常剧本中矛盾冲突的高峰，特别是剧中人物之间那种针锋相对、气势逼人的对白，往往就是潜台词产生的地方。潜台词既有助于刻画人物性格，又有利于掀起剧情波澜，推动情节向纵深发展。

潜台词是剧本中没有写出来的角色的思维活动，它紧紧依附于台词，是人物内心活动的直接表露，全凭表演者的自我感觉去寻找剧中无声语言的实质，因此就存在准确与否的问题。有时同样一句台词，往往有不同的潜台词。有时台词的表面意思和内在含义相反，有时人物说的和真实的想法不一致，或者用言辞掩盖其真实的思想。表演者创造角色时，必须挖掘台词字里行间的深层含义，确定和丰富潜台词，通过创造性地处理人物语言，把台词表面意思之外的深层含义揭示、体现出来，使人物形象更立体、更丰满。

【示例】

"你听见了没有？"这一句台词我们可以从人物的语言、行动上去挖掘（表4-1）。

表4-1　准确挖掘潜台词示例

台词	行动	潜台词
你听见了没有？	质问	为什么不说话？
	警告	不然我可不客气啦！
	提醒	你可得注意点儿了！
	讥讽	别在那儿装糊涂了！
	恐吓	你敢说你没听见？
	哀求	快点儿帮我一把吧！

从示例中可以看出，只有把台词的语言、行动分析得准确，才能挖掘出最能表达台词真实含义的潜台词。表演者只有掌握了最准确的潜台词，才能最确切、最生动地表现人物的行动。

找准了潜台词，表演者可以利用态度和语气的变化、语势和音量的变化、重音和语调的变化、尾音或感叹词的变化以及表情动作的变化等来表现人物的内心世界，塑造出真实可信、生动鲜明的人物形象。

2. 表演语言训练

（1）尝试给《米老鼠和唐老鸭》《喜羊羊与灰太狼》等动画片片段配音，根据不同的角色使用不同的声音造型和语气、语调展现人物的性格，塑造不同的人物形象。

（2）用下面的材料进行人物对白表演练习。要求了解剧情，准确把握潜台词，把握人物的内心活动，表现人物的真实情感，塑造人物的个性特征。

话剧《雷雨》片段

鲁四凤　妈，您回来了。

鲁侍萍　啊，你忙着送周家的少爷，没顾着看见我。

鲁四凤　周家二少爷是他母亲叫他来的。

鲁侍萍　我听你哥哥说，你们谈了半天了。

鲁四凤　你是说周家二少爷？

鲁侍萍　啊，他都说了些什么？

鲁四凤　没有什么，都是些平平常常的话。

鲁侍萍　真的？

鲁四凤　哥哥跟您说了些什么？

鲁侍萍　凤儿……

鲁四凤　妈，您怎么啦？

鲁侍萍　凤儿，妈是不是挺疼你？

鲁四凤　妈，您为什么说这些话？

鲁侍萍　那我求你一件事。

鲁四凤　妈，您说。

鲁侍萍　你得告诉我，你跟周家的孩子究竟是怎么回事？

鲁四凤　哥总是瞎说八道的——他跟您说了什么？

鲁侍萍　不是，他没说什么，妈要问你！（远处的雷声。）

鲁四凤　妈，您为什么问这个？我不跟您说过么？一点也没什么。妈，没什么！（远处的雷声。）

鲁侍萍　你听，外面打着雷。可怜的妈，我的女儿在这些事上不能再骗我了！

鲁四凤　（顿）妈，我不骗您！我不是跟您说过，这两年——

鲁贵的声音　（在外屋）侍萍，快来睡觉吧，不早了。

鲁侍萍　别管我，你先睡你的。（对四凤）你说什么？

鲁四凤　我不是跟您说过，这两年，我天天晚上——回家的？

鲁侍萍　孩子，你可要说实话，妈经不起再大的委屈啦。

鲁四凤　妈，您为什么不信您自己的女儿呢？妈——

鲁侍萍　可怜的孩子，不是我不信你，我是太不相信这个世道上的人了。傻孩子，你不懂，妈的苦多少年是说不出来的，你妈就是在年轻的时候没有人来提醒，——可怜，妈就是一步走错，就步步走错了。孩子，我就生了你这么一个女儿，我的女儿可不能再像她妈妈似的。孩子，你疼我！你要是再骗我，你就是杀了我了，我的苦命的孩子！

鲁四凤　不，妈，我以后永远是妈的了。

鲁侍萍　我在这儿一天就担心一天，我们明天一定走，离开这儿。

鲁四凤　明天就走？

鲁侍萍　嗯。我改主意了，我们明天就走。永远不回这儿来了。

鲁四凤　永远？不，妈，为什么这么快就走？

鲁侍萍　你还要干什么？

鲁四凤　我，我——

鲁侍萍　不愿意早一点跟妈走？

鲁四凤　也好，我们明天走吧。

鲁侍萍　凤儿，你还有什么事瞒着我。

鲁四凤　没什么。

鲁侍萍　好孩子，你记住妈刚才的话么？

鲁四凤　记得住！

鲁侍萍　凤儿，我要你一辈子不见周家的人！

鲁四凤　好，妈！

鲁侍萍　不，要起誓。（四凤畏怯地望着侍萍严厉的脸。）

鲁四凤　这何必呢？

鲁侍萍　不，你要说。

鲁四凤　妈，我——我说不了。

鲁侍萍　你是要伤妈的心么？你忘记妈这一生为着你——

鲁四凤　妈，我说，我说。

鲁侍萍　你说，跪下说。

鲁四凤　妈，我答应您，以后永远也不见周家的人。

鲁侍萍　天上在打着雷。你要是以后忘了妈的话，见了周家的人呢？

鲁四凤　妈，我不会的，我不会的。

鲁侍萍　孩子，你要说，你要说。你要是忘了妈的话，——（外面的雷声。）

鲁四凤　那——那天上的雷劈了我。哦！

鲁侍萍　可怜的孩子，妈不好，妈造的孽，妈对不起你，是妈对不起你。

（二）表演动作的基本要求与训练

1. 表演动作的基本要求

动作是舞台表现力的主要手段，积极的、有目的的动作可以体现人物内心的活动。表演者在舞台上应当和在生活中一样，做到真听、真看、真想，然后再行动，而不是装出思考、感觉、行动的样子。表演者应该学会在艺术虚构的条件下，对舞台上的对象正确地认识、判断，然后作出决定。

【示例】

我和朋友约好了下午 4:00 去找他一起看电影。到了朋友家门口，我先敲门，发现门没关，我就进去了，一看没有人，感到奇怪。朋友说好了准时等我，怎么会没有人呢？他上哪儿去了？我正想给他打电话，突然发现卧室的门是虚掩着的，推开门一看，我的朋友正躺在地上，昏迷不醒，于是我立即拨打 120，叫来救护车把他送进医院。

表演者要做好这个动作练习，首先要相信规定情境，做到真听、真看、真判断，然后行动。

规定情境是指在什么时间，什么地点，要干什么事，周围有什么情况，人与人之间的关系，所发生的事情等，它构成了一个特殊的舞台情境，影响着剧中人物的思维活动。做什么，为什么做，怎么做是动作的三要素。做什么，是任务；为什么做，是目的；怎么做，是具体行动。这三个要素在表演中是很重要的环节，三个要素表现得越具体、越细致，表演就越真实、可信。

外部形体动作是以心理活动为依据的，而内部心理活动又必须通过外部形体动作来体现。表演一定要让观众看得见、听得到、感觉到。例如，你站在码头上与亲人告别，看见亲人乘坐的船开远了，你向他招手、喊话，依依惜别。招手的动作以及喊话的语言都是根据你的心理感受而产生的。所以心理一定要有强烈的感受，才能通过表演者的动作、语言体现出来。表演者自己必须动心，才能打动观众的心。

2. 表演动作训练

（1）无实物动作练习

无实物动作练习是把日常生活中最熟悉、最简单的事情搬上舞台。无实物动作练习尽管很简单，但毕竟离开了生活，是在虚拟的环境中进行的。做无实物动作需要在脑海里重现现实生活中的形象，需要凭借对过去体验过的感觉、逻辑和顺序的记忆。

无实物动作练习要求做到注意力高度集中，消除紧张、想象丰富、观察敏锐、要有信念等，这样才可能将动作做得很准确。

【练习】

在河边，可以摘花、捉蝴蝶、洗衣服、钓鱼、喝水、洗脸、找东西等；在果园里，可以摘果子、打农药、修剪树枝、种果树、浇水等；在屋子里，可以擦鞋、化妆、缝扣子、熨衣服、打苍蝇、做饭、擦玻璃、擦桌椅、换灯泡、冲牛奶、划火柴、刷墙、叠被子、打电话等。

练习时要先认准一件事，把一件事做好、做准确，然后根据情况再加"规定情境"和"任务"。例如，今天下午 4 点，你要赴一个重要的约会。你在屋里化妆，换一件好看的衣服。时间不多了，你突然发现最喜欢的衣服扣子掉了，于是赶紧找扣子，把扣子缝好，然后赶快穿上，照照镜子满意地赴约去了。这样，你做的简单动作"缝扣子"就加上了"规定情境"，比单纯的缝扣子复杂、丰富得多。

（2）模仿动物练习

在幼儿园里，幼儿在各种活动中经常会模仿各种动物进行游戏，具有很强的趣味性。故事表演、童话剧中出现最多的是各种动物，表演者根据各种动物的习性以及幼儿对它们喜爱、憎恶的情感，赋予动物思想与灵性，让它们在舞台上"活"起来，并以此启迪幼儿的智慧，陶冶幼儿的性情，帮助幼儿辨别善恶，起到寓教于乐的作用。

初学表演的人往往容易紧张、羞怯，因此表演常常放不开，缺乏信心，想象力不够丰富，从而导致表演虚假，甚至过火。动物模仿练习不仅可以培养表演者的想象力，提高表现力，还可以让表演者慢慢放松，使表演变得松弛、自然。

在模仿动物的过程中，信念感是非常重要的。无论表演者扮演哪一类动物角色，都要相信自己就是"这一个"，并运用语言造型、步态手势、表情神态等手段塑造人格化的、真实可信的动物形象。模仿动物首先要求表演者仔细观察要模仿的动物在各种情况下的动作，抓住最有趣、最有代表性的细节，即抓住动物最主要的特征；其次要求表演者不仅要表演得像、形态对，还要把动物的神态体现出来。

【练习】

熟悉下列动物的特征，进行模仿动物练习。

1. 狐狸

狐狸的特征：嘴尖而突出，眼睛狭长，斜眼看人；走路有弧度，步态飘、柔；即使躺着，身体也呈弯形；表面很温顺，实则娇媚而狡猾。

动作设计：身体弯成弓状，耸肩，走路轻捷、快速，并用大步走出弧度；食指、中指并拢，呈尖状置于嘴前；双眸左右来回溜、瞟，就像每时每刻都在动坏脑筋似的。

2. 鸭子

鸭子的特征：嘴巴又扁又大，叫起来"嘎嘎"的，走路时左右摇晃，十分得意、悠闲；着急时爱拍打翅膀，眼睛长在两边，稍一回头就知道身后发生的事，显得谨慎、机警。

动作设计：腰部使劲，两腿弯曲，双手放在体侧，手背尽量上翘，然后上身往两边夸张地摆动，走一步拍打两下，抬头挺胸。

3. 猴子

猴子的特征：双眼圆睁，炯炯有神，抓耳挠腮，捉虱眨眼，你追我打，跳过来、荡过去，手脚不停，东张西望，体态轻盈，动作灵活，仿佛有股使不完的劲儿。

动作设计：耸肩、缩头；双臂弯曲，十指并拢置于胸前，不停地抓耳、挠腮、眨眼；时常单腿独立，右手放在额前遮光，四处观望；走路时连蹦带跳，轻巧、敏捷、机灵。

4. 老鼠

老鼠的特征：尖嘴、小耳，两眼贼溜溜，鬼鬼祟祟，探头探脑，左顾右盼，东窜西跑，咬这个，啃那个，令人生厌。

动作设计：身体尽量下蹲，双手缩在嘴前，十指不停地抖动，嘴里发出"吱吱吱"的叫声，仿佛时刻都想啃咬东西，眼珠滴溜溜地乱转，躲躲闪闪，就像无处躲藏似的。

思考与实践

一、幼儿接受文学作品有什么特殊性？

二、表演应具备哪些基本素质与能力？

三、表演语言有哪些基本要求？

四、表演者自由组合，设计编排下面的表演片段。

猫 和 少 女

她和它都流落街头，无家可归，他们成了家人。

一个夏日的傍晚，一只小猫在一个垃圾箱旁边找吃的，忽然闻到了鱼香味，好大的一根鱼肠，小猫大口大口地吃得好香，"哈哈哈"，好开心的笑声。一个小女孩抱着用报纸包的东西向路灯边跑来，她一屁股坐在地上，头不抬、眼不睁地吃起东西来。小猫也吃得香极了，"喵，好香；喵，好香。"这一叫不要紧，小女孩发现了，眼睛盯住了那根吃了一小块的鱼肠。她一步冲上前，将小猫踢到了一边，将鱼肠上脏的那一小块扔掉，剩下的接着享用。几天来这是头一次吃这么丰盛的晚餐，多吃点，明天可能又要饿肚子啦。小女孩津津有味地吃着，她没发现自己的手脏极啦，还吮手指头上的油汁呢。小猫没走，小女孩就问它："你也没有家？爸妈也离婚了？你妈不要你，你爸也不认你？"小猫仍眼巴巴地望着小姑娘，那双眼睛好可怜，它也曾眼巴巴地望着妈妈，求妈妈能把它留下来吗？一阵凉风，小猫全身都在抖，饿坏啦。小女孩把鱼肠、汽水、生豆、猪蹄拿过去，小猫吓得直躲。她把吃的嚼碎重新伸到小猫面前。小猫害怕小女孩，可实在拒绝不了这诱人的食物，它张开小嘴吃起来。小女孩见它狼吞虎咽的样子，知道它肯定也好几天没吃东西了，反正这些剩下的也是明天的，至于明天，到时再找，再说几天吃不到东西也是经常的事，全部奉献啦。小猫吃饱喝足，找了个背风的地方睡觉。突然小女孩也觉得冷，心想：要是有个小伙伴也不错，打今天起和小猫就算一家人啦！她将剩下的东西收拾好，坐到小猫身边，搂着小猫，渐渐进入梦乡……但愿她做个好梦。

狗 之 间

时间：清晨

地点：小院里

人物：大狗和小狗

早晨，静悄悄的院子里有一个坚固、气派的狗窝。里面躺着一只熟睡的小狗。

远处，一只穷困落魄的大狗呜咽着爬进小院。它又冷又饿，东张西望地找吃的。忽然一股香味袭来，继而它发现了一个食盆。饥饿的它不顾一切地扑上去，狼吞虎咽地吃起来。

外面的响声吵醒了熟睡的小狗。它伸出脑袋，发现一只脏狗在吞吃自己的食物，便恼怒地发出一声警告。大狗惊恐地逃开了。当惊吓的大狗回头发现是一只小狗时，放心地转过头继续靠近食盆。大狗一步步地逼近，自卫的意识使小狗使出浑身的力量打败了大狗。垂头丧气的大狗败退到不远处，看见小狗得意扬扬地叼出另一只食盆，美美地吃着食物。诱人的香味使大狗又想靠近食盆，被小狗一声大叫而镇住。

由于吃得过急，小狗被骨头卡住了喉咙。它难受得在地上打滚，不时地发出一声声的呻吟。善良的大狗原谅了小狗的无理，它爬向小狗，帮它弄出那根骨头。小狗对大狗表示谢意，把剩下的骨头给了大狗。这时大狗看见小狗友好的举动，放心地大吃起来。一阵风吹来，吹得大狗微微地发抖。小狗执意要求大狗进它温暖的小窝，犹豫的大狗经小狗再三邀请，和小狗高高兴兴地一前一后地进入了温暖的小窝。

第二节　幼儿诗歌朗诵与表演

幼儿诗歌主要分为两种类型：儿歌和幼儿诗。

一、儿歌的诵唱与表演

儿歌是适合幼儿听赏念唱的简短的歌谣体诗歌。它是幼儿最早接触、最易接受的一种文学形式。它源于民间文学，是在童谣的基础上发展、演变而来的。

1. 儿歌的文学特征

儿歌作为一种口语艺术，具有以下显著的特征：

第一，儿歌的语言浅显、音韵和谐、节奏鲜明。儿歌经常运用摹状、拟声、摹色等表现手法，突出表现儿歌中人、事、物的形态、声音、色彩；也经常运用比喻、夸张、拟人等手法，绘声绘色地进行生动形象的描摹。儿歌中口语化的语言、和谐的韵律、明朗的节奏、铿锵的音响、欢快的情绪都从听觉上给幼儿美的享受。儿歌的口语艺术特征决定了它还属于听觉艺术，富有音乐性是儿歌区别于其他幼儿文学样式的最显著的特征。

第二，儿歌的形式活泼，歌戏结合，富有情趣。传统儿歌的形式非常多样化，如摇篮歌、问答歌、颠倒歌、连锁歌、绕口令、谜语歌、数数歌、时序歌、字头歌等。这些儿歌充满了游戏精神，富有韵律的语言成了幼儿游戏的口令，在游戏和歌谣的结合中引发幼儿的情趣。

第三，儿歌的内容浅显、篇幅短小、主题单一。幼儿的心理发展水平和生活经验决定了儿歌内容的浅显性和主题的单纯性。儿歌让幼儿在笑声中得到感悟，在快乐中学习语言，在不知不觉中培养乐观的性格。

【示例】

小　耗　子[①]

小耗子，／上灯台，／

偷油吃，／下不来，／

吱儿吱儿／叫奶奶，／

奶奶不肯来，／

叽里咕噜／滚下来。／

这首传统儿歌语言浅显、口语化。三、五、七言的句式排列，错落有致，

---

① 高格褆，舒平．幼儿文学实用教程［M］．北京：高等教育出版社，2011：19.

节奏富于变化。象声词"吱儿吱儿""叽里咕噜"的运用使儿歌的形象生动可感。

【示例】

小 蚱 蜢[①]

张继楼

小蚱蜢，/ 学跳高，/

一跳跳上 / 狗尾草，/

腿一弹，/ 脚一翘，/

"哪个有我 / 跳得高！"/

草一摇，/ 摔一跤，/

头上跌个 / 大青包。/

这首儿歌构思新颖，有简单的情节和鲜明的形象。其中跳、弹、翘、摇、摔、跌等一连串动词的运用，把小蚱蜢得意忘形，后又狼狈不堪的行为表现得活灵活现、幽默风趣，充满了童趣。

2. 儿歌的表演形式

儿歌适合低幼的孩子表演。基于儿歌的文学特征，儿歌的表演形式较多采用诵唱或诵念的方式，并伴随着游戏进行。教师应根据儿歌的结构和形式，把握儿歌的语言节奏和节拍，适当地辅以简单的手势动作，和幼儿一起边唱边玩，让幼儿在游戏的环境中领悟儿歌的内容、享受游戏的快乐。

例如，《小蚱蜢》这首儿歌，教师可以根据儿歌简单的情节和鲜明的形象，抓住富有动作性的词语——跳、弹、翘、摇、摔、跌等，设计一些简单的动作，伴随着儿歌的诵唱，幼儿就会把自己当作小蚱蜢，既身临其境，又乐趣无穷，尽情享受儿歌的稚拙之美。

【示例】

谁 会 飞[②]

（问答歌）

谁会飞？/

鸟会飞。/

鸟儿 / 怎样飞？/

扑扑翅膀 / 去又回。/

谁会跑？/

---

① 高格褆，舒平.幼儿文学实用教程［M］.北京：高等教育出版社，2011：21.
② 张春梅.儿童文学［M］.哈尔滨：哈尔滨工程大学出版社，2012：31-32.

马会跑。/

马儿 / 怎样跑？/

四脚离地 / 身不摇。/

谁会游？/

鱼会游。/

鱼儿 / 怎样游？/

摇摇尾巴 / 调调头。/

谁会爬？/

虫会爬。/

虫儿 / 怎样爬？/

许多脚儿 / 慢慢爬。/

这是一首问答歌形式的儿歌，它的特点是有问有答，可以自问自答，也可以互问互答。问答歌采用问答的形式来表现，非常适合反映各种事物的特征，教师可以在集体游戏中采用"问答歌"，设计鸟、鱼、马、虫的简单动作，可采用一问群答，即一个幼儿提问，其他幼儿一齐回答的方式；也可采用群问群答，即将幼儿分成两组，一组幼儿提问，另一组幼儿回答的方式。在问与答的过程中幼儿认识了事物，懂得了道理。

【示例】

懒 汉 懒①

（连锁调）

懒汉懒，/

织毛毯。/

毛毯 / 织不齐，/

就去 / 学编席。/

编席 / 编不紧，/

就去 / 学磨粉。/

磨粉 / 磨不细，/

就去 / 学唱戏。/

唱戏 / 不入调，/

就去 / 学抬轿。/

抬轿 / 抬得慢，/

只好 / 吃白饭。/

---

① 章红，等.幼儿文学作品及评述 [M].北京：新时代出版社，2003：53-54.

白饭／吃不成，／

只好／苦一生。／

　　这是一首连锁调（也叫连珠体）儿歌。它用顶真的修辞手法组织句子，即把上句结尾的词用在下句的开头，上下首尾衔接，逐句相连，大致押韵。连锁调儿歌句式短小、通俗有趣、顺口易记，适于幼儿诵唱。教师在组织幼儿诵唱连锁调儿歌时可采用接龙的方式，同时注意儿歌的节拍和韵脚，让幼儿一环扣一环地集中注意力往下接龙，这样有助于幼儿思维和语言的发展。

　　3. 儿歌的表演训练

　　要求：根据儿歌的不同结构和形式，在把握儿歌语言节奏和节拍的基础上，设计简单的手势、动作和游戏，进行儿歌诵唱与表演练习。

【练习】

家[①]

佚　名

蓝蓝的天空／是白云的家，／

密密的树林／是小鸟的家，／

绿绿的草地／是小羊的家，／

清清的河水／是小鱼的家，／

红红的花儿／是蝴蝶的家，／

快乐的幼儿园／是小朋友的家。／

春　雨[②]

刘饶民

滴答，／滴答，／

下小雨啦……／

种子说：／

"下吧，／下吧，／

我要／发芽。"／

梨树说：／

"下吧，／下吧，／

我要／开花。"／

麦苗说：／

---

① 高格褆，舒平.幼儿文学实用教程［M］.北京：高等教育出版社，2011：20.
② 李桂萍.儿童诗歌鉴赏与教学［M］.上海：复旦大学出版社，2016：72.

"下吧，/ 下吧，/
我要 / 长大。" /
小朋友说：/
"下吧，/ 下吧，/
我要 / 种瓜。" /

滴答，/ 滴答，/
下小雨啦…… /

小 树 叶 ①
金 黎

什么树叶 / 像颗枣？ /
什么树叶 / 像只桃？ /
什么树叶 / 像小手？ /
什么树叶 / 像眉毛？ /

槐树叶儿 / 像颗枣，/
杨树叶儿 / 像只桃，/
枫树叶儿 / 像小手，/
柳树叶儿 / 像眉毛。/

什么树长 / 什么叶儿，/
只要留神 / 就看到。/

二、幼儿诗的朗诵与表演

幼儿诗是指专为幼儿创作的，适合幼儿的理解水平和审美情趣，以抒发幼儿情感为主要目的的诗歌形式。它是幼儿文学中文学性最强的种类之一。

1. 幼儿诗的文学特征

成人创作的幼儿诗，绝大部分是以幼儿为描写对象，表现的是幼儿的心理、情趣、幻想和生活。幼儿诗容易为幼儿的心灵所感应，引起幼儿情感的共鸣。因此，幼儿诗抒发的是幼儿的情感和体验，是具有幼儿灵魂与意识的诗歌。

幼儿对事物与现象有自己独特的看法和认识。诗人站在幼儿的角度展开独特的想象，将幼儿活泼的天性与率真朴实的稚气灌注诗中，使幼儿诗童趣盎然。幼

---

① 高格禔，舒平．幼儿文学实用教程［M］．北京：高等教育出版社，2011：52．

儿诗以幼儿情趣的独特意境,给幼儿美的享受和愉悦。

幼儿诗具有健康向上的主题、高尚健康的情感和鲜明的形象性。幼儿诗的选材一般较严格,主题积极、基调向上,但幼儿诗的主题与情感渗透在鲜活的形象描绘之中,是与高度的艺术技巧紧密地结合在一起的。

幼儿的思维特点是以形象思维为主导,通过形象、色彩、声音感知世界。幼儿诗比成人诗往往多一些叙述的成分,通过叙事来抒情,叙事时往往会有比较完整的情节发展过程,在情节发展过程中塑造出鲜活生动、可视可感的人物形象。因此,优秀的幼儿诗都具有鲜明的形象性。

幼儿诗以优美的语言和流畅的音韵构成内在的节奏感,不仅读起来朗朗上口,而且也潜移默化地促进幼儿语言能力的发展。

【示例】

小弟和小猫 [①]

柯　岩

我家 / 有个 / 小弟弟, /
聪明 / 又淘气, /
每天 / 爬高 / 又爬低, /
满头满脸 / 都是泥。/

妈妈叫他 / 来洗澡, /
装没听见 / 他就跑; /
爸爸 / 拿镜子 / 把他照, /
他闭上眼睛 / 咯咯地笑。/

姐姐 / 抱来个 / 小花猫, /
拍拍爪子 / 舔舔毛, /
两眼一眯 / "妙, / 妙, / 妙, /
谁跟我玩, / 谁把我抱?" /

弟弟 / 伸出 / 小黑手, /
小猫 / 连忙 / 往后跳, /
胡子一撅 / 头一摇: /
"不妙不妙! / 太脏 / 太脏 / 我不要!" /

---

① 方美波.幼儿文学作品导引 [M].杭州:浙江大学出版社,2009:40.

姐姐听见 / 哈哈笑，/
爸爸 / 妈妈 / 皱眉毛，/
小弟听了 / 真害臊：/
"妈！/ 妈！/ 快给我 / 洗个澡！"/

这首表现幼儿生活的幼儿诗，情节简单但生动有趣，用直白的语言塑造了一个聪明又淘气、可爱却不讲卫生的小弟弟的形象。同时又借助幼儿喜欢的小动物——小花猫的形象，与小弟弟形成鲜明的对比，教育主旨明确但又没有说教意味，在充满童趣的故事情节中让幼儿欣然接受"讲卫生、爱清洁"的道理。整首诗音韵和谐、节奏感强，朗诵起来朗朗上口，生动而富有童趣。

2. 幼儿诗的表演形式

幼儿诗的表演常采用朗诵和分角色模拟情境表演的形式。朗诵与朗读的区别主要在于是否能脱离原稿，教师在理解幼儿诗主旨的基础上，还要将幼儿诗的内容烂熟于心，不能因为不熟悉幼儿诗的内容而语流不畅，影响朗诵的表达效果。同时教师还可以运用面部表情、眼神、手势及形体动作等来帮助表情达意。

根据幼儿诗的文学特征，幼儿诗的朗诵首先要求教师要富有幼儿情趣。所谓幼儿情趣，就是指符合幼儿认知心理和水平的趣味性。朗诵时教师应从幼儿的心理出发，站在幼儿的角度，用幼儿的眼光去观察诗歌中的事物，表现诗歌的内容。

其次，朗诵幼儿诗时语言的节奏要轻松、明快、活泼，语气要夸张、生动，充满稚气，充分展现幼儿诗的音乐性与节奏感，并通过角色扮演和模拟情境表演，塑造生动、活泼、鲜明的诗歌形象，表现幼儿诗所特有的充满童趣的独特意境。

最后，幼儿诗的朗诵可以运用手势语增强趣味性，帮助幼儿记忆诗歌的内容。教师在教学中要"以手势助说话"。但幼儿诗朗诵时手势语的运用要注意适度，把握好分寸，动作幅度不宜过分夸张，形式不宜复杂，力度和频度要适中，要有助于口语表达，不要喧宾夺主、哗众取宠。例如，《小猪奴尼》是一首幼儿童话诗，诗歌故事结构完整，情节一波三折、跌宕起伏。诗中小猪奴尼的形象憨态可掬、情趣盎然。朗诵时教师可以用不同的声音造型、语气、语调来塑造妈妈、奴尼及其他不同的形象；也可以设定情境，让幼儿分角色扮演诗歌中的形象，在游戏中感悟诗歌所表现的形象和主旨，既生动活泼，又寓教于乐。

3. 幼儿诗的表演训练

要求：根据幼儿诗的文学特征，理解诗歌的主旨和人物形象特点，把握诗歌的节奏和节拍，在朗诵中突出幼儿情趣，并运用手势、动作增加诗歌朗诵的生动性和趣味性；也可以根据幼儿诗的内容，进行角色扮演和模拟情境表演。

【练习】

春天在哪里 ①

陈伯吹

春天在哪里？
春天在枝头上：
春天的风微微吹，
柳条儿跳舞，桃花儿脸红。

春天在哪里？
春天在草原上：
春天的雾轻轻细细，
草儿醒过来，换上了绿的新衣。

春天在哪里？
春天在竹林里：
春天的雨一阵又一阵，
竹笋从地下探出头来。

春天在哪里？
春天在田野里：
春天的太阳那么暖，那么亮，
麦青、菜花黄、蚕豆花儿香。

我 妈 妈

［英］安东尼·布朗　余治莹译

这是我妈妈，她真的很棒！
我妈妈是个手艺特别好的大厨师，
也是一个很会杂耍的特技演员，
她不但是个神奇的画家，
还是全世界最强壮的女人。
我妈妈真的很棒！

☞音频《我妈妈》

---

① 方美波.幼儿文学作品导引［M］.杭州：浙江大学出版社，2009：43.

我妈妈是一个有魔法的园丁，

她能让所有的东西都长得很好。

她也是一个好心的仙子，

我难过时，总是把我变得很开心。

她的歌声像天使一样甜美，

吼起来像狮子一样凶猛！

我妈妈真的、真的很棒！

我妈妈像蝴蝶一样美丽，

还像沙发一样舒适。

她像猫咪一样温柔，

有时候又像犀牛一样强悍！

我妈妈真的、真的、真的很棒！

不管我妈妈是个舞蹈家，

还是个航天员；

也不管她是个电影明星，

还是个大老板，

她都是我妈妈。

我妈妈是个超人妈妈，

常常逗得我哈哈大笑。

我爱她，而且你知道吗？

她也爱我，永远爱我！

思考与
实践

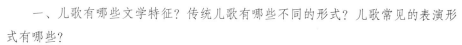

一、儿歌有哪些文学特征？传统儿歌有哪些不同的形式？儿歌常见的表演形式有哪些？

二、幼儿诗有哪些文学特征？常见的表演形式有哪些？

三、根据手势语导练提示，配合手势语朗诵幼儿诗《小熊过桥》。

小熊过桥①

蒋应武

小竹桥，/摇摇摇，/1

有只小熊/来过桥。/2

走不稳，/站不牢，/3

走到桥上/心乱跳。/4

头上/乌鸦/哇哇叫，/5

桥下/流水/哗哗笑。/6

"妈妈，妈妈/你来呀！/7

快把小熊/抱过桥！"/

河里鲤鱼/跳出水，/8

对着小熊/大声叫：/9

"小熊，小熊/不要怕，/

眼睛/向着/前面瞧！"/10

一二三，/向前跑，/11

小熊/过桥/回头笑，/12

鲤鱼/乐得/尾巴摇。/13

手势语导练提示

动作1：五指交叉，双臂平放在胸前，手腕前后晃动，做小桥摇的样子。

动作2：左手五指并齐，平放在胸前，右手食指与中指立在左手背上，并交替向前。

动作3：左手五指仍并齐，平放在胸前，将右手腕放在左手四指上，手指朝上，前后摇晃；然后将右手食指与中指并拢立在左手背上，左右晃动。

动作4：同动作2。

动作5：双手同时置额前，手腕相叠，左手在下，右手在上，做乌鸦叫的样子。上下动2～4次。

动作6：双手下垂，在胸前做流水的样子。

动作7：身体微侧，双手放在嘴两边，做呼喊的样子，身体稍晃2～3次。

动作8：右手从身体下方向头顶滑动（手心向上）。

动作9：同动作7（右手放在嘴边），边说，双手边做否定的样子。

动作10：右手从头部前方向前滑动，手指前方。

---

① 周兢.幼儿园语言教育资源［M］.北京：人民教育出版社，2015：117.

动作 11：同动作 2。

动作 12：左右表演者对视微笑一下。

动作 13：右手在胸前，掌心向左，左手放身后，掌心向右，同时摇动数次。

四、根据下面的材料设计幼儿诗表演，并分角色模拟情境表演。

数　数　歌①
郭明志

"1"像铅笔细长条，

"2"像小鸭水上漂。

"3"像耳朵听声音，

"4"像小旗迎风摇。

"5"像秤钩来称菜，

"6"像豆芽咧嘴笑。

"7"像镰刀割青草，

"8"像麻花拧一遭。

"9"像勺子能吃饭，

"0"像鸡蛋做蛋糕。

老鼠嫁女儿②
鲁　风

哩哩啦，哩哩啦，

敲锣鼓，吹喇叭，

老鼠家里办喜事，

有个女儿要出嫁。

女儿嫁给谁？

妈妈问爸爸。

爸爸是个老糊涂，

他说："谁神气就嫁给他。"

爸爸就去找太阳，

太阳说："乌云要遮我，

---

① 高格禔，舒平.幼儿文学实用教程［M］.北京：高等教育出版社，2011：5.

② 章红，等.幼儿文学作品及评述［M］.北京：新时代出版社，2003：34-36.

乌云来了我害怕。"

爸爸又去找乌云，
乌云说："大风要吹我，
大风来了我害怕。"

爸爸又去找大风，
大风说："围墙要堵我，
我见围墙就害怕。"

爸爸又去找围墙，
围墙说："老鼠会打洞，
老鼠来了我害怕。"

太阳怕乌云，
乌云怕大风，
大风怕围墙，
围墙怕老鼠，
老鼠怕谁呀？

爸爸乐得笑哈哈：
"原来猫咪最神气，
女儿应当嫁给他。"

哩哩啦，哩哩啦，
敲锣鼓，吹喇叭，
老鼠女儿坐花轿，
一抬抬到猫咪家。

老鼠爸爸，
老鼠妈妈，
第二天来看女儿。
咦，女儿不见啦！

女儿在哪！

女儿在哪？

猫咪说："我怕人家欺负她，

啊呜一口就吞下。"

字典公公家里的争吵[①]

金逸铭

字典公公家里吵吵闹闹。

吵个不停的原来是标点符号。

看它们的眼睛瞪得多大，

听它们的嗓门提得多高。

感叹号拄着拐杖，

小问号张大耳朵，

调皮的小逗号急得蹦蹦跳。

首先发言的是感叹号，

它的嗓门就像铜鼓敲：

"伙伴们，我的感情最强烈，

文章里谁也没有我重要！"

感叹号的话招来一阵嘲笑，

顶不服气的是小问号：

"哼，要是没有我来发问，

怎么能引起读者的思考？"

小逗号说话头头是道，

它和顿号一起反驳小问号：

"要是我们不把句子点开，

文章就会像一根长长的面条！"

学问深的要算省略号，

它的话总是那么深奥，

"要讲我的作用么……

① 骆玉明，刘强.中外童诗选［M］.上海：同济大学出版社，2017：123-125.

哼，不说大家也知道。"

水平高的要数句号，
它总爱留在后面作总结报告：
"只有我才是文章的主角，
没有我，话就说得没完没了。"

大家争得不可开交，
字典公公把意见发表：
"孩子们，你们都很重要，
少一个，我们的文章就没这样美妙。"

滴水汇成了大江，
碎石堆成了海岛，
大家不要把个人作用片面强调，
任何时候都不要骄傲！"

小朋友，你听了字典公公家里的争吵，
心里想的啥，能否让我知道？

第三节　幼儿故事讲述与表演

　　故事是指叙事性作品中一系列有因果关系的生活事件。故事侧重对事件过程的描述，强调情节的生动性和连贯性，对人物性格则较少进行细致的刻画。

　　幼儿故事是指专为幼儿创作的，具有生动的故事情节，可供幼儿读和听的文学作品。幼儿故事以极其简练的笔墨勾勒人物和渲染环境，以合乎常理的艺术夸张和虚构展现精彩的故事情节，故事中的悬念、口语化、节奏感深深地吸引着幼儿。

一、幼儿故事的分类

　　幼儿故事类型的划分有不同的角度和标准。从内容来分，有神话故事、传说故事、动物故事、人物故事、历史故事、文学名著故事等。从形式来分，有文字故事、图画故事等。下面介绍幼儿园常见的四种幼儿故事类型。

1. 神话故事

神话故事是指远古人民对自然及文化现象进行理解与想象的幻想故事。这些故事以不自觉的艺术创作方式和主观幻想的形式，反映了远古时代人类对自然界的认识、与自然界的关系和人类的社会生活。故事中的神仙、妖魔都十分离奇，如盘古、女娲、宙斯、普罗米修斯、亚当、夏娃、白骨精等。幼儿都富有好奇心和求知欲，常常会通过幻想了解未知的世界。神话故事能最大限度地满足幼儿的好奇心和幻想，因此，各类神话故事都是幼儿喜闻乐见的，如《神笔马良》《女娲补天》等。

2. 动物故事

动物故事是指以动物或主要以动物为主人公的幼儿故事。这类故事通过描写动物的生活和行为，以及它们之间的相互关系，生动有趣地介绍各种动物的习性、特点，或间接地反映人类社会生活、人与人之间的关系。动物故事又分为两种类型：一是解释与描绘动物特征的，如《猛禽为什么不伤害孵卵的母雁》《花豹身上为什么有花斑》等；二是具有象征与寓意的，它借助动物来比拟、对照人类，表达的是人类生活与社会关系的主题，一般都有比较明显的教育与警训的意味，如《三脚猫》《两只笨狗熊》等。

3. 生活故事

生活故事大都取材于幼儿在家庭、幼儿园、社区中的生活，对幼儿来说有一种真实感与亲切感，仿佛在讲他们自己和身边发生的事情。生活故事能比较直接地引导幼儿对照自己的思想行为，认识和思考自己的生活，从中得到教育与启发，如《大头儿子和小头爸爸》《胖嫂》等。

4. 图画故事

图画故事是以图画来表现故事的内容。有的图画故事不用或极少用文字，有的图画故事图文并茂，叙述、描写甚至对白都比较详细。图画故事中图画与文字互相融会、互相协调，共同表现一个主题，共同创造一个艺术世界，让幼儿在观赏图画故事的过程中感受到艺术的魅力。以动画形式出现的图画故事，最受幼儿的欢迎与喜爱，如《大闹天宫》《米老鼠与唐老鸭》等。

二、幼儿故事讲述的特征

在听故事的过程中，幼儿不仅可以获得科学知识，而且可以获得心灵的愉悦。幼儿故事讲述是寓教于乐的一种有效手段，是对幼儿进行教育教学的极好形式。

幼儿故事讲述要达到较好的效果，需要把故事中的人物形象、事件、环境立体地呈现在幼儿面前，使幼儿如闻其声、如见其人、如临其境，能从中受到感染和教育，这就要求教师具有良好的口语表达能力，运用故事讲述的技巧，绘声绘色、声情并茂地给幼儿讲述精彩的故事，让幼儿在听故事的过程中感受到无限的乐趣。

三、幼儿故事讲述的要求与方法

1. 熟悉故事内容

在故事讲述前，教师首先要熟悉故事，把握故事的内容，厘清故事的情节结构，记住所讲故事的题目、人物、事件、环境，熟悉主要人物对话等，然后进行熟读、默记，反复练习，以便讲述故事时做到中心突出、条理分明、首尾呼应、轻松自如。对故事中的重点、难点，教师要先领会、消化，以便在讲故事的过程中，准确、科学地向幼儿传授新的知识，不要临时抱佛脚，不负责任地误释、搪塞。

2. 对原材料进行必要的处理

（1）对原故事的改编与加工

讲故事不是读故事、背故事。故事讲述之前，教师要对故事进行必要的加工、处理，使故事更加"故事化"，便于幼儿理解、接受。如有些地方需要"添枝加叶"，有些地方需要"修枝剪叶"；同时尽量将书面语改成口语，将成人语言改成幼儿语言。

① 添枝加叶

【示例】

乌 鸦 喝 水

一只乌鸦口渴了，到处找水喝。乌鸦看见一个瓶子，瓶子里有水。可是，盛水的瓶子口太小，水又少，乌鸦喝不着，怎么办呢？<u>乌鸦的翅膀像两只手抱着瓶子，眼睛瞪得溜圆，心里很着急。</u>忽然，乌鸦看见旁边有许多小石子，它想出了一个好办法。乌鸦把小石子一粒一粒叼进瓶子里，瓶子里的水慢慢儿升高了，乌鸦就喝着水了。<u>乌鸦心里乐滋滋的，轻轻地拍着翅膀，笑得眼睛眯成了一条缝儿。</u>

《乌鸦喝水》主要叙述乌鸦找水喝的过程，表现乌鸦找不到水喝的着急；找到水又喝不到水的无奈；最后想出好办法，通过自己的辛勤劳动终于喝到水的愉悦。原故事没有对乌鸦的形象和情感的变化进行具体描述，教师通过对故事内容的"添枝加叶"，既丰富了故事的内容，又使乌鸦的形象更具体化，有利于表现乌鸦情感的变化。

② 修枝剪叶

有些故事内容很精彩，情节也富有趣味性，可是由于故事内容太长，不适合在特定的时间和场合下讲述。对于这些故事，教师可以进行"修枝剪叶"。讲述时保留故事的主要情节，删除次要情节，或讲述时一带而过，这样就可以压缩故事的内容，使故事更精练、简短、紧凑。

③ 尽量将书面语改为口语，多用幼儿词汇

作家在创作故事时常常注重故事内容的完整性、故事情节的生动性和趣味性，有时会忽略叙述语言的口头性，不符合幼儿的接受能力和欣赏口味。口语要求合乎幼儿的语言表达习惯，与幼儿的语言理解能力相适应，它在词汇、句法、节奏等方面异于书面的文学语言。

【示例】

陶罐和铁罐（片段）

"国王的橱柜里有两个罐子，一个是陶的，一个是铁的。骄傲的铁罐看不起陶罐，常常奚落它。

…………

"住嘴！"铁罐愤怒了，"你怎么敢和我相提并论！你等着吧，要不了几天，你就会破成碎片……"

教师如果按照故事的原文讲述，其中一些书面语，如"橱柜""奚落""相提并论"等词语会使幼儿难以理解，如果将其改为通俗的口语，如"厨房""嘲笑""相比"等，幼儿理解、接受起来就容易多了。因此，幼儿故事中的书面语要尽量改成口语，使讲述的语言尽量口语化，并且讲述时多使用幼儿词汇，与幼儿听、讲语言的习惯相符合。

（2）有针对性地加"楔子"

"楔子"原指杂剧里加在第一折前头或插在两折之间的片段，也指近代小说加在正文前面的片段。故事讲述一开头激发幼儿听故事的欲望和兴趣是至关重要的，它能使幼儿集中注意力，并进行创造性的思维。在讲述故事时，教师可以在故事的开头有针对性地加一些"楔子"，为故事的讲述铺平道路。同时，在讲述故事过程中，教师也可以插入"楔子"，留下悬念，使幼儿保持听故事的兴趣。

【示例】

曹 冲 称 象

故事开头："这是一个小孩子称大象的故事。……"

这样的开头不免有些平淡，不够抓人，引不起幼儿的兴趣，更不能激发幼儿听故事的欲望。

设计"楔子"：

教师：小朋友们，请你们来说说，我们有什么办法知道大象的重量呢？

幼儿：用秤称！

教师：对，用秤称。可是古时候没有很大的秤，怎么称呢？好，下面我就给大家讲一个"曹冲称象"的故事。……

教师在讲述故事时，根据目的，或提问或用趣闻轶事或讲一些与故事有关的事，均可激发幼儿听故事的欲望，引起幼儿的兴趣，引导幼儿思索，使幼儿集中注意力。

（3）语言"表""白"分明

"表"是指故事讲述中的叙述语言。"表"的语言主要交代故事发生的时间、地点、人物、事件，讲述时语气、语调要客观，把故事情节的来龙去脉和前因后果交代清楚，同时，也应表明作者对故事中人物、事件的褒贬态度。

"白"是指故事讲述中的人物对话。故事中的人物对话主要用来刻画人物的性格特征，反映人物在特定的环境中所表现出来的思想感情。故事讲述时要着力抓住人物的对话进行人物形象的塑造和刻画，突出表现故事中人物的性格特征和此时此刻的思想感情。故事讲述得是否生动形象，其中人物对话的表现起着非常关键的作用。讲述时教师应该充分把握、分析人物的性格特点，根据不同人物的不同性格特征和思想情感，通过运用不同的音色、语调、语气和语速塑造出栩栩如生的人物形象。"白"的语言可以表现得夸张、生动、有趣一些。

【示例】

小 马 过 河①

马棚里住着一匹老马和一匹小马。

有一天，老马对小马说："你已经长大了，能帮妈妈做点儿事吗？"小马连蹦带跳地说："怎么不能？我很愿意帮您做事。"老马高兴地说："那好啊，你把这半口袋麦子驮到磨坊去吧。"

小马驮起口袋，飞快地往磨坊跑去。跑着跑着，一条小河挡住了去路，河水哗哗地流着。小马为难了，心想：我能不能过去呢？如果妈妈在身边，问问她该怎么办，那多好啊！可是，他离家已经很远了。

小马向四周望望，看见一头老牛在河边吃草，小马嗒嗒嗒跑过去，问道："牛伯伯，请您告诉我，这条河，我能蹚过去吗？"老牛说："水很浅，刚没小腿，能蹚过去。"小马听了老牛的话，立刻跑到河边，准备蹚过去。突然，从树上跳下一只松鼠，拦住他大叫："小马！别过河，别过河，你会淹死的！"小马吃惊地问："水很深吗？"松鼠认真地说："深得很哩！昨天，我的一个伙伴就是掉在这条河里淹死的！"

---

① 义务教育教科书·语文：二年级下册［M］．北京：人民教育出版社，2017：63-65.

小马连忙收住脚步，不知道怎么办才好。他叹了口气，说："唉！还是回家问问妈妈吧！"

小马甩甩尾巴，跑回家去。妈妈问他："怎么回来啦？"小马难为情地说："一条河挡住了去路，我……我过不去。"妈妈说："那条河不是很浅吗？"小马说："是啊，牛伯伯也这么说。可是松鼠说河水很深，还淹死过他的伙伴呢！"妈妈说："那么河水到底是深还是浅呢？你仔细想过他们的话吗？"小马低下了头，说："没……没想过。"妈妈亲切地对小马说："孩子，光听别人说，自己不动脑筋，不去试试，是不行的。河水是深是浅，你去试一试就知道了。"

小马跑到河边，刚刚抬起前蹄，松鼠又大叫起来："怎么？你不要命啦！"小马说："让我试试吧。"他下了河，小心地蹚到了对岸。原来河水既不像老牛说的那样浅，也不像松鼠说的那样深。

《小马过河》主要讲述小马在完成妈妈交给的任务时遇到了困难，后来在妈妈的循循诱导和启发鼓励下，终于顺利地过了河的故事。这个故事告诉幼儿：生活中遇到困难一定要自己动脑筋想办法，亲自实践一下，不要盲目听信别人的话。故事中四个人物形象的性格非常鲜明，如老马的耐心、严格、亲切，小马的天真、幼稚、单纯，老牛的温和、老成、沉稳，小松鼠的性急、热情、活泼。讲述故事时，教师应把握人物的性格特点，善于运用不同的音色、不同的语气和语调、不同的语速来表现不同的人物形象。如老马的语气要老练、沉稳、亲切；小马的声音造型可稚嫩一些；老牛的语速可稍慢一些，且声音浑厚；小松鼠的语速稍快一些，且声音尖细；等等。故事讲述必须符合幼儿的心理特点，语气、语调可适当夸张，给幼儿强烈的艺术感染。"表"和"白"的语言必须层次分明，注意区别。

（4）表情与动作的辅助

教师的表情与动作对幼儿来说更直观、具体、形象，在故事讲述中也起着很重要的作用。故事讲述不仅作用于幼儿的听觉，也作用于幼儿的视觉，它能将幼儿带入故事特定的情境中，感受故事中人物的喜怒哀乐。因此，教师对所讲的故事要有深切的感受，喜怒哀乐要随着故事内容的发展而变化，要有强烈的爱憎情感。面部表情要明确，略带夸张；动作幅度要大。眼睛要平视，照顾到点和面。借助表情、动作可以帮助幼儿理解故事的内容，但过多的手舞足蹈往往会喧宾夺主，分散幼儿的注意力。

四、幼儿故事的表演

幼儿故事的表演是在了解故事内容、情节及人物对话的基础上，让幼儿扮演故事中的人物角色，在特定的模拟情境中，通过人物的对话与动作来展现故事的情节，塑造故事中的形象，演绎故事的内容。幼儿故事表演类似简易的舞台剧表演，但又没有舞台剧所必须具备的场景、道具、音乐、人物化妆造型等基本要素。进行幼儿故事表演时，教师可以提供简单的头饰帮助幼儿分辨各个角色。

幼儿故事表演首先要将故事的内容和情节进行改编，弱化故事中叙述的语言，必要时可以用旁白的形式出现，交代情节的发展。同时，要突出人物的对话和动作，使故事内容更有利于人物角色的表演。

思考与实践

一、幼儿园常见的故事有哪些类型？幼儿故事讲述有什么特征？

二、幼儿故事讲述有哪些要求与方法？给幼儿讲故事时要注意哪些问题？

三、请将下面的故事改编成可以用来表演的内容，然后几个人合作，共同完成故事的表演。

小壁虎借尾巴 [①]

小壁虎在墙角捉蚊子，一条蛇咬住了他的尾巴。小壁虎一挣，挣断尾巴逃走了。

没有尾巴多难看哪！小壁虎想：向谁去借一条尾巴呢？

小壁虎爬呀爬，爬到小河边。他看见小鱼摇着尾巴，在河里游来游去。小壁虎说："小鱼姐姐，您把尾巴借给我行吗？"小鱼说："不行啊，我要用尾巴拨水呢。"

小壁虎爬呀爬，爬到大树上。他看见老牛甩着尾巴，在树下吃草。小壁虎说："牛伯伯，您把尾巴借给我行吗？"老牛说："不行啊，我要用尾巴赶蝇子呢。"

小壁虎爬呀爬，爬到房檐下。他看见燕子摆着尾巴，在空中飞来飞去。小壁虎说："燕子阿姨，您把尾巴借给我行吗？"燕子说："不行啊，我要用尾巴掌握方向呢。"

小壁虎借不到尾巴，心里很难过。他爬呀爬，爬回家里找妈妈。

小壁虎把借尾巴的事告诉了妈妈。妈妈笑着说："傻孩子，你转过身子看看。"小壁虎转身一看，高兴得叫了起来："我长出一条新尾巴啦！"

四、对下面的幼儿故事进行"故事化"处理，将成人化和书面化的语言改为幼儿化、口语化的语言，使故事更适合讲述。

---

① 义务教育教科书·语文·一年级下册［M］.北京：人民教育出版社，2016：109-111.

陶罐和铁罐[①]

国王的橱柜里有两个罐子：一个是陶的，一个是铁的。骄傲的铁罐看不起陶罐，常常奚落它。

"你敢碰我吗？陶罐子！"铁罐傲慢地问。

"不敢，铁罐兄弟。"陶罐谦虚地回答。

"我就知道你不敢，懦弱的东西！"铁罐说，带着更加轻蔑的神气。

"我确实不敢碰你，但并不是懦弱。"陶罐争辩说，"我们生来就是盛东西的，并不是来互相碰撞的。说到盛东西，我不见得就比你差。再说……"

"住嘴！"铁罐恼怒了，"你怎么敢和我相提并论！你等着吧，要不了几天，你就会破成碎片，我却永远在这里，什么也不怕。"

"何必这样说呢？"陶罐说，"我们还是和睦相处吧，有什么可吵的呢！"

"和你在一起，我感到羞耻，你算什么东西！"铁罐说，"走着瞧吧，总有一天，我要把你碰成碎片！"

陶罐不再理会铁罐。

时间在流逝，世界上发生了许多事情。王朝覆灭了，宫殿倒塌了，两个罐子遗落在荒凉的废墟上，上面覆盖了厚厚的尘土。

许多年过去了。有一天，人们来到这里，掘开厚厚的堆积物，发现了那个陶罐。

"哟，这里有一个罐子！"一个人惊讶地说。

"真的，一个陶罐！"其他的人都高兴地叫起来。

捧起陶罐，倒掉里面的泥土，清理干净，它还是那样光洁，朴素，美观。

"多美的陶罐！"一个人说，"小心点儿，千万别把它碰坏了，这是古代的东西，很有价值的。"

"谢谢你们！"陶罐兴奋地说，"我的兄弟铁罐就在我旁边，请你们把它也掘出来吧，它一定闷得不行了。"

人们立即动手，翻来覆去，把土都掘遍了，但是连铁罐的影子也没见到。

五、根据幼儿故事讲述的基本要求与方法，生动地讲述下面的故事。

[①] 义务教育教科书·语文：三年级下册［M］.北京：人民教育出版社，2018：18–19.

"咕咚"[①]

（根据西藏民间故事改编）

湖边有棵木瓜树，树旁住着小白兔。一天，一只熟透了的木瓜，被风一吹，从树上掉下来，"咕咚"一声，正好掉在湖里。

小白兔听到那"咕咚"声，吓了一跳，不知道发生了什么事情，拔腿就跑。一只狐狸看见小白兔慌慌张张逃跑，很是奇怪，忙问："你跑什么呀？出了什么事了？"小白兔一边跑一边喘着气："'咕咚'——'咕咚'——"狐狸看到小白兔那副惊慌样子，以为"咕咚"是个很厉害的东西，吓了一跳，也跟着跑起来。

一只猴子看到小白兔和狐狸没命地跑，忙赶上去问："你们跑什么呀？出了什么事了？"狐狸说："'咕咚'来了！"猴子也不知道"咕咚"是什么，心想，狐狸吓得这个样子，"咕咚"一定是很厉害的东西，也跟着跑起来。

路上，它们又碰到狗熊、梅花鹿、老虎。老虎看它们没命地跑，忙问："你们跑什么呀？出了什么事了？"

狐狸说："'咕咚'来了！"它们一个个都说不清"咕咚"是什么，大家也都跟着没命地跑了。

最后，它们碰到了一只长毛狮子。长毛狮子拦住它们说："什么东西把你们吓成这个样子？"

这时候，它们已经跑得上气不接下气了："不得了，'咕咚'来了！"

长毛狮子又问："'咕咚'是什么？在哪里呀？"它问老虎，老虎说不知道；问梅花鹿，梅花鹿说不知道；狗熊、猴子、狐狸也都说不知道。最后问到小白兔，小白兔说："那'咕咚'就在我住的那湖边。"

长毛狮子说："那好，你带我们去瞧瞧。"

小白兔说："不行！不行！那个'咕咚'太可怕了。"

长毛狮子说："不怕，有我呢！"

小白兔没办法，只好带了大家来到湖边，大家东瞧瞧，西瞧瞧，咦，哪有什么"咕咚"啊！这时候，正好有一只熟透了的木瓜，被风一吹，掉到湖里，又响了"咕咚"一声。这一来啊，大家才把事情弄明白了。

六、根据幼儿故事表演的要求对下面的故事进行改编，然后分角色模拟情境表演。

---

① 王丹丹，吕银才.幼儿文学作品选［M］.北京：首都师范大学出版社，2018：104-105.

两只笨狗熊[①]

（根据匈牙利民间故事改编）

☞音频《两只笨狗熊》

　　狗熊妈妈有两个孩子，一个叫大黑，一个叫小黑，它们长得挺胖，可是都很笨，是两只笨狗熊。

　　有一天，天气真好，哥儿俩手拉手一起出去玩儿。它们走着，走着，忽然看见路边有一块干面包，捡起来闻闻，嘿，喷喷香。可是只有一块干面包，两只小狗熊怎么吃呢？大黑怕小黑多吃一点儿，小黑也怕大黑多吃一点儿，这可不好办啊！

　　大黑说："咱们分了吃，可要分得公平，我的不能比你的小。"

　　小黑说："对，要分得公平，你的不能比我的大。"

　　哥儿俩正闹着呢，狐狸大婶来了，她看见干面包，眼珠骨碌碌一转，说："噢，你们是怕分得不公平吧，让大婶来帮你们分。"哥儿俩说："好，好，咱们让狐狸大婶来分吧。"

　　狐狸大婶接过干面包，恨不得一口吞下去，可是它没有这样做，它一下子把干面包分成两块，哥儿俩一看，连忙叫起来："不行！不行！一块大，一块小。"

　　狐狸大婶说："你们别着急，瞧，这一块大一点儿吧，我咬它一口。"狐狸大婶张开大嘴巴，"啊呜"，咬了一口。哥儿俩一看，又叫起来了："不行，不行，这块大的被你咬了一口，又变成小的了。"

　　狐狸大婶说："你们急什么呀，那块大了，我再咬它一口吧。"狐狸大婶张开大嘴巴又"啊呜"咬了一口，哥儿俩一看，急得叫起来："那块大的被你咬了一口，又变成小的了。"

　　狐狸大婶就这样这块咬一口，那块咬一口，干面包只剩下小手指头那么一点儿了。它把一丁点儿大的干面包分给大黑和小黑，说："现在，两块干面包都一样大小了，吃吧，吃吧，吃得饱饱儿的。"

　　大黑和小黑你看看我，我看看你，一句话也说不出来。

　　小朋友说说看，它们是不是两只笨狗熊？

第四节　幼儿戏剧表演

　　幼儿戏剧是指适合幼儿接受能力和审美情趣，供幼儿观赏或演唱并有利于

[①] 方美波. 幼儿文学作品导引［M］. 杭州：浙江大学出版社，2009：90-91.

其身心健康的戏剧形式。幼儿戏剧表演是幼儿在教师的组织下，对幼儿戏剧作品进行反复排练后，在舞台上进行的演出。在幼儿戏剧的排练过程中，幼儿置身于作品的情节之中，体验着不同的人物，口、脑及四肢都得到进一步的锻炼。观看戏剧表演的幼儿也会因作品的可视性激发自己的表演欲，从而参与其中。

一、幼儿戏剧的基本特征

游戏是幼儿主要的娱乐和学习方式，幼儿戏剧表演实际上可以看作一种经过组织、具有戏剧性的幼儿游戏。

幼儿戏剧的题材非常广阔，但由于接受对象的规定性和特殊性非常强调戏剧主题的健康向上，所以幼儿戏剧的题材就有了明显的选择性和针对性，要求提供幼儿可模仿的舞台形象，用正面的形象影响幼儿，用美的形象感染幼儿。

由于幼儿注意力不易集中，加上戏剧受舞台表演的时空限制，所以幼儿戏剧的矛盾冲突往往不像成人戏剧那样尖锐、复杂，一般都比较单纯、紧凑，但在单纯的戏剧情节中却充满了奇妙的幻想和盎然的情趣，并且层次分明，发展迅速，易于被幼儿接受。例如，独幕童话剧《"妙乎"回春》围绕着小猫"妙乎"不懂装懂、自高自大，闹出许多笑话，以及最后受到教育、认识错误这条情节线展开剧情；中间分别以小兔、小牛、小鹅为中心，设置三个小高潮，最后推向总高潮——给小猫拔胡须。剧中波澜起伏的戏剧冲突，既紧张又有一定的节奏，再加上戏剧结构单纯，游戏氛围浓厚，意趣盎然，自然能激发幼儿的观赏兴趣。

戏剧台词是戏剧的基本要素，也是表现戏剧冲突、刻画人物性格的关键手段。幼儿天性好动，喜欢富有动感的场景，这就要求幼儿戏剧不能有大段的抒情性、叙事性的独白和对白。幼儿戏剧的台词应浅显、生动活泼，富有极强的动作性，常常辅以大幅度的、夸张的动作表现剧中人物的思想感情和性格特征。例如，柯岩的童话剧《小熊拔牙》中小熊的台词：

> 妈妈走了，/啦啦啦，/现在我当家，/啦啦啦。/先唱个小熊歌，/1 2 3 4，/哇呀呀呀，呀，/再跳个小熊舞，/5 4 3 2，蹦蹦蹦，哒！/哎呀，/答应妈妈洗脸呀！/先洗洗小熊眼，/再擦擦熊嘴巴，/熊鼻子抹一抹，/熊耳朵拉两拉，/熊头发梳三下，/嗯，就不爱刷牙。

这段人物独白生动活泼，简洁而口语化，连用动词，表现了人物好动的性格和妈妈不在时放松、自由的心态。小熊在说话中动作，在动作中说话，新鲜而富有动感，非常符合幼儿的特点。

二、幼儿戏剧表演的基本要求

幼儿戏剧表演必须有剧本作为依托，剧本的来源之一是幼儿文学作家创作的优秀童话剧、儿童剧、歌舞剧等，但更多的是教师根据幼儿故事自行改编的剧本。教师要根据幼儿戏剧的特点和戏剧舞台演出的需要选择优秀的幼儿故事进行改编，故事中的叙述性语言在剧本中要化为人物语言、动作、表情等舞台形象，同时要交代清楚人物间的关系与感情交流。

幼儿戏剧表演需要幼儿相互配合共同来完成，教师应懂得幼儿戏剧表演的一些基本环节，帮助幼儿进行编排。教师在指导幼儿表演戏剧时，首先要给幼儿讲解作品，让他们熟悉戏剧中的情节和人物，然后运用表达技巧，分角色进行表演。幼儿戏剧表演在语言及动作上都要夸张一些，从而增强表演性。同时教师还应该告诉幼儿在舞台上的位置及走向，并在反复排练中加深印象，避免幼儿在舞台上随意跑动。

教师还应对人物造型和场景进行设计。人物造型包括化妆、服饰、头饰等，人物造型应尽量贴近人物形态，突出人物特征，让幼儿很快就能辨认出这一角色是谁。场景要根据作品所提供的信息来设计，与作品中的描述相吻合。同时，教师还可以设计音乐与道具，与表演融合在一起，增强剧本的表现力和感染力。

思考与实践

一、幼儿戏剧的基本特征有哪些？

二、幼儿戏剧表演的基本要求是什么？

三、表演者自由组合，共同完成以下童话剧的演出。排练时要熟悉剧本内容，把握剧情和剧中人物的性格特征；注意舞台场景的安排、人物的调度、台词的准确把握、音乐以及夸张而又适度的动作设计等。

"妙乎"回春[①]

（童话剧）

方　圆

人物：猫大夫（著名的动物界医生，简称"猫"）

　　　小猫"妙乎"（猫大夫的儿子，简称"妙"）

　　　小兔、小牛、小鹅（分别简称"兔""牛""鹅"）

时间：早晨

———————————

① 方美波.幼儿文学作品导引［M］.杭州：浙江大学出版社，2009：295-299.

场景："动物医疗站"。一间芭蕉叶盖的屋子：墙上挂着写有"妙手回春"的横幅，猫大夫的椅子像只倒放的灯笼辣椒，病号坐的是扁豆荚形的长凳。床、桌等各有特色。

（幕启时，只见小屋外戴眼镜的猫大夫在打太极拳。远处公鸡叫，一会儿，他侧耳听听屋里，见没动静，摇摇头，向树林跑去。不一会，躺着的"妙乎"翻过身蒙头大睡。猫大夫回来，敲窗。）

猫　妙乎，该起来了！唉！还想当名医呢！

妙　（又翻了个身）呜……呜……

猫　（进门）妙乎，妙乎，怎么不起啊？

　　（掀开被，拎妙乎耳朵。）

妙　妙——呜！妙——呜！爸爸，您不知道我在背书吗？

猫　背书？我看你连书都不翻，还背什么书？

妙　您在家，我跟您学！您不在家，我才念书！

猫　好了，我没空和你斗嘴。我要去出诊了，有谁来你就记下来。有急事，你打电话来，号码三六九。

　　（拿起电话拨号，听筒和话筒是苹果形，柄是香蕉形。）

　　喂，喂！嗯，没人接电话，一定病得很重，我得赶快去了。

妙　（起床坐到桌边）爸爸，您去好了。有谁来看病，我给看。

猫　你还没学会，好好看书，将来我教你。（匆匆忙忙下。）

妙　（边吃东西边翻书）ABC，CBA，看书真想打瞌睡，当个医生谁不会？胡说八道信口吹！哎哟，好累呀！（伏在书上睡着。）

　　（小兔拎着草莓篮上。）

兔　猫大夫！猫大夫！

妙　（抬起头）妙呜妙呜！（开门）喂，你是谁？

兔　我是小兔。猫大夫在吗？我请他看病。

妙　不在家。

兔　您是他的儿子吗？

妙　我不回答你。不过我告诉你，我是大名鼎鼎的妙乎医生。

兔　真的吗？我怎么没听说过？

妙　我才当医生，你当然不知道。不过，有句话你该知道。

兔　什么？

妙　人家赞扬我医术高明，是"妙乎回春"！

兔　好像只有"妙手回春"……

妙　不对，你记错了，我这儿有书为证。（翻书）翻不着，反正是你错了。

兔　我不跟您争了。妙乎医生，今天猫大夫不在家，请您给我看看
　　好吗？

妙　行，小事一桩，坐下吧。（给小兔按脉，看面色）哎哟不好！
　　你生大病啦！

兔　（吓一跳）什么什么？

妙　你生了一种出血病，出血病，危险透了！

兔　（吓坏了）啊！

妙　（拿起镜子）你看，你的眼睛都变红啦！

兔　（松了一口气）我们从小就是红眼睛，我爸爸妈妈，爷爷奶
　　奶，姐姐哥哥，弟弟妹妹……生来就是红眼睛，不是出血。

妙　生来就这样？那就是遗传性的毛病，非看不可。

兔　（糊涂了）那，那猫大夫怎么从来没讲过？

妙　（一本正经）你到底听谁的？

兔　那请您给看看吧。

妙　这是红药水，一天吃三顿，还用它滴眼睛，也是一天三次。
　　（拿一大瓶红药水给小兔。）

兔　（不敢接）红药水能吃、能滴眼睛吗？

妙　你不照照你的眼睛，都红成什么样了！坐着马上吃，马上滴！
　　（小兔怀疑地接过，坐着犹豫不决。小牛上。）

妙　还磨蹭什么？谁不知道我"妙乎回春"！

牛　哞——，谁的喉咙这么大呀？

兔　（如获救）小牛快来，妙乎医生让我吃红药水，还要用红药水
　　滴眼睛。我有点害怕。

牛　从没听说红药水能吃呀！

妙　妙呜妙呜，你是谁，敢来这儿大发议论？

牛　哞——，我是小牛，您是医生吗？

妙　我是得过"妙乎回春"锦旗的医生妙乎！

牛　什么？"妙乎回春"？

妙　对。

牛　（反刍，胃里的草回上来，用口嚼着，没有能接话。）

妙　你怎么啦？不作声光努嘴？

牛　（咽下草）哞——，不是，刚才我胃里的东西回上来，得嚼
　　一嚼。

妙　（拍拍小牛背）得了，又是一个病号！

牛　怎么啦？

妙　你呀，生了大病啰！

牛　什么病？

妙　吃的东西要回上来，那是胃病；经常回上来，那就是胃癌。

牛　癌？

妙　对，这非我看不可！

牛　我们从小吃东西都要回上来嚼嚼，我爸爸妈妈，爷爷奶奶，姐
　　姐哥哥……

妙　得了，跟小兔一样，遗传的病。你可得开刀才行！要不半路上
　　倒下去，我可不会救啰！

牛　（害怕地）那我怎么办呢？

妙　躺到那床上去，我来磨刀，给你做手术。

　　（妙乎拿起一把大菜刀，在门槛上磨起来。小鹅上。）

牛　（慢腾腾躺上去）真害怕呀！怎么拿菜刀给我动手术……

兔　（坐立不安地）真害怕呀！红药水吃下去肚子不疼吗？

鹅　（鞠个躬）吭——，请问，谁在里面叫害怕？

妙　（抬起头）是小兔、小牛，我给他们治病。喔，你也是来看
　　病的？

鹅　我没生病。

妙　不，很明显，你生了大病。

鹅　（镇静地）什么大病？

妙　脑瘤。脑子里的瘤子长到外面来了！非开刀不可！

鹅　（笑）吭吭吭，我们生来就这样……

妙　那你和他俩一样，得了遗传病。

鹅　（继续笑）吭吭吭，你这样的医生我也会当。

妙　乱讲！我可是得了"妙乎回春"的锦旗的！

鹅　吭吭吭，只有"妙手回春"，没有"妙乎回春"！

妙　你们三个都一样地读白字！

鹅　（端详着他，灵机一动）好吧，就算你对。（看看发抖的小兔、
　　小牛）不过，我也学过一点医，我看你也生了大病。

妙　（有点紧张）别骗人！我生了什么病？

鹅　吭——，你生了未老先衰病。

妙　（不明白）怎么讲？

鹅　你小小年纪就衰老得不行了，不医好马上得完蛋。

妙　（更紧张，凑近他）你，你有什么根据？

鹅　自然有。（拿起镜子给他）你自己瞧瞧，瞧你的胡须有多长！

妙 （照着）胡须？这胡须一生下来就……

牛 （疑问地）哞——，那也是遗传病？

妙 啊！我？

鹅 是吧？你爸爸妈妈，爷爷奶奶，姐姐哥哥，弟弟妹妹，生下来都有胡须……

妙 （害怕起来）难道我也是遗传病，那我当不了名医了！妙呜呜呜……（哭起来。）

鹅 （推推小兔、小牛）有一个办法可以治好。（这时猫大夫回来了，在门外挂着手杖听。）

妙 只要能救我，用什么办法都行。

鹅 我先问你：小兔和小牛到底得了什么病？

妙 天知道他们生了什么病。

兔 你不是说我生了出血病，眼睛都变红了吗？

牛 哞——，不是说我得了胃癌，走不到家半路就会倒下去吗？

妙 我是随便说说。

牛 哞——，随便说说？我差点没让你用菜刀宰了！

兔 嘿，我差点没把红药水吃掉！

鹅 （笑）吭吭吭，他俩没病，你倒是真有病啊！

妙 （又紧张起来）怎么办？

鹅 小兔、小牛帮个忙。（拿出一根细绳，在墙上一个铁环中穿过，一头交给兔、牛，另一头自己拿着）来，"妙乎回春"大夫，把胡须结在这一头，拉它七七四十九次，胡须掉下来就好啦！

妙 不疼吗？

鹅 有一点儿，可是要病好啊。（用绳子扎住它的胡须。）

兔、牛 （开心地用力拉）嗨哟，哞——！

妙 （怪叫）哎哟！妙——乎！妙乎！妙——乎！……

鹅 （一本正经）一下、两下、三下、四下……

妙 哎哟、哎哟，哎哟哟！（全身跟着细绳一上一下。）

兔、牛 哈哈，哈哈！

妙 （忍不住）几下啦？

鹅 十三，十四，十五……妙乎大夫，还有二十几下就行啦！

妙 什么大夫不大夫，我连书都没好好看过一本。（把绳子从胡须上取下，抓起电话拨号）三六九，喂喂！
（猫大夫出现在门口。）

兔、牛、鹅　大夫好！

妙　爸爸！您可回来了……

猫　我早就在窗外边，瞧你吹得晕头转向的！（搂住小鹅肩）孩子，你今天帮助了妙乎，我谢谢你，也谢谢小兔、小牛！（小动物们摇头表示不必。）

妙　爸爸，（摸摸胡须羞愧地）我今后一定老老实实学习，不吹牛了！

鹅　到时候啊，我送你一面锦旗，就写上"妙乎回春"四个大字！

（众笑。幕落。）

第五章　说话技能训练

训练目标

1. 了解说话的特点，掌握说话的基本规律和基本要求。

2. 通过复述、描述、解说、评述等口语表达的基本形式训练，努力提高学生在一般口语交际中的倾听能力、思维能力和表达能力，为幼儿教师职业口语的表达打下良好的基础。

第一节 说话概述

口语是人们进行交际的主要工具。口语表达能力是每个人立足社会必备的基本素质之一。在现代信息社会中，口语表达能力的强弱将直接影响人们社会交际的成功与否。

一、说话的特点

说话是人类运用口语进行交际的重要方式。说话的过程包含了一个从内部语言的形成到外部语言传送的复杂过程。也就是说，说话者由于个人感情和思想的变化，产生了说话的动机，形成了无声的语言，即确定说话的意向和内容，然后通过选择恰当的词语、句子，并根据一定的语法规则和逻辑规则，将这些语言排列成正确的顺序，然后迅速转化为有声语言，表达一个完整的意思。这个复杂的过程，在我们实际说话时是非常短暂的一瞬间，是迅速、快捷地完成的，但它包含了人的语言、思维、生理、物理等一系列的活动。因此，一个人说话能力的强弱是一种综合能力的体现。

我们在说话时是使用口语进行表达的。说话时想和说几乎是同步进行的，所以思维和口语表达也是紧密相连的。人的思维过程是运用语言进行分析、判断、推理的过程，而口语表达者则要善于把自己的思维过程和思维结果诉诸别人的听觉。语言是思维的载体和外壳，一个人要想口语表达能力强，就必须具有较强的思维能力，思维能力是口语表达的重要基础和前提。

由于口语受时间和空间的制约，因此出现了超越时空的书面语，但口语仍比书面语有许多便利之处。例如，口语可以直接传达说话人的思想感情，并带有一定的语气语调，容易激发听者的情绪。口语用词通俗易懂，说话的句式比较自然灵活，经常使用短句、省略句、变式句、散句等。同时，在口语中经常使用的谚语、歇后语、象声词、儿化音等，可以使口语表达生动活泼。口语表达还可以借助表情、眼神、手势、身势等态势语辅助表情达意。由于说话是面对面进行的，说话者必须瞬间完成由内部语言转换为外部语言的过程，听者也应在很短时间内完成语流的解码过程，弄清信息的内容，所以口语表达的针对性很强，可以做到有的放矢。同时，说话者还可以边说边观察、边判断，根据听者的反馈情况随机应变，及时调整说话的内容和方式。所以，口语比书面语更具体、真切、灵活，更接近说话者的生活和思想实际。

但由于说话是现想现说的，也容易带来许多不利，例如，说话是出口定型，无法改口的，它不像书面表达那样可以有充分的时间思考、斟酌。在正式的场合下，如果想把话说得有条理，表达准确、流畅、得体，是相当不容易的，需要说话者具有较强的思维敏捷性和逻辑性。同时，说话往往容易受外界的影响。由于说话是说话者和听者双方交互进行的交际活动，交际的双方反映出来的情感是千变万化的，听者的反应如何，会直接影响说话者的情绪。因此，说话者必须根据听者的态度、观点、情感，灵活地调整自己的言辞，这比书面表达要复杂得多，需要说话者具有较强的应变能力和良好的心理素质。

二、说话的基本规律

一种想法会有多种不同的表达方式。说话时说话者会面临一个采用什么表达方式的问题，即要随时在极短的时间内从大量同义说法中迅速、准确地做出最佳的选择。说话是即兴的表达，它不像书面表达可以经过从容推敲、斟酌后再进行取舍，因此，说话水平的高低，在很大程度上取决于这种选择是否恰当与得体。

例如，要求对方离开有许多种不同的表达："你走吧。""您请回吧！""请你离开这儿！""你给我滚出去！""滚！""你走开！""你好像可以走了。""你还有别的事吗？""你没必要待在这儿啦！""对不起，我还有事要做。""对不起，您请吧，我失陪了！""再见，请你走好。""欢迎你下次再来！""咱就到这儿吧，再见。"等等。说话者选择怎样的表达方式，必须考虑说话的对象、说话的场合和说话的目的，以适度、恰当为原则，尽可能把话说得巧妙、得体。

说话时，我们必须要遵循以下两条基本规律：一是要适应语境，二是要切合语体。

（一）适应语境

语境是指语言环境。狭义的语境是指说话的前言后语、行文的上文下文。广义的语境则包含说话者所处的时代、社会背景，交际的对象和交际的场合等。善于适应语境，是语言运用的首要条件。说话的水平如何，关键在于说话"切境"的程度，说出来的话与语境相适应，就会得体，效果就好；说出来的话与语境不适应，就不得体，效果就不好。具体地说，适应语境要注意以下三个方面：

1. 适应说话对象

适应说话对象是指说话要与交际双方的实际情况相适应。要顾及听、说双方的思想、性格、心情、处境、文化程度、生活经历、社会地位、职业身份、兴趣爱好、彼此关系等各种因素。

【示例】

曾有这样一则民间笑话，说的是主人在家宴请客人，准备了丰盛的饭菜，约定时间已过，只来了两位客人。主人很着急地说："怎么该来的还不来。"一位客人听到这话，马上起身告辞："对不起，我还有点事儿，失陪了。"这位客人走后，主人更着急了，忙说："这怎么说？不该走的又走了！"剩下的一位客人听了多心，以为主人是说自己该走却赖在这里不走，于是说声"我该走了"，便拂袖而去。主人就因为这两句不得体的话把来的两位客人全都撵走了。

这位主人的失误就在于所说的话不考虑对方的心理因素。对已来的客人说"该来的还不来"，自然使对方以为自己属于"不该来的来了"；又对没有走的客人说"不该走的又走了"，对方当然怀疑是嫌自己"该走的不走"。主人说话只顾一头，没意识到与它对立的另一头，会使听者产生不愉快的心理反应，这就是俗话说的"说者无心，听者有意"。

2. 适应说话场合

说话场合是指交际的现实环境，包括说话的时间、地点、情境、气氛因素以及前面已有什么人说了些什么话等。说话场合对口语有制约性。如在喜庆的场合说令人扫兴的话，在哀悼的场合说轻松逗乐的话，在庄严的场合说戏谑的话，在大家需要安静的场合喋喋不休等，都与交际的场合不协调、不适应。俗话说"到什么山上唱什么歌"，说话适应说话场合就是要根据具体的交际场合和对象，选择恰当的词语句式和语气进行表达。例如，是用委婉的长句，还是用简短的祈使句？是用商讨、疑问的语气，还是用强硬的命令语气？如在训练场上指挥员对战士下达命令，只能是斩钉截铁、不容商量："立正！""卧倒！""冲锋！"……绝不能说"请同志们立正好不好？""咱们现在冲锋怎么样？""大家卧倒可不可以啊？"之类的话。

只有对语境的各种因素进行准确的审察，才能因人而宜、因时而宜、因地而宜、因事而宜地进行口语表达。说话者除了选择恰当的词语和句式外，还要注意语调、语气、音高、音强、节奏、速度等各种语音手段的恰当运用，以及态势语的辅助等。

3. 适应说话目的

说话有各种各样的目的。一个人口若悬河，说话水平未必就高，这要看他是否说到了点子上，是否恰到好处地达到了说话目的。相反，寡言少语的人，说话水平也未必就低，言简意赅、字字珠玑，句句说到点子上，也是说话水平高超的表现。

在任何场合，说话都不可背离说话目的，不能忘记自己为什么说话。例如，一个青年迷了路，却摆出一副神态傲慢的样子，冲着迎面步行过来的白发老人说："喂，老头儿！给咱哥们儿说说，去文华路怎么走？"显然，老人根本不会理睬他。这位青年的目的是问路，但他的说话方式和说话目的不相适应，假如这位青年恭敬地对老人说："老大爷，请问您，去文华路怎么走？"老人肯定会热心地给他指路的。

口语交际的目的相当广泛、灵活、复杂、多样，往往有显目的、隐目的，有全局目的、局部目的，有具体目的、模糊目的，有单一目的、多重目的，有预定目的、即兴目的等。在口语交际过程中，说话者要有明确的目的观念。即使表面看起来似乎无目的的串门闲聊，也总有某种隐含的、模糊的说话目的，如为了联络感情、增进了解、密切关系，或为了满足"话憋在肚子里难受"想找人倾诉的需要。

（二）切合语体

语体，是指由于语言环境不同而形成的语言特点的体系。人们总是在特定的语言环境中使用语言、进行交际的。交际范围和领域不同，会形成一系列语言特点，这些特点综合起来，就构成语言功能变体，简称语体。汉语口语语体可分为家常口语体、正式口语体、典雅口语体三种基本类型。家常口语体多用于非正式场合，俚俗成分较多，随意性较强，要求用语平易、通俗、诙谐、风趣。正式口语体适用于正式场合，要求用语合乎普通话规范，不太俗，也不太文。典雅口语体适用于庄重的场合，不仅要合乎普通话规范，而且接近书面语，要求用语严肃、庄重。例如，口语中表达同一语意的"爱人""丈夫、妻子""老公、老婆""先生、太太""老伴""配偶"等词语，由于说话的语境不同，对语体的选择也会有所不同。"老伴""老公、老婆"适用于家常口语体，"配偶""先生、太太"适用于典雅口语体，"爱人""丈夫、妻子"适用于正式口语体。

语体对语言环境有很强的依赖性，在一定的语境中所说的话，如果语体风格特点与交际的场合、对象等因素不协调，就会很不得体。比如，"去小便""上厕所""对不起，我去一下洗手间"，究竟哪一种说法得体，完全取决于在怎样的交际场合，面对怎样的交际对象。所以，使用语体要适应交际中不同对象、身份和场合的具体需要。接待外宾就不应使用家常口语体，如果对外宾说"一会儿我们请大家吃饭"，就会显得很不协调。但如果对没文化的老太太说"您要跟儿媳妇团结一致、肝胆相照"，或者问老太太"您有配偶吗？"，肯定会令人啼笑皆非。

在口语交际中，选择哪一种语体，选择怎样的词语和句式进行口语表达，都要以生活为根据，一切从生活出发。

【示例】

一位乡长就乡里兴修水利的问题，在村民大会上的讲话：

各位父老乡亲，今儿个邀集大伙儿来，是想一块儿商量商量咱们乡修水渠的事儿。水是咱庄稼人的命根子，这重要性用不着我多啰唆，大伙儿心里都明白，也都盼着咱乡缺水这桩大事早点解决。乡里有个初步打算，让王秘书在这里说说，大伙儿听了都动动脑筋，看哪里行，哪里不行，有啥说啥，多提意见，人多主意多。这样最后形成正式规划才更有准头儿。……

几天以后，县水利局出面，邀集一些水利技术干部论证该乡水利工程规划，这位乡长到会的讲话：

到会的各位领导和专家今天专门抽时间来审查我乡水利工程规划草案，这是对我们乡极大的关怀和帮助。我代表全乡人民表示真诚的感谢。由于我们乡的水利技术力量薄弱，水平不高，制订的这个规划草案，可能存在不少问题，请各位专家毫不保留地给予纠正、指教，帮助我们认真地对这一草案进行修正、补充，形成一个完善的、科学的正式规划，以便早日施工，早日改变我乡水资源短缺的状况。……

这位乡长就同一话题，先后在两个不同的场合，面对不同的对象发表讲话，说话时注意到语体的调整，两次讲话的语体和语境都十分和谐，恰当得体。

三、说话的基本要求

口语交际实际上是一个信息传递的过程，这个过程由编码、发码、传递、接收、解码五个环节构成。编码，是指说话者根据要表达的思想内容选择词语，组成话语。发码，是指说话者运用发音器官发出信息。传递，是指口语的声波通过空气、电路等信息渠道。接收，是指听者运用听觉器官接收说话者发出的信息代码，即语言形式。解码，是指听者根据特定交际场合对接收到的语言代码进行分解合成，将语言形式还原为思想内容。从这个过程来看，构成口语交际的两大基本要素是说话和听话。在口语交际中，说话和听话是紧密联系、密不可分的。要做到能说会听，既要善于表达自己的思想感情，又要善于把握对方话语的真意。

（一）善于表达自己的思想感情

说话的过程可分为三个阶段：构思阶段，即说话者根据说话目的在头脑中产生所要表达的思想，确定说话的内容；转换阶段，即说话者运用句法规则将所要表达的思想转换成语言信息；表达阶段，即说话者将头脑中的语言信息变成口头语言。说话过程的这三个阶段在说话时是瞬间完成的，由于口语表达的即时性，说话者必须在极短的时间内完成由思想转换为语言信息、再转换为有声语言的复杂过程。这就要求说话者的思维要敏捷、逻辑要清晰、措辞要恰当、表达要得体，将自己的思想表达得清楚明了，使听者易于理解、乐于接受。精神不集中、思维迟钝或出言不慎、措辞失当都会造成说话的失误。

善于表达自己的思想感情主要体现在以下三个方面：

1. 恰当地运用语音技巧

口语表达是借助语音来实现的，同样一句话，变换语音手段，就可以传递各种不同的语言信息，表达不同的思想、感情、态度。因此，说话者必须根据不同的语境，运用不同的语体，借助语气、语调、语速、轻重、停连等多种语音技巧进行表达，这样才能达到最佳的效果。

2. 适度地运用态势语

态势语是指说话时用来辅助表情达意的表情、眼神、手势、身势等。态势语是一种无声的语言，它包含着许多各不相同的语言信息，表达了多种多样的情绪和情感。态势语是有声语言的重要辅助和补充，是信息传递的重要手段。态势语不仅可以补充、强化口语信息，还可以沟通、交流情感，以及调控整个交际过程。态势语的运用必须得体、自然、适度，要同说话的内容、心态、情感相吻合，避免各种纯属个人习惯性的、下意识的动作、表情、手势的出现。态势语应当随情所致，自然大方，是内容、情感的自然表达，是个性风格的自然流露。态势语的运用特别要注意适度，要把握好分寸，动作幅度不宜过分夸张，形式不宜复杂，力度与频度要适中，要有助于口语表达，不要喧宾夺主、哗众取宠。

3. 巧妙地运用应变语言

语言应变能力是指说话者在任何语境中，面对任何交际对象，都能及时自如地作出恰当得体、机智巧妙的反应的能力。它表现为说话者面对任何突发状况，能够不失言，不失体，不失礼，不失理，不陷入手足无措、无言以对的被动局面。语言应变能力是决定一个人有无口才的重要因素。巧妙地运用应变语言，要求说话者具有良好的文化素养、渊博的知识、丰富的阅历、敏捷的才思、健康的心理，以及口语交际的足够经验和口语表达的出色技巧。巧妙地运用应变语言，首先要做到沉着冷静，面对难题能从容镇定、泰然自若；其次要思维活跃，能从具体的说话场合、说话对象的情况出发，在权衡利弊得失的基础上，迅速作出最佳的反应。

（二）善于把握对方话语的真意

听话的过程和说话的过程互为逆向，是语言理解、信息解码的过程。"善于听"是走向"善于说"的途径。谚语"会说的不如会听的"，就强调了口语交际中"听"的重要性。由于语音一发即逝，是否善于听，关键在于对语言信息的解码是否准确无误。它包括对语言信息本身的正确译解和对深层意义的正确把握，既要准确理解"显性信息"，即词语表面的直接意义，又要准确把握"隐性信息"，即话语的"弦外之音"，进而弄清楚说话者的意图。

善于把握对方话语的真意，主要体现在以下三个方面：

1. 听清楚词语的意思，即说的什么

在口语交际中，听者对别人的话里所使用的词语含义的准确把握，是正确理解话语的基础。如果对话语中的某个关键词语理解有误，必然会误解整句话语的意思，导致信息接收产生障碍。同时，听者还要辨明句式，即对方采用什么样的方法说出来的。同样一个意思，会有各种各样的表达方式，不同的表达方式往往会反映说话者不同的态度、情感，联系语境，配合态势，细细品味，有利于把握话语的意思。

2. 捕捉弦外之音，即想说什么

弦外之音是指说话时潜藏在话语中的真实含义。俗话说："言在此而意在彼。"只有善于听话的人才能听出话语的真意。听者必须分辨出话语的词面意义隐含的内部意思，不仅要知道对方在说什么，还要明白对方想说什么。俗话说："锣鼓听声，听话听音。"这个"音"即"弦外之音"，就是话语的潜在信息。把握话语的深层含义，必须以语言环境为基础，通过听声音、观神色，正确地作出判断。听声音，就是从对方说话的语调、音色、口气、重音、停连、语速等语音形式上，把握隐含的话语信息。观神色，就是注意观察对方说话时的眼神、表情、动作等，从这些起辅助作用的态势语中捕捉话语的潜在信息，从而判断对方说的是真话还是假话，是正话还是反话，是真心实意的还是虚情假意的等。

3. 推断说话目的，即为什么说

推断说话目的和捕捉弦外之音是紧密联系的。只有弄清楚话语潜在的信息，才能弄清楚话语信息背后的真实意图。善于听话的人能看穿对方说话的真伪，理解对方话语中的真正含义。在口语交际中，如果误解了说话者的说话目的，听者就会作出不当的反应，所以准确地推断对方的说话目的，才能使口语交际顺利进行。推断说话目的首先要考察语境，例如，是什么人，在怎样的场合、怎样的具体情境下，怀着怎样的情绪，处在怎样的心理状态下说话，前因后果是什么，交际双方关系及其变化是怎样的，等等。听者应当在考察语境的基础上，辨明说话者的真实意图，从而进一步确定应对的策略，并作出相应的反应。

思考与实践

一、口语和书面语相比，在表达上有哪些利与弊？

二、说话的基本规律是什么？

三、说话的基本要求是什么？

四、汉语口语语体有哪几种基本类型？

五、说话的过程可分为哪三个阶段？如何才能善于表达自己的思想感情和把握对方话语的真意？

第二节 说话的基本能力训练

倾听能力、思维能力、表达能力是口语交际的基本能力。

一、倾听能力

在人们的日常言语活动中，听是最基本的言语活动。有关资料表明：在一般的言语活动中，听占45%，说占30%，读占16%，写占9%。倾听是人们日常进行交际的重要手段，也是人们获取知识的有效途径。

倾听是沟通的前提和基础。对教师来说，拥有良好的倾听能力尤其重要。教师要有良好的倾听态度，使学生乐于沟通；教师要有良好的倾听技巧，与学生达成有效的沟通。具体地说，教师的倾听能力要达到以下要求：听得准，理解快，记得清；能边倾听边分析总结；采用理解记忆，抓住内容的重点和关键，及时对说话对象进行反馈，或诱导或评价，帮助对方将交谈进行下去。

（一）倾听的要求

1. 保持专注

专注是获取信息的保证。专注是指在听的过程中集中注意力，把注意指向讲话对象以及讲话内容。只有集中注意力，我们才可能全神贯注地听，才可能在整个听的过程中保持思维的积极性。从听者的表情来看，专注表现为神情镇定，目光集中指向说话者。同时，随着听的内容的变化，听者会产生相应的情感变化，所以，专注还表现为一种积极的沟通态度，鼓励说话者把话说下去。

【示例】

今天的语文课，是北京来的新老师给我们上的，在学校的多功能厅，有很多老师听课。老师的年纪和我爸爸差不多，普通话说得很好，但看上去有点严肃。今天学的课文是《三顾茅庐》，老师要求我们课前查资料、预习，我事先做好了准备。一上课老师就提问：课文中的三个人物你最喜欢谁？为什么？好多男同学都举手了，我也举手了，但我又怕说不清楚，马上把手放下了，没料到，老师却请我来回答。我很紧张，就说很喜欢诸葛亮，因为他智慧过人，说了一句，我就不知道接下来说什么了，我愣在那儿，同学都举手了，同桌在旁边说着什么，可是我脑子里一片空白。突然，我看到老师正看着我，笑眯眯的，还不时点点头，我像是受到了鼓舞，就继续把话讲下去了。等我讲完，老师带头鼓起掌来，没想到，我还能讲得这么好！

从这一段文字，我们可以了解这个孩子丰富的情感变化过程。教师倾听时专注的神情，不但支持他完成了发言，而且使他增强了自信。

2. 运用技巧

倾听是为了捕捉足够多的有效信息。倾听是对有声语言的认识，是通过听觉接受口语信息。语音具有单向线性的特征，带有不可反复的明显局限，所以倾听需要一定的技巧，主要有以下几种：

第一，边倾听边归纳分析。语音是转瞬即逝的，听者只能依靠说话者的语气和短暂的停顿来判断句意和段意。倾听时不注意就无法准确、全面无误地接收信息。通过分析归纳，听者便较容易抓住要点。

第二，边倾听边回忆联想。如果听了后面的内容而忘了前面的内容，听者便不能把握中心思想，不能弄清楚前言后语之间的关系，也就不能很好地理解说话者的意图和目的。因此，听者应该学会边倾听，边回忆说话者前面所说的内容。

第三，边倾听边推断品评。在倾听的过程中，听者需要进行推断，既要筛选出对自己有用的信息，又要推断出说话者的真实思想和意图，从一些细枝末节来考察对方的立场、目的等。因此，除正确理解话语的表面含义以外，听者还要对话语的内容进行品评，从那些含蓄的话语中体会到弦外之音、言外之意，对话语内容进行是与非的判断，对讲话效果进行好与坏的评价。只有这样，才算听懂了对方，理解了对方。

3. 反馈敏捷

反馈是指听者在倾听过程中对说话者所说的内容作出的反应。口语交际是听、说双方积极互动的一个过程。口语交际能力强的人，会积极地、有意识地对对方的话语作出反馈，利用有声语言或态势语表达自己对话语的态度，鼓励、帮助对方把话讲下去，从而完成口语交际过程。

听者作出反馈的目的是支持对方继续说话，所以，反馈时不能打断说话者的思路，不能从对方抢得说话权，使自己从听者转而变为说话者；反馈时不能长篇大论，不能提供新信息让对方改变话题顺着新的思路说。

敏捷的反馈与听者倾听的态度、习惯，对内容的熟悉程度，倾听技巧的掌握运用等有关。听者的反馈必须是及时的，必须在说话者说话后很短的时间内作出反应，与说话的内容环环相扣。这样便于说话者及时进行调整，同时与听者产生心灵的共鸣。听者在倾听过程中要用简单的词语、句子或体态语及时告诉对方：我正听着呢，请继续说；是的，我认为你说得很有道理；是吗？太神奇了！……对于说话能力差的人，听者可以边听边进行简单的提问，帮助说话者厘清思路，使他突破思维的瓶颈，调整情绪，鼓起勇气把话说完。

（二）倾听能力训练

1. 注意力的集中和分配

倾听时听者要能够集中注意力，同时能够很好地分配注意力。集中注意力要求听者全神贯注地听别人讲话，在明确的目的引导下，凭借坚强的意志，排除来自外在的和自身的各种干扰，把注意力集中在听的内容上。分配注意力就是在倾听时能够把注意力分配到不止一个方面，如在听别人讲话的同时做笔记。

【练习】

以小组为单位，一人读下面的这段短文，其他人边听边做笔记。要求记录文中的关键句，听后进行复述。

一般而言，随着年龄的增长，我们会变得越来越早起。到了50岁以后，我们就可能会比年轻时更能享受在早上散步、慢跑及打高尔夫球。

早上6:00到9:00间，最好吃一顿健康的早餐。这对体操选手、骑师、拳击手、摔跤选手，以及其他需要维持特定体重的选手很重要。早上摄取的食物比较容易被消耗掉，而非变成脂肪储存起来。

早上 11:00，身体对肌肉疼痛的忍耐度，在这时到达巅峰。那种过度运动后两三天才产生的肌肉疼痛，在晚上运动的人当中表现较为轻微。

下午 2:00 到 3:00 之间，是午餐后昏沉的时间。早上做过激烈运动的人，在这段时间可能会特别困倦。选择在这段时间做激烈运动的人，动作比较迟缓而且体力较差。不过，运动会提升这段时间后的清醒度。在这段时间做几分钟的和缓运动，例如在街上快步走，能让员工不至于在午后陷入睡意的"泥淖"中。

下午 2:00 到晚上 7:00 之间，肌力和握力在这段时间达到高峰，这两种能力在一天之间高低差是 6%。

下午 3:00 到 5:00 之间，是呼吸道最舒缓的时间，这段时间，呼吸最顺畅。在这时候运动较不费力。

下午 5:00 到晚上 9:00 之间，是肌肉最有力的时间，同时也是手眼协调最好的时间。

下午 6:00 到晚上 8:00 之间，对绝大多数人而言，体温在这段时间到达最高点。这是最适合做需要速度和爆发力的运动的时间，例如短跑、游泳等。这也是最适合做精准拿捏时机和肌肉控制的运动的时间，例如体操和花样滑冰。基本上，在体温到达每日最高点的前后约 3 小时的时间内，是体能状态的巅峰时期。同时，在达到最高体温时，也是最能忍受肉体疼痛的时候。①

2. 抓住要点，厘清层次

倾听能力的核心是倾听理解力，理解能力的强弱是倾听能力高低的主要标准。在倾听过程中，听者应当充分发挥记忆力、想象力等，对倾听获得的信息进行处理，对对方说话的内容和含义进行解读，理解其中语词、句子和篇章的意义；应当抓住对方说话的主要内容，迅速归纳出对方说话的层次和条理。同时倾听几个对象说话，或者听长篇发言时，听者应当在极短时间内排除冗余信息，听懂词句，弄清条理，概括出重点，这是有一定难度的。

听者抓要点、理层次有一定的方法：一是可以通过分析说话者的话语层次来捕捉要点。有时候，说话者在说话过程中有明确的层次提示，例如，在说话的过程中明确地用序数词第一、第二、第三，或用其他表示先后次序的词，如首先、其次、再次等，听者可以在对层次进行归纳总结的基础上抓住说话的要点。有时候，说话者没有明确的层次提示，而是把关键的意思隐含在篇章中。听者可以通过对前后内容的分析，确定关键句，关键句可以在篇首、篇中、篇尾。确定了关键句，话语的层次也就清楚了。一般来说，说话过程中所举的例子在表达中起证明、补充的作用，对例子的分析也有助于听者把握讲话的要点。二是通过说话者

① 节选自迈克尔·斯莫伦斯基，琳恩·兰伯.生物钟规定健身时刻[J].王淑玫，译.读者，2007（1）. 有改动。

的语气、体态语等来捕捉要点。说话者在表达说话的重点内容时，往往会采用一定的表达技巧，如加大音量、突然停顿、降低声调等，这些手段还可能同时伴随手势、目光、表情等的变化。

【练习】

一、以小组为单位，一人读下面的文章，然后其他人回答下列问题：

1. 请概括这段话的主要意思（找到关键句）。

2. 文中从哪些方面说明书籍是人类的"良师益友"？

书是知识的宝库。人们常说："开卷有益。"当你打开各种各样的图书，你便在知识的海洋中遨游。动人的小说，美丽的诗歌，感人的童话……让你爱不释手，给你带来无穷的快乐。书不仅是知识的宝库，还是我们的良师益友。一位大文豪说过："读一本好书就仿佛和一位高尚的人谈话。"寂寞时，它会给我们安慰；有疑难时，它会给我们解答；遇到挫折时，它会给我们鼓舞和力量；迷失方向时，它会指引我们向光明的前程迈进。

二、以小组为单位，一人读下面的短文，其他人边听边做笔记，然后回答下列问题：

1. 这篇文章主要讲了什么？

2. 生产厂商为什么选择方形容器装牛奶、圆柱形容器装可乐？请你具体说一说。

为什么牛奶装在方盒子里卖，可乐却装在圆瓶子里卖？几乎所有软性饮料瓶子，不管是玻璃瓶还是铝罐子，都是圆柱形的。可牛奶盒子却似乎都是方的。方形容器能比圆柱形容器更经济地利用货架空间。那么，为什么软性饮料生产商坚持使用圆柱形容器呢？

原因之一可能是，软性饮料大多是直接就着容器喝的，因为圆柱形容器更称手，所以抵消了它所带来的额外存储成本。而牛奶却不是这样，人们大多不会直接对着盒子喝牛奶。

如果牛奶容器是圆柱形，我们就需要更大的冰箱。

可就算大多数人直接对着盒子喝牛奶，成本效益原则亦显示，它们不大可能装在圆柱形容器里贩卖。不错，方形容器（不管容器里装什么东西）的确能节约货架空间，但牛奶一例中节约的空间，显然比软性饮料一例中来得更划算。超市里大多数软性饮料都是放在开放式货架上的，这种架子便宜，平常也不存在运营成本。但牛奶则需专门装在冰柜里，冰柜很贵，运营成本也高。所以，冰柜里的存储空间相当宝贵，用方形容器装牛奶提高了收益。[①]

---

① 罗伯特·弗兰克. 牛奶瓶与可乐瓶[J]. 闾佳，译. 小学教学研究，2013（36）：64. 有改动。

3. 听出言外之意

语言是很复杂的，既有字面意思，又有言外之意。有时候，说话者受特定的场合、当时的心理状态和情绪或者特定的倾听对象等诸方面因素的影响，不是直接地、正面地表明自己的态度，而是把自己的观点和态度隐含在字里行间，需要听者仔细体会和揣摩才能把握。这一方面需要听者在交际观念上尊重对方的情感，从对方的角度设身处地来看待问题，通过角色换位，主动从心理上理解对方。另一方面，听者要在倾听过程中及时进行反馈，鼓励说话者畅所欲言，这样有助于听出对方的真实意图。

【练习】

一、如果你是班主任，怎样理解王大力的回答？

有一天，一个学生向班主任刘老师汇报：王大力又和同学在操场上打起来了。没等刘老师去操场把两个人找来，王大力他们已经主动来到了办公室。刘老师问："你们说说，这到底是怎么回事儿？"刘老师的话音刚落，王大力就说："刘老师，您甭问了，这事儿能是他错吗？"

二、教师和园长是如何处理贝贝的午睡问题的？你觉得谁的做法好？为什么？

午睡时间，别的幼儿都按教师的要求躺下了，可贝贝说什么也不肯午睡，坐在床上，一言不发。教师只好耐心地问："贝贝，你怎么了？不舒服？"贝贝摇摇头。教师又说："想妈妈了？一觉醒来，妈妈马上就来接你回家了。"贝贝突然说："我怕，怕有魔鬼。"教师笑了："哪有魔鬼？那是书上写的，不用怕。你看，小朋友都和你在一起，快点躺下吧。"贝贝还是不肯躺下。

这时，正好园长过来检查小朋友午睡的情况，听说了这件事，园长走到贝贝的床前，搂着她，在她耳边说："你能不能告诉老师，你是在哪儿见到魔鬼的？""书上，昨天小玲借给我的。""那魔鬼长得怎么样？""他很丑，头发很长，遮住了脸，就露出一只眼，心肠特坏……""噢，真是个坏家伙！现在咱躺下了，好吗？"贝贝随即就躺下了，很快就甜甜地入睡了。

4. 应答及时，有效诱导

前面已经提到，反馈要敏捷。听和说是双方的事，听者有责任、有必要帮助对方更坦率、更清楚地表达自己的意思。对于表达能力不错的说话者，听者在他说话的过程中及时应答，会让他得到鼓励，继续把话说下去；对于表达能力较弱的说话者，听者还需采取诱导的策略，通过简单的提问等，启发其思维，减轻其心理压力，使其将真实的意图表达清楚。

反馈时听者可以用一些简单的语句帮助说话者将内容引向深入，例如，"嗯""是的""对""我知道""是吗"等；可以重复说话者刚才说过的话，表示对所说内容的重视或不解等，鼓励对方继续说下去；也可以用体态语对说话者的话语作出反应，如身体前倾、目光注视、面带微笑等，表示对说话内容很感兴趣。

【练习】

两人一组，一人读下面的文章，另一人复述，然后轮换，注意在对方复述时及时反馈。

寒 号 鸟[①]

山脚下有一堵石崖，崖上有一道缝，寒号鸟就把这道缝当作自己的窝。石崖前面有一条河，河边有一棵大杨树，杨树上住着喜鹊。寒号鸟和喜鹊面对面住着，成了邻居。

几阵秋风，树叶落尽，冬天快要到了。

有一天，天气晴朗。喜鹊一早飞出去，东寻西找，衔回来一些枯草，就忙着做窝，准备过冬。寒号鸟却只知道出去玩，累了就回来睡觉。喜鹊说："寒号鸟，别睡了。天气暖和，赶快做窝。"

寒号鸟不听劝告，躺在崖缝里对喜鹊说："傻喜鹊，不要吵。太阳高照，正好睡觉。"

冬天说到就到，寒风呼呼地刮着。喜鹊住在温暖的窝里。寒号鸟在崖缝里冻得直打哆嗦，不停地叫着："哆啰啰，哆啰啰，寒风冻死我，明天就做窝。"

第二天清早，风停了，太阳暖暖的，好像又是春天了。喜鹊来到崖缝前劝寒号鸟："趁天晴，快做窝。现在懒惰，将来难过。"

寒号鸟还是不听劝告，伸伸懒腰，答道："傻喜鹊，别啰唆。天气暖和，得过且过。"

寒冬腊月，大雪纷飞。北风像狮子一样狂吼，崖缝里冷得像冰窖。寒号鸟重复着哀号："哆啰啰，哆啰啰，寒风冻死我，明天就做窝。"

天亮了，太阳出来了，喜鹊在枝头呼唤寒号鸟。可是，寒号鸟已经在夜里冻死了。

二、思维能力

思维是人脑对客观事物的本质和事物内在的规律性联系概括和间接的反映，是人类特有的一种心理现象和心理能力。

语言和思维的关系很密切，它们是相互依存的。语言是思维的外壳，思维是语言的内核。口语表达的过程是把内部语言转化为外部语言的过程，通俗地说就是把思维的结果用语言表述出来。因此，一个人的思维能力直接影响他的语言表

[①] 义务教育教科书·语文：二年级上册［M］.北京：人民教育出版社，2017：60.

达能力。

思维和语言是相互促进的。思维的发展推动语言的发展，语言的发展又促进思维的发展。一般来说，语言的发展水平标志着思维的发展水平。对于幼儿来说，其思维能力的发展和语言能力的发展是同时进行的，幼儿掌握语言的过程就是发展思维的过程。所以，教师要在培养幼儿语言能力的同时重视对幼儿进行思维能力训练。

（一）思维的品质

1. 思维的明确性

思维的明确性是良好表达的基本条件，只有思维明确，语言才能明确。思维的明确性要求说话者首先弄清楚说话的目的、听众对象、表达的内容和方法等，如果说话者的思维是不明确的，在表达时也会给人语言含糊、态度不明、模棱两可的印象。

【示例】

下面是《年轻人就该干事业》[①]的开篇：

中国有句古话，叫"嘴上无毛，办事不牢"。但是，年轻人真的办不成事吗？宋代名将岳飞，20多岁带兵，任节度使时才31岁。他的儿子12岁从军，16岁率先登上随州城，20岁就当上了将军。周恩来26岁就任黄埔军校政治部主任。法国的拿破仑，24岁就是准将。由此可见，嘴上无毛与办事不牢并无关系。俗话说，有志不在年高，无志空活百岁。年轻人，正是该放手一搏，去干事业的时候。

这段演讲的中心是鼓励年轻人放手去干事业，主旨非常明确。演讲者没有直接议论，而是先引用古语，指出大家普遍认为年轻人办事不牢靠。接着列举了几位名人年轻时就干出了大事业的事实，驳斥了"嘴上无毛，办事不牢"这句古话，然后阐明自己的观点。演讲开头采用这种方法，别具一格，引人入胜。通过对这段演讲词的分析，我们可以发现，作者思路非常明确，引用的事例丰富，措辞准确。

【练习】

从思维明确性的角度分析下面的材料：

古希腊寓言家伊索，年轻的时候曾经当过奴隶。一天，他的主人设宴请客，请的客人都是希腊的哲学家。主人命令伊索备办酒肴，吩咐说："要准备最好的菜招待客人。"伊索收集了各种各样的动物舌头，准备了一顿舌头宴。开宴时，主人大吃一惊，问是怎么一回事。伊索答道："您吩咐我为这些尊贵的客人备办最好的菜，舌头是引领各种学问的关键，对于这些哲学家来说，舌头不是最好的

---

① "自相矛盾"，让你的开头别具一格 [J]. 演讲与口才（学生读本），2019（3）：29. 有改动。

菜吗？"客人们大笑起来。主人又吩咐他说："那我明天要再办一次宴会，菜要最坏的。"到了第二天上菜时，依然全部都是舌头。伊索的主人暴跳如雷。伊索不慌不忙地回答："难道一切坏事不是从嘴里出来的吗？舌头既是最好的，也是最坏的东西啊！"主人一听，也觉得言之有理。[①]

2. 思维的条理性

思维的条理性也是口语表达的基本条件，只有思路清晰，才能保证语流清晰畅达。思维的条理性要求说话者对所说的内容胸有成竹，同时厘清其中的条理和层次，能够把观点和材料有机地联系起来，条分缕析，层层展开。

【示例】

下面是一份演讲提纲的主体部分：

一、目标高

1. 引用高尔基的名言"一个人的奋斗目标越高，他的才能就发展得越快，对社会就越有好处"，和我国古语"志当存高远"。

2. 目标高，更要符合坚定正确的政治方向。

二、立志坚

1. 引用爱迪生的话：伟大人物最明显的标志，就是他坚强的意志。不管环境变化到何等地步，他的初衷和希望，不会有丝毫改变，而终于克服障碍，以达到期望的目的。

2. 在逆境下立志不屈的各种范例。

三、生活俭

生活态度、生活作风历来是人们思想状况的晴雨表。

列举事例：毛泽东、周恩来，南北朝时的范慎，北宋的范仲淹、司马光，明初的宋濂等生活俭朴的事例。

四、惜分秒

列举名人事例：列宁、鲁迅、英国诗人爱德华·杨、英国女作家埃米莉·勃朗特、科学家爱因斯坦珍惜分秒的事例。[②]

这篇演讲稿的提纲，充分体现了作者思维的条理性。主体部分采用横向并列式结构，四个小标题分别从目标、立志、生活、惜时四个方面进行论述，小标题下又引用经典名言和动人事例分层论证，结构严谨，层次清晰，对主旨的阐发非常充分。

【练习】

以小组为单位进行有主题的说话训练，话题是"理想与信念"，要求边听边做笔记，听后进行归纳整理，对各人观点进行总结。最后，组内交流，看看自己

---

① 徐德清.趣味逻辑［M］.上海：上海古籍出版社，2002：138.
② 李元授.演讲艺术品评［M］.武汉：华中理工大学出版社，1997：85.有改动。

所做的归纳是否准确、合理。

3. 思维的开阔性

思维的开阔性也称为思维的广度，是指能从多个方面、多种角度、多种可能、多种原因、多种结果思考问题。在口语交际中，开阔的思维使我们能够全面地看待问题，辩证地解决问题。

【示例】

辩论赛《自律与他律何者更重要》片段：

重视自律是我国道德文明的传统。孔子说："躬自厚而薄责于人，则远怨矣。"只要我们多自我约束，就不会违反纪律，触犯他人，就不会被社会淘汰。西汉苏武身为文臣，却兼有武将的气质，在利诱面前义愤填膺，在危逼之下，岿然不动，既不爱钱，更不惜死。孟子所谓"富贵不能淫，贫贱不能移，威武不能屈"者，就是苏武的写照。南宋名将岳飞曾说，"文臣不爱钱，武臣不惜死"。请问对方辩友，苏武、岳飞是古代严刑峻法下的产物吗？

本段辩词的论点是"重视自律是我国道德文明的传统"。在论证这个论点时，辩手思路非常开阔，列举了我国古代道德文明发展史上名人的故事或言论，证明了这些道德楷模的言行是其自身重视和追求道德自律的结果。辩手表现出了丰富的知识积累和开阔的思维能力。

【练习】

朗读《0 的断想》，关于"0"，你想到了什么？

0 的 断 想①

0 是谦虚者的起点，
骄傲者的终点。
0 的负担最轻，
但任务最重。
0 是一面镜子，
让你认识自己。
0 是一只救生圈，
让弱者随波逐流。
0 是一面敲响的战鼓，
叫强者奋勇进取。

4. 思维的深刻性

思维的深刻性指思维的深度。它集中地表现为善于深入思考问题，能够抓住

---

① 国家教委师范教育司.教师口语训练手册［M］.修订本.北京：首都师范大学出版社，2008：183.

事物的规律和本质，预见事物的发展和进程。思维的深刻性与人们的知识、学养有关，一般说来，一个人的知识水平越高，他的思维就越深刻。只有深刻的思维才能使语言具有统摄力，才能使说话有深度、有力度。思维的深刻性具体表现为对说话主题、人物性格和心理等的深刻理解和把握。

【示例】

著名的革命家王若飞同志，被捕入狱后受到了严峻考验。在多次严厉的审讯中，他坚贞不屈，有力地批驳了法庭强加给他的"罪名"。在一次审讯中，法官指责他"卖国"。其理由是："马克思、列宁都是外国人，一个中国人讲外国人的主义，这难道还不是卖国？"王若飞感到气愤和可笑，对此进行了有力的批驳：

法官先生，你简直太可笑了，可笑得令人齿冷。你竟然无知到这样可怜的程度，真是令人惊奇。对你讲的话，我得讲一点普通常识：马克思是德国犹太人，他在德国不能立足，曾在巴黎进行过革命活动，后来又寄居在英国参加工人运动，英国工人阶级很欢迎他。照你的说法，莫非英国工人把自己的国家出卖给了马克思吗？列宁根据马克思主义的真理，在俄国建立了布尔什维克党，领导人民推翻了反动的沙皇统治，赶走了德国侵略者。难道列宁赶走了德国人，又把俄国出卖给了德国人吗？先生们，马克思列宁主义是无产阶级革命真理，哪国需要就在哪国发展，谁也阻止不了！你不懂不要装懂，假装有学问，这样自以为是，自欺欺人，除了给人增加笑料，别无好处。①

在这段法庭论辩中王若飞同志针对法官的荒唐论调，先阐述了马克思和列宁的革命经历，再通过分析推理证明：所谓"讲外国人的主义就是卖国"的论点违背了逻辑规律。这不仅有力驳斥了敌人的诡辩，而且极好地宣传了革命主张，捍卫了马克思主义，体现了王若飞同志高尚的革命情操、雄辩的口才和深邃的思想。

【练习】

阅读文章《晏子使楚》，从思维的深刻性角度欣赏晏子的口才。

春秋末期，齐国和楚国都是大国。

有一回，齐王派大夫晏子去访问楚国。楚王仗着自己国势强盛，想乘机侮辱晏子，显显楚国的威风。

楚王知道晏子身材矮小，就叫人在城门旁边开了一个五尺来高的洞。晏子来到楚国，楚王叫人把城门关了，让晏子从这个洞进去。晏子看了看，对接待的人说："这是个狗洞，不是城门。只有访问'狗国'，才从狗洞进去。我在这儿等一会儿。你们先去问个明白，楚国到底是个什么样的国家？"接待的人立刻把晏子的话传给了楚王。楚王只好吩咐大开城门，迎接晏子。

① 李次授.演讲艺术品评［M］.武汉：华中理工大学出版社，1997：206.

晏子见了楚王。楚王瞅了他一眼，冷笑一声，说："难道齐国没有人了吗？"晏子严肃地回答："这是什么话？我国首都临淄住满了人。大伙儿把袖子举起来，就是一片云；大伙儿甩一把汗，就是一阵雨；街上的行人肩膀擦着肩膀，脚尖碰着脚跟。大王怎么说齐国没有人呢？"楚王说："既然有这么多人，为什么打发你来呢？"晏子装着很为难的样子，说："您这一问，我实在不好回答。撒谎吧，怕犯了欺骗大王的罪；说实话吧，又怕大王生气。"楚王说："实话实说，我不生气。"晏子拱了拱手，说："敝国有个规矩：访问上等的国家，就派上等人去；访问下等的国家，就派下等人去。我最不中用，所以派到这儿来了。"说着他故意笑了笑，楚王只好陪着笑。

楚王安排酒席招待晏子。正当他们吃得高兴的时候，有两个武士押着一个囚犯，从堂下走过。楚王看见了，问他们："那个囚犯犯的什么罪？他是哪里人？"武士回答说："犯了盗窃罪，是齐国人。"楚王笑嘻嘻地对晏子说："齐国人怎么这样没出息，干这种事？"楚国的大臣们听了，都得意扬扬地笑起来，以为这一下可让晏子丢尽了脸。哪知晏子面不改色，站起来，说："大王怎么不知道啊？淮南的柑橘，又大又甜。可是橘树一种到淮北，就只能结又小又苦的枳，还不是因为水土不同吗？同样道理，齐国人在齐国安居乐业，好好地劳动，一到楚国，就做起盗贼来了，也许是两国的水土不同吧。"楚王听了，只好赔不是，说："我原来想取笑大夫，没想到反让大夫取笑了。"

从这以后，楚王不敢不尊重晏子了。

5. 思维的敏捷性

思维的敏捷性是指思维过程的迅速程度。思维敏捷的人能在短时间内马上根据具体情况作出决定，迅速解决问题。古人所谓"眉头一皱，计上心来"，便是思维敏捷的一种表现。遇事胸有成竹，善于迅速作出判断，但又不流于匆忙草率，是思维敏捷的表现。遇事优柔寡断或草率行事，则表明思维缺乏敏捷性。在日常说话、即兴发言、教师的教育教学工作中，说和想几乎是同步进行的，所以，只有思维敏捷，才能保证语流的连续性，才能当机立断表明自己的态度，果断而正确地解决问题。

6. 思维的批判性

思维的批判性是指善于批判地评价他人和自己的思想与成果。批判性思维能够帮助我们吸取别人思想的精华，摒弃别人思想的糟粕；学习别人的长处和优点，摒弃别人的短处和缺点。思维批判性强的人，能辩证地分析问题，不盲从、不苟同。对于教师来说，这一点尤其重要。教师在教育教学工作中，要有自己独到的见解和看法，全面分析问题，不盲从学术权威；能够客观地评价幼儿的表现。

【示例】

下面是一所大学开展辩论赛的片段[①]，辩题是"法制能/不能消除腐败"。

反方辩手："请对方辩友举个例子，哪怕是一个例子，世界上有哪个国家、哪个地区用法制完全根除了腐败？"

正方辩手反问道："请问对方辩友，运动能让人健康这个道理你应该懂吧？那请你给我们举一个例子，有谁是因为经常运动，就完全不生病的呢？我还想请问对方辩友，'消除'和'根除'是一个意思吗？世界上有很多的国家和地区，原本腐败严重，但是随着法制水平的提高，腐败现象得到了有效遏制，不断减少，请问，这难道不算是法制正在消除腐败吗？"

辩论是充满火药味的语言角逐，辩论双方就某一个论题展开论争，针锋相对，唇枪舌剑，你来我往，语流极快。它要求辩手思维敏捷，应答迅速；富有批判性，善于从对方的说话中抓住把柄，克敌制胜。在上面的辩论中，反方的提问非常犀利。正方选手为了反击反方立场，先用运动有益健康的类比提出反问，直接批驳了反方的观点。然后从"消除"和"根除"两个词的差别进一步向反方提问，从而完全击溃了反方的立论基础。在上面正、反双方的辩论中，正方连续用三个提问反击反方的提问，思维极具批判性。

【练习】

请谈谈你对网络语言持什么态度，要求观点鲜明，论据充分。

"菜鸟""粉丝""雷人""PK"……随着互联网的发展，一些网络新词层出不穷。这些新词不止在网络上盛行，有些还"跳"出了网络，出现在大众传媒上，出现在中学生的作文中。面对这种网络语言的泛化，有人认为，网络语言丰富了汉语的词汇，应当促进其发展；有人认为，网络语言是一些年轻网民的自娱自乐，应任其自生自灭；也有人认为，网络语言冲击了汉语的传统表达，影响了现代汉语的纯洁性，应加以大力规范、限制。

（二）思维轨迹训练

1. 集中思维和发散思维

集中思维是指以某个思维对象为中心，从不同的方向和不同的角度，将思维指向这个中心，以达到解决问题的目的。发散思维是指以丰富的想象力，突破原有知识圈，从一点扩散到四面八方，经重新组合，找出更多可能的答案、设想或解决问题的方法。简单地说，集中思维是将接收到的各种信息集中起来得出一个正确的结论，或最好的解决方案。发散思维是从多方面探索如何解决问题，它不依常规，寻求变异，更具创造性。集中思维与发散思维有着密切的联系，两者相辅相成。

---

① 连环发问，让辩敌自乱阵脚[J].演讲与口才（成人版），2019（1）：34.有改动。

在口语表达中，集中思维能使话语中心明确、层次清晰。

【示例】

下面是一场大学生辩论赛的总结陈词片段，辩题是"人要忠于内心的声音 / 外在的要求"。

在辩论过程中我方通过大量的事例、道理，例如，屈原为了内心的高洁品质自投汨罗江，钱学森不顾美国的阻挠毅然回国，布鲁诺为了真理献出生命，从古代到现代，从国内到国外，循序渐进，由浅入深地向大家证明了我方的观点，阐述了我方的观点——人要忠于内心的声音。

因此，每个人都应以正确的原则、坚定的信念作为自己的精神支柱，不畏艰难困苦，奋勇前进。

辩手引用屈原、钱学森、布鲁诺等名人坚定信念、忠于自我的例子，证明"人要忠于内心的声音"这个观点，并且对内心的声音进行了进一步的阐释，观点集中而鲜明。

发散思维是思维具有创造性的表现，"发散"经常从一个思维对象出发，通过联想、想象等来实现。

【示例】

马丁·路德·金在演讲《我有一个梦》的结尾，深情地向世人讲述他的梦想：

我盼望着这一天，在佐治亚州的红土岗上奴隶的子孙和昔日奴隶主的后代像兄弟一般同坐一桌；我盼望着这一天，即使是歧视与压迫像炎日酷暑一般蒸得黑人汗水淋漓的密西西比州也会变成自由与公正的沃土。

我盼望着这一天，我的四个孩子能生活在一个由品行而不是肤色来论断他们好歹的国家。

我盼望着这一天，在亚拉巴马，州政府会出面干涉并废除残酷的种族迫害——正是在这个亚拉巴马，黑皮肤的小男孩、小女孩能有一天同白人的男女儿童手挽着手，像兄弟姐妹般亲亲热热。

我盼望着这一天，填满所有的深渊沟壑，削平一切高山峻岭，让乱石嶙峋的瘠地变成坦荡的平原，让曲曲弯弯的道路变得笔直齐崭。上帝的光芒四射，使全人类都能看到。[①]

在这段演讲中，马丁·路德·金对这个"梦"进行了具体细致的阐述，把一幅幅美好生活的图景展现在了人们面前，痛快淋漓地表达了他对自由的渴望，气势磅礴，不可阻挡。

---

① 严家栋. 演讲学十讲［M］. 北京：中共中央党校出版社，1992：336-337.

【练习】

一、以"幼儿教师要注重服饰美"为题，进行集中思维训练，要求围绕主题进行阐述。

二、围绕"狐狸"或其他动物，每人说一个观点，进行发散思维训练。如"狐狸很狡猾""狐狸很聪明"等，要求能说出与众不同的观点。

2. 正向思维和逆向思维

人类的思维具有方向性，一般认为，正向思维是指沿着人们的习惯性路线去思考，而逆向思维则是指逆着人们的习惯性路线去思考。按照熟悉的、常规的思维路径去思考，通常能找到解决问题的方法，收到令人满意的效果。然而，实践中也有很多事例需要运用逆向思维才容易找到正确答案，并取得意想不到的效果。逆向思维是摆脱常规思维羁绊的一种具有创造性的思维方式。例如，《曹冲称象》的故事，按正向思维，要想知道大象的体重，就必须用一杆秤来称，可现实生活中找不到这样一杆秤。曹冲根据大象和石块等重的原理，把石块的重量累加求得大象体重，他运用的就是逆向思维。

【练习】

对下列的说法，分别按正向思维和逆向思维进行阐述，然后展开辩论。

1. 亡羊补牢，犹未晚矣——亡羊补牢，为时已晚

2. 知足者常乐——不知足者常乐

3. 一分耕耘一分收获——一分耕耘未必一分收获

三、表达能力

表达能力即说话者运用口头语言表达自己的思想、观点、意见、建议的能力。对于教师来说，表达能力尤为重要。无论是"传道""授业"还是"解惑"，都要通过教师的口语表达来完成，表达能力的强弱直接影响教师完成教育教学工作的质量。可以说，表达能力是教师职业技能的核心之一。

（一）表达的要求

1. 语音标准，吐字清晰

语音标准，指的是说话者能运用标准的或比较标准的普通话进行表达。语音标准是对教师表达能力的基本要求。一方面，这是由教师工作的性质决定的。教师必须向幼儿传授科学的、正确的知识，其中包括语音知识。另一方面，幼儿处于语言形成和发展期，他们善于模仿，而教师是他们语言学习的主要模仿对象。所以，教师必须要有良好的语音素养，努力克服方言语音的困难，能运用标准、流利的普通话和幼儿进行交流。

口语表达还要求吐字清晰。所谓吐字清晰，通俗地说，就是口齿要清楚。吐字清晰，要求说话者在说字头的时候要用力，松紧适宜，而且富有弹性。只有吐

字清晰，才能让对方听得明白。

2. 辞能达意，贴切自然

说话者把自己的思想转化为语言的过程是一个语言编码的过程，在这个过程中，说话者要能迅速地在自己的词汇库里搜索到合适的语词，同时根据一定的语法规则把语词组织起来。这要求说话者有一定的语词积累，否则即便有丰富的思想，也无法找到合适的语词来表达。

3. 语句流畅，善用技巧

在口语表达中，语句是否流畅对表达效果影响很大。流畅的语句如同行云流水，易于理解，听起来给人美感，不会使人疲劳。不流畅的语句，听上去断断续续，不但语意不易让人领会，而且容易使人疲劳烦躁，表达效果不尽如人意。

运用一定的表达技巧有助于提高表达的效果。根据内容的需要，采用停连、重音、语气、语调等表达技巧，可以使需要强调的内容得以凸显，使平淡的句调富于变化。同时，节奏的变化可以使语言产生抑扬错落之美，有助于听者对语意的理解和把握。

4. 辅以态势语，增强表现力

态势语是口语表达的辅助手段，恰当运用态势语，可以增强口语表达的效果。在表达的过程中，说话者可以运用眼神、表情、手势、身姿等手段，增强语言的表现力。例如，表达爱的情感，双眼充满柔情；表达恨的情感，怒目而视；表达喜悦的情感，面带微笑；表达痛苦的情感，愁眉苦脸。恰当运用态势语，不但可以充分表达思想，使听者更好地理解说话的内容，而且可以促进听、说双方的情感沟通和相互理解，使听者与说话者产生情感的共鸣。

（二）表达能力训练

1. 吐字清晰，归音到位

第一章已经讲过了吐字归音的有关知识，这里不再赘述。

【练习】

阅读《小不点儿》，读完后讲给别人听。以每分钟 180 个音节的语速讲述，要求吐字清晰，归音到位。

小 不 点 儿①

有一只小猴子，只有皮球那么高，大家都笑他：“真小、真小，小不点儿。”

小猴子不相信自己是最小的。他决心到外面去看看。可是路上绿绿的草尖都高过他的鼻子啦！小猴子有点失望。

这时候，忽然从草地上跳出一只小小老鼠。哈哈，他只有小猴子一半大。

———————————————

① 浙江省《幼儿园课程指导》编写委员会.教师资料手册·语言［M］.北京：新时代出版社，2003：15.

小猴子摇摇脑袋，得意地对小小老鼠说："你呀，才是小不点儿呢！"说完他蹦蹦跳跳地跑了。

小小老鼠伤心了。他可不愿意当最小的，他决心去找比他还小的朋友。

一路上小小老鼠东看看、西瞧瞧。唉！什么都比自己大，他还比不上小狗的鼻子大呢！

忽然小小老鼠被绊了一下，一个小小的东西叫了起来："哎哟，你踩疼我了！"

小小老鼠急忙抬起脚。原来呀，是一只比他脚趾头还小的小小小甲虫。"嘻嘻，你呀才是真正的小不点儿呢！"小小老鼠快活地跑了，他要去告诉小猴子，他不是最小的啦！

小小小甲虫呢，一点儿也不在意，他伸伸胳膊，神气十足地说："没关系，我总有一天会长大的！"

2. 言之有物，流畅自然

说话者在表达过程中必须提供给对方足够的信息，"言之有物"是指说话要有一定的内容，不能空洞无物。只有言之有物，才能使语流流畅自然。"流畅自然"是指在说一大段话时很顺畅，答疑接话敏捷，选词得当，不中途"卡壳"，不吞吞吐吐，没有口头禅。

【练习】

事先不写文字稿，以"我尊敬的一个人"或"难忘的一次旅游"为题，做3分钟单向说话训练。录音后复听，并对内容和流畅度进行评价，然后再次做该话题的说话训练，以提高表达的流畅度。

3. 运用技巧，突出重点

前面朗读中谈到的表达技巧同样适用于说话。运用停连、重音、节奏和语气、语调的目的就是把要表达的意思说得更明白，让听者更容易理解。

【练习】

两人一组，说一说下面这段对话，注意表达技巧的运用。

甲：你的普通话说得不错啊！

乙：现在是不错了。刚开始学的时候可不行，净出笑话儿。

甲：是吗？出过什么笑话儿？

乙：有一天，我在食堂吃饭……

甲：吃的什么啊？

乙：我买了一盘饺子。

甲：嘿！饺子可好吃了！

乙：是挺好吃。可就是咸了点儿，我跟师傅要点儿汤喝。

甲：给你汤了吗？

乙：没给，给了我两勺儿糖。

甲：啊！你要汤，怎么给你糖啊！

乙：因为我声调没说好，把汤说成糖了。

4. 态势自然，促进沟通

态势语的运用有三个方面的作用：一是补充、强化口语信息，二是增进交际双方的沟通和理解，三是对交际过程进行调控。态势语不是可有可无的，作为有声语言的辅助，态势语的运用要以口语表达为基础，要得体、自然。

思考与实践

一、说话的基本能力包括哪些？

二、以小组为单位，按照以下三个特定的语境，进行有针对性的说话训练，要求辅以态势语的运用。小组成员相互评议。

（1）《品三国》的作者易中天要来学校图书馆报告厅作报告，请把这个消息告诉大家。

（2）小李同学的妈妈病重，他刚交了退学申请，准备回家照顾妈妈，请把这个消息告诉大家。

（3）原定于今天下午进行的英语口试因老师生病改期了，请把这个消息告诉大家。

第三节　说话的基本形式训练

本节主要介绍复述、描述、解说、评述的基础知识与训练。

一、复述

（一）复述的概念

复述是指说话者在理解和记忆的基础上，对文字材料的内容加以整理，用自己的话有重点、有条理、有感情地向听者再现的一种表达形式。它融理解、记忆、归纳、表达于一体，是教师在教学中常用的一种表达形式。

（二）复述的要求

第一，准确地体现原材料的中心和重点。说话者要在理解和熟悉原材料的基础上进行复述，正确把握原材料的主题，确定表达的重点。

第二，条理清楚，注意各部分内容与主题和表达重点的关联，要在分析的基础上弄清原材料的结构层次，厘清原材料的文章脉络。

第三，既注重复述内容的完整，又突出复述的重点。复述是说话者对原材料的艺术加工，根据表达的需要，可以选取不同的角度进行，从而突出表达的重点。但是，在复述时不能忽视复述内容的完整性。例如，复述叙事性较强的文章，需要说话者交代清楚时间、地点、人物，事情的起因、经过和结果等。

第四，要把书面语改成口语。复述所依据的材料可以是书面的，也可以是口头的，主要用于成篇成段内容的表达。在幼儿园教育活动中，为了使幼儿更加容易接受，教师要把原本是书面语体的词语和句法改成口语语体的词语和句法，否则会使幼儿产生理解障碍。

（三）复述的分类

复述主要分为三类：简要复述、详细复述和创造性复述。

1. 简要复述

简要复述又称概要复述，是在保留原材料的中心意思的前提下，简明扼要地讲述原材料内容的一种表达形式。简要复述的重点是从整体出发，在厘清线索的情况下"去除枝蔓"，注意前后内容的衔接和结构的完整，对那些举例、解释、描写、过渡等内容可略去不说。

【示例】

阅读《谁发明了 E-mail》，对文章作简要复述。

谁发明了 E-mail[①]

E-mail 又称为"伊妹儿"，电子邮件的意思，如今在 Internet（互联网）上得到了最广泛的使用。E-mail 以其方便、迅速深受广大网民们的喜爱。那么，E-mail 是谁发明的呢？它的发明者是一位美国计算机工程师雷·托姆林森（Ray Tomlinson）。

1965 年，托姆林森从著名的美国麻省理工学院毕业后，又花了两年时间拿到了计算机工程的博士学位，然后就到麻省理工学院附近一家企业（BBN）从事计算机方面的研究工作。当时，这家企业正受聘于美国军方，参加了 Internet 的前身——Arpanet 的建设和维护工作。

当时，托姆林森在 BBN 的工作是在一些简陋的硬件设备上面搞一个操作系统。为了让用数字 PDP-10S（一种早期的 Arpanet 计算机）工作的程序员和研究人员能够相互发送信息，托姆林森搞出了一个"传递信息"的程序。刚开始时，这个程序只能在当地使用，但很快，可以跨越整个 Arpanet 来传递邮件。

第一个 E-mail（电子邮件）于 1972 年发出，但电子邮件的具体内容已经没有人记得了，所知道的只是这封电子邮件是由托姆林森从一台计算机发给另一台计算机的，而收件人也是他自己。他后来说："假如我知道它会成为最早的一封

---

① 王尚文，曹文轩，方卫平. 新语文读本：小学卷 11［M］. 南宁：广西教育出版社，2002：209-210. 有改动。

电子邮件的话，我当时会写得好一些，可我只是随手打了一些字母或 This is a test 之类的字眼。"对于自己的这项发明，就连托姆林森本人当时也没有预见它的重要性。

后来，一个名字叫罗伯特的人对托姆林森的发明爱不释手，并把电子邮件作为自己在工作中唯一的通信方式。他的这一极端举动，迫使那些依赖其拨款的研究人员不得不纷纷使自己联网，于是，托姆林森搞出的这种通过网络传递信息的系统，很快就从一种方便之举，变成了一个不可或缺的工具。

像许多其他信息时代的先锋一样，托姆林森改变了整个世界的面貌，为许多人带来了巨大的财富，但自己却没有从中得到过哪怕一分钱的好处。他自我解嘲地说："创新有时候是能够带来巨大回报的。但（我）这项创新却不属于此列。"

下面是对上文所作的简要复述：

E-mail 又称为"伊妹儿"，是电子邮件的意思，它是美国计算机工程师雷·托姆林森发明的。托姆林森于 1965 年毕业于美国麻省理工学院，后又获得博士学位。他受聘于一家企业从事计算机研究工作，参加了 Internet 的前身的建设和维护工作。

为了让同事们能够在工作中相互发送信息，托姆林森搞出了一个"传递信息"的程序，这个程序可以用来传递邮件。第一个 E-mail（电子邮件）于 1972 年发出，是由托姆林森从一台计算机发给另一台计算机的，邮件的具体内容很简单，收件人是托姆林森自己。

后来，罗伯特对托姆林森的发明爱不释手，把电子邮件作为自己在工作中唯一的通信方式。很快，研究人员参加联网，电子邮件成了一种不可或缺的工具。

2. 详细复述

详细复述是把原材料的内容原原本本地重述出来，在内容上不做增加和删减，表现方法上不做改变，语言风格尽量保持原样。它不同于背诵，复述时要把复杂的长句改成简单的短句，将难懂晦涩的书面语改成通俗晓畅的口语。这种复述训练，有助于教师职业口语风格的形成，可以为日常生活口语的平淡增添表现力。

【示例】

阅读《女娲补天》，对文章作详细复述。

女 娲 补 天

自从女娲创造了人类，大地上到处是欢歌笑语，人们一直过着快乐幸福的生活。不知过了多少年，一天夜里，女娲突然被一阵"轰隆隆"的巨大响声震醒了，她急忙起来，跑到外面一看，天哪，太可怕了！远远的天空塌下一大块，露出一个黑黑的大窟窿！地被震裂了，出现了一道道深沟。山冈上燃烧着熊熊大火，田野里到处是洪水。许多人被火围困在山顶上，许多人在水里挣扎。

女娲难过极了。她立刻去找雨神，求他下一场雨，把天火熄灭；又造了船，好救出挣扎在洪水中的人们。

不久，天火熄灭了，洪水中的人们被救上来了。可是，天上的大窟窿还在喷火。女娲决定冒着生命危险把天补上。她跑到山上，去寻找补天用的五彩石，她原以为这种石头很多，用不着费很多力气。结果到山上一看，全是一些零零星星的碎块。她忙了几天几夜，找到了红、黄、蓝、白四种颜色的石头，还缺少一种纯青石。于是，她又找啊找啊，终于在一眼清清的泉水中找到了。

五彩石找齐了。女娲在地上挖个圆坑，把五彩石放在里面，用神火进行冶炼。炼了五天五夜，五彩石化成了很稠的液体。女娲把它装在一个大盆里，端到天边，对准那个大黑窟窿，往上一泼，只见金光四射，大窟窿立刻被补好了。

现在，人们常常看见天边五彩的云霞，传说那就是女娲补天的地方。

上文故事情节比较简单，句式短小，语词运用比较口语化，以此进行详细复述难度不大。当然，其中的某些句子和语词还需要改动一下。如第一句："自从女娲创造了人类，大地上到处是欢歌笑语，人们一直过着快乐幸福的生活。"可以说成："自从女娲创造了人类以后，人们生活在大地上，过着快乐幸福的生活。"又如"原以为"可以说成"原本以为"等。

3. 创造性复述

创造性复述是指在不改变原材料主题和重点的基础上，根据表达的需要对原材料进行合理加工、大胆想象，使内容更生动、更完整的一种表达形式。所谓"合理"，指的是加工、想象的内容与原材料的内容相吻合，不发生矛盾。所谓"加工"，指的是对原材料中没有展开的内容有选择地进行发挥，目的是更好地表现主题和重点。创造性复述有很多种，常见的有改变顺序、改变角度、变换结构、改变人称、改变体裁、增删内容等。例如，在《乌鸦和狐狸》的故事中增加一些内容，使故事情节更曲折生动；对《龟兔赛跑》的结尾进行改编，使结局更有创造性，更有新意等。

【示例】

阅读《晏子使楚》中的段落，对文章作创造性复述。

晏子使楚。楚人以晏子短，为小门于大门之侧而延晏子。晏子不入，曰："使狗国者，从狗门入。今臣使楚，不当从此门入。"傧者更道，从大门入。

下面是对上文所作的创造性复述：

《晏子使楚》说的是晏子出使楚国的故事。春秋末年，齐国和楚国都是大国。晏子是齐国的大夫，他智勇双全，能言善辩，但美中不足的是个子矮小。有一次，齐王派晏子出使楚国。楚王想趁机侮辱他，以显示楚国的实力。他叫人在城门旁开了个五尺来高的洞，想让晏子从洞里钻过去。同学们，你们说，晏子会这样做吗？是的，他不会钻，也不能钻。因为，这是对晏子的侮辱，更是对齐国的侮辱。晏子认为，个人受辱事小，国家受辱事大。他是齐国的使臣，怎么能容忍楚王侮辱堂堂的齐国呢？于是，晏子镇定自若地看了看那个洞，对接待他的人说："这是个狗洞，不是城门。只有到了狗国才钻狗洞的啊！请你们进去问问，楚国到底是怎么样一个国家？"晏子这个办法还真管用，不一会儿，楚王就叫人打开了城门，把晏子迎了进去。晏子不仅个人没有受到侮辱，而且维护了自己国家的尊严。

（四）复述的步骤

成功的复述必须经过以下三个步骤：

第一步是看（听）：要熟悉原材料，掌握原材料的全部内容（包括人物、事件、环境、情节、观点等），厘清原材料内部的线索、逻辑关系。

第二步是想：要根据不同的对象，在不违背原意的前提下，对原材料作合理的增删、调整，甚至重新安排结构，做到详略得当、重点突出。这一阶段比较重要的工作是提炼好复述的提纲，可以是小标题式的，也可以是关键词式的。有了复述的提纲，接下来的复述就能言之成理、言之有序、重点突出了。

第三步是说：即口语表达，要求语脉清晰、语言生动流畅，可适当运用态势语。

【示例】

骆驼长得很高，羊长得很矮。骆驼说："长得高好。"羊说："不对，长得矮才好呢。"骆驼说："我可以做一件事情，证明高比矮好。"羊说："我也可以做一件事情，证明矮比高好。"

他们俩走到一个园子旁边。园子四面有围墙，里面种了很多树，茂盛的枝叶伸出墙外来。骆驼一抬头就吃到了树叶。羊抬起前腿，趴在墙上，脖子伸得老长，还是吃不着。骆驼说："你看，这可以证明了吧，高比矮好。"羊摇了摇头，不肯认输。

他们俩又走了几步，看见围墙上有个又窄又矮的门。羊大模大样地走进门去吃园子里的草。骆驼跪下前腿，低下头，往门里钻，怎么也钻不进去。羊说："你看，这可以证明了吧，矮比高好。"骆驼摇了摇头，也不肯认输。

他们俩找老牛评理。老牛说："你们俩都只看到自己的长处，看不到自己的短处，这是不对的。"

根据复述的步骤，在熟悉原材料的基础上，提炼出下面的复述提纲。在这个提纲中，既列出了事情发生、发展的线索，又列出了关键词，接下来的"说"只要围绕提纲展开，按顺序说就可以了。

特点→争论→围墙下→矮门前→……

骆驼：很高　高好→一抬头……吃到了……→跪……低……钻不进

羊：很矮　矮好→举……扒……伸……吃不着→大模大样……吃草

老牛的话：只看到……看不到……

【练习】

1. 阅读《找骆驼》，列出文章的结构提纲，然后进行简要复述和详细复述练习。

找 骆 驼

从前有个商人走失了一只骆驼。他找了很多地方都没找到，心里很着急。这时候，他看见一位老人在前面走，就赶上去问："老人家，您看见一只骆驼了吗？"

老人说："你问的那只骆驼，是不是左脚有点跛？"

"是的。"

"是不是左边驮着蜜，右边驮着米？"

"不错。"

"是不是缺了一颗牙齿？"

"对极了！您看见它往哪儿去了？"

老人说："那我可不知道。"

商人忿忿地说："别哄我了，一定是你把我的骆驼藏起来了。要不，你怎么会知道得这样详细！"

老人不紧不慢地说："干吗生气呢，听我说嘛。刚才我看见路上有骆驼的脚印，右边深，左边浅，就知道骆驼的左脚有点跛。我又看见路的左边有一些蜜，右边有一些米，我想骆驼驮的一定是这两样东西。我还看见骆驼啃过的树叶，上面留下了牙齿印，所以知道它缺了一颗牙齿。至于骆驼究竟往哪儿去了，应该顺着它的脚印去找。"

商人听了，照老人的指点一路找去，果然找到了走失的骆驼。

2. 对成语故事《狐假虎威》进行创造性复述练习。

二、描述

（一）描述的概念

描述是用生动形象的语言，把自己所见到的人、事、物、景等具体事物的特征和形象，细致具体地说给别人听的一种口语表达方式。在幼儿园教学中，描述能使幼儿具体直观地感知教学内容，产生如临其境、如见其人、如闻其声的真实感受。

（二）描述的要求

1. 描述的目的要明确

描述是为了增强表达效果而采用的策略和手段，它为表达的目的服务。为了突出所要表达的主旨，只在需要描述的时候才加以描述，否则会给人矫揉造作、不知所云的感觉。

2. 描述要抓住事物的主要特征

在幼儿园教学中，描述是为了使幼儿更加细致、直观地感受、把握描述对象，因此，教师要在观察的基础上，抓住所描述事物最突出的特征，把这个特征用有声语言有效地表现出来。

【示例】

这是一张忠厚、善良、朴实、慈祥的老人的脸。那一道道深深的皱纹，刻下了岁月的痕迹，仿佛隐藏了一生的艰辛。有些昏花的双眼，透露出了内心的安详，对曾经的苦难生活，没有悲哀，没有怨恨，却饱含着对未来的期望。他的这双大手，粗糙得像干枯的树枝，青筋罗布，骨节隆起，它告诉你，它充满了力量，担负着沉甸甸的养家糊口的使命。

对油画《父亲》的描述抓住了"父亲"脸上的皱纹和粗糙的大手这两点，把一个父亲的形象栩栩如生地展现在我们眼前。

3. 描述要注意真实性

描述往往融合了本人的情感色彩，但是，这种情感应当基于被描述对象本身的基本状况，不能夸张、不能虚构，否则会给人不真实的感觉。

【示例】

我的妈妈很漂亮，她圆圆的脸上有一对会说话的大眼睛，炯炯有神的双眼能一眼看穿我的心事；她的嘴很小巧，嘴角微微往上翘，看上去笑嘻嘻的；她的皮肤白皙，脸上没有一点儿斑痕……

这段描述使人联想到的是可爱的邻家少女的形象，显然不符合妈妈的形象，不够真实，落入了俗套。

4. 语言要优美、生动

为了增强语言的生动性、直观性和审美性，描述时可以大量运用多种修辞手法，如比喻、对比、拟人、借代等，同时辅以语气、语调、停连、重音、节奏等的变化，使描述对象生动形象，立体可感。

【示例】

那时，李明和王飞是我们班最吸引眼球的人物，几乎全校老师和同学都认识他们。我们都把他俩叫"大头"和"小头"。他俩除了上课，几乎都黏在一起。"大头"人高马大，脑袋比篮球还大；"小头"坐第一排，在班里个子最小，脑袋出奇得小。可是，论学习成绩，"小头"比"大头"好多了。别看"大头"长这么大个儿，啥事都要"小头"拿主意，要不要参加培训班啦，惹毛了同学怎么补救一下啦，"大头"都听"小头"的。每天一早，"大头"都去"小头"家楼下等他一起上学，几乎天天如此。所以，同学都说"小头"人小鬼大，愣是把"大头"给收服了。

这一段描述语言运用了借代和对比的手法，借用了儿童读物《大头儿子和小头爸爸》中"大头"和"小头"的称呼，以"大头"和"小头"分别指代"李明"和"王飞"，同时把两个人的外貌、能力等进行对比，突出了两个人的不同之处，形象生动，给人留下了深刻的印象。

（三）描述的分类

根据不同的标准，描述有不同的分类方法：从描述的不同角度来看，描述可以分为直接描述和间接描述；从描述的详略程度来看，描述可以分为白描和细描。

1. 直接描述和间接描述

直接描述又称正面描述，说话者把生活和教学中观察到、感受到的东西直截了当地说出来，就是直接描述，它是很常用的一种表达形式。直接描述可以描述人物、景物和场面等，对各种描述对象都适用。

【示例】

在学习杜甫的《绝句》"两只黄鹂鸣翠柳"时，教师向学生描述了这样的一幅画面：

这是多美的一幅图画啊！两只黄鹂鸟在翠绿的柳条间欢快地鸣叫，一行白鹭排着整齐的"人"字形的队伍，在蓝天上自由自在地飞翔。凭窗远眺，可以看到岷山上终年不化的积雪，门外江边停泊着一艘艘从东吴远道而来的船只。这是诗人给我们描绘的一幅色彩鲜明和谐、动静有致、层次分明、意味深邃的立体画。

教师采用直接描述把诗歌所描写的景致用现代白话进行描述。

间接描述又称侧面描述，它是说话者由于特殊表达效果的需要或囿于一定的表达环境，通过描述与所描述对象有关联的其他人、事、物、景，达到突出描述对象的目的。在写作学里，这种方法称为"烘托"。

【示例】

在《登徒子好色赋》中，宋玉为了证明自己不好色，向楚王表白，无论美貌绝伦的东家之子如何引诱自己，自己都不为所动。宋玉是这样描述东家之子的美貌的：

天下之佳人莫若楚国，楚国之丽者莫若臣里，臣里之美者莫若臣东家之子。东家之子，增之一分则太长，减之一分则太短；著粉则太白，施朱则太赤；眉如翠羽，肌如白雪；腰如束素，齿如含贝；嫣然一笑，惑阳城，迷下蔡。……

在宋玉的这段话中，前一句中的三个分句以排比的句式描述东家之子是天下最美丽的女子，接下来说东家之子的身材不高不矮，肤色不需要修饰。宋玉没有正面说东家之子如何美丽，而是通过侧面描述，烘托出东家之子的美丽。最后，"眉如翠羽，肌如白雪；腰如束素，齿如含贝；嫣然一笑，惑阳城，迷下蔡"则是直接描述，以比喻的手法分别描述了东家之子的眉毛、肌肤、腰身、牙齿和微笑的迷人风韵。在这一段描述中，宋玉采用间接描述和直接描述相结合的方法，把东家之子的美丽栩栩如生地展现在了我们面前。

2. 白描和细描

白描和细描这种说法借用了中国画的表现技法称说，与写作中的内涵是一致的，只不过在写作中叫描写，在口语表达中叫描述。白描是一种写意式描述，它抓住描述对象的特点，对其作简单的、概要式的描述，不讲求精细和周密，很少调动技巧和手段，只用粗犷的线条把事物勾勒出来，给听者一个大体的轮廓。细描需要抓住描述对象的特点进行细致刻画，同时调动各种技巧和手段，运用比喻、夸张、比拟、借代等多种修辞手法，以便给听者一个深刻鲜明的印象。

【示例】

我吃了一惊，赶忙抬起头，却见一个凸颧骨，薄嘴唇，五十岁上下的女人站在我面前，两手搭在髀间，没有系裙，张着两脚，正像一个画图仪器里细脚伶仃的圆规。

鲁迅的小说《故乡》里这段对杨二嫂的肖像描写就是细描。这段文字形象地表现了她尖刻、刁钻、泼辣、放肆的性格特征。"圆规"一词是比喻手法，夸张地写出了杨二嫂的身材形状，为刻画她尖酸、刻薄、自私的没落小市民的形象做好铺垫。

（四）描述的步骤

成功的描述必须经过以下三个步骤：

第一，把握所描述对象的重要特征，据此确定对某个内容从哪个角度进行拓展。重点把握描述的内容和角度的选择，两者相辅相成，一切为突出描述对象服务。

第二，准确择词，尤其重视形容词和修辞手法的运用，目的是让描述对象变得活灵活现，使听者对其有一个栩栩如生的印象。择词的一个诀窍是避免使用反映事物某一特征的惯用词汇。如用一段话描述自然环境很美，但不出现"美"这个词，而是用几句话来具体表现美。

第三，与复述相比，描述过程中说话者的情感倾向更鲜明，情感的表达宜结合语气、语调、态势语等加以综合表现。

【示例】

下面是一名教师对正、副校长外貌的描述：

该校正校长：他很有些书卷气，身材修长，举止优雅，一双略显敏感的眼睛从不盯在一个地方。不知为什么，他会给您留下追求完美、个性鲜明的印象。即使微笑，他紧绷的薄嘴唇似乎也随时会蹦出一串斩钉截铁的话来。

该校副校长：他面貌忠厚，颈项强壮，个子不高但非常敦实强健，说起话来口齿异常清晰。最富于变化的是他的眉眼，笑起来春光荡漾，儿童般天真；怒起来乌云挟着闪电，让您想起阵阵雷鸣。

上面的描述对人物的刻画非常到位，分别抓住了正、副校长不同的外貌特征和性格特点，选用的语词不但能准确反映人物的特点，而且饱含情感色彩，表达了教师对校领导的欣赏和尊敬之情。

【练习】

1. 以小组为单位，对组里同学的外貌进行描述。

2. 用生动形象、通俗易懂的语言，准确描述唐代诗人贺知章《咏柳》所描写的景色。

咏　　柳

碧玉妆成一树高，

万条垂下绿丝绦。

不知细叶谁裁出，

二月春风似剪刀。

三、解说

（一）解说的概念

解说是对抽象事理和具体事物作准确的说明或解释。通过解说，人们可以了解事物性质、功用及其发展的规律，它是人们获得知识的重要途径。在日常生活中，新产品的说明、大型科普展的讲解、导游员的讲解、体育比赛的解说等，都要运用解说这种表达形式。在教学活动中，解说是教师讲授科学文化知识常用的一种表达方式。

（二）解说的要求

1. 内容要集中

解说的中心必须明确，重点突出；一次解说一般只确定一个中心，一个语段只讲一个意思。因为解说的内容对听者来说是比较陌生的，如果内容太多，听者接受起来会有难度。

2. 条理要清晰

解说的关键是说得明白，解说不能只停留在事物表层，还要注意对事物内在结构做出确切的剖析。解说时，教师的思想脉络要明晰，层次要清楚，必须根据事物本身的条理和人们认识事物的特点或规律精心安排解说的顺序，否则会给人层次不清、思想混乱的印象。

【示例】

京 剧 脸 谱[①]

脸谱，是中国传统戏剧中演员面部化妆的一种程式，是用各种色彩在面部勾画出各种图案。戏剧中各种人物都有自己特定的谱式和色彩，用来突出每个人物的性格特征。

京剧脸谱和京剧表演艺术一样，它是和演员一起出现在戏剧舞台上的活的艺术。京剧脸谱是一种写意和夸张的艺术。在色彩上，现代京剧脸谱有红、紫、黑、白、蓝、绿、黄、金、银等颜色，用这些不同的颜色表现人物的不同性格，如红色表示忠勇、黑色表示正直、白色表示奸诈等。京剧脸谱的构图是多种多样的，共有十几种。每一种又有很多不同的勾画式样，使每个人物都有自己的个性。

京剧脸谱作为一种艺术，不仅和京剧表演联系在一起，而且还与中国传统绘画有十分密切的联系。中国画强调写意，"意存笔先，画尽意在"。人们在中国画中常可以看到，作者仅用简单的几个线条就可表达很深的含义。这一点在京剧脸谱中也有突出的表现。人物的眼、眉、鼻等部位，用不同色彩的不同线条来勾画，就可以把各类人物的不同性格表现得淋漓尽致。所以，通过观察人物的脸谱，就可以知道这个角色的善恶、好坏。

京剧脸谱作为一种艺术，不仅出现在京剧舞台上，在绘画、服装、工业品中人们都可以见到它，还有用京剧脸谱作图案的邮票呢。

这段解说，先阐明了脸谱是什么，接着告诉听者京剧脸谱与舞台表演、中国绘画的关系以及京剧脸谱在日常生活的运用，条理清楚，语言简练，便于听者理解。

3. 遣词要精当，语言要简洁

解说的语言要通俗易懂，要力图把各种深奥抽象的道理和专业知识讲得简单明了，避免用方言词、文言词和生僻词。

【示例】

纳米是非常非常小的长度单位，1纳米等于十亿分之一米。如果把直径为1纳米的小球放到乒乓球上，相当于把乒乓球放在地球上，可见纳米有多么小。

这段话选自人教版小学语文四年级上册《纳米技术就在我们身边》。第一句用"十亿分之一米"来说明1纳米的长度非常非常小，事实上"十亿分之一米"这个数字对小学生来说很抽象，并不能让他们真正理解和感受到纳米单位的小。

---

① 彭志平.汉语阅读教程［M］.北京：北京语言大学出版社，2000：141.

第二句在第一句列举数字、精准表达的基础上，巧作类比，把抽象的数学具体化，用"乒乓球"和"地球"的大小进行比较，给小学生直观的感受，帮助小学生真正理解了"纳米"这个长度单位有多小。善用数字，巧作比较，是使解说通俗易懂的一种很有效的手段。

4. 控制语速，适度重复

解说要把握好节奏和语流的速度，不宜太快，说到重点字词、关键的地方和难懂的术语等，要说得慢一些，可以辅以停顿、重音等表达技巧，必要时还可以重复所说的内容，使听者能理解说话者所表达的意思。

（三）解说的分类

解说从不同的角度可进行以下不同的划分：

1. 简约性解说和详细性解说

这是根据解说的详略程度进行的划分。简约性解说要对各种信息进行筛选和过滤，舍弃旁枝侧叶，提炼解说的中心内容，选择规范、言简意明的语词，收到"以少胜多"的效果。下面的示例中，爱因斯坦用寥寥数语把高深的理论说得浅显易懂，他的解说可谓简约。

【示例】

爱因斯坦发现了"相对论"以后，有人要他用最简单的话解释什么叫"相对论"。爱因斯坦说："比方说，你同最亲爱的人坐在炉边，一个钟头过去了，你觉得好像只过了五分钟。反过来，你一个人孤独地坐在热气袭人的火炉边，只过了五分钟，你却觉得像坐了一个多小时。这就是相对论。"

详细性解说与简约性解说正好相反，它要求说话者对内容作具体细致的讲解，对相关的细节作详尽的阐述，使听者对内容有全面的、具体的把握，不可三言两语、点到即止。

【示例】

我们现在正乘游艇在天马河上，朝"鸟的天堂"方向行驶。大家抬头看，呈现在你们眼前的，是一大片翠绿而茂密的榕树林，像不像浮在水面上的一片绿舟？你们猜，这儿有多少棵榕树？告诉你们，这儿只有一棵榕树！这棵树占地有20多亩，树龄已高达500多岁！让我们靠近它看看，它那粗壮的树干上，无数树枝向着四面八方伸展，枝上又生根，有的伸进泥土里，使劲儿汲取水分，看啊，伸进土里的根上又生枝，一直向外扩散，便形成了"独木成林"的奇观。

大家可以看看它的叶子，苍翠欲滴，翠色欲流，绿得多么耀眼，似乎每一片绿叶上都有一个新的生命在颤动，显得生机勃勃，好像要把它的生命力展示给我们看。现在我们来到它的树荫下，呀，它长得好密呀，真是遮天蔽日啊！

大家竖起耳朵听，听到了什么？对了，是鸟儿那清脆的鸣叫声。你们看，它们有的在梳洗羽毛，有的在追逐嬉戏，万鸟盘旋飞舞，展翅高飞。这儿最有名的是白鹤和灰麻鹤，白鹤是日出夕归，而灰麻鹤恰恰相反，是夕出日归。清晨或傍晚，万鸟交替出归，到时，看见了这只，错过了那只；看见了这只，另一只又飞起来了。你们绝对应接不暇哦！现在，让我们踏上小岛，感受它的勃勃生机吧！

上面"鸟的天堂"的导游解说词就是详细性解说。导游以优美生动的语言向游客介绍景点"鸟的天堂"。在解说的过程中，导游结合了描述这种表达方式，抓住了"鸟的天堂"独木成林这个特点对景物进行生动细致的刻画，着力描绘"鸟的天堂"林密、叶茂、鸟多的特点，带领游客进入了一个如诗如画的世界。

2. 平实性解说、形象性解说和谐趣性解说

这是根据解说的语言风格进行的划分。平实性解说最大的特点是很少修饰，用平实的生活化的口语把事物、事理解说清楚。这种解说尽管在表达上缺乏文采，显得过于平淡，但由于其贴近生活，给人可靠真实的感受，因此在生活、学习中较多使用。

【示例】

二十四节气[①]

二十四节气是中国古代人自农业生产实践中逐渐创立的。开始的时候一年只分为春、秋两季，后来又分为春、夏、秋、冬四季。以后又不断补充、完善。到了公元前 200 年左右，就有了像现在这样的二十四个节气了。

二十四个节气在公历中的日期变化不大。一般，上半年是每个月的 6 号、21 号，下半年是每个月的 8 号、23 号。有时候，日期会相差一两天。

二十四个节气的名称很有意思，从节气的名称上可以知道是什么季节，以及大概会是什么样的天气。比如，立春、立夏、立秋、立冬，"立"就是"即将开始"的意思，所以这四个节气分别表示春天、夏天、秋天、冬天就要开始了；夏至、冬至，"至"是"到来"的意思，这两个节气分别表示夏天、冬天已经到来；春分、秋分，"分"有"平分"的意思，在这两天，白天、黑夜正好一样长；"暑"的意思是"热"，所以"小暑""大暑"告诉人们一年中最热的时候到了；"寒"的意思是"冷"，"小寒""大寒"告诉人们一年中最冷的时候来了。

形象性解说指运用形象化的手段进行解说，使解说更具体、生动、可感。形象性解说需要对事物和事理进行描述，在描述的过程中，适当运用比喻、描摹、拟人、借代等修辞手法，使解说更具有感染力。

【示例】

地球内部的构造很像鸡蛋，由三部分组成：表面是地壳，相当于鸡蛋壳；中间是地幔，相当于鸡蛋清；最里面的是地核，相当于鸡蛋黄。

---

① 彭志平. 汉语阅读教程［M］. 北京：北京语言大学出版社，2000：45.

对地球内部构造的形象性解说采用比喻的方式，用人们熟悉的事物打比方，把人们不熟悉的事物或抽象的道理说得浅显易懂。

谐趣性解说突破常规思维的限制，在解说事物、事理的时候使语言带上诙谐、幽默的色彩，同时赋予比较强烈的情感和情趣，使听者获得愉快、轻松的心理感受。一般来说，谐趣性解说避免使用陈词套话或中规中矩的表达方式，多采用大词小用、移就、双关、夸张等手法，化平实为俏皮，变平淡为妙趣横生。

【示例】

我做的可是天下数一数二的工作，说出来你也许不信，我是幼儿园的数学老师，我每天都会教那些小朋友们数数，1，2...

3. 实物解说、程序解说和事理解说

这是根据解说的内容进行的划分。实物解说是关于某一事物特点、功用、性状等的具体说明；程序解说是关于某事物、某过程如何操作的具体说明；事理解说是关于事物内在结构、某原理等的具体说明。这三类解说的内容比较简单，所以不再具体展开论述。

（四）解说的步骤

成功的解说必须经过以下三个步骤：

第一，确定解说内容的重点和关键所在，要讲清"是什么""为什么""怎么样"。同时，还要对内容进行梳理，确定解说的层次和条理。这一步很关键，能确保解说时思路清晰、重点分明。

第二，选定解说的方法。除直截了当地介绍外，解说还可以运用多种修辞手法，如比喻、拟人、借代等，使语言生动活泼。下定义、作比较、列数字、作对比、举例子、引材料、对事物分类等也是常用的解说方法。

第三，注意用停连、重音等表达技巧突出关键词和重点概念。总体而言，语言节奏要平缓，语速中等或偏慢。

【示例】

纳米技术就在我们身边 [1]

纳米技术是 20 世纪 90 年代兴起的高新技术。如果说 20 世纪是微米的世纪，21 世纪必将是纳米的世纪。

什么是纳米技术呢？这得从纳米说起。纳米是非常非常小的长度单位，1 纳米等于十亿分之一米。如果把直径为 1 纳米的小球放到乒乓球上，相当于把乒乓球放在地球上，可见纳米有多么小。纳米技术的研究对象一般在 1 纳米到 100 纳米之间，不仅肉眼根本看不见，就是普通的光学显微镜也无能为力。这种纳米级

---

[1] 义务教育教科书·语文：四年级下册［M］.北京：人民教育出版社，2019：24-25.

的物质拥有许多新奇的特性，纳米技术就是研究并利用这些特性造福人类的一门学问。

纳米技术就在我们身边。冰箱里如果使用一种纳米涂层，就会具有杀菌和除臭功能，能够使蔬菜保鲜期更长。有一种叫作"碳纳米管"的神奇材料，比钢铁结实百倍，而且非常轻，将来我们有可能坐上"碳纳米管天梯"到太空旅行。在最先进的隐形战机上，用到一种纳米吸波材料，能够把探测雷达波吸收掉，所以雷达根本看不见它。

纳米技术可以让人们更加健康。癌症很可怕，但如果在只有几个癌细胞的时候就能发现的话，死亡率会大大降低。利用极其灵敏的纳米检测技术，可以实现疾病的早期检测与预防。未来的纳米机器人甚至可以通过血管直达病灶，杀死癌细胞。生病的时候，需要吃药。现在吃一次药最多管一两天，未来的纳米缓释技术，能够让药物效力缓慢地释放出来，服一次药可以管一周，甚至一个月。

纳米技术将给人类的生活带来深刻的变化。在不远的将来，我们的衣食住行都会有纳米技术的影子。

本文第一部分讲 21 世纪是纳米的世纪，第二部分从三个方面介绍纳米技术及其应用、优点，第三部分总结纳米技术发展前景广阔。本文的重点是第二部分，即介绍纳米技术是什么，纳米技术的应用以及这种新技术的优点。这部分运用了列数字、作比较、举例子等说明方法。解说的重点是把纳米技术是什么以及它的应用、优点等交代清楚，语速中等，不宜太快。

【练习】

1. 根据以下两组解说对象的特点作一分钟解说，不出现事物名称，尽量少用态势语，请别人猜出你说的是什么。

（1）排气扇、热水瓶、电熨斗；

（2）某种球类活动的竞赛规则。

2. 向别人介绍你喜欢的一本书或者一部电影、一首歌曲等。

3. 以自己或熟悉的亲人、朋友为主人公，作谐趣性解说练习。

四、评述

（一）评述的概念

评述就是对客观事物（人物、事件和观点）发表自己的见解和主张。评是表达自己的见解和感受，述是用复述或描述的方法介绍要评论的内容。评述是把叙述和议论有机结合起来，述中有议，议中有述，相辅相成，相得益彰。

评述是教学活动中常用的一种表达方式。在教学活动中，教师通常用夹叙夹议的方法揭示教材内涵，对幼儿的言行作出恰当而明确的评论。通过评述，教师向幼儿讲授教育教学的内容，同时表达自己的态度；幼儿从中学到相关知识，同时也体悟教师的情感倾向。教师对幼儿的发言不表态、漠然置之，或急于表态、胡乱表态的做法，对幼儿思维的发展都是不利的。有经验的教师总是及时而明确地纠正幼儿发言中的不妥之处，鼓励他们从讨论中得出正确的结论。

评述在幼儿园语言、绘画等课程中使用很频繁，如串讲故事、评点童话、评介人物、评析事件等。评述的内容很广，包括评述幼儿的作品、正确或不正确的言行等。

（二）评述的要求

1. 述是评的基础，评是目的和关键

评述首先要对述的材料进行具体客观的分析和周密的思考，对所述的内容有深刻的理解。述的内容必须真实准确，评的态度要客观公正，意见要公允、中肯。评建立在述的基础之上，不能对所述内容断章取义、主观片面，也不可对所述内容妄加篡改、夸大其词。

2. 述要充分，评要态度鲜明，二者有机统一

评和述的关系是观点和材料的关系、论点和论据的关系。材料丰富，观点才能立得住脚；论据充分，论点才能明确。评述时赞成什么、反对什么，要旗帜鲜明、态度明朗，不可含糊其词，让人不知所云。同时，赞成或反对是要有充分理由的，也就是说要从材料中得出观点，以材料支撑观点，而不能抛开材料，胡乱发挥，这样会导致评述言之无据、言而无信。

【示例】

有位数学教师在讲完阿基米德螺旋线的有关问题后说：

"人们赞誉阿基米德是数学之神，但是人们更钦佩他的爱国之心。当他的祖国受到古罗马军队的进犯时，他为保卫祖国竭尽自己的聪明才智，设计出起重机、投石器……使敌军心惊胆战。但他的祖国终因粮尽失败。敌军统帅看中了他的才智，破城时下令要活捉阿基米德，想让他为他们服务，而阿基米德宁死不从，最后英勇献身。"接着，教师又说："热爱祖国是一种最伟大、最崇高的品德。我们应该常常扪心自问：我准备为祖国的明天奉献什么？是的，科学没有国界，但科学家都拥有自己的祖国呀！"

在这段评述中，教师紧扣教材进行德育渗透，产生了"随风潜入夜，润物细无声"的效果。教师先叙述了阿基米德宁死不降的故事，接着以饱含深情的语言对阿基米德的这种崇高的爱国主义情怀进行评价，同时对学生提出殷切的期望。感情诚挚、态度鲜明，给学生爱的感召力。

3. 评述要言之有序、逻辑严谨

评述讲究论证，讲究合逻辑性。评述时，层次要清楚、条理要分明，不能东拉西扯、偏离主题，也不能不分轻重主次，让人把握不住重点和关键。

【示例】

有一位教师教"普通应用文"课,第一课时组织学生讨论,使学生从整体上把握、理解应用文的真实性、实用性、简明性等特点。在学生对教学内容展开全面复述和简论述后,教师作了如下的评述:

我认为,应用文的性质和特点,可以用三个字来概括:"实""用""简"。应用文姓"实"。它不同于文学作品,它不允许虚构,它不允许任意想象,不能天马行空、自由往来。它以忠实于事实、忠实于主人、忠实于对象而见其长。

应用文重"用"。由于它"实用",所以备受官宦大员、文人雅士以及凡夫俗子的青睐。倘若失去了这一特性,应用文的生命便完结了。无可讳言,应用文有较强的功利性。

应用文尚"简"。简明扼要、一语中的,才能带来高效率的工作。语缛词繁是应用文的禁忌。应用文的节奏,体现着现代人的节奏。

教师评述的中心紧紧围绕应用文的特点,概括出简单的"实""用""简"三个字,接着紧扣这三个字分别展开论述,对应用文的特点发表自己的见解和看法,条理清楚、层次井然。

4. 评和述语言的运用应有所区别

在语言的运用上,述的语言要浅显易懂、简练明快,让听者容易接受和理解;评的语言要明确,提纲挈领,让听者能不费周折就抓住重点和关键。

【示例】

数学教师讲授数学归纳法问题,向学生讲述了归纳法的创立者——帕斯卡的故事:

帕斯卡是科学史上一位传奇式的人物。他12岁就独立证明了一个三角形的内角和等于180°,23岁时发现了流体力学的"帕斯卡原理"。他既是微积分与概率论的先驱者,又是著名的文学家和哲学家。可是,就是这样一位才华横溢的青年科学家,在风华正茂、大有作为的时候,竟然放弃数学和科学,投身宗教和神学。他为什么会有如此举动?这就和他的世界观、人生观密切相关。因为他在童年时期就想把宗教信仰和数学及科学的理性主义调和起来,并常常致力于宗教的冥想。后来更是走上了极端。他不仅对数学厌烦了,而且像个苦行僧似的,把一条带尖刺的腰带缠在腰上,一旦认为自己产生了不虔诚的邪念,就马上用肘部去打腰带来刺痛肉身,折磨自己。他不满39岁就不幸离开了人世。上大学期间是同学们世界观、人生观形成的重要时期,我们要学习帕斯卡留给人类的科研成果,同时更要吸取他的沉痛教训,一定要树立正确的世界观、人生观。

在上面的这段材料中,教师讲述的帕斯卡的故事生动浅显,易于为学生理解和接受。教师对世界观、人生观的看法和对学生的要求仅用了两句话来表明,言简意赅、重点突出,学生无须深刻思考和揣摩便能领悟。

（三）评述的分类

根据不同的标准，评述有不同的分类方法。

根据评者和说者是否为同一人，可以分为自述自评和他述我评。在教学活动中，自述自评一般是教师独白方式的评述。他述我评是师幼在教学过程中的一种互动，表现为幼儿述教师评，教师述幼儿评，以及师幼共述共评等多种形式。

根据述和评的先后次序来分类，分为先述后评、先评后述、边评边述。在教学活动中，最常用的评述方式是先述后评。述，可以是叙述、描述等，相对来说比较生动、直观，既有利于述者阐明自己的观点，也有利于听者在此基础上理解评的观点。这是评述最简单、最基本的方式。先评后述，就是先表明自己的观点，再提出用以证明自己观点的材料。这种方法最大的好处就是能让听者直截了当地了解说者的观点，但是因为述在后，提出观点时缺乏铺垫，可能会使听者由于没有心理准备而对所述观点把握不全或一知半解。边评边述，这种方法是把评和述紧密地结合起来。它建立在评述者对材料十分熟悉的基础上，其特点是评和述融为一体，你中有我，我中有你，语言灵活多变，可以把即时的想法马上表达出来。当所述的内容比较繁杂或不止一个观点、见解时，可以采用边评边述的方法。

（四）评述要注意的问题

成功的评述要注意以下几点：

第一，评是目的，述是手段，评述的归宿是表明见解。述既要充分又要有所选择，在述的时候要考虑材料与评的关系。评要有针对性，评表明的观点和见解要紧密结合述提供的材料。

第二，评可以结合述的材料全面地评，也可以有重点地评。述要注重形象生动，要把材料说得生动活泼，以调动听者对评的兴趣。评要注重对内容的梳理，要有条理性，在语言风格上更具理性色彩。

第三，评述时，述的语速可以稍快一些，评的语调略显平实。在教学中，教师有时要用商量的口气与幼儿一起进行深入的评析，有时要以不可置疑的语气强调某个结论性的内容，有时可略带感情色彩，使自己所持观点的倾向性更为鲜明。

【练习】

☞《将相和》

扫描二维码，阅读《将相和》，试评述人物廉颇或蔺相如。

提示：

蔺相如是一个临危不惧、足智多谋并且顾全大局、注意团结的爱国者。"完璧归赵"表现了蔺相如深思熟虑、有勇有谋；在"渑池会"上，蔺相如维护了赵国的尊严，再一次表现了他的机智勇敢；"负荆请罪"中的蔺相如对廉颇忍让回避，则反映出他顾全大局、以国家利益为重的崇高精神。评述蔺相如这个人物，不管是评述他在"完璧归赵"中智对秦王，在"渑池会"上置个人生死于度外，还是在"负荆请罪"中宽宏大量，都应牢牢把握住他思想性格的精髓——爱国精神。

廉颇是赵国勇将，曾屡建功勋。"渑池会"后蔺相如职位高于廉颇，廉颇对此深为不满，他计较个人地位，因而将相之间产生矛盾。但他为人坦率、知错就改，这是他性格中可贵的一面。评述时要抓住这一点，并挖掘其精神实质。

思考与实践

一、说话的特点和基本规律有哪些？

二、说话的基本要求有哪些？

三、口语交际的基本能力有哪些？

四、说话的基本形式有哪些？

五、根据下列命题进行评述训练。

（1）评述一则广告。

（2）评述一次班级活动（或表演等）。

（3）评述某个同学或教师的穿着打扮。

第六章 不同形式的说话训练

✎ 训练目标

1. 了解命题演讲、即兴演讲、交谈、辩论等不同说话形式的特征、表达技巧和方法。

2. 掌握命题演讲、即兴演讲等独白体说话形式和交谈、辩论等会话体说话形式的基本技能。

3. 通过学习与训练，努力提高自身的语言表达水平，做到口语表达时心态沉着镇定、语言清晰流畅、思维敏锐快捷、内容丰富充实、条理层次分明、态势语协调得体。

第一节　演讲

演讲，也称演说、讲演，是在公众场合就某个问题或事件发表见解、阐明事理的一种说话形式。"演"，是指态势语，包括演讲者的面部表情、手势、身势等形体动作。"讲"，是指演讲者的口语。演讲，是口语和态势语的结合，它不仅诉诸听众的听觉，还诉诸听众的视觉，使听众通过听觉与视觉的共同活动而接受信息，产生共鸣，受到启迪和教育。它是口语表达的高级形式。演讲集思想性、科学性、知识性、趣味性、艺术性于一体，是一门综合性的学科，也是一门口语艺术。

演讲的理论早在公元前 6 世纪末的古希腊就已经形成，古希腊人赋予"演讲"这一概念以具体明确的内容：解释某种事物或现象，激发听众的某种意识，鼓舞他们作出某种抉择并进而采取某种行动，给听众精神上的享受。古希腊人十分注重演讲语言的修养，并自觉地使用加强演讲语言修养的种种手段。他们视演讲为艺术，强调宣传富有独创精神的思想。古希腊人甚至把演讲术奉为"艺术之女王"。

演讲在古代的中国、埃及、印度就已经得到高度的发展，作为一种重要的社会活动形式，演讲在文明古国的各个历史阶段被各阶层的人广为使用，并且发挥了应有的作用。

古往今来，许多著名的思想家、政治家、外交家、社会活动家，往往也是能言善辩的演说家，他们充分利用演讲这一政治斗争和社会生活的工具，以自己出色的演讲才能，赢得了政治上、外交上、军事上的一个个胜利。今天，开展演讲活动，对于开阔人们的视野，丰富人们的知识，提高人们的思维能力和口语表达能力，都具有很重要的作用。

一、演讲的特征

（一）针对性

哲学家黑格尔指出："一般说来，演说家在演讲里的终极旨趣并不在于艺术的描述和完美的刻画，它还有一个越出艺术范围的目的……即用来使听众获得某一种信念，做出某一种决定，或采取某一种行动。"[①] 可见，演讲的最终目的是要提出并解决人们在政治、思想、生活和工作实际中所遇到的各种问题，使人们受到启发，明辨是非，找到解决问题的方法并采取积极的行动。因此，演讲作为一

---

① 徐颂列，黄华新．口语训练教程［M］．杭州：浙江大学出版社，1991：183．

种社会活动形式，具有很强的针对性。演讲者只有深入民众，深入生活实际，不断学习，分析形势，把握时代的脉搏，了解社会存在的问题和民众的要求，才能使演讲充分反映时代的特点、要求和风貌，真正做到"有的放矢"。

（二）论辩性

演讲是当众发表个人的见解，演讲者应该鲜明地表达自己对某一问题的意见和态度，如主张什么，反对什么；肯定什么，否定什么；赞颂什么，谴责什么。演讲能否有令人信服的力量，取决于演讲者是否有鲜明的立场，提出的主张是否有充分的科学根据和确凿的证据，听众关注的问题能否得到创造性地解决，演讲所揭示的思想是否合乎逻辑。演讲者要使自己的观点得到听众的赞同，必须紧紧围绕中心论点，用符合逻辑的论述加以论证，并以充分的说理和深刻的分析使人信服。因此，演讲是以严密的逻辑力量来征服听众的，是以论辩为主体的言语活动。演讲者必须具有独特、深邃的思想，与众不同的见解和真知灼见，这样才能使演讲富有个性，做到以理服人。

（三）鼓动性

宣传和鼓动的艺术就是用最有效的方式影响听众，尽可能使某个理论有更大的说服力，使听众更容易领会，印象更鲜明深刻。而演讲正是一种行之有效的宣传鼓动形式。演讲者用生动形象、声情并茂的有声语言和听众面对面地交流思想，感染听众情绪，富有很强的吸引力和感召力。演讲不仅可以开阔人们的眼界，丰富人们的知识，启迪人们的思想，还可以激起人们的热情，激励人们坚定不移地为真理而斗争。在各个历史转折时期，不少政治家、思想家、革命家纷纷到群众中进行演讲，借以宣传自己的主张。那些震撼人心的演讲，曾唤起千百万民众投身火热的斗争，从而推动历史向前发展。例如，闻一多先生的《最后一次的讲演》，正是用真挚强烈的感情、慷慨激昂的言辞深深地打动了青年们，唤起了他们的勇气和激情。

（四）艺术性

演讲是口语表达的高级形式，是一门说话的艺术。在演讲中，思想是通过许多概念和某种理论主张来表达的，而这些概念与理论主张则是通过判断、论证、推理及其他逻辑手段来揭示的。有才能、有经验的演讲家总是将思想、知识、文采、情感融为一体，用生动形象的口语表达自己鲜明的观点和深邃的思想，用恰到好处的面部表情、手势、身势等态势语来辅助表情达意。这种思想与情感的交融同时作用于听众，使之受到教育。可想而知，如果缺乏艺术性，即使演讲者有深刻的思想、独到的见解，他的讲话也只能是概念的解释和说教，不能激发听众的热情，更不能说服听众。而演讲的艺术性能使演讲的内容与形式完美地、有机地统一在一起，使演讲更富有魅力，从而达到演讲的目的。

二、演讲的类型

（一）从演讲的内容划分

1. 政治演讲

政治演讲是指针对社会政治、经济、文化教育、伦理道德等问题进行的公开演讲。它提出研究社会中某一方面问题的紧迫任务，论述时代的迫切问题，并常常追求实际的目的和效果。政治演讲包括各种会议报告、宣传演讲和政治评论等。

2. 外交演讲

外交演讲是官员代表某个国家的纯官方演讲。它必须始终不渝地维护本国的利益，以坚定的原则性和诚恳、坦率、明确的态度表达本国的立场，或站在本国的立场对世界局势发表看法或评论。例如，在联合国和其他各种国际组织代表会议、协商会议上的讲话。

3. 军事演讲

军事演讲通常是指指挥官在战前和军事演习之前的动员演讲，或对军事局势发表评论。这种动员演讲往往极其简练，用词严峻，充满着英雄主义思想，鼓励官兵表现出英勇精神。这类演讲往往是不容讨论的，更是不容批评的。它不仅是动员官兵建立功勋的号召，更是命令。例如，拿破仑的《在蒙特诺特战役中的演讲》。

4. 学术演讲

学术演讲是指对某一学科或某一科学现象进行系统的、科学的、专门的演讲。它必须具有严谨的科学态度、对科学真理的执着追求和坚定的信念，用严密的逻辑推理、真实无误的论据和深刻有力的科学论证，将科学知识传播给听众。这类演讲也可以是具体的社会科学研究与探索实验的总结。例如，学术讨论会上的科学报告、科学评论及科学信息报导。

5. 法庭演讲

法庭演讲是一种很古老的演讲类型，是指法庭上的起诉词和辩护词，它们针对的都是被告所做出的导致其被起诉的行为。无论是起诉词还是辩护词，都多半具有评价性质，并以追求道义上和法律上的公平为特点，目的是查明具体真相并做出完全符合法律根据的、公正的判决。绝对的客观性、充分的证据和详尽的旁证是起诉和辩护获得成功的必要条件。另外，被告的自我辩护也是法庭演讲的一种形式。

6. 宗教演讲

宗教演讲是指在宗教场所向教徒们传播教义的布道词或教堂会议演讲。这种演讲充满着对人的仁慈、博爱、友善。布道词反复强调信仰的重要，宣扬有神论。

7. 生活演讲

生活演讲包括庆祝演讲和哀悼演讲。庆祝演讲是在热烈、友好的气氛中进行的。它除了向被祝贺的个人或团体表示诚挚的感情和衷心的祝愿外，往往还具有例行公务的性质，如贺词、祝酒词等。哀悼演讲是指纪念死者的祭文或悼词。它不仅限于表达悲痛之情，还含有对死者及其功绩的简单评价，有时甚至还含有鼓励生者继承死者事业的号召。例如，恩格斯在马克思墓前的演讲，在历史上留下了深远的影响。

（二）从演讲的形式划分

1. 命题演讲

命题演讲是事先根据命题写好讲稿、做好准备而进行的演讲。它的表达形式主要有以下几种：

（1）读稿演讲。演讲前演讲者根据命题先写好演讲稿，演讲时逐字逐句地照本宣科。这种演讲很少出现纰漏，具有严密性和准确性。这种演讲方式多见于重大的政治、外交、学术等重要会议上。读稿演讲时，演讲者必须注意与听众之间的交流。演讲者心目中要有听众，要考虑自己在跟听众谈话，语调尽量自然、流畅，同时还应该时时抬头，用眼神、面部表情和轻重音同听众交流感情。

（2）脱稿演讲。演讲前演讲者根据命题先写好演讲稿，演讲时不看讲稿而进行自如的演讲。这种演讲方式效果较好。事先写好演讲稿并反复熟记，在有声语言与体态语方面做好周密详尽的准备，上台演讲就胸有成竹，条理清晰，不会重复啰唆。但演讲者如果将注意力集中在背诵演讲稿上，就容易语调生硬，体态失调，缺乏与听众的交流，影响演讲效果。脱稿演讲要善于临场发挥，根据听众的反馈及时、适当地增删内容，调整语调和体态。

（3）列纲演讲。在演讲前演讲者根据命题编列出或详细或简单的提纲，把观点、内容、结构、层次、论据材料等用简洁的语句排列出来。演讲时演讲者基本不看提纲，必要时看一下，迅速、准确地回想起所要讲的内容，以保证演讲的连贯性和完整性。这种演讲方式较灵活、实用，避免了死背演讲稿的缺陷，演讲时演讲者可根据提纲进行阐述发挥，加强与听众之间的交流，在一般的场合可使用这种方式。

2. 即兴演讲

即兴演讲是演讲者在事先没有准备的情况下，临时针对某一问题或情境进行的即席演讲。即兴演讲的内容在后面将作专门的介绍。

三、演讲稿的写作

演讲稿，也称演讲词，以书面语的形式存在，是进行演讲的文字依据。演讲稿是为演讲服务的，它是演讲者思想深度和知识广度的综合表现。在准备演讲稿的过程中，演讲者还要考虑演讲的时间、空间和听众的情况。这些相关的要素，构成了演讲稿不同于一般文体的独特性。所以，演讲稿必须便于演讲者充分展示自己的演讲水平和才能。

（一）主题与材料的选择

选择怎样的主题与演讲能否取得成功紧密相关。新颖深刻的主题总是能引起听众的兴趣。选择主题时，演讲者首先要搞清楚演讲要达到怎样的目的，会在听众中产生什么效果，然后对演讲的情境（包括听众、环境、演讲者自己）进行仔细的分析。

对听众的分析：听众是干什么的？他们大致的受教育水平如何？他们的政治思想和文化修养水平如何？他们所关心和渴望了解或急切要解决的问题是什么？他们对你所讲的主题知道些什么？大多数听众的年龄多大？人数有多少？等等。

对环境的分析：演讲将在什么地方举行？集会的目的是什么？什么时候发表演讲？这次活动还有哪些程序？讲完之后有何安排？等等。

对自己的分析：你对要讲的主题是否具备了足够的知识？是否有充分的时间进行准备？对自己所讲的主题是否感兴趣？等等。

只有这样进行多个角度的分析，才能使演讲的主题有针对性、启发性，才能做到新颖、生动。

确立了主题之后，演讲者还要用充分的材料进行分析说理，用真实、典型的材料来证实、说明观点，使听众能接受你的观点。因此演讲者应注意观察生活，捕捉生活中丰富的信息，有重点地选择那些对揭示演讲主题有充分价值和典型意义的，能为听众所理解、接受的，使听众感兴趣的新鲜、真实的材料，并且用举例、引言、统计资料、下定义、类比、对照等方式，为演讲增添一些趣味性。例如，作为演讲家的列宁，他演讲采用的材料丰富又生动，而这些材料都是专门选择的，其历史意义和逻辑要点是经过深思熟虑的。因此，列宁的演讲被人称为"令人折服的艺术"。演讲者不仅要善于精心选择必要的材料，还要善于在具体的演讲中支配这些材料。

（二）结构与层次的安排

确立了主题，掌握了一定的材料之后，演讲者还必须合理地组织材料，厘清材料的结构与层次，使演讲的观点具体而明确。

演讲稿的结构一般分为三个部分：开场白、主体、结束语。一篇演讲稿的内容大致可这样划分：开场白占 10%，主体占 85%，结束语占 5%。

1. 开场白

开场白是演讲的开端，是一种特殊的用来调动听众听取演讲下文兴趣的方式。

【示例】

某大学举办"青年与祖国"主题演讲比赛。演讲开始时，会场比较混乱，嘈杂一片。后来，一位同学上台，只讲了个开场白，就扭转了混乱的局面。他一开始就响亮地说："我想提个问题。"台下立即被他这个开头吸引住了，喧闹的会场立刻安静下来。他顿了顿，继续说道："谁能用一个字概括青年和祖国的关系呢？这个关系就是一个'根'字。""我们青年有一个共同的姓，就是'中华'；有一个共同的名，就是'根'。'中华根'应该是中国青年最自豪、最光荣的名字！"话音刚落，台下掌声雷动。

"好的开头，是成功的一半。"利用开场白是引起听众注意最有效的方法。演讲者在赢得听众的注意力、获得听众的好感与信赖之后再开始演讲，不仅可以与听众之间建立起一定的联系，增加亲切感，激发听众的听讲兴趣，而且可以打开局面，营造适合演讲的气氛和环境。随着开场白引出演讲的正题，可以促使听众积极思考，并将听众的思路引向所需的方向。开场白要避免冗长，不要文不对题，更不要自我表现。

开场白的形式非常多样，有的开门见山，一开始就将自己演讲的观点亮出来，直截了当地揭示主题，使听众马上就能抓住要领；有的举例子、摆事实，通过具体的例子或事实，清楚、直接地将演讲引向正题，使演讲产生引人入胜的效果；有的通过提问来引起听众的思索，促使听众积极地对演讲问题进行思考，与演讲者的思路保持一致；有的从引用格言入手，将它作为论据来强化自己的观点；有的说一个与演讲内容有直接联系的笑话或故事，不仅令人发笑，还可以引起人们深思。此外，用趣闻轶事、历史事件或用主题的重要性、演讲的程序、论证的角度，以及向听众表示问候、致意等作为演讲的开场白均能取得良好的效果。

2. 主体

论述鲜明、正确的观点是演讲的主体部分，也是重点部分。演讲者的思想观点是通过判断、证明、推理、论证等手段逐渐明确起来的，并将其实质和意义揭示出来，为听众所了解。同时，演讲是用有声语言进行表达的，演讲的内容必须符合听众的听觉习惯和认识规律，以易于被听众较快地理解为前提。所以，演讲者对观点展开阐述，不仅需要有深入浅出的理论分析，还需要用充分、翔实的材料进行论证。这些分析、论证的结构层次安排必须是条理清晰的，判断、推理必须是符合逻辑的。严谨的条理性和逻辑性会大大增加演讲的成功率。

3. 结束语

演讲的结尾也是不可忽视的。它必须给听众留下清晰、深刻的印象和回味、思索的余地。演讲忌虎头蛇尾，应保证演讲的完整性。随着演讲内容的层层推进、步步深入，进入高潮，听众的情绪也将随之兴奋，思想随之活跃，这时如果抓住听众，给其充满激情的鼓励，往往能产生较强的感召力。

☞演讲词赏析
《在巴尔扎克葬礼上的演说》

演讲的结束语要求简洁有力、新颖自然，切忌冗长啰唆或拖泥带水，更不能矫揉造作、画蛇添足。演讲的结尾不要停止在平淡之处，要在听众兴致盎然时戛然而止，使听众精神振奋、回味无穷。

结束语的种类较多，可以用"画龙点睛"的概括小结，突出演讲的中心思想和主要内容，使听众对演讲加深印象；可以在结尾向人们发出号召，提出希望，给听众充满激情的鼓励；可以在演讲的最后向听众提出某些问题，引导听众思考，随之找出正确、理想的答案；可以引用诗句或格言作结束语，突出演讲中心，深化主题，既有较强的概括性，又有丰富的哲理性，增强演讲的感染力。

（三）语言的组织

演讲意在通过有声语言达到吸引人、说服人的目的。

首先，演讲的语言要准确、生动。遣词造句恰当、表情达意准确，是听众理解演讲内容的前提，用词不当或词不达意都会使演讲的内容产生歧义或使听众产生误解。生动形象的语言是听众喜闻乐见的，它可使演讲富有趣味性，从而产生一种吸引人的力量。所以，演讲者在写演讲稿时可以恰当地运用各种修辞手法，如比喻、排比、夸张、双关、设问、反诘、对比等，以增强语言的表现力。同时，演讲者还可以旁征博引古今中外名人的哲言，或恰当地运用风趣、诙谐、幽默的语言，使听众在轻松愉快的氛围中接受和理解演讲的内容。

其次，演讲的语言还应该通俗易懂、口语化。演讲的语言是用来"讲"的，因此，必须符合口语表达的要求，符合人们的听觉习惯，以句子短小、修饰语少、容易上口为原则，用朴素、自然、精练的语言清晰、简单、明了地表达思想观点。演讲者要尽可能赋予抽象、概括的道理具体、形象的内容，使听众乐于接受。同时，演讲者还可适当运用俗语、谚语、歇后语等，使演讲通俗易懂、生动活泼，给听众留下深刻的印象。而那些刻意雕饰、深奥怪僻、晦涩难懂的语言是演讲稿所忌讳的。

四、演讲的要求与技巧

（一）演讲前的试讲

俗话说，熟能生巧。只有对演讲稿的内容烂熟于心，演讲起来才能流利顺畅、挥洒自如。因此，演讲前演讲者必须花一定的时间和精力，反复地试讲。

1. 熟记内容

试讲前，演讲者首先要精读演讲稿的内容，把握演讲的主题和重点，了解演讲稿的结构层次和论证的逻辑顺序，体会演讲稿的感情基调。注意不要死背演讲稿，背诵式的演讲虽能使辞章表达精确，但很难表达诚挚、亲切的感情；紧张地背词，还会干扰演讲者的思路，使演讲的语气不连贯，从而影响演讲效果。因此，演讲者在试讲时应力求记住演讲稿中每一个具体的观点、概念和材料，力求记住观点和材料的顺序，而不是去记住所要表达的字句，否则就容易陷入死记硬背的境地。

2. 设计方式

演讲是通过口语来传播信息的。所以，在熟记演讲稿内容的基础上，演讲者还必须用口语表达的种种手段来设计演讲的方式，如语速的快慢、语调的抑扬、节奏的缓急、语句的轻重以及演讲时的面部表情、形体动作等态势语。恰如其分的演讲方式能够增强演讲的表现力和感染力。

3. 反复练习

试讲时，演讲者可先进行读稿演讲，达到一定的熟练程度后，再进行脱稿演讲，同时可配上恰当、协调的态势语。试讲时演讲者可请几个人作为听众，请他们指出演讲内容、语言、态势语等方面的不足之处，并及时纠正；或者借助录音机或录像机，聆听、观察演讲的整体效果，仔细、认真地找出自己演讲中需要改进的地方，并且把握好演讲的时间。演讲者只有经过充分的准备和反复的练习，才能将演讲的思想观点、内容材料深深地印入脑海，树立信心，以保证演讲的圆满成功。

（二）演讲的表达技巧

演讲前做好了充分的准备，并不等于已经能取得演讲的成功。演讲常受到各种因素不同程度的影响，现场的发挥往往决定演讲的成败，这就需要演讲者掌握一定的演讲技巧。

1. 克服"怯场"心理的技巧

在演讲的过程中，演讲者往往会遇到"怯场"的问题，尤其是初学演讲的人更加不可避免。演讲者在众目睽睽之下，往往会由于心理的紧张而心慌意乱、手足无措，进而导致声音僵滞、手掌冒汗、心跳加快、呼吸急促等。显然，这种怯场的心理在很大程度上会给演讲的成功带来阻碍。因此，演讲者必须进行自我心理调节，设法控制、削弱这种"怯场"心理，调整自己的情绪。

用自我心理暗示，可克服或缓和"怯场"心理。从心理学的角度看，一个人自信心的强弱，主要来自他对自身的认识和评价，而这种认识和评价，又源于他对自身与周围客观事物的比较结果。一个人把客观事物的力量看得越小，那么他自身的力量就显得越大，他的自我认识和评价就越好。所以，演讲者可用自我心理暗示，借助"精神胜利法"的战术，在演讲前充分发掘自己的优势，肯定自己的长处，形成一种心理上的优势，使自己对演讲充满信心。同时，演讲者走上演讲台时，要把注意力集中在听众身上，集中在演讲的目的与内容上，不要过分注重自我表现。心里总想着演讲的效果怎样，会加重心理负担。可以说，演讲时的最佳状态是"忘我"。

另外，演讲者可为自己紧张的心理积极寻找一些宣泄的方法，如做深呼吸、调整话筒、移动茶杯、沉默片刻等，都可以从精神上放松自己。充满自信，胸有成竹，全神贯注，镇静踏实，才能保证演讲时畅所欲言，避免造成"卡壳"等尴尬的局面。

当然，消除"怯场"心理最根本的方法是提高自身的心理素质，平时应多参加一些集体活动，积极在大庭广众的场合发言，锻炼自己的胆量和提高口语表达能力。

2. 增强与听众交流的技巧

交流是演讲者与听众之间的桥梁和纽带。有效的交流，不仅仅是注视每位听众的脸，还需要演讲者将心灵的体验通过眼神传递给听众，激起听众的热情，增强他们的兴趣和求知欲，使听众的思维处于积极的状态，以此提高信息的接受率。有效的交流往往能使演讲者与听众的情绪都兴奋起来，并且互相鼓舞。当演讲者用目光与听众交流之后，演讲的思想、内容，演讲者的情感就会自然而快速地为听众所接受。同时，通过交流，演讲者也可以从听众的眼神、面部表情及反应上，得到一些反馈，从而及时地调整自己的演讲内容和语调。

此外，演讲者运用交谈式的语气也可缩短与听众的距离，增强与听众之间的交流感，使听众觉得演讲者不是居高临下，而是平易近人地跟他们探讨某个问题，因此听众更乐于理解与接受。

3. 演讲的声音技巧

声音技巧是有声语言表达的一种手段。声音技巧的高低，直接影响演讲的效果。声音技巧主要体现在以下两个方面：

第一，语音准确、清晰、流畅。演讲必须使用规范的普通话。演讲者应发音准确，口齿清晰，吐字归音圆润、集中，语流自如、流畅；还要学会口腔的控制和气息的运用，尽量使音色纯美清亮，发音悦耳动听。

演讲要避免出现"嗯""啊""这个""那个"等口头禅，这些不必要的口头禅会破坏演讲应有的和谐的节奏，破坏生动自然的语流，使语言表达断断续续，含糊不清。

第二，语调自然、感人，富有变化。在有声语言中，语调的作用是相当重要的。演讲的内容和演讲者的情绪都是通过语调来体现的。演讲者应根据演讲内容，准确地把握和运用语调的抑扬顿挫、轻重缓急。语调要自然感人，真实地表达演讲者诚挚、深切的感情，切忌故弄玄虚、装腔作势。单调、生硬的语调会使演讲失去表现力。

语调贵在变化，富有美感的变化能使听众保持注意。注意的保持需要一定的刺激强度，但要长时间保持注意，仅有强度还不够，还需要刺激物有一定的变化。演讲中始终不变的语调，会使听众感到平淡、乏味，失去听讲的兴趣。

4. 演讲的态势语技巧

态势语是用来帮助表情达意的"无声语言",态势语虽不能代替有声语言,但它对有声语言起着一定的辅助作用。协调、得体的态势语,不仅能使演讲更有吸引力,而且能给人美的享受。演讲的态势语要注意以下几个方面:

第一,表情要自然。一个人的喜怒哀乐往往能从他的表情中表现出来。而表情的细微变化则能迅速、敏捷、准确、真实地反映情感、传递信息。演讲者的表情应随着演讲内容和情感的变化而变化,如激昂、喜悦、兴奋、愤怒、悲哀、失望。表情以真实、自然、适度为准则,要准确地传情达意,给人美感。

表情不仅仅指脸部肌肉的运动,眼睛的作用更是关键。常言道,眼睛是心灵的窗户。演讲者要善于将富有变化的眼神与演讲的内容密切配合,充分发挥其表情达意的作用。演讲者登上演讲台后,要面带自信的微笑,环视全场,吸引听众的注意。演讲时目光要平视,照顾到大多数的听众;有时也可用点视的眼神,跟一部分听众进行交流。切忌眼睛左顾右盼、游移不定,给听众一种不踏实感。此外,眼睛不能向上仰视,望着天花板;或向下俯视,盯住演讲稿或地下。

第二,手势运用要适度。手势是指手臂、手掌、手指的动作。演讲中的手势是用来补充说明演讲者的思想、情感与感受的。

法国心理学家格·吉毕什说:"手势只有在人类的活动和生活中使用语言、进行语言交际的基础上才能被理解。"[1] 演讲者的手势常常是为了强调所表达内容的重要性,深入揭示这一实际内容的内涵。因此,手势的运用和语言的表达必须是统一的、协调的。手势不可流于形式;同时,手势的含义不能模棱两可,跟演讲的内容相脱节。

演讲时手势不能太多,幅度不能太大,作用于人的视觉的东西如多次反复,便会失去吸引力,使人眼花缭乱。演讲者把听众的注意力引向手势动作,会导致喧宾夺主,削弱有声语言的作用。

第三,身体姿态要稳重。演讲时身体站立要平稳、自然、舒适,脚尖略向外,以保持重心的平稳。两膝要直、双肩要平,给人平衡感。避免出现踮着脚尖或频繁更换脚的位置的情况。在演讲中如无特殊需要,不要随便走动。站立时要注意身体不能笔直僵硬、耸肩缩颈或轻佻作态,也不要摇晃身体以免分散听众的注意力。

第四,仪表风度要大方。演讲者走上演讲台,首先给听众的第一印象就是仪表和风度。良好的仪表可以吸引听众,为演讲创造一个良好的环境。演讲者的仪表要端庄大方。演讲不是演戏,服饰、发型既要简朴、得体、自然,又要体现出时代的特征,给人美感。不要油头粉面、奇装异服,也不要衣着不洁、邋里邋

---

① 徐颂列,黄华新.口语训练教程[M].杭州:浙江大学出版社,1991:86.

遍，这些都将分散听众的注意力，影响演讲者与听众之间情感的交流。

一个人的风度是其思想境界、文化素质、气质性格等的综合体现。演讲者所具有的风度应该是自然、大方、从容、潇洒而富有魅力的。一个人的风度应是从他的举止言谈中自然体现出来的。每个人由于生活环境和经历不同，所具有的风度各有特点。不要一味地模仿别人的风度，那样反而弄巧成拙、东施效颦、不伦不类。演讲者应尽量发挥自己的长处，显示出自己独特的个性，使听众产生良好的信任感和期待感。

五、即兴演讲

即兴演讲是演讲者在没有准备的情况下，由于受人邀请，或受特定的场景和主题的诱发，临时作的即席演讲。它是一种不凭借文字材料所进行的口语交际活动，要求演讲者具有敏捷思维的能力和快速构思的能力，同时能够把思想转换成流畅的语言表达出来。

即兴演讲的关键是把握"即兴"二字的内涵。即兴，指的是没有准备，临时接受任务即席完成，包括即兴定题、即兴取材、即兴生情等。因此，在某种程度上，即兴演讲比备稿演讲难度要大。在日常生活和教学活动中，即兴演讲用得很多。例如，参观工厂后，代表向工厂方致谢；参加小组讨论或集会时发表意见和感想。

（一）即兴演讲的特点

即兴演讲具有以下特点：

1. 瞬间构思

这是即兴演讲最重要的特点，构思能力的高低直接关系到即兴演讲的成败。即兴演讲时，演讲者不像备稿演讲那样事先做好充分的准备，既没有写好的文本，也没有时间列一个书面的提纲，往往是现想现说。它要求演讲者在听讲的过程中以极快的速度梳理自己的思想，同时把思想内容转换成口头语言。这个梳理思想的过程其实就是构思的过程。演讲者必须在开始演讲前构思好从哪个角度谈这个问题，开头怎么说，中间以什么事例为证，结尾如何说，等等。当然，这个构思是临时设计的，并不成熟和稳定，演讲者也往往边说边对刚才的构思进行调整，使自己的思想表达得更清楚、更充分、更易被听众接受。

2. 切合环境

即兴演讲受对象、场合、情境和前后话题内容的影响极大，演讲者必须根据当时的场景、听众对象和谈话主题等来决定说什么、怎么说。俗话说"到什么山上唱什么歌"，说的就是这个道理。在演讲之前，演讲者要根据当时特定的环境来安排演讲的内容。例如，在朋友婚宴上的即兴演讲与在朋友生日聚会上的即兴演讲，演讲场合是不一样的，前者更庄重、正式一些，后者更轻松、活泼一些，因此演讲者要在内容和语体上有所区别。照顾听众对象的特点也很重要，如听众对哪些问题感兴趣？他们的知识水平、理解能力如何？怎样才能吸引和打动他们？等等。演讲成功与否在很大程度上取决于听众是否在心理上认同，这要求演讲者揣摩听众对象的特点和喜好。一旦听众认同了，与演讲者的情感产生了共鸣，他们就会及时地把自己的情感、态度反馈给演讲者。演讲者在接受反馈后，或调整自己的演讲，或受到鼓舞，把内容等处理得更符合听众的需求。

3. 不容修改

俗话说，"君子一言，驷马难追"。话说出去便不能修改，即兴演讲也是如此。说不同于写，写可以反复斟酌，多次修改，直到自己满意为止。命题演讲的演讲稿就可以经过多次的修改、润色。而即兴演讲不容慢慢推敲，即便没有把意思表达清楚，没有把话说顺，也不能回过来重新说一遍，因为听众没有耐性听演讲者颠来倒去地说。所以，即兴演讲虽然是边想边说，但也要有正确、明朗的观点，严密的逻辑，清晰的层次和比较娴熟的表达技巧。只有思考的速度赶上说话的速度，演讲者才能充分地表达思想感情，取得理想的效果。这要求演讲者有敏捷的思维能力和良好的表达能力，以及把思维准确、及时地转化为语言的能力。

（二）即兴演讲的要求

1. 话题新颖，针对性强

能捕捉到一个新颖的话题，演讲就成功了一半。对于演讲者来说，他要在开始演讲前的极短时间内决定讲什么，这是演讲进程中很重要的一个环节，要求演讲者保持高度的思想警觉，有较强的分析能力和判断能力。即兴演讲是临时因人、因事、因环境的触动有感而发，它是为当时特定的场合、特定的听众量身定做的，是适时、适地、适人的一种交际行为。

话题的新颖建立在顺应环境的基础之上。一般来说，演讲者可以从以下几个方面考虑：什么时间，什么场合，对象是谁、有什么特点，别人讲了什么，我需要补充、强调一下还是发表与别人不同的观点，等等。总之，捕捉话题，不仅要考虑主观方面的目的，也要充分考虑听众方面的客观情况。切忌老调重弹，重复别人讲过的话题；也不能满口套话，口口声声"我没有什么准备，讲得不好，请大家原谅"，这样的演讲会使听众因失望而不想再继续听下去。下面的例子分别从听众和电影内容出发寻找话题，顺应了环境，突破口选得准。

【示例】

上海电视台"今夜星辰"节目主持人叶惠贤，荣获"全国电视节目主持人金奖"。他在答谢致辞中说："我感到咫尺荧屏就像一片无际的海洋，主持人就像一条经受风吹雨打的小船。我将竭尽全力驶向观众喜爱、欢迎的彼岸。同时，也渴望得到观众的支持。"

李雪健因影片《焦裕禄》同时获得"金鸡奖""最佳男主角"奖与"百花

奖""最佳男演员"奖。他在致辞时说:"苦和累都让一个好人——焦裕禄受了,名和利都让一个傻小子——李雪健得了。"

即兴演讲的针对性特别强。它要求演讲者根据当前的所见所闻对在场的听众发表自己的见解和主张。它是因眼前的人和事而产生的感想,赞成什么,反对什么,支持什么,否定什么,都因特定的人、事和环境而定。所以,即兴演讲不能泛泛而谈,观点不能模棱两可,否则就会流于空泛,不能达到即兴演讲的目的。

话题的新颖要求演讲者发他人之未发,根据环境和对象的特点,挖掘别出心裁的话题,同时提炼出演讲的主题。这样一方面能满足听众求新、求异的心理需求;另一方面能达到演讲的目的,演讲的针对性也因此而实现。

【示例】

某大学党委副书记针对有些学生因身材矮小而不自信的现象,在一次大学生晚会上即兴演讲"矮子的风采":

……这话题之二嘛,是"矮子问题"(哄笑)。由我当众提出这个问题,岂不惹火烧身?(鼓掌)这也要有点勇气!老实说,在我年轻的时候我并不觉得"矮"有什么问题,直到 20 世纪 80 年代,在舆论压力之下,才感觉成了问题。(哄笑)其实,白鹤腿长,鸭子腿短,都是生来如此,何必自寻烦恼!现在要问,矮子能有风采吗?答曰:"高个儿不见得都有风采,矮个儿不见得都没有风采。"(鼓掌)那么,矮个儿怎样才能也具有风采呢?我有几点心得可供参考:

第一,要有自信。论个子,我比他低一头;而论觉悟、学识、才能,可能比他更胜一筹!这也叫"以长补短"吧!(鼓掌)

第二,不要犯忌讳。大凡麻子怕说麻子,甚至怕说电灯泡,其实越犯忌讳越尴尬,不如自己说白了反而没事。我常有机会跟北方汉子们在一起开会或聊天,我跟他们开玩笑:我不如你高,你可别怪我,怨只怨我们那山上的猴子就个子小些!(鼓掌、哄笑)

第三,把胸脯挺起来,但也用不着踮脚尖。衣着讲究适当,比方不穿横条、方格的衣服,但也用不着老穿高跟鞋,我主张矮要矮得有骨气,还是脚踏实地好!

第四,最重要的还是本人的德学才识。有修养,有风度,对社会有贡献,自然受人爱戴。

趁着晚会的高兴劲儿,解开这个"矮子问题",不知台下的某些同学心里是否踏实一些?(长时间热烈鼓掌)①

在示例中,演讲者洞悉了一些学生因个儿矮而自卑的心理,不避讳自身的身

①国家教育委员会师范教育司.教师口语[M].北京:北京师范大学出版社,1996:149.

高，坦诚地从自身说起，从"要有自信""不要犯忌讳""矮得有骨气""德学才识"四个层次阐明了"矮个儿如何拥有自己的风采"这个问题。话题新颖，富有生活情趣；语言风趣幽默，又饱含人生的哲理。这个即兴演讲因切中学生的思想实际而被学生喜爱和接受，获得了满堂喝彩。

2. 内容集中，篇幅短小

即兴演讲是临时构思的，所以不像命题演讲那样有周密的考虑、丰富的主题。即兴演讲的魅力是简明扼要，它融思想性、知识性和趣味性为一体，言之有物，信息密度大，内容短小，从而显示出一种张力，对听众产生一种"磁性"。

一般来说，即兴演讲仅仅几分钟，有时甚至是寥寥几句，只要把自己的观点和见解说清楚了就行。所以，即兴演讲要求演讲者在构思的时候具有良好的概括能力，能够把纷繁复杂的思想在瞬间梳理清晰，概括出演讲的主旨，找到演讲的切入点，也就是话题。只有这样，演讲的重点才能突出，中心才能明确。"一事一议"是经常采用的一种方法，"事"是论据，"议"是论点，有叙有议，叙议结合，使论述的过程逻辑严密，表达既生动流畅又不失理性色彩。这种方法有助于提高演讲的说服力，也有助于演讲者在很短的篇幅里把自己的观点和见解表达清楚。

【示例】

一位监考教师在监考开始时说："同学们，考试就要开始了。大家都是久经沙场的老战将，对考场纪律、考试规则可以倒背如流，我就不再重述了。我作为一名监考者，既是一名服务员，又是一名裁判员。我将给大家提供最佳的服务，只要你举起一只手，必定回报'我来了'，不敢有丝毫的怠慢；但裁判员的身份又要求我是公正的，望我们互相关照，并原谅我的公正和严厉。最后祝大家考出优异的成绩。"

这段即兴演讲非常精彩。一方面监考教师和考生做好了沟通，使考生紧张的情绪得以化解，并使考生树立起自觉遵守纪律的意识；另一方面明确了师生双方的职责和使命，言简意赅，重点突出。

不过，即兴演讲虽然是临时构思的，但及早准备也是很重要的。俗话说"不打无准备之仗"。首先要做好心理上的准备，参加宴会、聚会、讨论会等活动之前，就要考虑自己届时是否会被指定作即兴演讲；在活动过程中，要紧跟各项议程的步伐，及时提炼他人的观点，总结自己的体会。如自己因受现场触动主动要求即兴演讲，则应该事先精心准备，打好腹稿，必要时还可列出简单的提纲。

3. 直陈己见，言之有序

即兴演讲是即席而讲的，而且篇幅短小，这决定了演讲者一般是直截了当地表明自己的看法，而且态度明朗、褒贬分明。

直陈己见看似简单，其实对演讲者提出了很高的要求，要求演讲者思路清晰、观点明确，把复杂的问题简单明了地说清楚，让听众能够接受、乐于接受。所以，演讲者的思想是否有广度和深度，是否对听众有教益便成了一个十分重要的问题。即兴演讲之难，难在表达什么样的观点和见解，它有赖于演讲者的"内功"。某种程度上，演讲者是一个思想家，他担负着启迪听众智慧的作用，因此，他首先得是一个知识渊博、思想深邃、富有情趣的人，否则，空洞无物的思想无论怎么阐述都不会让人驻足聆听。

言之有序要求演讲者安排好内容的先后顺序，一方面，演讲者只有把内容安排得条理清楚、层次分明，自己的想法才能够表达清楚，这其实是演讲者思维是否有条理性的表现。另一方面，从听众的角度来考察，演讲者杂乱无章的表达是不能被理解和接受的。所以演讲者既要有很好的思想，还要说得有条理。对于初学即兴演讲的人来说，常犯的毛病就是语无伦次。一上场，由于紧张、缺乏经验，原先考虑好的内容突然间都忘了或是记不清了，于是绞尽脑汁、苦思冥想，想到什么就说什么，导致语句前后脱节，层次紊乱不清，任意发挥。这种杂乱无章的话语断然不能清楚地表达演讲者的思想，更不能让听众听明白。

【示例】

下面是一位刚参加工作不久的幼儿教师在家长会上的即兴发言：

家长们好！我们班的孩子个个都很聪明，就是有些生活习惯还不太好，比如中午不午睡，吃饭动作很慢，但是，他们都很开朗，都很热情。……我为自己能成为他们的老师感到骄傲和自豪。怎么说呢，尽管我很年轻，没有什么教育经验，但是，我精力充沛，善于学习，希望各位家长支持我！噢，我记起来了，目前，我们班的不少孩子在语言表达方面还需要咱们家长重视一下，这也是对我工作的支持……

显然，这位新教师的即兴演讲条理不够清楚，她一会儿说幼儿的生活习惯不太好；一会儿说自己努力工作的决心和信心，感谢家长们的支持；接下来又说幼儿的学习方面有不足，想到哪儿说到哪儿。这段话可以提炼出"感谢""介绍孩子们的情况""我的决心"等中心语，比较合理的层次安排是：先感谢家长们的支持和重视；接着说幼儿生活、学习方面的优点和不足，同时对家长提出要求；最后表明自己干好幼教工作的信心和决心。

4. 多用例证，生动活泼

例证用于论证和说明演讲者的观点和见解。多用例证，一方面可以使论据更加充分，使理论观点具体化、形象化，增强论证的说服力；另一方面，由于例证是生动的、活泼的，演讲者在具体的事例基础之上立论，既便于自己把道理说清楚，也便于听众理解和把握。例证的语言是叙述性的，相对而言，叙述比议论要简单一些，演讲者多用例证，可以使自己消除紧张情绪，增强自信。

举例可以从眼前所见的人、事、景谈起，可以从自身的经历谈起，也可以从记忆中的其他人、其他事谈起。举例要求叙述具体、生动，描述细致，抓住特点，能使听者如闻其声、如见其人、如临其境。例证不能刻意夸大、故弄玄虚，也不可随意引用人所共知的老掉牙的故事。

【示例】

1945年5月4日，云南大学、中法大学等校的大学生，在云南大学的操场上举行纪念五四运动大会。会议开始不久，天便突降暴雨。一些学生离开会场避雨去了，会场秩序大乱。这时闻一多迎着暴雨站在台上高呼："热血的青年们过来！继承'五四'精神的热血青年站起来！怕雨吗？我来讲个故事：今天是天洗兵！武王伐纣那天，陈师牧野的时候，军队正要出发，天下大雨，于是领头人说'此天洗兵'，把蒙在甲胄上的灰尘洗干净，好上战场攻打敌人。今天，我们集合起来纪念五四运动，天下雨了，这也是天洗兵，不怯懦的人上来，走近来！勇敢的人走拢来！"

这段演讲切情、切景，又切合大会的宗旨，颇具号召力。闻一多先生成功地借用了"雨景"，引出"武王伐纣"的故事，以"天洗兵"的壮志豪情，号召青年们继承"五四"光荣传统，经受暴雨的洗礼，做一个坚强的民主革命战士。"武王伐纣"的故事是本演讲中加强论证力量不可或缺的内容。

【示例】

各位新老师：

你们的到来，给我们学校注入了新鲜血液。（掌声）

掌声证明：对于你们四位，我们是热烈欢迎的。

在生理学的意义上，血液有O型、A型、B型、AB型之分。我不知在座各位老师是何种血型，也未曾作过调查。不过，你们可以相信，在非生理学的意义上，我们都是"AB型"，能接受任何血型；我们又都是"O型"，能输给任何血型。在以后的日子里，我们新老"血液"一定能友好、融洽地相处。（掌声）

据说，人体的心脏是世界上最卓越的"水泵"，每天泵出血液达七至八吨，你们四位每时每刻泵出的"新鲜血液"与原来的"血液"汇流一起，无疑，我们学校将更加充满生机。（热烈的掌声）

这个即兴演讲短小精悍、妙趣横生。最大的特点是比喻的运用十分巧妙、切题。演讲者从"AB型""O型"血液的功能设喻，引申出新、老教师之间必将友好相处，紧接着又从心脏泵血的功能，联想到新教师作为"新鲜血液"对原来"血液"的改善和改造，将演讲推向高潮。演讲者以生动的比喻表达深刻的见解，在言辞间流露出对新教师的赞美、欢迎、期待和包容，构思新奇，语言活泼，给听众美的享受。

（三）即兴演讲的常用构思模式

对于即兴演讲者来说，最困难的是如何在短时间内把自己的想法梳理清楚，把想表达的内容有条理、有层次地表述出来。这里我们总结了一些规律性的构思模式供大家借鉴。这些构思模式的运用，一方面可以使演讲者的表达符合人们的认识规律，引起人们的兴趣；另一方面，依傍这些内容进行表达，可以使演讲者有章可循，有效地加强思维的条理性和层次性。这样，对演讲者来说，最棘手的问题也迎刃而解了。

即兴演讲常用的构思模式主要有结构精选模式、三部曲式、意核拓展式、选点连缀式（并列、对比、递进）、借题发挥式等。

1. 结构精选模式

结构精选模式由美国公共演讲专家理查德提出，他从听众的认知心理出发，着重考虑怎么说才能引起听众的注意，使他们感兴趣。对于演讲者来说，运用这个模式可以开启思维，紧扣话题组织语言，从而在演讲时言之有序、言之成理。

理查德认为，即兴演讲应当记住以下四句话，它是四个层次的提示信号：

喂，请注意！（开头就激起听众的兴趣。）

为什么要费口舌？（强调指出听演讲的重要性。）

举例子。（用具体事例形象化地将一个个论点印入听众的脑海里。）

怎么办？（具体地讲请大家做些什么。）

这四句话，既可作演讲前构思的启发，又可作演讲过程中思路线索的提示；既可以预防"放野马"式的信口开河，又有助于较好地表达题旨。

表 6-1 将常规式和结构精选模式进行比较，这有助于掌握结构精选模式的特点。

演讲的主题：重视儿童心理健康是我们义不容辞的责任。

表 6-1　常规式与结构精选模式的区别

提示语	喂，请注意！	为什么要费口舌？	举例子	怎么办？
常规式	今天，我演讲的话题是：重视儿童心理健康是我们义不容辞的责任。	儿童心理健康是一个很重要的问题。我们往往很重视孩子的身体、学习，而忽视了孩子心理的健康成长，这是很危险的啊！……	孩子的心理是否健康很重要。因为第一，它直接关系到孩子的学习和生活……第二，它关系到孩子将来的发展……第三，它关系到祖国的未来……	如何使孩子拥有健康的心理水平呢？我提几条建议供大家参考：第一，……第二，……第三，……
结构精选模式	昨天，一个小学五年级的孩子从五楼家里的窗户跳了下来，一朵幼小的花还没来得及绽放，就这样飘然而逝了……	如果我们不重视孩子的心理健康教育，可以肯定，这样的悲剧会愈演愈烈……	通过一个个的实例讲述不重视心理健康教育对儿童、对家庭、对社会带来的危害（从博士生跳楼到初中生自戕，从学习、生活的方方面面举例阐述心理不健康带来的危害）。	当你发现孩子突然沉默寡言时，请多陪陪他，听他说说他的烦恼；当你发现班里的学生神情沮丧，上课走神时，好好找他聊聊；当孩子拿着不及格的成绩找你签名时，千万别呵斥他，帮他找找原因……

2. 三部曲式

三部曲式构思分为开头、主体、结尾三部分，常用的套路是"开头扣现场，中间谈看法，结尾表希望"。其中开头部分不宜展开，要结合议题开门见山简单地提出自己的意见；主体部分具体谈自己的意见和看法，要有理有据，内容翔实；结尾部分要言简意赅，结束及时。这种结构层次清楚，三部分内容各有重点，便于演讲者学习掌握。

【示例】

下面是一位幼儿家长在一次家园沟通会上的发言：

很感谢咱们幼儿园组织这个活动，提供这样一次机会，让我们就孩子的培养问题进行沟通。我认为咱们进行这一次沟通，最大的受益者是我们的孩子。刚才很多家长谈了很多，这些意见和建议我觉得很有道理，我赞同。下面谈谈我的一点看法，咱们园地理位置优越，师资力量强，教育理念先进，教学手段也很科学。可是，孩子们室外活动的场地小了点。你看，晨间锻炼孩子们挤得密密麻麻的，小胳膊、小腿都伸展不开，锻炼哪会有效果呢？孩子白天都在咱园里，运动和锻炼需要得到保证。是不是可以尝试分批锻炼、分班锻炼的办法？这个问题解决起来是比较棘手，但我认为也很重要。我相信，咱们领导和老师一定会考虑我的意见。

这段演讲的构思模式是典型的三部曲式。发言开头紧扣沟通会的主旨，提出以解决问题为目的，并呼应前面家长的发言，让人觉得开头很自然；主体部分谈个人意见，有观点、有根据，提出的意见确实是应予以解决的问题，同时不忘提出建设性的意见供参考；结尾谈希望时点到为止，比较得体。

3. 意核拓展式

演讲者在演讲之前，有时会把通篇演讲的中心意思概括成一句话或一个词，这就是所谓的"意核"。"意核"是演讲的主旨，演讲者可以采用开门见山的方法把"意核"提出来，接下来再对"意核"进行扩展和阐发，引用适当的事例或名言加以论证。采用这种构思模式，能突出讲话的主旨，使听众轻松地把握演讲主题。对演讲者来说，在"意核"的统领之下，演讲不会离题很远、中心不明。

【示例】

下面是某学生在大学毕业前夕班会上的即兴演讲：

今天是咱们在校的最后一次班会，能让我第一个上台发言，我很荣幸，也很激动。此刻，我想用两个字来概括我说话的主题，那就是"感谢"。首先，我感谢班主任老师对我的教导。记得四年前，当我刚进大学校门时，还是一个"两耳不闻窗外事，一心只读圣贤书"的小女生，是咱们的班主任，鼓励我要多多参加社会实践，重视培养自己的能力。现在，我入了党，找到了满意的工作，如果没有老师的教导，我一定没有今天的成绩。其次，我感谢同学对我的帮助和支持。

每个寒暑假从老家返校，都有男同学到车站接我，帮我提沉重的行李；每次体育考试长跑，考前都有女同学陪我一起练习。做班长碰到不顺心的事抹眼泪了，有同学劝导我；找到工作了，大家一同为我庆贺。我想，是在座的与我朝夕相处的同学，扶持着我走过了四年的人生之路。最后，我要感谢我同寝室的室友，我生活自理能力比较差，是你们教会了我怎么洗衣服，怎么购物。有时，我脾气不太好，可是，大家都原谅了我。我为自己有幸生活在这样一个集体中感到荣幸。假若有机会深造，我希望咱们能再续师生缘、同学情！

这段演讲的"意核"就是"感谢"二字。后边的话全是前边"意核"的扩展。演讲者紧扣"感谢"，分别从老师、同学、室友三方面来阐发所感谢的人和事，并分别列举了实例进行证明，"感谢"的内涵也因此得到充实。

4. 选点连缀式

即兴演讲的"选点"，指的是演讲者通过选择有代表性的人或事物，达到与听众心灵沟通的目的。演讲者可以从事物选点、从环境选点、从前面的内容和话题选点，选择新颖的、有意义的、听众喜爱的、自己比较熟悉的点来讲。选好了点，接下来的任务就是把材料组织起来，这就是"连缀"。演讲者要通过联想和想象，把看似孤立的人、事、物联系起来；或者打破常规，通过材料的重组，使其生发出新的意义。这是一种创造性的思维活动，要求演讲者大胆想象，善于创新，敢于突破思维的常规。这种方法的成功使用要求演讲者既要考虑点的选择，又要把材料连缀起来。

"连缀"有以下几种形式：

（1）并列式。并列式是将用于证明论点的材料并列在一起，排比成篇。这种方法简单易学，非常实用。

【示例】

下面是辽宁省某中学校长在开学典礼上作的题为《根深叶茂》的即兴演讲。

同学们：

中国有句成语，叫作"根深叶茂"。一棵参天大树，绿荫如盖，归功于它的根。参天大树的根有什么特性呢？我认为它有两个特性。

沉默性，是它的第一个特性。根都是扎在地下的，它沉寂、它默然，人们看到冲天的树干、如伞的绿荫，却不能看到根在地下默默地广吸博收。刚表扬的 5 名同学的"一鸣惊人"，正是"沉默是金"的根的特性的反映。

坚定性，是它的又一个特性。根在地下，地下很可能是瘠土一片，也很可能是岩石成堆；但是，根从不退缩，曲折延伸，去达到吸收水分、摄取养料的目的。它为了滋养树干、绿叶，为了培养参天大树，真正做到了百折不回。清朝书画家郑板桥有诗云："咬定青山不放松，立根原在破岩中。"在破岩中还要立根，根的坚定性多么令人钦佩啊！

船厂一中的学生，要在今后的事业上取得实绩，就应该学习参天大树之根的沉默性、坚定性。沉默性，就是埋头实干。"冰冻三尺，非一日之寒""板凳要坐十年冷，文章不写一句空"。没有长年累月的连续奋斗，哪有某次显赫成功？什么叫坚定性？坚定性，就是目标如一，不怕困难，不怕挫折，敢于从低谷走向高峰。①

这段演讲从参天大树的根深叶茂联想到人的"根深叶茂"，以物喻人，贴切自然。结构上采用并列法，根的沉默性和坚定性是两个并列的材料，用来证明根的特性；对船厂一中学生阐述如何干出成绩来，也是从沉默（埋头实干）和坚定（目标如一，不怕困难）两方面来谈的。演讲的层次清楚、条理分明。

（2）对比式。对比式是将两个相反的材料放在一起使之形成强烈反差，从而体现演讲的论点。

【示例】

我们在座的各位老师，原本可能成为一个文学家，恣意挥洒才情，以丰富的想象让人羡慕和崇拜；原本可能成为一个设计师，一展宏图，勾勒城市建设美好的未来。可如今，我们专注于孩子的吃喝拉撒，游戏唱歌，我们收敛了当年的满腔的热情和满腹的豪言壮语，我们悄悄地藏起还未打上句号的手稿，还未完成的设计蓝图。我们年复一年，默默耕耘，我们失去了很多。然而，我们的生命在一批批孩子身上延续，我们的青春将在一代代青年身上闪光，这对于一个有限的生命体来说，不正是无限的生命力吗？我们失去了很多，但我们得到的更多。

这段演讲的论点是做幼儿教师得到的比失去的多，将年轻时候的种种美好理想诸如成为文学家和设计师却不能实现，与成为教师后生命和青春得到延续两方面进行正反对比，得到的结论是后者意义更大，从而证明做幼儿教师得到的要比失去的多。该演讲所引用的事例具体形象，正反材料反差很大，语言很有文采，有较强的感染力，易于引起听众的共鸣。

（3）递进式。递进式要求材料本身有深浅的层次梯度，演讲者要把材料从浅到深组织起来，使材料之间形成一种有机的联系，以达到证明论点的目的。

【示例】

丘吉尔是英国政治家、演说家、作家，在第二次世界大战形势最严峻的时刻，他在美国度过圣诞节，发表了题为《我谨祝各位圣诞快乐》的即兴演讲，在美国引起较大反响。

各位为自由而奋斗的劳动者和将士：

我的朋友，伟大而卓越的罗斯福总统，刚才已经发表过圣诞前夕的演说，已

---

① 李元授.演讲艺术品评［M］.武汉：华中理工大学出版社，1997：89.

经向全美国的家庭致友爱的献词。我现在能追随骥尾讲几句话，内心感到无限的荣幸。

我今天虽然远离家庭和祖国，在这里过节，但我一点也没有异乡的感觉。我不知道，这是由于本人的母系血统和你们相同，抑或是由于本人多年来在此地所得的友谊，抑或是由于这两个文字相同、信仰相同、理想相同的国家，在共同奋斗中所产生出来的同志感情，抑或是由于上述三种关系的综合。总之我在美国的政治中心地——华盛顿过节，完全不感到自己是一个异乡之客。我和各位之间，本来就有手足之情，再加上各位欢迎的盛意，我觉得很应该和各位共坐炉边同享这圣诞之乐。

但今年的圣诞前夕，却是一个奇异的圣诞前夕。因为整个世界都卷入了一种生死搏斗之中，使用着科学所能设计的恐怖武器来互相屠杀。假若我们不是深信自己对于别国领土和财富没有贪图的恶念，没有攫取物资的野心，没有卑鄙的念头，那么我们今年的圣诞节，一定很难过。

战争的狂潮虽然在各地奔腾，使我们心惊胆跳，但在今天，每一个家庭都在宁静的、肃穆的气氛里过节。今天晚上，我们可以暂时把恐惧和忧虑抛开、忘记，而为那些可爱的孩子们布置一个快乐的晚会。全世界说英语的家庭，今晚都应该变成光明的、和平的小天地，使孩子们尽量享受这个良宵，使他们因为得到父母的恩物而高兴，同时使我们自己也能享受这种无牵无挂的乐趣。然后我们担起明年艰苦的任务，以各种的代价，使我们孩子所应继承的产业，不致被人剥夺；使他们在文明世界中所应有的自由生活，不致被人破坏。因此，在上帝庇佑之下，我谨祝各位圣诞快乐。①

即兴演讲开篇，丘吉尔把美国总统称为自己的好朋友，亲切而又谦逊，缩短了与听众的距离。接下来，他分三个层次讲了三个矛盾的心情，以进一步沟通情感。第一个矛盾心情是远离祖国亲人和身处异乡的矛盾，但最终以身在异乡而无异客之感作结，从侧面表明了自己在美国过节的美好心情以及与美国人民的友谊。第二个矛盾心情是近期的战争之苦与当下的圣诞之乐的矛盾，在此，丘吉尔把战争、政治引入话题，表明对当前形势的看法，以引起听众的共鸣。在这段结尾，丘吉尔把苦与乐的矛盾心情统一起来，让听众对丘吉尔的乐观情怀和坚定信念顿生敬佩。第三个矛盾心情是战争中大人和孩子们之间的矛盾。丘吉尔呼吁，让孩子们暂时抛开恐惧和忧愁，过一个快乐的良宵，大人们在良宵后要担负起明年更艰巨的任务。这里，丘吉尔的革命乐观主义精神得到了淋漓尽致的表现。从演讲内容上来说，由眼前的矛盾心情说到战争，由对战争的愤恨到鼓舞大家为明天、为孩子而努力担负起重任，三个层次是层层递进的。整个演讲紧扣圣诞节欢

---

① 李元授.演讲艺术品评［M］.武汉：华中理工大学出版社，1997：220.

乐的气氛，最后以"我谨祝各位圣诞快乐"结尾，铿锵有力、饱含热情。

5. 借题发挥式

借题发挥是言在此而意在彼的一种方法，通常是因受到与演讲有关的某句话、某个词语的触动而产生灵感，再抓住这个触动点进行发挥，引申出另一番新意来。

【示例】

某年除夕，著名电影演员赵子岳在北京监狱向服刑人员所作的即兴演讲：

我和你们一道来辞旧迎新。我们辞旧迎新就是总结过去，展望未来；你们辞旧迎新应该是树立新的"我"，甩掉旧的"我"。首先要正视旧的"我"，然后要痛恨旧的"我"，只有这样新的"我"才能树立起来。我今年来看你们，说不定明年这个时候我还来看你们。我希望明年再来的时候你们都有一个新的"我"。

赵子岳巧妙地抓住了"辞旧迎新"这个成语含义的丰富性。针对"除夕"这个特定时间，"监狱"这个特定地点和"服刑人员"这个特定对象，将新年的祝福——辞旧岁迎新年，引申为甩掉旧"我"迎接新"我"。演讲饱含着强烈的情感，语重心长，切合当时的语境，表达的观点鲜明、有感召力。

（四）即兴演讲的控场技巧

演讲者对场面的控制能力对演讲的成功起着十分重要的作用。演讲时场面失控主要有以下一些原因：由怯场而引起的惊慌，中途遇到突发事件，听众反应平淡对演讲不感兴趣等。因此，演讲者要通过心理调整提高对现场的控制能力。我们可以从以下几个方面入手：

1. 要有积极的态度和必胜的信心，克服怯场心理

古语云："狭路相逢勇者胜。"即兴演讲要求演讲者对演讲抱有积极参与的态度，在准备的瞬间立即进入积极思维的兴奋状态。消极被动会使自己变得茫然，在惶惶然中不知所措。同时，演讲者要对自己的讲话充满信心，相信自己能把话讲得让听众满意，对听众有所帮助。如果演讲者还未张嘴就认为自己能力有限，见解浅薄，会极大地影响自己的情绪，打击自己的信心，使演讲不能顺利进行。

克服怯场心理有很多方法，可以利用情景巧作暗示：讲话时，脑子里不断地浮现出自己曾经获得成功的场景，让胜利的喜悦鼓舞自己。可以采用分散注意力法：临场前有意识地把注意力分散在其他具体事物上，如看看会场的布置，研究某人的服装或发型等，这样可以避免自己"口未开，人已抖"，防止一开场就进入被动的局面。可以采用主动顺应法：把听众看作朋友，顺应听众的情感需求，以他们的喜怒哀乐来调节自己的情绪，在引起共鸣时要趁热打铁，在引起听众不快或反感时立即对内容与语态进行适当调整。这样，良好的互动随即形成，演讲者就会摆脱紧张，和听众产生情感的共鸣。

2. 运用智慧，应付意外情况

即兴演讲中途突然卡壳是一个经常会出现的情况。比较好的解决办法是"随

方就圆",想到哪儿说到哪儿,不可拼命回忆刚才是怎么想的,怎么说才对,要鼓励自己把话讲下去,同时放慢语速,给自己争取时间考虑如何把话绕回去。有时候演讲者会发现自己讲错了,这时不必声明"这句话讲错了""我刚才的那句话不对"。如果那句话很重要,讲错了会使接下来的演讲无法继续,使演讲的前后观点相矛盾,演讲者可以采取适当的办法来补救,如朗声问听众:"刚才的说法对吗?"或者说:"我相信,大家一定在脑子里想,刚才的说法明明是错误的。"这些"救场"的技巧需要演讲者有良好的应变能力,需要演讲者在实践中不断积累经验。

3. 根据听众反馈,随时调节会场气氛

在演讲中,由于时间、环境或演讲内容、方法等原因,演讲不能引起听众的兴趣,听众对演讲反应冷淡,导致会场喧闹、躁动,甚至使演讲无法进行下去的情况时有发生。这就要求演讲者能够根据听众的现场反应及时进行调节,一旦发现会场气氛不理想,就可以考虑调节以下内容:音量的大小和节奏的快慢,语言的风格和用词的特点,内容的深浅和前后的顺序等。只有控制了整个会场的氛围,才能确保演讲的最终完成。有经验的演讲者常常会在听众注意力分散时,即兴插入一段小故事,压缩大家不感兴趣的内容,或者出其不意地提出问题等,这样可以把听众的积极性调动起来。

思考与实践

一、什么是演讲?演讲具有哪些特征?

二、从演讲的内容看,演讲可分为哪几种类型?

三、演讲稿的写作有哪些具体要求?

四、演讲时,在有声语言和态势语的表达上要注意哪些问题?

五、看一段演讲录像或听一段演讲录音。谈谈演讲者哪些地方是值得借鉴的,哪些地方还存在不足。

六、以下面的演讲稿为材料,进行模拟演讲练习。注意感情基调的把握和声音、态势语技巧的运用。

为了我们的父亲 ①

同学们,你们见过著名画家罗中立的油画《父亲》吗?如果你见过,你还记得这位动人的中国老年农民的形象吗?让我们再来看看这幅油画,再来看看我们的父亲吧。

这是一张忠厚善良、朴实慈祥、饱经风霜的老年人的脸,在那一道

---

① 徐颂列,黄华新. 口语训练教程[M]. 杭州:浙江大学出版社,1991:203.

道深深的皱纹中，凝结了一生的艰辛，眼睛有些昏花，但却深邃安详，充满了欣慰和期望。

你看那双勤劳的手，青筋密布，骨节隆起，虽然粗糙得像干枯的树皮，却十分有力。他把自己一生的精力和满腔心血，都交付给了我们祖祖辈辈劳作生息的土地，交付给了正在成长发育的儿女子孙。他勤苦一生，创造了今天的生活，满怀信心地编织着未来。

面对这样一位父亲，怜悯、同情、崇敬、热爱，万般思绪一下子在我心头翻滚起来。特别是父亲那双欣慰、期待的眼睛，深深地印在我的心上。他为什么在历尽人间忧患之后，却感到无限欣慰呢？在为时不多的晚年，他又热烈地期待什么呢？

去年夏天的一个中午，我去书店。那天天气非常热，我穿着凉爽的夏装走在林荫道上。这时，我突然看到马路上一位老人推着一车钢筋，正在艰难地行走着。重载使得这位老人不得不把腰深深弯下，太阳烤着老人紫红色的背脊，老人的脸上、背上淌着汗水。他想把车子推上坡，他咬紧牙，非常吃力地推着。我赶忙跑过去，帮助老人把车推上了坡。老人抹了把汗水，喘着气向我道谢。当他看到我胸前佩戴的校徽时，眼睛一亮，露出了赞许、期待的目光。他满脸笑容，欣慰地说："孩子，好好念书吧。我也有一个孩子，和你一样，上大学。"

看着满车的钢筋，老人弯曲的脊梁，满脸的汗水和笑容，听着老人亲切的嘱咐，我的眼泪一下子涌了出来。此刻，他的孩子也许正在舒适的宿舍里午休，也许正在凉爽的大学教室里学习，也许和我一样正走在林荫路上。但是，我不知道他是否想到了在酷日下推车的父亲。年老的父亲顶着烈日推车，却让自己的子女坐在凉爽的教室里学习，这是为了什么呢？我想答案就在父亲那欣慰的笑容和期待的目光里。他的期待就是让我们接受高等教育，就是让我们用现代科学知识武装起来，走出一条与他们不同的崭新的生活道路，这是老一辈的期望，不也是祖国和人民的期望吗？

同学们，当我们跨入大学校门的时候，当我们戴上校徽的时候，有谁想到了我们的父亲？又有谁想到了那些辛辛苦苦哺育我们成长的父辈们？想想吧，同学们，是父辈们用血汗养育了我们。强国安邦，振兴中华，这是父辈们对我们的期望，也是时代赋予我们的光荣使命，更是我们每个大学生的职责。

同学们，我们应该牢记父辈欣慰的笑容和期待的目光，当我们埋怨生活的贫穷和落后，羡慕舒适安逸生活的时候；当我们逃避学习的艰苦，随便浪费大好时光的时候；当我们为个人的得失苦恼，迷失前进方向的时候；父辈欣慰的笑容和期待的目光，就会像皮鞭一样狠狠地鞭挞我们的无知和糊涂、懒惰和轻浮、私欲的污染和灵魂的癌变。让我们在鞭挞中清醒，在鞭挞中立志，在鞭挞中不懈地追求和勇敢地登攀！父辈欣慰的笑容和期待的目光，应该像光芒四射的明灯，永远照耀在我们的心头。在它的照耀下，我们不仅会看到青春的可贵和美好，更能看到追求的欢乐和创造的幸福！在它的照耀下，我们会更加清楚地看到自己、认识自己，并且反省自己，使自己像父辈一样，成为一个事业的开拓者。

革命先烈李大钊说过："无限的过去，都以现在为归宿；无限的未来，都以现在为渊源。过去、未来的中间，全仗有现在，以成其连续，以成其永远，以成其无始无终的大实在。"这话说得多好啊！革命先烈和我们的父辈们英勇奋斗，苦而无怨，为的是我们年轻的一代！强国安邦，振兴中华，靠的是我们年轻的一代。我们是承前启后的一代，我们是继往开来的一代。革命先烈和我们的父辈用筋骨和心血凝成的精神财富，要由我们这一代人化作永不枯竭的前进力量。

好好学习吧！同学们！为了祖国，为了人民，为了我们的父亲！

七、即兴演讲的特征是什么？即兴演讲有哪些要求？

八、参照即兴演讲的常用构思模式，做即兴演讲训练。

参考话题：

1. 参加班长竞选时的演讲。

2. 新教师第一次主持家长会的演讲。

3. 六一国际儿童节庆祝大会上的演讲。

4. 作为教师代表在教师节庆祝大会上的演讲。

第二节　交谈

交谈是指人与人之间的直接对话。在现实生活中，人与人之间需要相互交流与沟通，这种交流与沟通主要是通过直接的对话来实现和完成的。交谈是人们最常用、最普遍、最根本的一种口语形式，它贯穿人类活动与社会交往的整个过程，是人类交流思想、情感和进行交际的重要方式。

一、交谈的特点和要求

（一）话题灵活多变

交谈既可以有主题，也可以没有主题；交谈既可以有目的，也可以没有目的；

交谈可以就一个共同的话题展开，也可以随时提出新的话题；交谈的内容可以有一定范围，也可以海阔天空、无所不包。交谈的话题往往灵活多变、不拘一格，一般是各人提出各自感兴趣的话题，然后进行自由漫谈，其间可以从一个话题转换到另一个话题，不受说话内容的约束。由于交谈时话题容易变换，所以说话者应适当控制话题，不要答非所问、东拉西扯。

（二）听说交互配合

交谈是双方共同进行的，双方的语言都受到对方的制约，双方都是听说兼顾、互相呼应的。不同的交谈对象、不同的交谈目的、不同的交谈地点、不同的交谈时间决定了不同的交谈话题和形式。因此，在交谈的信息传递活动中，听者与说话者必须互相配合，才能保证交谈的顺利进行。说话者要尽量用简明扼要的语言说清楚自己要表达的意思，使对方便于理解，易于接受。而听者则要迅速地把握住对方话语的意思，并能听出潜藏在话语中的真实含义。说话时，不要滔滔不绝，不给对方说话的机会。听话时，也不要心不在焉、东张西望，或者横加阻拦，抢着说话。双方都要善于听说兼顾，考虑对方的要求、兴趣、特点，尽可能地让话题吸引对方、适应对方。

（三）语言要口语化

交谈时，语意的表达一般不作刻意的修饰。由于交谈时话题的多变与不确定性，语意是靠临时组织的语句表达的。交谈的即时性，决定了交谈时话语是现想现说的。说话者要把话说得有条理，必须在瞬间确定说什么，然后迅速确定怎么说。为了使对方听明白语意，在交谈时，说话者必须遵循口语表达的特点。一般来说，口语词语比较通俗、亲切、自然，具有浓郁的生活色彩，多用形象的词语和重叠词、象声词等，还经常使用俗语、谚语、歇后语、惯用语等使其表达更生动。同时，口语的句子短小，结构简单，修饰语少，在特定的语境中常常采用省略句式。因此，在交谈中，语意的表达一定要口语化，通俗易懂，浅显明白，切忌出现深奥怪僻的词语和冗长繁杂的句式，导致对方听不明白，进而产生距离感。

（四）态势语的辅助

交谈时，说话者的身姿体态、举手投足、面部表情，始终伴随着他的有声语言传递各种信息。动态、直观的态势语和有声语言相协调，同时作用于人的视觉和听觉，对有声语言所传递的信息起着补充、强化的作用。同时，态势语也是交谈双方心理状态和情感的自然流露或有意识的表现。

例如，在和人交谈时，你不断地看表，给对方的感受是你有什么事情要立刻去完成。如果你在听对方说话时，眼睛游移不定，心不在焉，似听非听，你给对方的暗示是你对他的话题不感兴趣。如果对方在听你说话时频频点头，则表示对方赞同你的观点。如果你和人交谈时，抬头仰身靠在座位上，反映了你倨傲不恭的心理，会使对方产生距离感。因此，态势语更多地给人一种暗示。在交谈中，交谈的双方都可以通过观察态势语来分析对方说话的内容是否表达了真情实感，以达到互相交流、沟通的目的。

运用态势语首先要自然大方，一切都应该是情之所至，不能矫揉造作、故作姿态。其次要得体、适度，与双方的年龄、身份、交谈的场合等相符合，要恰如其分，不过分夸张，不喧宾夺主；与有声语言的内容、语调、响度、节奏等相协调；与交谈双方的心态、情感相吻合；与特定的语境相适应。

二、交谈的技巧

交谈需要一定的技巧。人们复杂的心理和千变万化的交谈场景使得交谈的形式也纷繁多样。熟练掌握和运用不同的交谈艺术，才能使交谈更具有灵活性和应变性，能够在曲直起伏、姿态多变中获得交谈的成功。下面介绍几种常见的交谈技巧。

（一）激将法

与人交谈，有时是为了说服对方、鼓动对方、指导对方，或是为了改变对方原来的意图，最终使双方为了一个共同的目标而一起行动。激将法是用一些带有刺激性的话或反面的话，鼓动对方去做原来不愿做或不敢做的事的一种交谈技巧。运用激将法，首先要审时度势，看看对方是一个什么样的人，他处于什么样的情绪状态，他因什么问题、什么原因正在左思右想、前顾后盼，需要给他灌输什么道理才能使他果断行事，等等。

【示例】

一位母亲领着一个五岁的个性倔强的孩子上医院看病。大夫发配药物后，孩子不肯服药，母亲讲了许多好话也不顶用。当大夫再度让其服药时，孩子握紧拳头，表示反抗和拒绝。孩子的母亲对大夫说：

"医生，我听说一个孩子的年龄大小，懂事与不懂事在服药的时候就看得出来，是吗？""是的。"

"据说哭着、耍赖、不肯服药的孩子是两岁；满面愁容、勉强服药的孩子是四岁；假如他笑眯眯的，勇敢地把药服了，那么他至少有五岁了……"

大夫连声应是，一边点头一边说："我们完全可以从他服药的神情上看出这个孩子，懂不懂事，勇敢不勇敢……一般是，两岁大的孩子倔强得不肯服药，三岁大的孩子哭丧着脸勉强服药，五岁大的孩子是勇敢而愉快地服药。"说着，大夫把药送到孩子的嘴边，孩子毫不迟疑地把药服了。

这个示例中的母亲和大夫就是掌握了幼儿的心理特点，运用激将法使幼儿由抗拒服药转变为毫不迟疑地服药。激将法具有较强的刺激性和鼓动性。

（二）回避法

人们在交谈中，有时会碰到一些棘手的问题，例如，直接回答会有失礼貌；回答真实的话语会伤害对方的自尊心；涉及保密性的事情而不能回答对方，或不愿意告诉对方；回答不出或一时回答有困难；等等。这时，不妨采用"回避法"。回避法是指说话者顾及说话的环境、对方的心理等因素，采用婉转或迂回的语句，以达到文雅、礼貌、含蓄、动听效果的一种交谈技巧。在日常生活中，我们经常会听到这样一些对话，例如，问："你什么时候结婚？"答："该结婚的时候结婚。"问："你去什么地方？"答："我去我该去的地方。"回答问题的人实际上是采用模糊的语言来回避对方的问话，实质上并没有回答对方的问题，但又使对方不感到尴尬。

【示例】

一群女学生要参加一个盛大的文艺晚会演出。彩排时，她们穿着五颜六色的服装，兴奋地互相比较，都说自己的服装最漂亮。看到指导老师走过来，她们激动地围住指导老师问："老师，您看谁的服装最好看？"指导老师说："我感觉每一件都很漂亮！"

指导老师正是巧妙地运用了交谈艺术中的回避技巧，既回答了女学生们的问题，又回避了她们的相互比较。

运用回避法既要尽量使对方满意，又要使对方觉察不出你的回答是回避实质。同时注意不要答非所问，离题太远，否则将会闹出笑话。

（三）幽默法

幽默法是指交谈时运用有趣、诙谐而意味深长的语言，使其产生一种特殊的喜剧效果的交谈技巧。幽默的语言能激发听者的愉悦感，使人在交谈过程中产生轻松、愉快、舒畅等一系列的心理反应，从而达到释放情感、感受谐趣的目的。幽默的语言含蓄而又充满智慧，在轻松愉快之中蕴藏着深刻的哲理，常常给人智慧的启迪和精神的陶冶。

【示例】

丘吉尔年轻时有这样一个故事：

青年丘吉尔身材高瘦。一天，他在路上遇到一个身体肥胖、大腹便便的商人。

这位商人说："看见阁下的尊容，使人相信世界是在闹饥荒。"

丘吉尔说："但是看到阁下的尊容，才会令人明白世界为什么会闹饥荒。"

丘吉尔的语言轻松中包含着深沉，巧妙中闪耀着睿智，体现出深刻的幽默精神和思想内涵。

语言是否幽默，幽默的效果如何，关键是看它有没有形成一种包含复杂情感、充满情趣而又耐人寻味的意境。创造这种意境的最重要因素是以有限的语言，反映远远超出语言本身的深刻含义。

（四）比喻法

在日常生活中，人们都喜欢用生动活泼、形象有趣的词汇进行交谈。例如，把两个人凑近耳朵低声说话叫"咬耳朵"，把整天绷着脸不见笑容的人叫"老阴天"，把考试得零分叫"得鸭蛋"，把重复的话叫"车轱辘话"。这些形象的词汇，实际上使用的是比喻的修辞手法。比喻使语言非常具体、生动而形象，能给听者留下鲜明、深刻的印象。例如，我们常对那些说话木讷、不善言辞的人说："你这个人哪，真是茶壶里面煮饺子——有口倒不出。"贴切的比喻，既切合语境，又使语言清新、活泼，饶有趣味。

【示例】

钱锺书先生的《围城》中有这样一个比喻：

假如再大十几岁，到了回光返照的年龄，也许又会爱得如傻如狂了。老头子恋爱听说像老房子着了火，烧起来没有救的。

钱锺书先生把距离悬殊的本体"老头子恋爱"和喻体"老房子着了火"出人意料地黏合在一起，仔细揣摩，就产生了一种幽默的效果。

（五）接话法

接话法也称"接话茬"。它是指在交谈中，当一方正在讲述的话题转移时，另一方应该如何接答的技巧；或指交谈的一方讲到某个问题时，另一方如何接应或说明的技巧。接话者应该反应迅速、思维敏捷，能够伶牙俐齿、机敏精巧地应答对方。

【示例】

一位著名的女中音歌唱家出国演出。一次，在英国的一个酒会上，主人诙谐地建议：女中音歌唱家的歌喉太迷人了，要用他们的市长来交换她。这当然是句玩笑话。但这位女中音歌唱家立即也用开玩笑的口吻说："实在对不起，我只能把歌声留给你们。因为临来时，我把心留在祖国了。"

妙语惊四座，这位女中音歌唱家的巧妙接话，赢得了在座的阵阵掌声。

（六）迂回法

迂回法是不宜直接向对方提出意见或问题时，用兜圈子、绕弯子的方法，委婉地表达要讲的话，使对方听后能从中体味意义，接受意见，从而达到交谈目的的一种交谈技巧。迂回法是人们日常交谈中较常用的一种交谈技巧。运用迂回法时，交谈一方可以借用历史故事启迪对方的思想，点明主题，最终使对方赞同你的观点；也可以用闲聊的方法，先让对方将话题引出，并从中审视对方对该话题的态度，时机适宜再将自己的观点抛出来，引导对方同意自己的观点。

【示例】

《战国策》中有一段著名的左师触詟（zhé）说赵太后的故事：

赵国威太后新当权，秦国猛烈进攻赵国。赵国王族向齐国讨救兵。齐国表示："必须由长安君来做人质，大军才能出动。"（长安君是太后宠爱的小儿子。）太后不答应，大臣们拼命劝说。太后明确地告诉她身边的那些人："有再说要叫长安君去做人质的，我老太婆一定吐他一脸唾沫！"

左师触詟要求见太后。太后一肚子气等着他来。左师进了门，慢条斯理地走上前几步，到了太后跟前，先自己请罪，说：

"老臣腿脚不方便，简直不能走快步，没有机会来朝见您好久了，只好私下宽恕自己。可是又惦记着太后贵体是否有何不适，所以要求当面看看太后。"

太后说："我老太婆只好靠车驾行动行动。"

左师问："每天饮食还没有减少吧？"

太后答："靠吃点稀饭罢了。"

左师说："老臣这些天来特别不想吃饭，就自己撑着散散步，一天走它三四里，渐渐地越来越想吃一些，确实对身体有好处。"

太后说："我老太婆做不到。"脸色稍微温和了一些。

左师说："老臣的儿子当中，舒祺排行最小，顽皮不学好。可是老臣不中用了，心里很疼爱他。想叫他能在黑衣卫队凑个数，来守卫王家的宫殿。我冒着死罪来报告您。"

太后说："一定照办。他几岁了？"

左师答："15岁了。虽说岁数还小，总希望趁我还有一口气把他托付定了。"

太后说："男子汉也疼爱他的小儿子吗？"

左师答："比妇人还要厉害些。"

太后笑了起来，说："妇人特别厉害。"

左师说："老臣私下认为您疼爱燕国王后胜过了疼爱长安君。"

太后说："你想错了，不像疼爱长安君那么厉害。"

左师说："父母疼爱儿女，就要替他考虑长远的利益。您送燕国王后出嫁的时候，拉着她的手，为她掉眼泪，因为她的远嫁而悲伤，也是在可怜她。动身之后，并不是就不想念啊，敬神祭祖总要为她祷告：'一定不要回来。'（这里的意思是希望她不要有灾祸。）难道不是图个长久，要她子子孙孙继承王位吗？"

太后说："正是这样。"

左师问："三代以前，一直上推到赵氏被封为国君为止，历代赵国国君的子孙受封为侯的人，他们的后嗣继承其封爵的还有存在的吗？"

太后答："没有。"

左师又问："不光是咱们赵国，其他诸侯国有这种情况吗？"

太后答："我老太婆没听说过还有。"

左师说："这样看来，近的祸害就赶上自身，远的累及子孙后代。难道国君的子孙后代就一定都不好吗？只是因为地位高贵却没有什么功勋，俸禄丰厚却没有什么劳绩，可是拥有的贵重财宝又是大量的。现在您使长安君地位尊贵，分封给他肥沃的土地，赐给他大量贵重的财宝，可是不趁眼下叫他为国家建立功勋，有朝一日您百年之后，长安君凭什么在赵国立足？老臣认为您替长安君考虑得太短浅了，所以认为对他的疼爱不如对燕国王后的。"

太后说："好吧，任凭你把他派到什么地方去吧。"

于是左师就为长安君调配了上百辆车子，到齐国去当人质，齐国大军这才出动。

在这个故事中，左师触詟见太后的目的是要说服赵太后让长安君到齐国做人质，以换取齐国出兵援救赵国。但左师触詟从生活琐事谈起，婉转迂回，兜了好大的一个圈子，从妇人对子女的疼爱入手，借燕国王后来反衬长安君，最后终于让赵太后欣然接受他的观点。这正是交谈中运用迂回法的巧妙效果。

思考与
实践

一、交谈有哪些特点与要求？

二、交谈有哪些技巧？请举出一些平常生活中常用的交谈技巧。

三、两人一组，假设情境，如采访、求职、劝说、拜访、洽谈等，进行模拟交谈练习。

四、试分析下面交谈中使用的交谈技巧。

1. 英国著名的侦探小说家阿加莎·克里斯蒂的第二任丈夫是一位考古学家。有一天，一位同事在交谈中问她为什么爱上一位考古学家。阿加莎·克里斯蒂不假思索地说："对于任何女人来说，考古学家是最好的丈夫。因为妻子越老他就越喜欢。"

2. 有一位年过半百的西方贵妇人，每天总要花很多时间和金钱打扮。一次偶然的机会，她遇见了大名鼎鼎的萧伯纳，便眉飞色舞地同他交谈起来，并问萧伯纳看她有多大年纪。萧伯纳略加思索，一本正经地说："看您皓皓的牙齿只有18岁；看您蓬蓬的卷发，不超过19岁；看您忸怩的身段、涂满胭脂花粉的红脸蛋，顶多14岁吧。"贵妇人受宠若惊，又问萧伯纳："亲爱的先生，谢谢您的精确估计，可是，您能否准确地说一下，我究竟几岁？""唉，太太，几岁嘛，很容易，只要把刚才说过的三种年龄加起来就是了，18加19，再加上14，您应该是51岁了。"

第三节 辩论

辩论是指持有不同观点的双方用一定的理由来说明自己对某一事物或问题的见解，揭露对方的错误，以便最后得到正确认识或共同意见的说理过程。辩论是一种说理活动，是持不同见解的双方，彼此间为确立自己的见解所进行的论证与反驳的说理过程，是不同思想观点的语言交锋。

辩论的展开，必须以辩题、立论者、驳论者为基本要素。辩题是辩论的题目，是双方争辩的对象。立论者是为辩题辩护的一方，通过列举若干证据来论证辩题的正确性。驳论者是对辩题作出反驳的一方，持和立论者对立的立场。

在实际的辩论过程中，立论者和驳论者并不是绝对的，立论者要为辩题作出辩护，同时也要对对方的观点作出反驳；驳论者在对辩题作出反驳的同时，也要为自己的主张作出立论。随着辩论的展开，立论和驳论往往是交汇在一起的，常常是辩护中有反驳，反驳中有辩护。

辩论是一门语言艺术，也是一种综合性、实践性很强的思想交流活动。辩论是参与竞争不可缺少的手段，对社会和科学的发展也起着积极的作用。辩论训练可以拓宽个体的知识面，学会正确地判断、推理，掌握科学的思维方法，提高明辨是非的能力和论证、反驳的能力；还可以培养个体清晰、明确、有条理的说话习惯，学会用准确的语言表达复杂的思想；还可以培养个体勇于发表意见的胆量与决心，培养战胜对方的自信心，使智慧和素质得到全面的提高。

一、辩论的特征

辩论主要有以下三个特征：

（一）内容形式的对抗性

辩论最根本的特征是双方对立观点的辩驳，如果没有双方对立观点的直接抗衡，就不存在辩论。辩论是以双方思想见解的显然对立为基础的，具有论断的不相容性。因此，辩论时双方针锋相对，各方对自己所持的观点不轻易作出让步，对对方观点的反驳也毫不留情。

（二）思维的灵活性

辩论时，辩论者既要机敏地捕捉对方的薄弱环节，又要谨防自己的表述出现漏洞。双方都在紧张、快捷地选择概念，审慎地作出判断，周密地进行推理。可以说，没有处于兴奋状态的动态思维就没有辩论。辩论要求辩论者具有较强的应变能力，能够敏捷地进行思索、分析、判断，找出问题的症结所在，迅速确定解决问题的方法和途径。

（三）目的的相容性

辩论的论点是对立的、不相容的，但是辩论的目的是可相容的。辩论双方针对对方的论题、论据、论证方式进行辩驳，目的在于驳倒对方，以明辨是非、探求真理。即使自己"理屈词穷"，也能使自己在辩论中"茅塞顿开"、发现真理，从而达到辩论的目的。

此外，辩论还具有逻辑的严密性、原则的确定性、程序的交叉性等特征。

二、辩论的类型

根据不同的标准，辩论可以进行不同的分类。

（一）按内容来分

1. 政治辩论

政治辩论是有关政治生活、改革方案的辩论，是关于如何治安天下、管理国家所进行的辩论。政治辩论对社会的变革和历史的进步会产生巨大的影响。例如，三国时期"诸葛亮舌战东吴群儒"的"主战"与"求和"之争，就推动了历史的发展。

2. 外交辩论

外交辩论是指代表各国的外交官或政府首脑，就国家之间所发生的政治、经济、军事、外交、文化以及思想意识形态等问题所进行的辩论。外交辩论必须把捍卫国家主权、维护民族尊严放在首位，应当有坚定的原则立场和鲜明的是非态度，要最大限度地维护自己国家的利益，面对有损国家形象和尊严的言行决不能置若罔闻。在外交辩论中，辩论者要注意措辞的推敲和斟酌，注重辩论的场合和方式，不能一味强求、针锋相对，应随机应变，将原则性与灵活性相结合。

3. 法庭辩论

法庭辩论是诉讼双方在法庭上就争议的问题分别提出自己的主张，并相互进行辩驳的一种辩论形式。它是公诉人与律师，原告及代理人与被告及代理人之间展开的辩论。他们中的每一个人都要提出自己关于案件处理的意见，供法庭在合议中讨论，以便使案子最后得到公正、合法的判决。法庭辩论是法庭审理案件时的一个重要环节，法庭辩论的依据是事实和法律。辩论者必须剔除一切不符合实情和法规的理由，实事求是地论述案情，不得歪曲事实或歪曲法律。法庭辩论不以战胜对方为目的，而是为了帮助法官分清是非曲直，搞清事实真相。

4. 学术辩论

学术辩论是针对某一学科中有争议的问题，一方阐述自己的观点并反驳对方观点的一种辩论形式。学术辩论是科学发展的重要手段，它所争辩的问题往往是未知领域的问题。在辩论过程中，双方都要竭尽全力地为自己的观点寻找论据，并千方百计地寻找对方论据中存在的问题。同时，双方都可以从对方的论证中受到启发，吸取有价值的东西，使自己的论据更充分，论证更有力，观点更具说服力。学术辩论的目的是为了揭示客观世界的本质和规律，探求客观真理，形成科学理论。因此，学术辩论的态度应严肃认真，注重科学性；论据要真实、典型、充分；论证要严密，合乎逻辑；语言的表述要准确、清晰。

（二）按形式来分

1. 竞赛式辩论

竞赛式辩论也称赛场辩论，是一种有组织、有目的、有准备、有规则、有评判的竞赛活动。竞赛式辩论并不十分强调辩论者的立场和观点正确与否，而是比较注重辩论的技巧。双方持何种观点一般是在赛前抽签决定的，所以，竞赛式辩论是以技巧争胜负而不是以观点的对错论高低的。竞赛式辩论是一种具有表演性质的竞赛活动，现场有观众观看，他们可以欣赏和评判参赛者的口才、技巧、气质、胆识等。精彩的竞赛式辩论，可以使观众获得知识，增长见闻，娱乐心情。同时，竞赛式辩论还可以产生各种各样的社会影响。

竞赛式辩论主要是团体赛，参赛者分主辩、副辩，正、反双方人数相等，各有其辩论的侧重点，或立论或反驳，或分说或综述，形似各自为战，其实有攻有助，有掩有护，是一个完整的团体。同时，赛场上还应有主持人、评判员和记时员。主持人负责组织辩论的流程，评判员则按照一定的比赛规则和程序及时、公正地为参赛者评判分数，以定胜负。评判员一般由参赛双方公推的擅长辞令又公正负责并具有较高威望的行家担任，为了表决方便，人数宜为单数。记时员负责统计时间。

竞赛式辩论的辩题是特定的，一般由比赛组织者确定，也可由参赛双方共同磋商确定。辩题既要具有现实意义，又要有较强的可辩性，即确立的正、反相互对立或相互矛盾的两种观点，易于在辩论中展开。一般在辩论前，用抽签的方式决定辩论各方对辩题所持的观点，持肯定观点的称正方，持否定观点的称反方。抽签决定的正方或反方并不一定代表参辩者的真正观点，即使不赞成这个观点，也要在赛场上极力加以维护。因为竞赛式辩论胜负的评判标准不是某方立场、观点的正确性，而是由评委根据各方的立论、材料、风度、幽默感以及应变技巧等综合因素进行裁定。

竞赛式辩论是集体辩论活动，参辩者的个人素质与能力以及整体配合的好坏，对辩论的胜负起着非常重要的作用，因此，参辩者在辩论前必须做好充分的准备。例如，配备强大的参辩阵容，确定领队、教练，指定主辩、副辩，决定发言的先后顺序。搜集、整理、分析辩论材料，撰写辩论稿时注意条理和层次的清晰，尽量做到通俗易懂，口语化。辩论前要充分估计多种情况的发生，并设计相应的立论和驳论，制订进攻和防守的战略战术。要扬长避短，充分发挥自己的优势，攻击对方的劣势，以便争取主动，稳操胜券。同时，辩论前必须进行模拟赛场演习，锻炼参辩者的才能和技巧，提高赛场的适应能力，及时发现问题，并迅速作出必要的调整。

竞赛式辩论体现了参辩者个人和参辩方集体的智慧与才能，而这些智慧和才能的表现又都受制于一定的比赛程序和规则，如果背离或破坏了比赛的程序和规则，会对智慧和才能的发挥产生不利影响。因此，参辩者只有严格遵守赛场纪律，有分工有协作，密切配合，充分发挥集体的力量，才能取得辩论的胜利。

2. 对话式辩论

对话式辩论是指日常生活中人与人之间因意见分歧而发生的争辩。这种辩论具有普遍性、突发性和随意性的特点。对话式辩论没有特地设定的裁判和规程，既无时间的限制，也无场地的约束，辩题也不确定，随时都可能发生，没有预定性。同时，对话式辩论的随意性非常强，辩题的内容天南海北，从古到今，无所不包，几乎无法事先准备。它是在两个人或两队持不同意见的人群中，很自然地采取你一言我一语的对话形式，互相摆事实、讲道理，以求达成统一认识。这种辩论有时会有结论，能分出胜负，明辨是非。有时却东拉西扯，远离原先争辩的辩题，甚至形成了抬杠和口角，只好不了了之。

在日常生活中，采用对话式辩论首先要分清辩论的必要性，对那些属于非原则性的、毫无意义的问题，应避免辩论，以免浪费时间和精力。其次，辩论时辩者的态度要因人而异，要着重探求事理，不要纠缠于个人的兴趣、嗜好和愿望。要本着温和谦让的精神，通过说理、诱导，努力求得意见的一致，或求大同而存小异。

3. 问答式辩论

问答式辩论简称答辩，一般是指在学术交流、汇报或各种考核中通过一问一答的形式阐述见解、分析事理的一种辩论活动。答辩的过程，实质上是答辩人为自己的观点、主张进行辩护，并对对立的观点、主张进行辩驳的过程。问答式辩论的特点是问答双方角色比较固定，问方主动提出问题，答方则按照问题进行辩解和申述。

我们日常所说的答辩，通常是指论文答辩。论文答辩是以答辩委员会成员发问，答辩人回答的方式进行的。一般来说，论文答辩不仅是对答辩人的考核，也给答辩人提供了一次进一步论述基本观点、弥补论文不足的机会，因此答辩人一定要充分重视这项活动。

论文答辩时，答辩人必须对有关的问题做好充分的准备，考虑成熟、心中有数，答辩时才能从容不迫、应付自如。答辩时，对答辩委员会成员提出的问题，要听懂题意，把握问题的中心，本着实事求是的精神，充分地表现自己的才华。同时，用词要准确，句式要严整，口齿要清楚，表达要流畅。答辩时语言不清晰、不流畅将会直接影响答辩的质量与水平。

三、辩论的技巧

辩论时，双方都依靠口述来表达自己的观点和理由。辩论语言充满了智慧，它不仅承载着丰富的内容，而且也体现出高超的技巧。每个辩者都应熟练掌握辩论的各种技巧。辩论的目的是辨明是非、探求真理。辩论的技巧是否使用得当、娴熟，也可以影响辩论的胜负。辩论的技巧五花八门，名目繁多，不胜枚举，这里我们仅介绍几种常见的辩论技巧。

（一）引申归谬法

引申归谬法是一种间接反驳的技巧。当对方说出荒谬的观点时，先假定它是正确的，然后按其观点的逻辑进行合理的引申，自然会得到明显荒谬的结论，使听众觉察出对方论点的错误和可笑，以此证明原来要批驳的那个论点是错误的。由于引申的结果常常使人哑然失笑，故又称作"幽默归谬法"。

【示例】

赫尔岑是俄国著名的文学批评家。在一次宴会上，赫尔岑被喧闹、轻佻的音乐扰得心烦意乱，不得不用手捂住耳朵。主人见他这样便解释说："演奏的是流行乐曲。"赫尔岑问道："流行的乐曲就一定高尚吗？"主人听了很吃惊，说："不高尚的东西怎么能够流行呢？"赫尔岑笑着反驳道："那么，流行感冒也是高尚的了？"赫尔岑对主人认为"流行的东西就是高尚的"观点巧妙地加以引申，将谬误放大，使对方无言以对。

引申归谬法犹如一面放大镜，能鲜明突出地揭露对方论题或论据的虚假与荒谬，它是辩论中辩者常常使用的一种技巧。运用这种技巧的前提是，对方的论点或论据确实是荒谬的，辩者应注意不能强行将对方的论点或论据加以歪曲。

（二）利用矛盾法

利用矛盾法是指辩论中，针对对方论点、论据或论证推理过程中的自相矛盾的现象进行反驳，揭露其荒谬性。用"以子之矛，攻子之盾"的技巧，可以置对方于困境之中。

【示例】

在《韩非子》一书中，记载了这样一个故事：

楚人有鬻盾与矛者，誉之曰："吾盾之坚，物莫能陷也。"又誉其矛曰："吾矛之利，于物无不陷也。"或曰："以子之矛陷子之盾，何如？"其人弗能应也。夫不可陷之盾与无不陷之矛，不可同世而立。

因为"物莫能陷"的盾与"物无不陷"的矛是不能同时存在的，这位楚国的"鬻盾与矛者"的话前后自相矛盾。所以当有人问："用你的矛去攻你的盾，该如何呢？"那人就"弗能应"了。

（三）二难辩驳法

二难辩驳法是二难推理在辩论中的运用。辩论的一方列出两种可能发生的情况，迫使对方作出选择，不论对方肯定或否定其中的哪一种可能，都会陷入进退维谷的两难境地。二难辩驳法是一种强有力的辩论方法，这种方法表面上似乎给对方留下最大的选择余地，实际上自己却掌握了必胜的主动权，前后钳制对方，使之落入自己的控制之中。

【示例】

清代学者纪晓岚自幼就勤奋好学，经常跑到书摊上去看书。掌柜见他光看不买，就不耐烦了，对他说："小孩子，我们是靠卖书吃饭的，你要看，就买回去看好了。"

纪晓岚说："买书就得先看，不看，怎么知道哪本书好？"

"你看了多少书啦，就没有一本好的吗？"

"你这书摊上好书倒是不少，不过我看完后就能背了，还买它何用？"

掌柜料想他是在瞎说，于是顺手拿起一本纪晓岚刚看过的书说道："要是你当着我的面把这本书背下来，我就把它白送给你；要是背不下来，就永远别再来白看我的书了！"

"好，一言为定！"纪晓岚当即把两只小手往后一背，仰头望天，果然把那本书背下来了。

掌柜大吃一惊，连连赞叹这小孩子日后将必成大器，并把这本书送给了纪晓岚。

纪晓岚在与掌柜辩论时，就使用了二难辩驳法。他列举"看书"与"不看书"这两种情况：看书，看过就背下了所以不买；不看书，不知道书好不好也不买。总之就是不买。这充分显示了孩提时纪晓岚的辩才。

（四）欲擒故纵法

辩论中，一些辩者有时已经抓住对方论点的错误，但不直接批驳，而是根据情况设置圈套，故意鼓励、赞扬对方继续发挥错误的论点，直至对方丧失警惕、不再防备，当错误论点发挥到极致而暴露出明显的荒谬时，辩者再给予其沉重的打击。在欲擒故纵法中，"纵"只是手段，"擒"才是目的。"纵"是有意放松一步，或假露破绽、伪装软弱，或为对手铺路搭桥，以此纵容对手，使其从容自得、踌躇满志，而后趁其丧失警惕时，克敌制胜。

【示例】

下面是美国第一任总统华盛顿年轻时的一件逸事：

有一次，邻居偷了华盛顿的一匹马。华盛顿同一位警官到邻居的农场里去索讨，邻居拒绝归还，声称那马是自己的马。华盛顿便用双手蒙住马的双眼，对那人说：

"如果这匹马是你的，那么请你告诉我们，马的哪只眼睛是瞎的？"

"右眼。"邻居思索了一会儿，回答道。

华盛顿把手从马的右眼移开，马的右眼光彩照人。

"哦，我弄错了，是左眼！"邻居纠正道。

华盛顿把左手也移开，马的左眼也亮闪闪的。

"糟糕！我又弄错了。"邻居为自己辩护说。

"够了，够了！"警官说，"这已经足以证明这匹马不属于你，华盛顿先生，我们把马牵回去吧！"

"马的哪只眼睛是瞎的？"是一个虚设的圈套，如果这匹马真的是邻居的，他就应该知道马的眼睛是否瞎。事实上这匹马不是邻居的，他又没有注意到马眼的情况，所以不管他怎样回答都是承认这一虚假的预设：马有一只眼睛是瞎的，于是他就落入了华盛顿的圈套中，不能自圆其说。

（五）比喻论证法

比喻论证法是运用一些本质不同而又有相似之处的事物来做比方说明。比喻论证法可以通过生动形象的比喻，将抽象、深奥的道理讲述得浅显、具体、通俗，在辩论中还能启发人们丰富的联想，增强辩论语言的感染力。

【示例】

譬如罢，我们之中的一个穷青年，因为祖上的阴功（姑且让我这么说说罢），得了一所大宅子，且不问他是骗来的，抢来的，或合法继承的，或是做了女婿换来的。那么，怎么办呢？我想，首先是不管三七二十一，"拿来"！但是，如果反对这宅子的旧主人，怕给他的东西染污了，徘徊不敢走进门，是孱头；勃然大怒，放一把火烧光，算是保存自己的清白，则是昏蛋。不过因为原是羡慕这宅子的旧主人的，而这回接受一切，欣欣然的蹩进卧室，大吸剩下的鸦片，那当然更是废物。"拿来主义"者是全不这样的。

他占有，挑选。看见鱼翅，并不就抛在路上以显其"平民化"，只要有养料，也和朋友们像萝卜白菜一样的吃掉，只不用它来宴大宾；看见鸦片，也不当众摔在毛厕里，以见其彻底革命，只送到药房里去，以供治病之用，却不弄"出售存膏，售完即止"的玄虚。只有烟枪和烟灯，虽然形式和印度，波斯，阿剌伯的烟具都不同，确可以算是一种国粹，倘使背着周游世界，一定会有人看，但我想，除了送一点进博物馆之外，其余的是大可以毁掉的了。还有一群姨太太，也大以请她们各自走散为是，要不然，"拿来主义"怕未免有些危机。

这是鲁迅先生《拿来主义》一文中一段脍炙人口的比喻说理。鲁迅先生在文章中以"占有""挑选"这所大宅子的各种情况作为比喻，具体而深刻地论述了吸取外来文化的必要性和"我们要运用脑髓，放出眼光，自己来拿"的道理。

比喻论证法可以将精辟的说理巧妙地寄托于人们熟知的、具体的、生动的事物中，既生动活泼，又通俗易懂，使人易于理解、便于接受。因此，比喻论证法是一种使用相当广泛的辩论技巧。需要注意的是，所选择比喻的事物要恰当，如果比喻失当，说理也会出现失误。比喻论证仅仅是说理的一种辅助手段，并非严密的推理，不管其比喻如何巧妙，也难以完全准确地表述思想观点。所以比喻论证法应和其他辩论技巧结合使用。

（六）迂回说理法

在辩论中，有时由于某种原因，不便或不能直接论述所要说明的道理，这时就需要兜着圈子，避实就虚、巧于迂回。迂回说理法正是这样一种辩论技巧。它避开对方所期待的进攻路线或目标，从看起来似乎完全没有关系的话题入手，再渐入正题，它言在此而意在彼，诱使对方在不知不觉中否定自己。这种技巧一开始具有蒙蔽的作用，对方接纳了彼事，再转入此理，才会发现原来自己中了圈套。

【示例】

春秋时期，吴楚两国征伐不断。吴王爱战，劝阻的人一律受到惩罚，但吴王的一位侍从仍决定想办法劝阻。

一连几天，他都手拿弹弓，在吴王的花园里四处走动张望，这引起了吴王的注意，就命人把这位年轻侍从召来，吴王问他为什么拿着弹弓一直待在花园里。

这位年轻人说："启禀大王，花园里有一棵树，树上有一只蝉，它一边喝着露水，一边得意地叫。可是他不知道身后有一只螳螂，正准备拿它饱餐一顿；螳螂也不知道，它头顶有一只黄雀，正随时要吃掉它。可是黄雀又哪里知道，我在树下，正拿弹弓准备杀掉它。"

"蝉，螳螂，黄雀，都只顾眼前的利益，没有想到祸患就在身后潜伏。大王，如果人也同它们一样目光短浅，那就太危险了。"

吴王听到这些，觉得年轻人说得很有道理，也听出了劝谏之意，于是就打消了出兵伐楚的念头。

这位年轻人知道直言进谏一定不会成功，还会惹来杀身之祸，所以就采取了迂回曲折的说理方法，最后成功劝阻吴王打消出兵伐楚的念头。

迂回说理法既可用于立论，也可用于驳论。辩者在运用迂回说理法时，一定要注意迂回得巧妙自然、不露痕迹，切莫让对方看透你的意图。在保证立论主体安全的基础上，不妨投其所好，暂时适应对方的心理需求，使其产生一种预期的错觉，让对方在不知不觉中接受你的分析，然后突然亮出真正的观点，使对方猝不及防。如果过早地让对方明白你的用意，结果则会适得其反。另外，绕着圈子、避实就虚时切忌跑题，一定要做到能放能收，最终回归辩论的目的。

四、诡辩的方法与识别

诡辩的"诡",具有奸猾狡诈的意思。诡辩是指诡辩者为了论证某一个虚假的论题是真实的,常常从主观需要出发,施展某些计谋,故意挑选个别事例或似是而非的逻辑关系来构造虚妄的联系,竭力使人觉得这种论证具有逻辑性,诱使人上当受骗。

在辩论中,如何识破对方的诡辩,找到攻击的突破口,从而揭露、驳斥对方的不良动机和目的,对于争取辩论的胜利十分重要。下面介绍几种常见的诡辩方法,以便在辩论中能更好地进行识别。

（一）偷换概念

在辩论中,思维必须具有确定性。如果一个概念被反复使用,必须始终保持它的含义不变。诡辩者为了达到诡辩目的,随意偷换某个概念的含义,用一个概念去取代另一个概念,而且非常巧妙地将错误隐藏起来,以此扰乱视听。从表面上看,人们很难发现其问题所在。

【示例】

一位旅行者经过长途跋涉来到一家小食品店门前。这时他又饿又渴。

"老板!请问夹肉面包多少钱一份?"

"五先令一份,先生!"

"请给我拿两份,我饿极了。"

老板从柜台里拿了两份夹肉面包递给了旅行者。

"请问黑啤酒多少钱一瓶?"

"十先令一瓶,先生!"

"现在我感到渴比饿还厉害,我想用这两份夹肉面包换一瓶黑啤酒,可以吗?老板。"

"当然可以。请稍等,先生。"

老板很快地收回了面包,拿出了一瓶黑啤酒递给旅行者。旅行者一饮而尽,然后背起背包就要启程。

"对不起,先生,请慢一点走,您还没付啤酒钱。"

"是的!可我是用夹肉面包换的啤酒,并且是经过你同意的。"

"可是面包钱你也没付啊!先生。"

"我没吃你的面包,为什么要我付面包钱啊?"

老板一时不知道该怎样回答,听任旅行者扬长而去。

用没有付钱的面包换啤酒,等于没有付啤酒的钱,但是这位旅行者故意偷换没有付钱的啤酒和付了钱的啤酒之间的含义,实际上是在玩弄偷换概念的诡辩手法。要反驳这种诡辩,就必须将这些不同概念之间的含义明确地区分开来。

（二）循环论证

在辩论中，论据是用来证明论点的，论点的真实性是由论据推出来的，这就要求论据具有真实性。如果论据不真实，或者是值得怀疑的，那么论点的真实性是不可能得到证明的。循环论证就是在论证过程中，论据的真实性反过来依赖论点的真实性，即由论点来证明论据的真实性，再用这个论据去证明论点，以此形成循环。

【示例】

鲁迅先生在《论辩的魂灵》一文中，曾揭露了这样一段诡辩：

卖国贼是说谎的，所以你是卖国贼。我骂卖国贼，所以我是爱国者。爱国者的话是最有价值的，所以我的话是不错的。我的话既然不错，你就是卖国贼无疑了。

循环论证就是这样绕着圈子，从论点出发，再用论点作为论据来论证论点，如此循环重复，实际上什么也没有论证。循环论证实质上是自身的重复，并不存在可以用来论证的论据。

（三）歧义推理

词语有时是多义的，歧义推理就是利用词语的多义性，通过混淆词语的不同意义故意造成歧义，达到混淆是非的目的。

【示例】

鼠者动物也，老鼠者老动物也。

"鼠者动物也"，这个判断是正确的，但后面的推理就荒谬了。问题在于词语的歧义上。"老鼠"的"老"与"鼠"构成一个定名词，没有实在意义。而"老动物"的"老"是相对"少"而言的，它有实在的意义。因此，这个推理就是一个歧义推理。

【示例】

有一次，甲与乙打赌，甲说：

"铁锤锤鸡蛋锤不破！"

乙说："锤得破！"

甲说："锤不破！"

两人争来争去，没有结果，于是请来证人，立下条约："铁锤锤鸡蛋，锤不破，乙请一桌酒席；锤破了，甲请一桌酒席。"乙拿来鸡蛋和铁锤，用锤使劲砸下去，鸡蛋碎了。

"这不是破了吗？"乙说。

"蛋是破了，可我说的是'锤'不破啊！"

在"铁锤锤鸡蛋锤不破"这句话中，第一个"锤"是名词，表示一种工具；第二个"锤"是动词，表示一种动作行为；第三个"锤"可以理解成名词，也可以理解成动词。甲正是利用词语上的这种歧义使乙上当受骗。

（四）机械类比

类比是利用两种事物在一种属性上的相同，从而推出它们在另一种属性上也相同的推理方法。类比的特点是以物比物、以理比理，将事物之间相似或相通之处放在一起，以此喻彼、以浅喻深。但类比推理的结论是或然的，因为客观事物都是个性与共性的统一，如果类比推理的推断恰好是事物之间的差异性，就势必会导致结论的虚假。机械类比就是根据两类事物的一些表面相似的属性，来推断它们其他的属性也相同，并据此作出似是而非的或错误的论证。

【示例】

谢列松到警察局领身份证。一位填写证件的官员问：

"出生地？"

"巴黎。"

"这么说，您是法国人？"

"我不同意，因为我的父母是丹麦人。"

"不过，先生，既然你出生在法国，当然你就算法国人！"

"我说警察，请您听我说！我的狗不久以前在马厩里生下了小狗。因此，我就必须把小狗崽儿叫作小马驹吗？"

一个人在哪里出生，并不必然就是哪国人。但是，一只小狗不管它在什么地方出生，它都是小狗。它们之间具有一定的差异性，是不能进行简单类比的。谢列松正是利用机械类比的方式来进行诡辩。要反驳这类诡辩，必须指出这两类事物之间缺乏必然的联系，由论据的真实性无法证明其论点的真实性。

（五）轻率概括

轻率概括是指诡辩者仅仅根据某类事物中个别的事实、片面的经验，便贸然地作出关于该类事物一般性特征的错误结论。在不完全归纳推理中，其推出的结论是或然的。如果考察的事物不多，而且又是从非本质属性方面去考察，得出的结论就会犯轻率概括的错误。例如，食物中有细菌繁殖，人吃了就会得病，如果细菌污染病人的伤口，就会发炎、化脓，于是得出"细菌是害人精"的结论。很显然这个结论是不完全正确的，因为有不少细菌对人体是有益的，如卡介苗，给人注射后可以增强人体的免疫力，防止结核病等。

个别与一般是辩证统一的，个别中必然存在着一般，因此我们可以根据某类事物中的部分对象情况推出关于这类事物的一般性结论。但是个别与一般又是对立的，个别中除了一般的属性特征外，还包含了自己特有的属性特征。所以，如果仅仅根据个别的表面现象推出关于这类事物的一般性结论，就会产生谬误。

【示例】

一次，齐国的大臣晏子奉命出使楚国。楚王为了羞辱晏子，就在设宴招待晏子时，让两个武士押着一个被绑着的人来见楚王。楚王故意问："他是哪里人？"武士答道："齐国人！"楚王又问："这人犯了什么罪？""偷盗罪！"楚王便回头对晏子说："齐国人原来是惯做强盗的呀！"

很显然，楚王玩弄的正是"轻率概括"的诡辩术。即使那个齐国人真的是强盗，也不能证明所有的齐国人都是"惯做强盗"的。

（六）断章取义

断章取义是指在辩论过程中，诡辩者为了自己的目的和需要，在引用他人语句时不顾上下文的联系，孤立地截取其中适合自己需要的只言片语，随意割裂别人完整的语意，肆意歪曲他人的原意，以此来为自己的谬误作出似是而非的论证。

【示例】

有人在议论用压缩非生产性的消费来增加资本的积累时，为了说明马克思主义经典作家也有类似的观点，便引用了马克思的话："资本不能从流通中产生。"

其实马克思在《资本论》第一卷中的原话是：

"资本不能从流通中产生，又不能不从流通中产生。它必须既在流通中又不在流通中产生。"

这段议论，只截取了马克思原话的一小部分，歪曲了马克思的原意，断章取义地为自己的谬误进行诡辩。要反驳断章取义的诡辩，只要将诡辩者所引的话放回到所引的篇章结构和语言环境中进行全面的分析，就可以揭穿其诡辩。

诡辩是一种逻辑错误，但总是带着巧妙的伪装，缺乏辩论知识的人容易被迷惑，甚至上当受骗。要识别诡辩，就必须掌握逻辑学和辩论学的基本原理，提高思辨能力，并运用这些知识和能力，分析、研究辩论中出现的种种诡辩现象和本质。在辩论中，辩者只有准确地把握诡辩的要害所在，然后运用恰当的方法，有的放矢地去驳斥它，才能使自己立于不败之地。

思考与实践

一、什么是辩论？辩论具有哪些特征？

二、从不同的角度来分，辩论有哪些不同的类型？

三、组织观看一次辩论会的录像，谈谈有哪些地方值得我们借鉴，哪些地方还存在不足需要改进。

四、试分析下面的辩论中运用了哪些技巧。

1. 有个小伙子驾车撞倒了一位老人，他停下车对老人说："对不起，不过我开车已有5年历史了，而且一直都很小心。"

"要知道,我走路都有 50 年历史了,难道是我的错?"老人气呼呼地说。

2. 孟子与齐宣王之间的一次辩论:

孟子问:"假如你有一个臣子把妻子、儿女托付给朋友照顾,自己到楚国出游。等他回来时,他的妻子、儿女却在受冻、挨饿,对这样的朋友该怎么办呢?"

齐宣王答:"和他绝交。"

孟子问:"假若掌管刑罚的长官不能管理他的部下,那该怎么办?"

齐宣王答:"罢免他!"

孟子又问:"全国之内,政事败乱,人民不能安居乐业,那又该怎么办呢?"

齐宣王这时候只好"顾左右而言他"了。

3. 丈夫想把院子里的树砍了,妻子坚决反对。丈夫说:"院子是正方形,好像一个'口'字。院中有树,就像口中有木。口中有木,恰是'困'字,这吉利吗?"

妻子说:"院子是正方形,好像一个'口'字。院中有人,就像口中有人。口中有人,恰是'囚'字,你是不是要把人也砍了呢?"

4.《韩诗外传》记载了子贡与齐景公的一段辩论:

齐景公问子贡:"你的老师是谁?"

子贡答道:"鲁国的仲尼。"

"仲尼是贤人吗?"

"是圣人啊!岂止是贤人呢?"

"他是什么样的圣人呢?"

"不知道。"

齐景公怒气冲冲地问:"开始你说仲尼是圣人,现在又说不知道,这是为什么?"

子贡答辩道:"我终身戴天,并不知道天有多高;我终身践地,并不知道地有多厚;我求学于仲尼,就如同拿着勺子到江海中饮水,满腹而去,又哪里知道江海有多深呢?"

五、试分析下列辩论中犯了哪些逻辑错误。

1. 营业员与顾客的一段对话:

顾客:"这件上衣是最新款式吗?"

营业员:"当然是最新款式的。"

顾客:"颜色倒不错,会褪色吗?"

营业员:"肯定不会褪色。这件上衣在橱窗里已经挂了三年了,颜色一点也没褪呀!"

2. 一个人看中了广告中介绍的一种新颖美观的自行车,于是他专门找到登广告的这家商店，但挑选时，他发现实际出售的自行车上没有车灯，而广告中是有的。顾客指责店主骗人，店主平静地解释道："噢，先生，这灯是额外的东西，没有计入车子的售价。广告里还有位坐在车上的漂亮女郎呢，难道我们也要随车提供一位吗？"

3. 顾客买肉时，嫌肉太肥，就叹道："唉，这些猪肉太肥了！"卖肉的说道："养猪的哪个不想猪肥？"

4. 水手的朋友："你的父亲是怎样死的？"

水手："死在一次海难事故中。"

水手的朋友："那你的祖父又是怎样死的呢？"

水手："也死在海上。一次突然而来的热带风暴夺去了他的生命。"

水手的朋友："天啊！那你为什么还要当水手去海上远航呢？"

水手："你的父亲是怎样死的？"

水手的朋友："死在床上。"

水手："你的祖父呢？"

水手的朋友："也死在床上。"

水手："那你为什么每天晚上还要睡在床上呢？"

水手的朋友：……

中篇　　幼儿教师职业口语

学习提示

　　幼儿教师职业口语是幼儿教师在教育教学工作中必须具备的一种语言能力。幼儿教师应针对教育对象的特殊性，了解幼儿教师职业口语的基本特点，根据幼儿的年龄、心理特点和认知水平，设计恰当的教育教学语言和幼儿进行交流与沟通，让幼儿在幼儿园这个和谐的大家庭中健康快乐地成长。

第七章 幼儿教师职业口语训练基础

训练目标

1. 了解幼儿教师职业口语的特点，了解幼儿教师所必须具备的口语基本能力。

2. 了解教学中使用口语修辞手法的重要性，掌握比喻、夸张、比拟、反复、顶真等口语修辞手法的特点与作用。

第一节　幼儿教师职业口语特点与能力要求

学前教育是启蒙教育，帮助幼儿尽快认识周围世界，掌握基础知识，不断提高语言能力，是学前教育最重要的任务之一。幼儿教师由于教育对象——幼儿的特殊性，其语言修养、运用语言的能力在学前教育活动中起着重要的作用。这就要求幼儿教师要深入研究幼儿的认知特点和心理发展水平，根据学前教育的特殊规律，充分运用语言这一教育手段，开启幼儿的心智，发展幼儿的能力。

一、幼儿教师职业口语的特点

幼儿教师职业口语具有以下特点：

（一）通俗明了，浅显易懂

一般来说，幼儿掌握的词汇，实词多，虚词少；口语化的词汇多于书面化的词汇；表现具体概念的词汇多于表示抽象概念的词汇；运用的语言句型结构简单，单句多于复句，语句中附着成分较少。所以，教师的语言必须通俗明了、浅显易懂，遣词造句不深奥晦涩，说话不拐弯抹角，首先要让幼儿听懂，然后在不断丰富幼儿词汇的同时，创造条件让幼儿学会运用这些新的词语。在教学活动中，教师运用语言时应注意以下几点：

一是以浅代深或省略艰深的词。教师在教学时应考虑教学对象的特殊性，将教学材料中的成人语言改为幼儿语言，使其尽量口语化，以便幼儿理解、接受。

【示例】

"我就知道你不敢，懦弱的东西！"铁罐说，带着更加轻蔑的神气。

"住嘴！"铁罐恼怒了，"你怎么敢和我相提并论！你等着吧，要不了几天，你就会破成碎片，我却永远在这里，什么也不怕。"

"何必这样说呢？"陶罐说，"我们还是和睦相处吧，有什么可吵的呢！"

这是故事《陶罐和铁罐》原文中的片段。如果教师按照故事的原文给幼儿讲述故事，"懦弱""轻蔑""相提并论""和睦相处"等词语就过于书面化，不适合在讲述时使用，同时艰深的语义也会使幼儿难以理解。如果将它们改为"胆小""瞧不起""相比""好好相处"等，就显得比较通俗浅显并且更加口语化，幼儿理解、接受起来也就容易多了。

二是将长句分割为短句，保留原意。教师对幼儿说话一般多用单句，而且句式短小、句型简单，一句话大约五六个音节，最多不超过十个音节。如果句式冗长或修饰成分多，幼儿不仅听起来吃力，甚至还会听了后半句忘了前半句。因此，教师在表达中应尽可能将长句分割为短句，使句子的原意清晰明了。

【示例】

例1：下面十六个方格内画着四个月亮和四颗星星（19个音节），怎样将十六个方格分成面积和形状完全相同的四块（23个音节），而每块中必须要有星星和月亮的图案各一个（19个音节）？

例2：下面十六个方格里，四格画着月亮，四格画着星星。把十六个方格划成四块，每块大小样子都一样，又都有月亮和星星，怎样划分？

示例中的两段话，用不同的方式表达同样的语意。例2将长句分割为短句，语意就会清晰得多，符合幼儿的理解水平，幼儿接受起来也就比较容易。

（二）趣味直观，生动形象

人的语言发展与思维有着密切的联系。幼儿主要凭借事物的具体形象或表象进行思维，即凭借具体形象的联想来进行，因此思维具有形象性的特点。幼儿常常会用自己的直接经验理解语言的含义，教师要运用有形、有声、有色、有动感、有情感的语言唤起幼儿对具体事物的真切感知。因此，教师的语言必须生动有趣、直观形象，具有高度的具象性。教师应当多使用叠音词、摹色词、象声词、感叹词、语气词和比喻、拟人、对比、夸张等修辞手法，使语言具体形象、生动活泼，并应熟练运用幼儿已有的经验启发引导幼儿认识、理解事物。

【示例】

小朋友们，你们知道今天是什么日子吗？今天是农历腊月初八，食堂里的叔叔、阿姨们，给你们做了一锅香喷喷、热腾腾的腊八粥，好吃极了！粥里有红红的枣、黄黄的豆，还有……你们看看还有什么？

这段话运用了"香喷喷""热腾腾"等叠音词和"红红""黄黄"等描摹色彩的词，使语言和谐悦耳、色彩鲜明。

【示例】

请小朋友们闭上眼睛，听听窗外的雨声像什么呀？哗哗——像小河在流，滴答滴答——像钟表响。睁开眼睛看看雨像什么呀？像梳子一样密，像针一样细，一串一串多像穿起来的珍珠！往远处看，还像一道门帘子。

这段话运用了"小河在流""钟表响"来比喻下雨的声音，用"梳子一样密""针一样细""穿起来的珍珠"和"门帘子"来形容雨的形态，具体形象。

【示例】

孙悟空用金箍棒对着水晶宫大殿里的柱子，用力一扫，只听喊里咔嚓，稀里哗啦，怎么回事啊？大殿的柱子都折了，水晶宫眼看要塌了。孙悟空"噌"的一下跳出水晶宫，翻了个跟头，不见啦！

这段话运用了象声词"喊里咔嚓，稀里哗啦"描述水晶宫即将倒塌时的情景；用"噌"描述孙悟空腾空而起动作的敏捷，富有动感和逼真性。

（三）科学准确，灵活善诱

教师要有充分的科学依据，本着实事求是的精神，注意语言的准确性，简明扼要，不模棱两可。如果教师的语言缺乏科学性和准确性，就会对幼儿产生误导。同时，教师在教学过程中，针对出现的各种情况，运用语言也要善于灵活应变，根据所得的反馈信息，及时地对原教学计划、教学语言作出相应的调整，用循循善诱的语言引导幼儿进行思考，引导幼儿掌握知识。

（四）语言儿童化

语言儿童化并不是指教师一味模仿幼儿用词不当的"奶话"和语法混乱的"娃娃腔"，而是掌握一种贴近幼儿生活，反映他们的要求，表现他们的情感，符合他们的年龄、心理特征和接受水平的语言艺术。儿童化的语言应是一种规范的语言。

要做到语言儿童化，教师首先要具有一颗纯真的"童心"，热爱学前教育事业，热爱、理解幼儿，真诚地对待幼儿。这是教师基本的职业素质，也是语言儿童化的前提之一。

幼儿生活经验还不丰富，对周围事物认识不全面，掌握的概念以及表达概念的词汇还很贫乏，不易掌握语法规则，语言情境性成分较多，因此，教师必须从幼儿的这些特点出发，尽量不用或少用"成人的话"，使用幼儿能理解、接受的语言进行表达，力求语言浅显通俗，句式短小，结构简单，把抽象的概念具体化、深奥的道理形象化。

语言儿童化还要求教师学会运用停连、重音、语气、语调、语势、节奏等口语表达技巧，例如，在和幼儿沟通、交流时，教师要运用亲切柔和的语调、委婉坚定的语气、抑扬顿挫的声音、鲜明匀称的节奏等。同时语速要适度，比与成人交流稍慢些，舒缓有致，节奏富有变化，使幼儿的注意力能较为持久地保持集中。

语言儿童化的关键是语言要富有幼儿趣味。所谓幼儿趣味，是指符合幼儿认知心理和水平的意趣、情趣、理趣，即从幼儿的心理出发，站在幼儿的角度，用幼儿的眼光去观察周围的一切事物。语言富有幼儿趣味，要求教师具有较强的语言表现力。教师运用富有幼儿趣味的语言对幼儿进行教育，才能引起幼儿的兴趣，生动形象地帮助幼儿理解知识。

语言的趣味性主要表现在趣化的内容和趣化的形式上。教师在处理教材时要考虑幼儿的年龄和心理特点，从幼儿的视角出发，对表达的内容进行加工处理，注入幼儿所喜爱的趣味因素，使其生动、活泼。例如，说理故事化、生活游戏化、学习娱乐化等。

【示例】

有一头驴子，驮了一大包盐，好重啊！它过河的时候，不小心滑倒在水里了。当它爬起来上岸后，感觉背上的东西变轻了。驴子很高兴，它想，我找到窍门了，驮着重东西，要到水里泡一泡，就会变轻的。过了几天，驴子又驮了一大包棉花过河。棉包很大，驴子感到有点累，它想，没关系，过河后背上的东西会变轻的。过河的时候，驴子故意倒在水中，心想，这下可好啦！可是它爬起来后，觉得背上的棉花不但没有变轻，反而变得更重了，累得它直喘气，好不容易才爬上岸。驴子想，这是什么原因呢？这时，牛伯伯走过来了，驴子上前问道："牛伯伯，请您告诉我，我驮盐蹚水过河，跌倒在水中，上岸后背上的东西感觉轻了；驮棉花蹚水过河，跌倒在水中，上岸后背上的东西越来越重了。这是为什么呢？"牛伯伯说："小朋友最会动脑筋，请小朋友想想，这是什么原因呢？"

这位教师利用故事的形式来讲解盐溶于水、棉花吸水的科学现象，既具体生动，又富有幼儿趣味。教师用趣味化的内容和富有启发性的问题，可以激发幼儿的学习兴趣和积极性，使幼儿的注意力较为持久地保持集中。

【示例】

师：今天，我要给小朋友们讲一个"龟兔赛跑"的故事。（边讲故事边出示教具，在用纸折的乌龟和兔子上压上一块小铁片，然后用磁铁隔着玻璃板吸引着乌龟、兔子向前移动。）

师：好，故事讲完了。我要问问小朋友，为什么老师用纸折的乌龟和兔子会移动？

幼：因为你用磁铁吸着它才会动。

师：（把压在乌龟、兔子上的小铁片拿开。）现在看看乌龟和兔子还会动吗？

幼：不会动了。

师：小朋友想过吗，这是为什么呢？

幼：因为老师把压在乌龟和兔子上的小铁片拿掉了，所以就吸不住了。

师：说得很对。磁铁只能吸住铁的东西。

师：（重新把小铁片压在用纸折的乌龟和兔子上，又演示一遍。）

师：（拿出若干个装有铁钉、图钉、回形针、塑料小玩具、小纸片、小布条等的纸盒）现在我给每个小朋友一块磁铁，看看哪些东西能被磁铁吸住，哪些东西不能被磁铁吸住。

幼：老师，我吸住的有图钉、回形针，还有铁钉！

师：很好！现在我们知道了，磁铁只能吸住铁的东西，对其他东西是不起作用的。

教学活动设计必须突出幼儿趣味，利用趣味化的内容和形式，才能抓住幼儿的心。这位教师先用讲故事的形式将幼儿引入讲课的内容中，然后提出问题，观察幼儿注意力的分配，最后得出"磁铁只能吸住铁的东西"的结论。整个活动过程气氛活跃，幼儿的学习兴趣浓厚，参与性强。

（五）辅以态势语

幼儿理解语言极易受语言情境和非语言交际手段的感染和暗示，因此，教师应创设一定的语言情境和利用表情、动作和身体姿势等非语言交际手段来帮助幼儿理解语言。表情要丰富并略带夸张，情绪饱满、精神专注、情感真挚。教师以情绪饱满、态度亲切、面带微笑、活泼轻松的风貌出现在幼儿面前，就会形成一个宽松、欢悦、和谐的语言情境，从而获得幼儿的喜爱，教师的话也会在与幼儿的心理共振中取得良好的效果。因此，借助态势语可唤起幼儿的注意力和想象力，提高幼儿的理解水平。

二、幼儿教师应具备的口语能力

1. 具有准确、清晰、流利的普通话水平

教师对幼儿进行教育主要是通过口语来完成的，能说准确、清晰、流利的普通话是幼儿教师必备的职业素质之一。普通话包含语音、词汇、语法三个方面的规范。幼儿时期是幼儿对语音最敏感、掌握语音最迅速的时期，也是掌握词汇最迅速的时期。由于幼儿的模仿力较强，幼儿教师的普通话水平会直接影响幼儿的语音与表达，如果幼儿教师的普通话平翘舌音不分、前后鼻韵母不分，或用词不当、词不达意、生造词语等，都会对幼儿产生误导。因此，幼儿教师的语言能力在一定程度上决定着幼儿语言的发展水平。按照国家有关规定，幼儿教师的普通话要达到二级乙等及以上等级水平。幼儿教师不仅要能说准确、清晰、流利的普通话，还要具有一定的听音、辨音能力，能及时纠正幼儿发音的错误，为幼儿学好普通话打下良好的基础。讲普通话是一种语言技能，它必须通过循序渐进、持之以恒的口耳训练才能逐步提高。幼儿教师要系统掌握汉语语音知识，充分利用汉语拼音这个正音工具，做到准确发音；注意自己的方言与普通话之间的差异，找出一些对应的规律帮助区分和记忆，努力提高普通话水平。

2. 具有较强的语言表现力

幼儿教师良好的素质之一就是具有一颗纯真的"童心"，具有较强的语言表现力。幼儿教师的语言要具有较强的表现力，就必须掌握一定的语言表达技巧，使语言富有幼儿情趣，生动活泼，具有童话般斑斓的色彩。儿歌、幼儿诗、故事是学前教育中常见的寓教于乐的教学内容。一个幼儿教师能用抑扬顿挫、轻重缓急的声音，用儿童化的语言，绘声绘色、声情并茂地给幼儿朗诵儿歌和幼儿诗、讲述故事，就一定会受到幼儿的欢迎。

将文字语言转换为有声语言是对原作品再创作的过程，它需要表达者运用一定的语言表达技巧感染听者。语言表达技巧主要有停连、重音、语气、语调和节奏等。语言表达技巧的运用可以使文字作品的语句目的更明确，语意更清晰，重点更突出，语气更亲切，感情更丰富。幼儿教师应学会语言的表达技巧并正确、熟练地加以运用，使自己的语言具有较强的表现力和感染力。

3. 具有良好的语言示范和评价能力

幼儿是通过模仿学习语言的，因此教师应该给幼儿提供正确的模仿榜样。教师的语言是幼儿学习口语的榜样，教师首先要注意自身语言的规范化，发音要清楚正确，词汇丰富，用词确切，语句符合语法规则，说话明确清晰，文理通顺，起到良好的示范作用。在读儿歌和幼儿诗、讲故事时，教师应多利用自己的语言给幼儿示范，尽量少用磁带放录音。教师示范时要注意声音清楚、响亮，面向全体幼儿，使每个幼儿能听清楚、听明白，同时辅以态势语，给幼儿直接、亲切的感受。

幼儿期正是个体逐渐形成正确的道德意识、道德情感和道德行为的时期，寓教于乐，使幼儿乐于接受教诲，是获得最佳道德教育效果的途径。教师应根据教育对象的特殊性，讲究教育的语言艺术。幼儿的语言表达能力和道德是非观是在实践中不断发展起来的，教师在引导幼儿进行实践时，应能对幼儿语言和行为的正误优劣进行正确的评价，尊重幼儿，以情动人，从而提高幼儿的语言水平和智力水平，培养幼儿的道德是非观。

4. 具有一定的知识储备和灵活应变能力

教师要给幼儿正确的知识引导，自己先要有一定的知识储备，有较广的知识面。社会在不断发展，知识在不断更新，教师要让自己的思想、观念、知识不落伍，不被社会所淘汰，就必须不断学习，更新观念，接受新思想、新知识。教师除了应不断学习、掌握学前教育专业知识外，还应通过阅读书刊、听广播、看电视、上网、观赏电影以及参与各项社会活动来开阔视野、增长知识、积累经验，力求达到教学时得心应手的理想境界。

在教学活动中，师幼的双边活动处于错综复杂的状态，往往会出现一些突发事件。这就要求教师能敏锐地发现问题，具有灵活应变的能力；要求教师有敏捷的思路，善于顺着幼儿考虑问题的轨迹找出症结所在，因势利导，用"画龙点睛"的话语使幼儿顿悟。当然，教师的这些综合能力不是一朝一夕就能形成的，教师应在具体的教学实践中不断积累经验、努力学习、刻苦钻研，把握不同年龄幼儿的心理特征，了解不同幼儿的个性特点，循循善诱、积极引导，让每一个幼儿在宽松、舒适的环境中健康成长。

思考与实践

一、幼儿教师职业口语有哪些特点？

二、幼儿教师的语言如何才能做到儿童化？

三、幼儿教师应具备哪些口语能力？

第二节　常用修辞手法运用训练

修辞手法有很多，在幼儿园教育教学活动中常用的有比喻、比拟、反复、顶真、夸张、对比等，无论是儿童文学作品还是教师的口语表达，如果充分运用各种修辞手法，就可以形成语言的生动美。因此，教师有必要掌握这些修辞手法，并在教育教学实践中加以运用，使自己的语言更加准确生动、具体可感，以此提高教育教学的艺术水平。

一、比喻

比喻是一种比较常用的修辞手法。它利用不同事物之间某些相似的地方，借一事物来说明另一事物。比喻可以化抽象为形象，化复杂为简明，化深奥为通俗，既能激发幼儿学习的兴趣，又能培养幼儿的想象力。一个完整的比喻通常由本体、喻体和喻词三部分构成。被比方的事物叫本体，用来打比方的事物叫喻体，联系两者的词语叫喻词。按照这三者的隐现情况，比喻分为明喻、暗喻、借喻三种基本类型。在幼儿园教育教学活动中，明喻和暗喻用得比较普遍。

（一）明喻

明喻是本体、喻体、喻词都出现的比喻方式，常用"像、如、似、仿佛、犹如、有如、一般"等喻词。

【示例】

比 尾 巴①

程宏明

谁的尾巴长？

谁的尾巴短？

谁的尾巴好像一把伞？

猴子的尾巴长。

兔子的尾巴短。

<u>松鼠的尾巴好像一把伞。</u>

---

① 义务教育教科书·语文：一年级上册［M］.北京：人民教育出版社，2016：82-83.

谁的尾巴弯？

谁的尾巴扁？

谁的尾巴最好看？

公鸡的尾巴弯。

鸭子的尾巴扁。

孔雀的尾巴最好看。

这是一首能充分调动幼儿学习积极性的儿歌。幼儿喜欢动物，每种动物又都有自己的特点，此儿歌运用明喻的修辞手法，把动物的尾巴比喻为幼儿熟悉的物体，不仅能加深幼儿对各种动物基本外形特征的了解，还为教师提供了非常好的教学启示。教师可以通过多种教学手段（出示动物图片、运用多媒体、带幼儿参观动物园等），引导幼儿根据儿歌的句式仿编儿歌，以此来培养幼儿的观察、比较、判断、想象等能力。

（二）暗喻

暗喻是本体和喻体都出现而喻词不出现的比喻方式，常用"是、成、为、叫、做、等于、当作、变成"等词语来连接本体和喻体。

【示例】

落　叶①

秋风起了，天气凉了，一片片的树叶从树枝上飘落下来。

树叶落在地上，小虫爬过来，躺在里面，把它当作屋子。

树叶落在沟里，蚂蚁爬过来，坐在上面，把它当作小船。

树叶落在河里，小鱼游过来，藏在底下，把它当作小伞。

树叶落在院子里，小燕子看见了说："来信了，催我们到南方去了。"

这篇散文的作者采用了暗喻的修辞手法，分别把树叶比作屋子、小船和小伞，想象力丰富，富有童趣。当教师问幼儿：树叶还会落在哪里？哪些小动物会看见这样的风景？它们会把落叶当作什么？幼儿会在教师的启发下，充分发挥想象力，模仿此文的句式说出自己的想法。这样，既提高了幼儿的语言表达能力，又培养了幼儿的发散思维能力。

二、夸张

为了表达强烈的感情或给读者留下鲜明深刻的印象，故意扩大或者缩小事物的形象、数量、特征、作用等，这种修辞手法叫作夸张。夸张一般分为三类：扩大夸张、缩小夸张和超前夸张。

---

① 浙江省《幼儿园课程指导》编写委员会.教师资料手册·语言［M］.北京：新时代出版社，2003：279.

（一）扩大夸张

扩大夸张是把事物的形象、数量、特征、作用等，尽量往高、多、强、大等方面去说的一种夸张类型。

【示例】

刘家五兄弟[①]（片段）

从前，在大海边上，有一个小小的村庄，它叫作刘家庄。

刘家庄有位老大娘，有一年，一次生了五个儿子。这弟兄五个长得高矮一样，模样儿也一样，除了刘大娘，谁也认不出他们哪个是哥哥，哪个是弟弟。后来，五个兄弟都长大了，他们都很有本领。

老大能一口气把大海里的水喝干，起名叫"肚皮包海"。

老二不怕火烧，不管多大的火，烧他三天三夜，也烧不掉他一根汗毛，起名叫"火烧不焦"。

老三的腿能缩能伸，要它伸多长就多长，起名叫"通天长腿"。

老四的身子比钢还硬，刀砍不动他，刺刀刺不进他，起名叫"刀砍不动"。

老五呢，各种飞鸟走兽的话，他都会讲，起名叫"样样都懂"。

他们一家人，日子过得很快活。老大在海边打鱼，老二在家里烧火做饭，老三和老四种地，老五喂鸡放羊。

刘家五兄弟各有各的本领，犹如超人一般，肚皮包海、火烧不焦、通天长腿、刀砍不动、样样都懂，他们高超的本领对幼儿有极大的吸引力。这就是扩大夸张修辞手法在幼儿作品中的运用。扩大夸张使人物形象栩栩如生，性格鲜明。幼儿的爱憎情感在阅读和听讲故事中得到强化，想象力也得到发展。

（二）缩小夸张

缩小夸张是把事物的形象、数量、特征、作用等，尽量往低、少、弱、小等方面去说的一种夸张类型。

【示例】

蜗 牛 画 树[②]

美丽的秋天到了，蜗牛出门去画树。好大好大的树啊，树叶多得数也数不清。

---

① 浙江省《幼儿园课程指导》编写委员会．教师资料手册·语言［M］．北京：新时代出版社，2003：57．

② 浙江省《幼儿园课程指导》编写委员会．教师资料手册·语言［M］．北京：新时代出版社，2003：41．

蜗牛把纸铺在黄草地上，画呀画，画呀画，画坏了就擦，擦了又画，蜗牛画了一天又一天。有一天要涂颜色了，啊！树上的叶子一片一片落下来，蜗牛急得哭起来。

树林里的小朋友跑来了，他们劝蜗牛说："不要哭，明年又会长出新叶子的。"

小蜗牛走了。明年，他要画一棵有好多叶子的大树。

一张画从秋天画到冬天，结果还没画成，突出了蜗牛动作慢的特点。作者在此运用了缩小夸张的修辞手法，把故事性和常识性有机地结合起来，通过"蜗牛画树"这个有趣的情节，使幼儿了解"有些树在秋冬季节要落叶，在春季会长出新叶"这一自然现象。

（三）超前夸张

超前夸张是把在时间上后发生的事物或行为说成先发生的，或说成同另一先发生的事物或行为同时发生的一种夸张类型。

【示例】

飞①

白　冰

妈妈领着她的小女儿在山路上散步。

女儿说："妈妈你看！蒲公英妈妈的孩子在飞，还戴着小降落伞。蒲公英妈妈不要他了吗？"

妈妈说："不是。蒲公英的孩子要去旅行，去认识河流，去认识瀑布，去认识山，去认识树……"

女儿说："妈妈你看！树叶宝宝从树枝上飞了下来，大树妈妈不要她了吗？"

妈妈说："不是。树叶宝宝要去给小蚂蚁当船，给小甲虫当伞，给小蚂蚱当屋……"

女儿问："那么，我呢，我长大了呢？"

妈妈说："你长大了也会飞走。因为，这个世界很大很大，你要飞到你想去的地方，去做你想做的事……"

"我会想你的，妈妈。"女儿这样说着，可她的心已经飞走了。

只有人"飞"走了，心才会跟着"飞"走。作者在此故事中运用了超前夸张的修辞手法，把小女孩盼望自己快点长大的心情表现得恰到好处。在讲完这个故事后，教师可以启发大班的幼儿谈谈自己长大后的理想是什么，想去哪里，想做什么，等等。

---

① 浙江省《幼儿园课程指导》编写委员会.教师资料手册·语言［M］.北京：新时代出版社，2003：147.

三、比拟

比拟是把物当作人来写，把人当作物来写，或把甲事物当作乙事物来写的一种修辞手法，一般可分为拟人和拟物两大类。这种修辞手法在幼儿园教育教学活动中使用得非常普遍。幼儿富于幻想，思维以自我为中心，他们常常把动物当作朋友，认为动物跟他们一样会说话、能游戏。教师抓住幼儿的这一特点，适当选择运用比拟修辞手法创作的文学作品，运用拟人、拟物的方法设计教育教学活动，可以使幼儿对教育教学内容更感兴趣，也可以增强口语表达的效果。

（一）拟人

拟人是把物当作人来描写，使物具有人的动作行为、思想感情、音容笑貌的一种比拟类型。拟人是人格化的手法，可以把无生命的物写得栩栩如生，也可以把有生命的物写得可爱或可憎。

【示例】

荷叶上的珍珠①

徐青山

早晨起来，我看见荷叶上有一颗珍珠。

这颗珍珠又大又圆又明亮，翠绿的荷叶像个碧玉盘，盛着这颗亮晶晶的珍珠，真好看。

微风一吹，它就滚动起来。它一会儿滚到东，一会儿滚到西，像在荷叶上玩耍呢。

过了一会儿，太阳出来了，荷叶上的珍珠不见了。

它哪儿去了呢？

我知道，它变成水蒸气，飞到空中去了，明天早晨，它又会回来的。

这篇散文介绍了露珠的知识，但从头到尾没有出现"露珠"这个词语，而是采用了比喻和拟人两种修辞手法，把露珠比喻成珍珠，把荷叶比喻成碧玉盘，把那粒又大又圆、晶莹透亮的露珠比拟成顽皮的孩子，在荷叶上滚动着、嬉戏着；太阳一出来，它就躲起来，变成水蒸气，飞走了。作者勾画了一个清新活泼的场景，不仅给幼儿美的享受，而且激发了幼儿对自然现象的探索欲望。

（二）拟物

拟物是赋予人以物的特性，把他当作物一样来描述，或把甲事物当作乙事物来描述的一种比拟类型。

---

① 浙江省《幼儿园课程指导》编写委员会. 教师资料手册·语言［M］. 北京：新时代出版社，2003：279.

【示例】

跳绳（中班体育活动）

活动目标：

1. 初步学会跳短绳的方法。

2. 练习双脚跳及听信号向指定方向跑。

3. 训练手脚动作的协调性。

活动过程：

（一）

师：小兔们，今天天气很好，妈妈带你们到草地上去吃青草。（边念儿歌边带领幼儿做动作。）

师：小白兔，跳跳跳，跳到东，跳到西，（学小白兔向左右方向轮换跳）跳到田里吃青草，吃完青草睡大觉。（蹲下做睡觉的姿势，嘴里发出呼噜声。）

天亮了，小兔们快起来。（全体起立。）

小白兔，真美丽，长耳朵，短尾巴。（先做兔跳动作，后两手向上做长耳朵，往后合拢做尾巴。）

红红的眼睛，白白的毛，走起路来蹦又跳。（双手先捂眼睛，再摸身上的毛，最后跳转一圈。）

小白兔，爱清洁，会洗脸，会梳头。（先拍手，再做洗脸、梳头状。）

还会穿衣扣纽扣。（做穿衣扣纽扣动作。）

小白兔，爱锻炼，伸伸臂，弯弯腰。（先拍手，再做伸臂、弯腰动作。）

还会排球和跳绳，天天锻炼身体好。（先做打排球和跳绳动作，再拍手、自转一圈后，两手叉腰挺胸抬头。）

（二）

师：今天妈妈带你们一起来练跳绳，先看妈妈跳一次。（示范一次后，边讲解边做分解动作示范：双手拿好绳子的两端，把绳放在脚后跟，将绳子从背后甩过头顶落下，双脚蹬地跳过绳轻轻落地，连续地跳。）

师：小兔们，每人拿一根绳子开始练习，妈妈看你们谁先学会。（巡回指导。）

（三）

师：小兔们，山上下来一只大灰狼，我们该怎么办？（出示一个纸箱做成的大灰狼。）

幼：略。

师：用我们的武器吧！（指绳子）可以用绳子抽大灰狼，也可以做成绳结打跑大灰狼！（鼓励幼儿想出打绳结的办法，并给予适时的指导。）

师：小兔们，大灰狼快到我们家门口了，大家看准了再打。

（幼儿把绳结投向纸箱，投中了就拍手欢呼胜利。）

师：你们真是妈妈的好孩子，既勇敢又能干，今天我们累了，先休息一会儿，妈妈下次再教你们更多的本领。

教师采用了拟物的修辞手法，把自己和幼儿当作动物，把幼儿带进了童话世界。在整个活动过程中，教师始终抓住小白兔蹦蹦跳跳的特点，带领幼儿做准备活动、学习跳绳和游戏，极大地增强了活动的趣味性。

四、反复

反复是有意识地重复使用某些词语或句子的修辞手法。根据重复的词、语、句连接与否，反复可分为连续反复（也叫紧接反复）和间隔反复两种。采用反复修辞手法创作的文学作品，比较适合幼儿复述和朗诵。

【示例】

春天的秘密①

春天来了，春天来了，

春天在哪儿呢？

小河里的冰融化了，

河水淅沥淅沥地流着，

小声地说："春天在这儿！春天在这儿！"

春天来了，春天来了，

春天在哪儿呢？

垂柳换上了嫩绿的新装，

在微风中轻轻地飘扬，

小声地说："春天在这儿！春天在这儿！"

春天来了，春天来了，

春天在哪儿呢？

桃花红着脸，

抿着小嘴，

微笑着说："春天在这儿！春天在这儿！"

春天来了，春天来了，

① 浙江省幼儿园教材编写委员会.大班教本：下册［M］.北京：新时代出版社，1994：93.

春天在哪儿呢？

燕子飞翔在蔚蓝的天空里，

啁啾啁啾地叫着，

小声地说："春天在这儿！春天在这儿！"

春天来了，春天来了，

春天在哪儿呢？

绿油油的麦苗，

使劲地从泥土里往上钻，

小声地说："春天在这儿！春天在这儿！"

春天来了，春天来了，

春天在哪儿呢？

农民伯伯忙着播种，

拖拉机轰隆轰隆地嚷："春天在这儿！春天在这儿！"

哈哈！春天真的来了，春天真的来了！

我看见了春天的秘密，

我要把它牢牢记在心里。

作者在诗中让"春天来了，春天来了""春天在这儿！春天在这儿！""春天真的来了，春天真的来了！"等句子重复出现，强调春天真的已经到了，洋溢着对春天来临的喜悦和兴奋，这属于连续反复。在这首诗中这几组连续反复的句子又间隔出现在不同的小节中，这属于间隔反复。"春天在哪儿呢？""小声地说"也属于间隔反复。这些反复的句子贯穿全诗，突出了人们热爱春天的喜悦心情。这样的诗节奏鲜明，朗朗上口，读几遍下来，幼儿马上就能背诵了。

五、顶真

顶真是用前一句的结尾做后一句的开头，使相邻的两个句子头尾蝉联、上递下接的一种修辞手法。顶真的主要特点是上一句结尾的词语与下一句开头的词语必须相同，像接力跑一样，上传下接，一气呵成。蝉联可以一次，也可以多次。用顶真修辞手法创作的文学作品也深受幼儿喜爱。

【示例】

孙悟空打妖怪 ①

樊家信

唐僧骑马咚那个咚，
后面跟着个孙悟空。
孙悟空，跑得快，
后面跟着个猪八戒。
猪八戒，鼻子长，
后面跟着个沙和尚。
沙和尚，挑着箩，
后面来了老妖婆。
老妖婆，真正坏，
骗过唐僧和八戒。
唐僧八戒真糊涂，
是人是妖分不出。
分不出，上了当，
多亏孙悟空眼睛亮。
眼睛亮，冒金光，
高高举起金箍棒。
金箍棒，有力量，
妖魔鬼怪消灭光。

　　这首儿歌运用顶真的修辞手法组织句子，前一句的结尾做后一句的开头，上下连成一体，韵律节奏感强，读起来朗朗上口，极大地增加了幼儿学习的兴趣。教师可以先让幼儿熟悉故事《孙悟空三打白骨精》，再让他们学习这首儿歌，这样不但会加深幼儿对儿歌的理解，同时有助于他们对儿歌的记忆。

【示例】

下巴上的洞洞 ②

鲁 兵

从前，
有个奇怪的娃娃，
娃娃

① 周兢.幼儿园语言教育资源［M］.北京：人民教育出版社，2015：422.
② 章红，等.幼儿文学作品及评述［M］.北京：新时代出版社，2003：32–33.

有个奇怪的下巴，

下巴

有个奇怪的洞洞，

洞洞

谁知道它有多大，

瞧他

一边饭往嘴里划，

一边饭从那洞洞往下撒。

如果

饭桌是土地，

而且

饭粒会发芽，

那么

一天三餐饭，

他呀

餐餐种庄稼。

可惜

啥也没有种出来，

只是

粮食白白被糟蹋。

你们

听了这笑话，

都要

摸一摸下巴。

要是

也有个洞洞，

那就

赶快塞住它。

　　在幼儿园，幼儿要学会独立进餐，培养良好的进餐习惯十分重要。如果教师每天用说教的方式告诉幼儿吃饭时不要掉饭粒，幼儿会觉得枯燥无趣。儿童诗《下巴上的洞洞》开头部分采用顶真等修辞手法，用生动形象的语言阐述进餐的要求，易被幼儿接受。同时，节奏鲜明的诗句适合幼儿一遍遍朗诵，既便于他们记住事理，又能提高他们的语言能力。

一、幼儿教师常用的修辞手法有哪些？它们各自的特点是什么？

二、试用比拟的修辞手法设计一个小班的教学活动，内容自选。

三、儿童散文《调皮的太阳》，儿童诗《月亮和我好》《小刺猬理发》《摇篮》各采用了哪些修辞手法？请具体分析其作用。

调皮的太阳①

调皮的太阳来到屋子里，掀开被子，催小朋友早早起床。

调皮的太阳来到田野里，使足劲儿把庄稼往高处拔。

调皮的太阳来到果园里，掏出画笔把苹果涂成红的，把草莓涂成红的……

调皮的太阳挂在空中睡午觉，热得小朋友光着屁股跳进河里。

调皮的太阳躲进乌云捉迷藏，慌得妈妈赶紧把被子收进屋子里。

调皮的太阳玩累了，红着脸躲进西山妈妈的怀里。

月亮和我好②

盖尚铎

每一棵树梢，
　　挂一个月亮，
　　　小鸟说：
　　"月亮和我好。"

每一湾池塘，
　　漂一个月亮，
　　　青蛙说：
　　"月亮和我好。"

每一个脸盆，
　　盛一个月亮，
　　　宝宝说：
　　"月亮和我好。"

① 陈国强，徐蓓珍.幼儿园建构式课程指导·教师用书·中班：下册［M］.上海：华东师范大学出版社，2003：102.

② 余珍有.幼儿园领域课程资源·语言［M］.北京：教育科学出版社，2014：466-467.

小刺猬理发①

鲁　兵

小刺猬，去理发，
嚓嚓嚓，嚓嚓嚓。
理完头发瞧瞧他，
不是小刺猬，
是个小娃娃。

摇　篮②

黄庆云

蓝天是摇篮，
摇着星宝宝，
白云轻轻飘，
星宝宝睡着了。

大海是摇篮，
摇着鱼宝宝，
浪花轻轻翻，
鱼宝宝睡着了。

花园是摇篮，
摇着花宝宝，
风儿轻轻吹，
花宝宝睡着了。

妈妈的手是摇篮，
摇着小宝宝，
歌儿轻轻唱，
小宝宝睡着了。

四、以小组为单位，选择一篇用顶真修辞手法创作的幼儿文学作品讲述给同学听，并分析顶真修辞手法的表达效果。

---

① 浙江省《幼儿园课程指导》编写委员会.教师资料手册·语言［M］.北京：新时代出版社，2003：215.
② 陈红.幼儿语言表达训练［M］.北京：中国传媒大学出版社，2017：204.

第八章　幼儿教师教学口语运用训练

📝 训练目标

1. 了解、把握幼儿教师教学口语的生动性、形象性、启发性、情感性、趣味性、规范性等基本特点。

2. 掌握幼儿教师教学口语的不同类别，学会导入语、讲授语、提问语、过渡语、结束语等的口语表达。

第一节　幼儿教师教学口语的基本特点

教学口语是教师在教学活动中，为达到教学目标而使用的语言。幼儿教师优美动听的教学口语，是吸引幼儿注意力和增强教学感染力的极为重要的因素。幼儿教师教学口语除了要符合一般的语言运用规律外，更要适应不同年龄幼儿的心理特点和语言接受能力，这样才能达到理想的教学效果，才能完成教学目标。

在教学活动中，幼儿是否能主动、愉快地参与活动，并且在活动中注意力集中，在很大程度上取决于教学口语运用得恰当与否。幼儿教师教学口语具有童真美和规范化两个基本特点。

一、童真美

童真美主要表现在语言的生动性、形象性、启发性、情感性、趣味性等方面。

（一）生动性

生动的教学口语能吸引幼儿的注意力，唤起幼儿的求知欲望和学习热情。教师要善于把抽象的概念具体化，运用丰富的语言把枯燥的知识讲得绘声绘色，引发幼儿丰富的联想。

【示例】

小班数学活动：5以内的数数

师："鸭子要下河游泳了，'扑通'一声，一只鸭子跳下水，'扑通''扑通'两只鸭子跳下水，小朋友们仔细听听，有几只鸭子跳下水了？"

教师模仿鸭子跳水的声音，让幼儿根据听到"扑通"声的次数得出相应的鸭子数。教师用象声词生动描绘鸭子下水的声音，极富感染力，幼儿全神贯注地听着教师嘴里发出的"扑通"声，注意力高度集中。

（二）形象性

法国教育家卢梭认为，在达到理智的年龄以前，孩子不能接受观念，只能接受形象。幼儿的思维是具体、形象的，根据幼儿思维对于形象的依赖性的特点，教学口语必须善于运用语言创造直观形象，帮助幼儿理解、掌握各种抽象事物。在教学活动中，教学口语是引导幼儿思维活动的主要外因，形象的语言可以激发幼儿参与学习活动的兴趣。

【示例】

大班语言活动：梨子小提琴

师：（出示一个梨）小朋友们看，老师手上拿着什么？

幼：一个梨。

师：现在老师把梨竖着从中间切开（切梨），小朋友们看，这一半梨像什么？

幼：像树叶。

幼：像琵琶。

幼：像提琴。

师：有一只小松鼠用这半个梨做成了一件有趣的东西。（出示已制作好的梨子小提琴）你们看，小松鼠把它做成了什么？

幼：小提琴。

师：我们就叫它梨子小提琴吧！

教师在教具的辅助下使幼儿明白了梨子小提琴的样子。在讲述过程中，教师采用"……像……"的比喻手法，培养幼儿对形象的感知能力，同时幼儿的想象力也得到了训练。除了教具的辅助配合外，教学口语是否形象还与教师的动作、表情有关。

【示例】

中班主题活动：诗歌《家》

师：这是一座美丽的房子，它是一个温暖的家，爸爸、妈妈住在家里，宝宝住在家里，累了在家闭上眼睛休息，住在家里的感觉真好。房子是人类的家。大自然中还有许许多多的家，要是把绿绿的草地当作一个家，那么谁会住在里面呢？要是把树林当作一个家，它又是谁的家呢？

下面，我们欣赏和学习诗歌《家》：

蓝蓝的天空是白云的家，

绿绿的树林是小鸟的家，

浩瀚的大海是巨鲸的家，

广阔的沙漠是骆驼的家。

师：在我们的周围有很多的家，茶杯箱是一个家，那么谁会住在里面呢？它是谁的家呢？

幼：方方的箱子是茶杯的家。

师：妈妈每天从米桶里取米做饭，你们说米桶是谁的家呢？想一想，家里的米桶是怎么样的？

幼：圆圆的木桶是大米的家。

师：我们家的餐具都放在消毒柜里，你们可以说这是谁的家呢？

幼：大大的消毒柜是餐具的家。

师：哥哥、姐姐每天上学用的课本都是放在哪里的？

幼：哥哥的书包是课本的家。

师：书包里的笔袋又是谁的家呢？

幼：姐姐的笔袋是铅笔的家。

教师通过直观形象的语言唤起幼儿的思维表象，使幼儿学会了仿编词句。虽然幼儿仿编的词句很稚嫩，但教师把幼儿在生活中常见的事物用具体形象的语言加以引导，让幼儿以形象的词句表现他们眼中的世界。

（三）启发性

教师富有启发性的语言是开启幼儿智力，调动其学习主动性、积极性的有效手段。有时候，幼儿不能对教师的提问作出回答，需要教师及时增加辅助性的提问，循循善诱，启发幼儿思考，找到令人满意的答案。教师启发性的语言有助于幼儿获取新知识，并令他们充满成就感和满足感。

【示例】

大班美术活动：集体读画

师：画面上有什么？他们在干什么？

幼：清晨起来，听到小鸟的叫声，几只小鸟在一起玩。许多彩色的小鸟在天上飞。

师：你们能用好听的词语来形容吗？

幼：美丽的小鸟展翅高飞。

师：讲得真好，你们发现她说的句子里有好听的词语了吗？

幼：展翅高飞。

师：对了，她把小鸟飞的时候的动态表现了出来。谁还能说得和她不一样？

幼：六只快乐的小鸟在天空旋转，它们在快乐地跳舞、做游戏。快乐、美丽、可爱、彩色、五彩缤纷……

师：这群美丽的小鸟要飞到什么地方去呢？

幼：美丽的小鸟正飞向一个温暖的地方，它们飞上蓝天，它们展翅高飞。快来看呀，它们正飞向一个温暖的地方。

师：你是怎么看出小鸟正飞向一个温暖的地方的？

幼：因为这些小鸟的周围都是用黄色、橘黄色来画的，给人很温暖的感觉。

师：你看得很仔细，还能感觉出色彩的冷暖，真了不起。

幼：一群美丽的小鸟，穿过云彩，迎着太阳飞去了。

幼儿在教师富有启发性的教学口语的指导下，用丰富的词语、优美的语句描绘了画面的内容，并大胆地表达了自己的感受和体验。

【示例】

中班主题活动：护蛋大行动

教师要求幼儿在几天的时间里做蛋的"爸爸""妈妈"，保护蛋宝宝。

师：现在"爸爸""妈妈"们把自己的蛋宝宝给大家介绍一下。

幼：我的蛋宝宝不小心碰到了玩具，破了。

幼：我的不小心掉到地上，也破了。

幼：我跑得太快了，摔了一跤，把蛋压破了。

幼：我放在口袋里，很奇怪，拿出来的时候就已经破了。

师：这个"爸爸""妈妈"可不好当啊，有什么好方法让蛋宝宝不容易破呢？回家和爸爸、妈妈商量一下，我们明天用更好的方法来保护蛋宝宝，好吗？

经过一晚上的尝试，第二天幼儿就显得装备精良了，盒子、袋子、罐子、书包应有尽有。不止如此，有的幼儿还里三层外三层地将蛋包裹起来。好的方法，加上幼儿的责任心，使蛋宝宝的安全系数大大提高。

教师没有把护蛋的好方法直接告诉幼儿，而是通过启发性语言，让幼儿自己寻求答案，调动幼儿的主动性、积极性，促使他们积极开动脑筋寻找好方法。

（四）情感性

情感性主要是指教师在组织幼儿进行集体教学活动时的语言必须是充满感情的，是富有感染力的。教学口语的情感来源于教师对事业的执着、对幼儿的热爱。

心理学研究表明，当人处在良好的情绪状态时，更容易回忆起那些带有愉快情绪色彩的材料。教师在组织教学活动时必须以饱满的热情、真挚细腻的感情与幼儿进行沟通，该赞赏时就应毫不吝啬地给予赞赏，该鼓励时就要倾注真情给予鼓励。教师要尽量排除各类影响教学的消极因素，控制生气、失望等不良情绪，把对教学活动产生不利影响的因素排除在外。此外，教师可以有效利用态势语辅助传情达意。教学口语可以引起幼儿内心世界的共鸣，可以使他们保持积极良好的情绪状态，从而达到理想的教学效果。

必须引起注意的是，教学口语不能过分夸张，也不能一直保持高频率的声调。心理学研究证明，情绪能影响认知操作的效果，影响效应取决于情绪的性质及强度。中等唤醒水平的愉快和兴趣情绪可为认知活动提供最佳的情绪背景，过高或过低的愉快唤醒均不利于认知操作。[1]

---

[1] 孟昭兰.普通心理学［M］.北京：北京大学出版社，1994：392.

【示例】

中班主题活动：张老师去德国了

在本次活动之前，教师组织幼儿开展了一系列的活动，如：画画我们的张老师；联系张老师；中国和德国的区别；中国和德国的国旗、国徽、国宝、国花；不来梅——张老师所在的城市；张老师来信了；给张老师写信；给张老师寄信；等等。

本次活动的主题是"打电话给张老师"。

师（充满真挚的感情）：这段时间我们用了很多方法与张老师联系，但都没有听到张老师的声音，很多小朋友提出要给张老师打电话。可是由于一开始张老师在德国的工作和学习都很忙，我们很难联系上张老师。昨天，张老师发邮件说她也很想念我们，她把那边的电话号码告诉了我们，我们约好了时间，这个时候她正在等我们的电话。请小朋友想想：跟张老师说些什么呢？我们班有这么多人，怎么说呢？

（教师的真情感染了幼儿，幼儿争先恐后地抢着发言。）

幼：每人说一句话。

师：因为每人只能说一句话，所以大家必须先想好说一句什么样的话来表达对张老师的想念。

（在这个讨论的过程中，教师已把幼儿的情绪调控到中等唤醒水平。）

幼儿一个接着一个地听电话。

幼：张老师，我想你！

师：好的，换一位。

（简单的一句肯定语使后面的幼儿明白一句话时间非常短暂，机会难得。）

一个孩子拿着话筒不知道该说什么。

师：妞妞平时是怎么想张老师的？把自己想的说出来。

（教师的鼓励使文静、内向的幼儿鼓起了勇气。）

幼：张老师，你什么时候回来？

幼：张老师，德国的小朋友在干什么？

幼：张老师，当我看到贴在墙上的叶子时就会想你。

师：这句话里的"当……时就会"用得太好了！

（教师的赞赏既使说这句话的幼儿感到高兴，同时也启发了后面的幼儿。）

幼：张老师，当我弹钢琴的时候就会想起你。

幼：张老师，我不想你。（突然，一个孩子大声地说。）

师（心平气和）：××还没想好说什么，下一位小朋友先说。

不管这个幼儿是出于什么样的心理，教师为了不影响活动的顺利进行，果断

地把该幼儿的言行暂且定位在"没想好",既不伤害幼儿,又能让活动继续。简单的一句教学口语充分体现了教师对幼儿的爱意。

幼儿在这个活动中学习了如何用一句话表达自己对别人的想念。在活动过程中,教师用富有感情的语言唤醒了幼儿丰富的情感,同时让幼儿学会了如何对别人表达自己的情感。这个活动的成功,与教师教学口语丰富的情感投射密切相关。

（五）趣味性

趣味性是指教师的教学口语能够契合并引发幼儿的兴趣,把幼儿潜在的学习积极性充分调动起来,使他们愉快、自觉、主动地学习。

【示例】

小班数学活动:感知 5 以内的数

师:小白兔得了红眼病,眼睛痛得睁不开。但是,它能用耳朵专心听老师讲课。现在,你们来当小白兔,听听老师往瓶子里丢了几颗珠子。

（幼儿们听话地闭上了眼睛,专注地听着珠子掉进瓶子里的声响。）

在这个数学活动中,教师从形式到语言都注重趣味性。"数珠子"这一形式以及教师运用的教学口语抓住了每个幼儿的心,使大家全神贯注地听着珠子掉进瓶子里的声响。

【示例】

小班绘画活动:小熊的新屋

师（边演示小熊木偶边以小熊的口吻说）:我是小熊,大家好!小朋友们,你们有家吗?可是我没有家。我多想有间漂亮的小屋呀!你们能帮我设计一间漂亮的新屋吗?

教师不同寻常的口语加上生动形象的木偶表演,使幼儿顿时兴致勃勃,跃跃欲试。教师有趣的语言充分调动了幼儿绘画的积极性。

从以上两个示例可以看出,趣味性往往是教学活动内容、表现形式与教学口语的完美统一。只有这样,教学活动才符合幼儿的认知心理和水平,才会对幼儿有吸引力,才能激发幼儿主动参与的热情。

二、规范化

幼儿教师教学口语的规范化是指教学语言的规范和教学内容的规范。

1. 教学语言的规范

一是指语音的规范。教师必须使用以北京语音为标准音的普通话进行教学。《中华人民共和国国家通用语言文字法》第十条规定:"学校及其他教育机构以普通话和规范汉字为基本的教育教学用语用字。"这就要求教师能说标准的普通话，发音准确，避免受方言的影响。

【示例】

有些南方方言区的教师分不清前鼻音和后鼻音，连班上孩子的名字都叫错，如把"盼盼"叫成"胖胖"，把"帆帆"叫成"房房"。

有些幼儿教师受方言的影响，把轻声词重读。如"明白""清楚""麻烦""朋友""漂亮""故事""太太""妈妈"等，这些词语的第二个音节应该读轻声。

以上这些都是违反语音规范的表现。轻声如果重读，不仅听觉上不顺耳，还会影响表情达意。

二是指词汇的规范。普通话以"北方话为基础方言"，教师在遣词造句时要注意选用规范的普通话词语，不能使用方言词、生造词、网络词以及"娃娃词"等。

【示例】

有些教师在教学中使用方言词，如把"母猪"说成"猪母"，把"钥匙"说成"锁匙"等。

有些教师说话带有"娃娃腔"，如对刚入园的三岁左右的幼儿说话时，把"汽车"说成"车车"，把"饭"说成"饭饭"等。

有些年轻教师喜欢使用时髦的网络语言取代规范的现代汉语。例如，"真是帅呆了""简直是酷毙了""酱紫（这样子）""我很菜""他超强的说"。再如，感叹词"耶"等。

教师如果把这些不规范的词汇运用到教学活动、游戏活动中显然是不合适的，一方面，不规范词的使用对幼儿影响极坏，将直接影响他们将来的学习；另一方面，教师使用语言不规范、太随意，也将影响自身的形象。

三是指语法规范。普通话要以"典范的现代白话文著作为语法规范"。可有的教师在和幼儿沟通时会使用一些方言的语法。例如，有的教师说："你有去过公园吗？""你有吃饭吗？""外婆有来过我们家吗？"这些话的语法都是不规范的。

2. 教学内容的规范

教师所传授的知识必须符合科学的规范。教师必须遵循科学规律，用准确严密的语言表达客观事物。如有些教师在组织数学活动时，不管出示什么颜色的小旗作教具，都会问："数一数，这里有几面红旗？"教学中出现小兔子，不论是黑的、白的还是灰的，统统说成"小白兔"，还有将"大熊猫"说成"小熊猫"，等等。

众所周知，幼儿时期是学习语言的关键时期，教师的教学口语除了给幼儿进行示范外，还有先入为主、潜移默化的作用。如果教师的语言不规范，不但不利于幼儿语言的学习，还会影响其今后的语言发展。早在古罗马时期，教育家昆体良就开始重视语言影响的问题了。他强调："最要紧的是，孩子的保姆应当是说话准确的人。"因为"儿童先听到的是她们的声音，首先模仿的是她们的言语。我们天生地能历久不忘孩提时期的印象，如同新器皿，一经染上气味，其味经久不变；纯白的羊毛一经染上颜色，其色久不能改。越是令人讨厌的习惯，越是牢不可破，因为好的习惯变坏是容易的，但何时能使坏习惯变好？所以，即使还在婴儿时期，也不要让他学会以后不应当学习的语言"①。因此，教师特别要重视教学口语的运用，为幼儿提供模仿的优秀范例。

思考与实践

一、幼儿教师教学口语的基本特点是什么？请结合幼儿园教学实例加以说明。

二、童真美主要表现在哪些方面？

三、规范化主要指哪些方面的规范？

第二节　不同类型教学口语的运用

幼儿园教学工作是根据一定的课程模式有目的、有计划地进行的。无论使用何种课程模式，教师都应该组织幼儿进行有目的、有计划的学习活动，这些学习活动会为幼儿素质的提高和个性的全面发展打下坚实的基础。在这些学习活动中，教师起着重要的指导作用。根据教学活动的内容、目标、组织形式以及参加活动幼儿年龄的不同，教师的指导用语也应灵活选择、有所区别。

一、导入语

导入语是教师根据活动内容和组织形式的需要精心设计的一段开端语。导入语要能够吸引幼儿的注意力，激发幼儿的学习兴趣。导入语的形式要生动、活泼、有趣，语言要简洁明快，具有趣味性、艺术性、感染力。

俗话说，万事开头难。组织活动也是一样，好的开头可以为成功的教学活动奠定基础。精心设计的导入语能使教育教学活动顺利开展，并给幼儿留下深刻的印象。

（一）导入语设计的要求

1. 新颖有趣

新颖有趣的导入语能激发幼儿的求知欲和学习兴趣，例如，"今天，我们班来了一位神秘的小客人。"新颖有趣的导入语，能使教学气氛活跃，师幼情感

① 程培元.教师口语教程［M］.北京：高等教育出版社，2004：123.

默契。

2. 针对活动主题

好的导入语既能吸引幼儿的注意力，又能马上切入主题。这需要教师在设计时一方面考虑幼儿的年龄特点、心理状态等因素，另一方面能根据教学内容的需要，妥善处理好教学对象和教学内容之间的关系。导入语不能游离于教学内容之外，否则，一开始就把幼儿搞得云里雾里、不知所措，必将影响教学效果以及教学任务的完成。

3. 短小精悍，富有艺术性

艺术给人享受，给人美感。教师的导入语常常因形式的需要而使用一些情景性的语言，这是一种艺术语言，要把握好分寸，以形象感人。同时教师必须明确导入语是为集中幼儿注意力、引出活动内容而设计的，虽然很重要，但不能太长。因为幼儿注意力集中的时间本来就短，如果活动的开头占用较长的时间，待进入主要内容的学习时，幼儿的注意力已开始分散，从而影响学习活动的深入进行。

（二）导入语的形式

常见的导入语有以下几种形式：

1. 利用教具导入

教具导入是幼儿园教学活动中使用频率最高的一种导入形式，因为它最符合导入语新颖、短小、直入主题的特点。教师一般会选择新颖的玩具、图片、实物导入活动主题。

【示例】

大班语言活动：欣赏诗歌《帽子的秘密》

师：小朋友，我这儿有一顶帽子，你们看（出示一张警察帽图片），这个帽子是一个小哥哥的奖品。可是不知道为什么这帽檐儿老是掉下来，妈妈把它缝了又缝，它老是坏。你们想知道这其中的秘密吗？请你们欣赏一首诗歌《帽子的秘密》，看谁听一遍就能把秘密告诉大家。

这段导入语直入主题，目的性很明确。教师利用教具，立刻抓住了幼儿的注意力，增强了幼儿急于了解诗歌内容的兴趣，激发了幼儿求知的欲望。该教师在利用教具导入时，提问的语言紧扣教具，同时直奔下一步的教学内容。

2. 谈话导入

谈话导入是指教师采用和幼儿对话的形式导入活动主题。

【示例】

大班手工活动：服装设计师

师：昨天，小朋友们欣赏了模特走秀，看到了很多漂亮的衣服。你们知道这些漂亮的衣服是谁设计的吗?

幼:服装设计师。

师:今天我们也来做一回服装设计师,为模特儿设计服装。你们想设计什么样的服装呢?

幼:我想设计一条连衣裙。

幼:我想设计一件短袖衫。

幼:我想设计一件长袖衫。

师:(出示服装模板,有连衣裙、短袖衫、长袖衫等)我们今天要用各种材料来设计和装饰这些服装。

这段教师和幼儿的对话,承上启下、目的明确,使幼儿了解自己要做什么,从而把他们内在的积极性充分调动起来。

3. 木偶表演导入

木偶表演导入是指教师用木偶表演的形式,以角色的口吻和幼儿进行对话,导入活动主题。

【示例】

小班语言活动:听故事《摸口袋》

师:(一边出示猴娃娃木偶,一边模拟猴娃娃的口吻)小朋友们好!我叫猴娃娃,今天来小一班想请教你们一个问题——大家为什么不喜欢我?

师:小朋友,今天猴娃娃心里有些难受,我们先请猴娃娃和我们一起听个故事,然后再告诉猴娃娃,大家为什么不喜欢它,好吗?

【示例】

小班美术活动:可爱的小羊

师:(演示木偶)大家好!我是羊妈妈,今天早上我带着孩子们去找青草,可是找了半天也没找到一块草地。瞧,(出示范例用图)小羊都饿坏了!这可咋办呢?

师:(以小朋友的口吻)别担心,羊妈妈!让我们画许多许多嫩嫩的青草给小羊吃吧!

教师出示木偶,吸引幼儿的兴趣,同时进行角色扮演,语言生动、有趣,特别适合小班幼儿。

4. 故事导入

故事导入是指教师讲述与教学内容相关的故事来导入活动主题。

【示例】

大班数学活动：排序

师：喜羊羊有一片很大的果园，秋天到了，果园里的苹果丰收了。喜羊羊邀请伙伴们帮助它一起摘苹果。正当大家快乐劳动的时候，细心的慢羊羊发现不远的地方，灰太狼正躲在一棵大树背后偷看羊儿们的一举一动。啊！原来懒惰的灰太狼不爱劳动，却很想尝尝苹果的滋味。

为了防止灰太狼趁机偷走它们的劳动果实，羊儿们决定连夜把苹果装上火车，运到一个安全的地方。

现在，它们把苹果装上了 3 列火车，我们一起去看一看吧。

教师为了使幼儿对数学活动感兴趣，精心设计了一个故事，使幼儿的思维不知不觉地进入数学活动中。

5. 游戏导入

游戏导入的形式比较受幼儿的欢迎，寓教于乐，幼儿在游戏中自然地进入学习情境。教师在运用游戏导入时要注意语言准确、简洁，条理清晰，讲清游戏规则，以便幼儿有序地进行游戏。

【示例】

大班数学活动：杂货店

师：我是魔法师，把坐在这边的小朋友变成了钱，男孩是 1 块钱，女孩是 2 块钱。这边的小朋友是杂货店的商品。你是 3 块钱的一包糖果（给孩子一张数字 3 的卡片，后面类推），你是 5 块钱的一本书，你是 7 块钱的一顶帽子，你是 10 块钱的一双拖鞋。再请一位小朋友做钱的主人，你要用这些钱去杂货店买东西。现在，先请你们用 3 块钱去买一包糖果，你们该怎么去买呢？

幼：三个男孩在一起就是 3 块钱，可以买一包糖果。

幼：一个男孩和一个女孩在一起也是 3 块钱，可以买一包糖果。

师：对了，杂货店里还有很多商品，有 5 块钱的一本书，有 7 块钱的一顶帽子，有 10 块钱的一双拖鞋。现在，请你们带上钱去杂货店买东西吧。

教师用游戏将幼儿引入了一个美妙的童话世界，幼儿一个个都成了童话里的人和物，积极主动地参与活动，思维活跃。

6. 猜谜导入

猜谜导入是指教师根据活动内容的性质和需要选择谜语，通过猜谜、揭晓谜底导入活动主题，激发幼儿对活动内容的好奇心。

【示例】

大班语言活动：猜谜语《影子》

师：今天，老师先请小朋友猜一个谜语，请仔细听谜语是怎么说的，知道答案的小朋友请你到老师身边来轻轻告诉我。"一只大黑猴，斜靠在墙头，千人拉不起，一人牵着走。"请大家猜一猜，这大黑猴是什么？

幼儿对猜谜很感兴趣，所以猜谜导入很容易把他们的积极性调动起来。教师在运用这一形式时要注意两点：第一，教师要等大多数幼儿加入了猜谜活动，思维活跃起来后再揭晓谜底，而且要让先猜到谜底的幼儿在教师耳边轻轻说出谜底，不能让幼儿当众宣布自己的答案，否则这一导入环节就失去了意义，因为很多幼儿的注意力和积极性还没调动起来。第二，谜面的语言最好精练、形象，可以是诗歌，也可以是通俗易懂的故事。如谜语《影子》也可以这样说："我有一个好朋友，经常和我在一起，有时它在我左边，有时它在我右边，有时它在我前面，有时它在我后面，有时和我捉迷藏，找来找去找不着。请小朋友们猜一猜，我的这个好朋友是谁呢？"

在教学实践中，导入还有很多种形式，它需要教师根据教学内容、教学对象、教学场景进行科学设计和灵活处理，切忌生搬硬套。

【练习】

1. 分析下面这段导入的类型及其作用。

大班美术活动：想象画《海底世界》

师：昨天晚上，我做了一个梦，梦见自己走到了大海的深处，呀！大海的深处真奇妙。有长着翅膀的飞鱼，有奇特的神仙鱼、蝙蝠鱼，还有可爱的热带鱼，它们在千奇百怪的水草和珊瑚丛中游来游去，非常快乐。四个金光闪闪的大字"海底世界"使我睁不开眼，我想走近看看，却不见了。这海底世界真是太美、太神奇了。今天我想请小朋友来画画自己心中的海底世界。先说说你们想象中的海底世界吧！

2. 分别用故事导入形式和谈话导入形式给下面的教学内容设计一段导入语。

大班音乐活动：学唱歌曲《十二生肖歌》

活动目标：

（1）初步理解歌曲内容，学会唱整首歌。

（2）知道每个人都有一个生肖，试了解家人及本班教师和小朋友的生肖。

☞散文诗《春
雨的色彩》

3. 请对以下导入语进行评析，并以同样内容自己设计一段导入语。

大班语言活动：欣赏散文诗《春雨的色彩》

师：（先朗诵诗）泥土里，钻出了芽宝宝；树枝上，冒出了绿娃娃；蓝天下，飞起了小风筝；溪流里，跑出了小浪花；春天到啦，春天到啦，大家来——欢迎春天妈妈。

春雨姐姐也来欢迎春天妈妈，春雨姐姐热烈地欢迎着，不停地"沙沙沙，沙沙沙"，好像在说"欢迎你，欢迎你"。一天，一群小鸟在屋檐下躲雨，它们在争论一个有趣的问题。小朋友想和它们一起讨论的话，也来想想这个问题：春雨到底是什么颜色的？

二、提问语

提问语是教师为了激发幼儿对学习内容的兴趣，引发他们思考，同时为了了解幼儿对事物的认识能力及思维过程而设计的一种教学口语。它在整个教学过程中起着举足轻重的作用，是教师和幼儿和谐交流的关键。教师要想达到沟通和交流的理想效果，就必须了解幼儿的年龄特点、知识面、兴趣点、接受能力等；同时还要认真分析教学内容与教学对象的关系，弄清哪些地方是幼儿学习的重点和难点，考虑设计相应类型的提问语。提问语充分体现了教师的教学艺术。提问语主要有以下几种：

1. 开放性的提问语

开放性的提问语是指可以引发幼儿广泛讨论的提问语。这种提问语主要引导幼儿根据自己的理解发表观点，展开热烈的讨论，使幼儿学会在综合比较中认识事物。

【示例】

大班语言活动：欣赏诗《帽子的秘密》

师：你们还有什么地方没听懂？听了这首诗，你有什么想法？

幼：什么是"抛锚"？

幼：船坏了。（很多幼儿都赞同这一观点，理由是汽车坏了就叫"抛锚"。）

师：在这首诗里"抛锚"是船坏了的意思吗？

教师请幼儿再听一遍跟"抛锚"有关的诗句。

师：你们知道"锚"是什么吗？现在知道"抛锚"的意思了吗？

幼：把"锚"抛到水中，船就停下了。

这些提问语能促使幼儿积极思考，并且让他们有问题可提，有话可说。当幼儿提出问题时，教师没有马上解答，而是采用开放性的提问语，引导幼儿继续展开讨论。幼儿经过分析和比较，从事物间的关系入手，自己获得了答案。

【示例】

中班语言活动：欣赏散文《太阳》

师：你们有什么问题想跟大家一起讨论吗？

幼：太阳怎么能给小花猫送一个暖烘烘的梦呢？

师：是啊。那么，你们知道是怎么回事吗？

幼：这句话不对，等太阳下山天黑时才睡觉，才会做梦。

幼：小花猫晚上捉老鼠，白天才睡觉。

通过讨论，幼儿对这一问题有了深刻的印象，明白了考虑问题应从事物的本质特征入手，应该有针对性地去看待问题，不能只从表面去判断。

应该注意的是，教师在使用开放性的提问语引发幼儿讨论时，应尽可能让幼儿成为主角，先让幼儿回答，然后再作补充或纠正。这样既可以满足幼儿求真、求知的心理，又能丰富幼儿的词汇，还能促进幼儿语言及逻辑思维能力的发展。

2. 激发想象的提问语

激发想象的提问语常常利用文学作品中有利于幼儿想象的因素，幼儿听了这种提问语，一般需要摆脱文学作品原有情节的束缚，积极思考，按照自己的生活经验进行合理想象，最后多角度地回答问题。

【示例】

中班语言活动：欣赏散文《落叶》

师：这些树叶还会落在哪里？谁会看见？会把它当作什么？

幼：树叶落在屋顶上，麻雀妈妈看见了说"给我的小宝宝当被子"。

幼：树叶落在河里，河马看见了，把它当作口罩。

幼：树叶落在地上，大象用鼻子把它卷起来当作口琴吹。

幼：树叶落在森林里，大狮子走过来，把它当作飞盘玩。

这种提问语能使幼儿发挥想象，大胆地说出自己的想法，从而获得成功、愉悦的体验。

3. 便于换位思考的提问语

便于换位思考的提问语一般是为了帮助幼儿正确理解文学作品中真、善、美或假、恶、丑的形象，让幼儿把自己假想成作品中的人物，用换位思考的方式去体验角色的行为及其心理过程。

【示例】

中班语言活动：欣赏故事《小兔逃跑》

师：如果你是小兔，你会变成什么逃跑？如果你是兔妈妈，你会变成什么去追？

（教师引导幼儿分别站在小兔和兔妈妈的角度去考虑问题，并参照故事中的句式进行回答。）

幼：你要是变成院子里的花，妈妈就变成花匠把你找出来。

幼：妈妈要是变成花匠找到我，我就变成小鸟逃走。

幼：你要是变成小鸟逃走，妈妈就变成大树让你停下来。

这种提问语让幼儿把自己假想成作品中的某一人物，沉浸在角色之中，这能使幼儿较为准确地理解作品内容，体味作品中角色的情感，还能锻炼语言表达能力。

4. 填空式的提问语

填空式的提问语是指教师把提问语设计成像试题中的填空题，教师发问，请幼儿填空。

【示例】

大班语言活动：欣赏诗歌《蛤蟆大姐穿新衣》

师：谁见了把头摇？

幼：小兔见了把头摇。

师：谁的肚子鼓啊鼓？

幼：青蛙肚子鼓啊鼓。

师：谁的眼睛斜一斜？

幼：小狗眼睛斜一斜。

这种提问语难度较低，便于幼儿迅速记住诗歌的原文，在诗歌教学中经常使用。

5. 环环相扣的提问语

环环相扣的提问语是教师根据教学内容的内在联系，为达到教学目标而精心设计的。其特点是由浅入深，引导幼儿一步步解决问题，在加深思考的基础上深入理解教学内容。

【示例】

大班数学活动：5 以内数的减法

师：（出示猫和鱼的图片）小猫原来有几条鱼？吃掉了几条？还剩几条？算

式怎么列？算式中每个数字表示什么？

数学教学内容中的不少难点，需要分步骤才能解答清楚，运用环环相扣的提问语可以由浅入深，逐步引导，在问和答的间隙中为幼儿留下更多的思考余地，便于幼儿逐步理解和掌握所学的内容。

6. 两物相比的提问语

两物相比的提问语是在对两种事物进行比较时使用的，用于分析、比较两个事物之间的相同点和不同点。这种提问语在科学活动中经常使用。

【示例】

大班科学活动：梅花鹿和长颈鹿、家畜和野兽

师：梅花鹿和长颈鹿有哪些地方相同，哪些地方不同？

幼：梅花鹿和长颈鹿都有四条腿，跑得快，性情温顺。但它们的外形不同，皮毛也不同。

师：家畜和野兽有什么相同的地方，有什么不同的地方？

幼：家畜和野兽身上都有皮毛，有四条腿，一条尾巴，都能直接生出小宝宝，生下后的小动物都要吃奶。但它们住的地方不同，野兽住在森林里，家畜住在人搭的棚子里。

这种提问语可以训练幼儿的分析、归纳能力，锻炼幼儿的求同思维和求异思维。

【练习】

1. 比较下列同一教学内容两种不同的提问设计并进行评析。

活动名称：欣赏诗歌《蛤蟆大姐穿新衣》（大班语言活动）

活动目标：

☞诗歌《蛤蟆大姐穿新衣》

（1）理解诗歌内容，初步学习朗诵诗歌，学会下列字词的正确发音：蛤蟆、群、袄、裤、光溜溜。

（2）教育幼儿做事要动脑筋，要有一定的主见，做适合自己的事，不能听别人怎么说就怎么做。

甲、乙两位教师最后部分的提问语分别如下：

甲的设计：（仅一个问题）你觉得蛤蟆大姐是个怎样的人？

乙的设计：（有四个问题）

（1）蛤蟆大姐一开始很高兴，后来为什么哭了呢？

（2）它为什么要把衣裙改了呢？

（3）你觉得蛤蟆大姐是个怎样的人？

（4）我们在做事情的时候应该注意什么？

2. 分析故事《桃树下的小白兔》的提问语。如果你来设计，会使用怎样的

☞故事《桃树
下的小白兔》

提问语?

活动目标:

(1)在理解故事内容的基础上感受分享的快乐。

(2)感受故事中优美的语言及意境。

(3)学习词语:花瓣、书签。

活动过程:

师:(出示手偶小白兔)你们知道小白兔住在哪儿吗?它住在一棵美丽的桃树下,老师今天给你们讲一个故事,题目就叫《桃树下的小白兔》。(有表情地讲述一遍故事。)

师:小白兔住在哪儿?那是个怎样的地方?

师:小白兔把粉红色的花瓣寄给了谁?

师:小白兔的朋友们用花瓣做了什么?

师:老山羊收到花瓣后怎么说?

师:小花猫收到花瓣后怎么说?

师:小松鼠收到花瓣后怎么说?

师:小鸡们用花瓣做了什么?春游时他们是怎样做的?

师:小金龟子用花瓣做了什么?他睡在新的摇篮里,感觉怎么样?

师:小蚂蚁收到花瓣后说了什么?

师:假如你是小白兔,你还想把花瓣寄给谁?让花瓣帮他做什么?

师:你喜欢小白兔吗?为什么?

三、讲授语

讲授语一般是指在活动进行到幼儿动手操作之前或教师介绍游戏方法的教学口语。讲授语要求条理清晰、语言简洁,切忌繁杂、冗长。讲授语要突出重点,让幼儿能听懂教师说话的中心意思。根据幼儿的身心特点,在很多情况下教师应该边示范边讲解,这样可以获得较理想的教学效果。

【示例】

大班科学活动:实验"什么东西能吸水"

师:老师在每个小组的桌上放了木塞、锡箔纸、泡沫、木头、萝卜、棉花、海绵、方糖(边讲边出示实物),还有一盆水,每人选择两件物品放入水中。请你们把观察到的结果记录在表格里(出示记录表),放入水中的是什么东西就把它的名称写在"物品名称"一栏,不会写字的用图画记录(示范);"收集人"一栏写上自己的名字(示范);"能否吸水"一栏根据你看到的结果,"能"用√表示,"不能"用×表示,"不确定"用?表示(示范)。

实验是幼儿科学活动的主要内容之一。该教师进行实验指导的讲授语简洁、明确，要点突出，条理清楚，按照实验和记录的操作步骤一边示范一边讲解，语言自然连贯、通俗易懂，使幼儿一听就明白自己应该怎么做。

【示例】

大班数学活动：学习 5 的组成

师：我们来做"猴子揪尾巴"的游戏，每人身后挂一条尾巴，上面有 1 ~ 4 的数字（出示手中的尾巴），请小朋友先看清自己尾巴上的数字是几，然后去揪和自己数字合起来是 5 的尾巴。例如，自己尾巴上的数字是 2（出示数字是 2 的尾巴），就去揪数字是 3 的尾巴（出示数字是 3 的尾巴）。看谁既揪到别人的尾巴，又不让自己的尾巴被揪。

在幼儿园中，教师经常利用游戏的方式进行教学，一般先把整个游戏过程讲解一遍，然后再请幼儿开展游戏。这个教师在数学活动中设计了需要全体幼儿参与的游戏，讲授语重点突出、要求明确、条理清晰、言简意赅，重点是"几和几合起来是 5"，要求是"既揪到别人的尾巴，又不让自己的尾巴被揪"。

【示例】

中班美术活动：吹出来的画

师：先把吸管的一头放入墨水瓶中（示范），用食指封住管口取水。用力吹，颜色水会流得快而远，好像一朵菊花；轻轻吹，颜色水会流得慢而近，好像一朵小花。换一种颜色吹，用力大一些，两种水色碰在一起，呀！真奇怪！变出了另一种颜色。

这个教师的讲授语仅短短几句话，但把作画的程序、关键之处交代得非常明确，语言简练、形象。用比喻来描述画面上的图案，显得生动、活泼、富有情趣，能吸引幼儿的注意力。"呀！真奇怪！"这个感叹句的使用，能激发幼儿表现美、创造美的愿望。

【练习】

1. 评析学唱歌曲《摇篮》（中班音乐活动）中教师使用的讲授语。

师：妈妈摇着宝宝睡觉，唱的声音应该是轻柔的、缓慢的，小宝宝就很快睡着了。

2. 根据下面的提示内容，自己设计讲授语。

活动名称：狮子（大班美术活动）

活动目标：

（1）用大小不同的圆画出狮子的基本形态（大鼻子、长鬃毛等）。

（2）用不同的线条和色彩表现狮子的威武。

（3）培养大胆作画的习惯。

四、过渡语

过渡语是从一个活动环节到另一个活动环节的连接用语，起着承上启下的作用。过渡语短小精悍，有时是一句要求，有时甚至只是一个感叹词。巧妙的过渡语能唤起幼儿的学习热情，使教学活动从上一个环节顺利转向下一个环节。

【示例】

中班数学活动：几何形娃娃过生日

师：小朋友们真能干，躲起来的几何图形都让你们找出来了。现在正方形娃娃请小朋友们变魔术。给你们一张正方形纸，请你们想办法变出许多图形朋友。

这段过渡语承上启下，既肯定了幼儿上一个环节的学习，又巧妙地用"变魔术"引出下一个环节的学习内容。同时，教师提出了新内容的学习要求："给你们一张正方形纸，请你们想办法变出许多图形朋友。"语言自然、前后贯通，既有整体感，又有层次感。

【示例】

中班音乐活动：找蛋

师：母鸡下了那么多的蛋，我们把鸡蛋送到"娃娃家"给小娃娃吃。

前一个环节教师组织幼儿开展了"找蛋"的音乐游戏，后一个环节是复习歌曲《办家家》。教师只用了一句话作为过渡语，就巧妙地把两个内容串联成一个游戏情节，使教学活动从轻松愉快的游戏环节过渡到了练习唱歌的环节，让幼儿始终处在游戏的愉悦情境之中。

【示例】

中班音乐活动：风爷爷

师：风爷爷的好朋友来了，他是谁呢？你们听老师唱一首歌就知道了。

上一个环节，一些幼儿在音乐的伴奏下，轮流扮演"风爷爷"，其他幼儿则和"风爷爷"玩耍，愉快地玩着音乐游戏。教师说了以上的过渡语后，幼儿就很想知道谁将加入他们的游戏行列之中。教师正是抓住了幼儿的这种好奇心，当幼儿期待着"风爷爷"的好朋友出现的时候，教师唱起了歌曲《小雪花》，使活动顺利进入欣赏歌曲的环节。

【练习】

请找出下面活动中的过渡语并进行点评。

活动名称：弹性（中班科学活动）

活动目标：

1. 感知某些物体所具有的弹性，对周围有弹性的事物感兴趣。

2. 了解弹性在日常生活中的运用。

3. 学习词：弹性、变形

活动过程：

师：这是什么？（出示弹簧。）

幼：这是弹簧。

师：（用力压弹簧）弹簧的样子怎么了？

幼：变形了。

师：请小朋友们用手把桌上的东西拉一拉、压一压、捏一捏，看看它们会不会变形。你们是怎样使这些东西变形的？

（幼儿拉一拉、压一压、捏一捏。）

师：当你松手后，这些东西的样子又怎么样了？

幼：变回原来的样子。

师：我们用手拉橡皮筋，橡皮筋变长了；用手压海绵，海绵变小了；放开手后，这些东西又变回原来的样子。这是一种什么现象呢？

幼：这些东西有弹性。

师：请小朋友们在活动室四周找一找、试一试，看看还有哪些东西用力后会变形，松手后又会变回原来的样子。

（幼儿自由寻找。）

师：你们发现什么东西有弹性？

幼：略。

师：（出示圆珠笔）圆珠笔的头为什么会一会儿进一会儿出？请小朋友们拆开看看里面有什么秘密。

幼：圆珠笔的笔管里有弹簧。

师：笔头出来时弹簧怎么了？

幼：笔头出来时弹簧拉长了。

师：笔头进去时弹簧怎么了？

幼：笔头进去时弹簧变短了。

师：在日常生活中，还有哪些东西弹性很足，给人们生活带来方便？

幼：略。

师：有弹性的东西很多，自行车坐垫装上弹簧可以防震，保护人体；沙发有弹性，坐着很舒服；松紧带装在裤腰上，穿脱很方便。（出示已变形的橡皮筋）这根橡皮筋的弹性为什么不足了？小朋友们应怎样使用有弹性的东西？

幼：不要太用劲儿。

师：橡皮筋、袜子、毛衣等有弹性的东西，用时间久了或者用的时候太用力，都会失去弹性，所以我们在使用时不要太用劲儿，这样才能耐用。

五、结束语

结束语是指在活动结束前教师所讲的话。结束语可以是教师在活动前设计好的，也可以是教师现场组织的。结束语可以是对本次活动内容的归纳总结，对幼儿参与本次活动的评价；也可以是为拓展幼儿的思路，将活动内容向课外延伸等。结束语要做到重点突出，切中要害。

【示例】

中班音乐活动：小小演奏家

师：今天我们用纸盒、橡皮筋、铁罐、豆子、筷子、瓶子做成了打击乐器，还演奏了乐曲《小星星》。请小朋友们回家后再想想，还有哪些材料也可以做成打击乐器？动手试一试，再邀请爸爸、妈妈一起演奏乐曲。

这个教师的结束语既归纳了本次活动的主要内容，又把活动内容因势利导地延伸到了家庭，把家、园紧紧地联系在了一起。回家以后的再实践，不但能拓宽幼儿的知识面，培养他们的思维能力和动手能力，而且能激发他们的创造力。

【示例】

大班语言活动：兔奶奶的摇椅

师：白兔奶奶的摇椅做好了，小黑兔多高兴啊！他想：这下白兔奶奶坐着可舒服了，她不会再东倒西歪了。白兔奶奶坐在摇椅上很舒服也很高兴，她想：小黑兔真懂事，真是个关心老人的好孩子。

这个教师的结束语总结了幼儿在讲述过程中用到的主要词句，起到了复习巩固的作用。同时，该教师深谙幼儿爱模仿的心理，不是直白地要求幼儿向小黑兔学习，做个关心老人的好孩子，而是巧妙地借白兔奶奶之口，以白兔奶奶对小黑兔赞扬的方式激励幼儿，对幼儿进行道德教育，这样的结束语充满了艺术性。

【练习】

评析下面教学案例中的结束语。

活动名称：欣赏诗歌《机器兵》（中班语言活动）

活动目标：

（1）欣赏诗歌，理解、感受诗歌诙谐的情趣，增强对文学作品的兴趣。

（2）学习词语：高高的、矮矮的、胖胖的、失灵、糟糕透顶。

　　发准字音：自己、手。

（3）懂得自己能做的事要自己做。

活动过程：

师：（逐一出示3张机器人的图片）这是谁？它长得怎么样？

幼：略。

师：机器人会做什么事？

（中间欣赏学习部分略。）

师：机器人还有哪些作用？

幼：略。

师：机器人和人到底谁的本领大？

幼：略。

师：有许多事情可以请机器人做，有些事机器人会比人做得更好。但是，机器人是科学家和工人叔叔造出来的，人发出命令，机器人就执行；机器人坏了，就不能执行命令了，需要人来把它修好。所以，你们说，机器人和人到底谁的本领大？

思考与
实践

一、导入语、提问语、讲授语、过渡语、结束语在教学活动中的作用分别是什么？

二、仔细阅读下面的案例，分析其中的导入语、提问语，并设计结束语。

活动名称：欣赏故事《他是我爸爸》（中班语言活动）

活动目标：

（1）理解故事内容，感受成人认真做事的好品质。

（2）学习正确运用"站""指挥""跨""拉""引""搀扶"等词，描述故事中爸爸帮助盲人和老奶奶的过程。

（3）懂得成人工作的辛苦和意义，尊重成人的工作。

活动过程：

（1）谈话引出课题，再讲述故事。

师：小朋友，你们的爸爸是干什么工作的？

（教师讲述故事）"小勇的爸爸是交通民警……别喊，爸爸在工作。"

师：妈妈为什么要小勇别喊爸爸？

（教师继续讲述故事）"突然，爸爸大步跨下指挥台……继续指挥车辆、行人。"

师：小勇向爸爸招手，爸爸为什么像是没看见？

（教师继续讲述故事结尾部分。）

（2）出示教学挂图，教师完整讲述一遍故事。

☞故事《他是
我爸爸》

（3）引导幼儿正确运用动词描述爸爸是怎样指挥交通和帮助盲人、老奶奶的。

师：小勇上街，看见爸爸是怎样指挥交通的？（辅助提问：爸爸穿着、戴着什么？站在什么地方？拿着什么？在干什么？）

师：爸爸看到一位盲人叔叔，是怎么做的？

师：爸爸看到一位老奶奶，又是怎么做的？

（4）故事表演（请六个幼儿分别扮演小勇、妈妈、爸爸、盲人、老奶奶、小孙子，做简单化装及场景布置——用积木搭成指挥台。开始前教师做适当的讲述串联，随后幼儿自由表演）。

（5）结束语（略）。

三、根据提示内容，自己设计讲授语。

1. 会变的颜色（大班科学活动）

活动目标：

（1）知道生活中有各种颜色，感受颜色的美。

（2）通过操作了解颜色会变化，把两种颜色混合在一起，就能变成另一种颜色。

（3）学习用连贯的语言说出自己的操作结果。

2. 中班数学活动"按图形分类"中的游戏"图形找家"

游戏方法：每个幼儿手持一张图形卡片（学过的各种图形），一边念儿歌"图形图形找朋友，找到朋友握握手，大家都是好朋友"，一边找持有同一种图形的幼儿，然后与其他幼儿交换不同的图形卡片，游戏继续进行。

四、根据下面的活动内容，设计导入语和结束语。

1. 欣赏故事《小羊和狼》（中班语言活动）

活动目标：

（1）能有兴趣地倾听故事，理解故事的内容，懂得乐于助人，并懂得只有团结、勇敢、机智才能战胜坏人。

（2）学说故事中各角色的对话。

2. 沉浮（中班科学活动）

活动目标：

（1）对沉浮现象产生兴趣，并通过操作活动体验探索的乐趣。

（2）学习运用"沉""浮"两个字表达观察到的现象。

3. "几何形"娃娃过生日（中班数学活动）

活动目标：

（1）复习几何图形的特点，学习从各种图形组成的图案中找出指定的图形。

（2）利用所给的图形创造性地拼贴图案，提高对数学活动的兴趣。

4. 脸谱（大班美术活动）

活动目标：

（1）学习用对称的方法画出脸谱的图案，并选择颜色进行装饰。

（2）初步了解和感受中国传统戏曲文化的美。

5. 幼儿园毕业歌（大班音乐活动）

活动目标：

（1）熟悉歌曲的歌词和旋律，能跟唱歌曲。

（2）体验幼儿园毕业生的自豪，产生对小学生活的向往。

第九章 幼儿教师教育口语运用训练

📝 训练目标

1. 学习幼儿教师教育口语的运用，掌握幼儿教师教育口语运用的基本原则。

2. 通过对具体示例的分析把握教育口语的基本形式和要求，在今后的学前教育工作中能根据幼儿的年龄和心理特点，注重幼儿的个体差异，因材施教。

第一节 幼儿教师教育口语运用的基本原则

语言是交流思想的工具，是知识信息的载体，是打开知识宝库的钥匙。语言在儿童心理发展中起着重要的作用。幼儿教师教育口语是教师在对学生进行日常行为规范教育、引导学生树立正确是非观的过程中所使用的具有说服力、感染力的工作用语。在教育过程中，掌握教育口语是每个教师完成教育任务，达到所希望的教育目标不可或缺的一项基本功。

幼儿教师教育的对象是幼儿。在日常的教育工作中，教师在引导幼儿观察周围世界，引导幼儿进行分析比较，使其养成良好的行为习惯时，总是伴随着教育口语。但幼儿年龄小，认知水平低，决定了幼儿教师教育口语必须遵循幼儿的身心发展特点，符合幼儿的年龄特点，注重个体差异，因材施教。

《幼儿园教育指导纲要（试行）》指出，"社会领域的教育具有潜移默化的特点。幼儿社会态度和社会情感的培养尤应渗透在多种活动和一日生活的各个环节之中"，因此，教师对幼儿的教育应以情感教育和培养良好的行为习惯为主，并贯穿在幼儿的生活及各项活动之中。

教师在对幼儿进行教育时，要注意不能简单地说教，要把对幼儿的教育渗透在幼儿的日常生活中，以及幼儿与同伴、成人的交往中，善于在不同的教育情境中，运用恰当的语言进行引导和沟通，从而使教育效果事半功倍。

幼儿教师教育口语运用必须遵循以下几个原则：

（一）民主原则

《幼儿园教育指导纲要（试行）》明确指出，要"创造一个自由、宽松的语言交往环境，支持、鼓励、吸引幼儿与教师、同伴或其他人交谈，体验语言交流的乐趣"，因此，教师在进行教育的过程中，要努力营造一个平等民主的教育氛围，能够使幼儿大胆地表达，以便了解幼儿的情绪、情感状态并有的放矢地进行教育。

（二）情感肯定原则

幼儿虽然年龄小，但也是独立的个体，有自己的思想。在教育过程中，教师要蹲下来倾听幼儿的心声。这个"蹲"字，不仅指肢体动作，还指教师要照顾幼儿的年龄特点，在进行教育的时候蹲下来平视幼儿，这样能够缩短幼儿与教师之间的心理距离；教师要善于换位思考，站在幼儿的角度理解和看待问题，尊重、肯定幼儿，这样能使幼儿产生一种被接纳的情绪体验，激发幼儿形成积极的自我意识，促进其自我完善，并使幼儿形成一种内在的驱动力，学会正确地评价自己、了解自己，从而增强自信心。

（三）浅显易懂原则

幼儿的年龄小，形象思维占优势，有意注意、有意记忆等还没有充分发展，他们对行为的自我调节、自我控制能力也较差。所以，浅显的、直观的、生动的、具体的事物更能为幼儿感知和理解。教师要善于运用教育口语，创造直观的形象，用幼儿易懂的语言来帮助其理解抽象的道理。

（四）针对性原则

在教育过程中，只有当教师的教育口语具有针对性时，才能引起幼儿的关注而产生效果。教师要根据幼儿的性格、兴趣、爱好等，用多种方式对他们进行教育。教师针对不同的教育情境，对不同气质类型、不同年龄特点的幼儿，应采取不同的教育口语。特别是在日常生活中，教师要善于发现幼儿存在的问题，有针对性地启发并鼓励幼儿探索解决问题的方案，体验成功的快乐。

上述几个基本原则并不是孤立存在的，而是互相渗透、互相关联的。教师只有真诚地感受幼儿的童心，才能走进幼儿的世界，触摸到他们纯洁的心灵。

思考与实践

什么是幼儿教师教育口语？它的运用有哪些基本原则？

第二节　不同类型教育口语的运用

在学前教育工作中，由于教育对象的特殊性，教师必须针对幼儿出现的不同事件，使用不同的教育口语和幼儿进行沟通，解决问题。

一、沟通语

沟通是指在体察对方特定处境的前提下，迅速选择恰当的表达内容和方式，以争取对方认同或配合的行为。人与人之间需要沟通，良好的沟通是开启幼儿心灵的一把钥匙，教师只有不断地与幼儿进行良好的沟通，才能了解他们的兴趣、爱好、性格特征及心智发展水平，洞察到幼儿心里想要做的，了解他们真正的需要，从而及时地调整教育方法和教育策略。积极的沟通可以使幼儿感受到教师的关爱，可以拉近师幼之间的距离。通过良好的沟通，幼儿才会接纳教师，教师的教育策略才能够真正实施。

沟通包括非言语沟通和言语沟通两种方式。非言语沟通是教师运用表情、动作、体态等传递对幼儿尊重与关爱的信息。言语沟通就是教师运用语言与幼儿进行沟通和交流。随着幼儿年龄的增加，他们对语言的理解能力增强，教师必须掌握一定的言语沟通技巧，帮助幼儿解决在生活、学习中遇到的问题。两种沟通方式相辅相成，但非言语沟通毕竟是辅助性的手段，在教育过程中，言语沟通就显得特别重要。

【示例】

例1：入园第一天，孩子们在爸爸、妈妈的带领下来到了幼儿园。明明拉着妈妈的手来到了活动室，对一切都显得那么好奇。明明睁大了眼睛东瞧瞧、西望望，一会儿摸摸门口的小熊玩具，一会儿看看自然角的小鱼。教师看见了，连忙走过来说："明明，欢迎来到小一班。"听到教师的呼唤，明明的眼里马上流露出了一种不信任的表情，拉着妈妈的手，用力往外拖，一边拉一边说："不要，不要。"

"明明，那儿有一只很可爱的小白兔，我们去看看好吗？"教师说。这时明明明显被教师的话吸引住了，不再牵着妈妈的手往外拉，但是眼里的戒备和不信任依然存在。这时教师没有去拉明明的手，而是转身对妈妈说："明明妈妈，你也想看看这只可爱的小白兔吗？"妈妈连忙点点头说："好啊。"这时教师才对明明说："明明，妈妈也想和我们一起去看小白兔，你带妈妈去好吗？"一听说妈妈也要去，明明于是兴高采烈地一手拉着教师，一手拉着妈妈去看小白兔了。明明入园与教师的第一次见面就在这样轻松的氛围下结束了。

例2：新学期开始了，大二班来了一位新生，这名幼儿是从全托幼儿园转过来的。瞧！他个子高高的，在爸爸的带领下，雄赳赳、气昂昂地走进了活动室。教师看到了，连忙说："小朋友们，这是我们班新来的小朋友，叫小宇。"刚才还高高仰着头的小宇，一下子就愣了几秒钟，他在想：这位老师真厉害，怎么我不介绍，她就能够知道名字？不过就这么几秒钟的时间，教师马上抓住了教育契机。"小宇从全托幼儿园转过来，生活自理能力很强，每天早晨自己刷牙洗脸，被子都是自己叠的呢。"听到表扬，小宇高傲的小脑袋低了下来，抿着嘴不好意思地笑了。"来，小宇，请你说说你们全托幼儿园孩子的生活吧。"这时小宇紧握住教师伸过来的手，走到了活动室中间，开始讲述起来。不一样的全托幼儿园生活，吸引了很多幼儿的注意，活动室里一下就很安静了。随后，教师用眼神示意小宇和爸爸再见，小宇朝爸爸招招手后，就在教师的指导下坐到了同伴的身边。

从以上两个例子中，我们可以看出教师的沟通语是多么重要。两名幼儿都面临着新入园、尽快适应新环境的问题。幼儿与成人不同，面对新的环境，他们不会主动进行自我调整，这就需要教师及时运用恰当的沟通语，尽快让幼儿消除陌生感，接受教师并克服焦虑情绪，做到高高兴兴上幼儿园。

让幼儿克服入园焦虑，对于不同年龄的幼儿，教师所使用的沟通语应该有所不同。刚入园的幼儿，之前从来没有离开过父母，在幼儿园过集体生活对他来说是人生中跨出的一大步，需要有一个适应的过程，哭闹或抗拒都是正常的。而适应的关键在于如何使幼儿与教师、同伴、幼儿园之间建立感情，其中最重要的是教师与幼儿之间的感情。如果幼儿感觉教师就像妈妈一样，幼儿园就不会是想象中那么可怕了。所以在幼儿适应幼儿园新环境的过程中，教师恰当地运用沟通语显得尤为重要。在例 1 中，教师在运用沟通语的时候，站在朋友的角度，注意仔细观察幼儿的喜好，抓住幼儿的兴趣点，寻找共同的话题，吸引他的注意力，使幼儿在短时间内尽快对教师产生好感。同时，教师在运用沟通语的过程中，寻求家长的协助，运用"顾左右而言他"的策略，表面上看是和家长沟通，实际是利用幼儿愿意帮助成人完成任务的心理，为下一步的活动进行铺垫。

在例 2 中，小宇从气质类型上来说是一个胆汁质的幼儿，适应环境的能力较强，但是对新环境有陌生感和抗拒感。教师提前了解了他的喜好、性格脾气等特点，沟通语简洁明了，直奔主题，通过寻找他身上的闪光点，使他在新的集体面前找到了自信和认同感。

针对不同情境、不同年龄段、不同气质类型的幼儿，教师要不断地调整沟通语，这样有的放矢地进行交流，就能取得良好的效果。有效的沟通语能够拉近教师与幼儿的距离，增进教师与幼儿之间的感情。

【示例】

莉莉向教师告状，说星星拿走了她的玩具，请教师帮忙解决。教师把星星叫了过来，星星一脸不服气地说："你干吗叫我过来？"教师问："你觉得是为什么呢？你有没有做了什么不太好的事情？"星星歪着头说："我不知道，我没有呀……"教师又说："那你想想，知道了告诉我你再去玩。"星星马上说："我知道了，我是想帮莉莉拼……""那你有没有把你的想法告诉她，征得她的同意？""我没有。""下次要记着好吗？否则别人会生气的。""嗯。"星星点了点头。

幼儿之间的冲突、争执，普遍是因为沟通存在问题。虽然教师也教给幼儿自己解决问题的方法，但是很多时候还是需要介入。在这个示例中，星星是个爱面子的孩子，有了错误不太愿意承认，究其原因是怕承认了错误会受到批评或惩罚。针对这样的心理，教师采取的方法是问一些开放性的问题，引导星星自己说，让他意识到自己的错误行为，并在沟通的过程中让他明白一个道理：勇敢地承认错误并不是一件难为情的事。开放性的问题包括"发生了什么事？""你怎么做了？""后来怎么样了？"等等，这样的互动式交流有利于使幼儿的表达更加具体、全面，也有利于教师了解客观事实，作出正确的判断，帮助幼儿建立正确的是非观。

【示例】

点点在幼儿园里总是安安静静地待在一边，教师每次希望了解她的所思所想时，她就总是笑眯眯地点点头或简单地说几个词。但是教师听点点妈妈说，点点在家里很活泼，愿意和妈妈分享幼儿园的点点滴滴，尤其是把教师的教态模仿得惟妙惟肖，她告诉妈妈自己长大后的理想就是要做一名教师。为了更多地了解点点，教师想利用周一的上午和点点进行沟通。教师看到点点到幼儿园了，就一边带着她上楼一边和她聊天："点点，星期六的亲子活动妈妈给你买什么啦？""陶泥。"点点小声地回答。教师又问："是买了大块的还是小块的？"点点回答："大的。"教师再问："有些什么颜色？"点点迟疑了一下，说："有黑的、红的、白的、蓝的……"教师继续问："那你回家又做了些什么啊？"点点终于打开话匣子说了起来……

针对不同性格、不同气质类型的幼儿，教师与他们的交流方式也是不一样的。这个示例中的点点的气质类型属于黏液质。黏液质类型的幼儿一般比较内向，在情绪方面表现为沉着、平静、迟缓、心境平稳、不易激动，很少发脾气或情感外露；在平时的交往中，表现为沉默寡言，面部表情单一，跟人交流时不愿意多说些什么。这样的幼儿容易形成勤勉、实事求是、坚忍等性格特征，但也可能会形成如萎靡、迟钝、消极、怠惰等不良品质。教师看到了这样的问题，鼓励点点多开口说话。教师在沟通中，先是提起点点感兴趣的事，接着用了多个开放性的问题来引导她多说话，并引出更多的话题让她能主动地表达。

二、劝慰语

幼儿在日常生活中会遇到各种各样的问题，会因为各种生活细节问题而情绪低落，例如，遇到不爱吃的菜、同伴之间发生冲突、意愿不能实现等。这些在成人眼里看似不起眼的小事，往往会影响幼儿的情绪，不良的情绪会导致各种消极的行为。因此，教师在不同的情境下运用恰当的劝慰语，就显得尤为重要。真诚、恰当、及时的劝慰语能够安抚幼儿的不安，化解幼儿心中的消极情绪，鼓励幼儿以积极的状态投入到活动中。

【示例】

起床了，教师忙着招呼幼儿穿好衣服到盥洗室小便。幼儿三三两两地走到盥洗室。

"老师，玲玲不起床。"一个幼儿大声地叫着。玲玲涨红着脸，紧紧地捂住小被子，眼泪在眼眶里打转。李老师看见了，急忙催促她："你快点起床呀，怎么还坐着？"玲玲低着头不说话。李老师又叫她："快点起来，有没有听见？怎么还坐着！"玲玲抿了抿嘴巴，把被子裹得更紧了。其他幼儿也都围了过来："起床了，起床了，你干吗还坐着啊？"玲玲低着头，"哇"的一声哭了出来。

李老师听到哭声走了过来，她把其他幼儿都赶开了："你们别凑在一起了，快点到外面去吧。"又冲着大哭的玲玲说："说你动作慢，你还哭什么呀，快点啊！"边说边拉玲玲的被子。被子被李老师一下子拉开了："啊，你尿裤子啦！"李老师的大叫让玲玲哭得更凶了，泪水布满了脸颊。

　　幼儿出现尿裤子的情况，在幼儿园比较常见。导致尿裤子的原因很多：午睡之前没有小便，或做噩梦，或对新环境不熟悉，或生理机能没有发育完善，等等。在事情发生以后，不同的幼儿反应是不一样的，有的哇哇大哭，有的赖在床上不起，有的会把被子偷偷折起来，等等。玲玲很显然属于第二种，内心的焦虑比较明显。李老师不仅没有观察到玲玲的特别行为，还对她大声地斥责，这让玲玲更加紧张。如果此时李老师多观察玲玲，及时发现她的异常状况，并且从孩子的角度去考虑处理方式，或许结果会不一样。

　　教师首先要做到多观察幼儿，敏锐地发现个别幼儿的异常行为，在处理这类比较尴尬的问题时可以不点破，给幼儿一个台阶下，说一些相关的劝慰语，例如，"今天天很热，出了很多汗，如果下次出汗的时候一定要告诉老师，不然冷风一吹会感冒的。"这样既保留了幼儿的面子，同时又传递了这样的信息：下次遇到这样的情况要告诉老师，不要害怕，捂着会感冒的。这样的处理方式可以化解幼儿的焦虑情绪，反之则会形成恶性循环。

　　【示例】

　　午餐时间，小班的浩浩转身和同伴说话，一不小心把饭碗打翻了。碗掉到了地上，饭也撒了一地。浩浩一下子紧张起来，教师看到了，马上起身去看浩浩有没有被烫着，保育员也马上站了起来说："浩浩别踩着饭，我来打扫。"可浩浩红着眼睛，站在那里不知所措。教师就带浩浩暂时离开了座位，同时轻声对浩浩说："浩浩，吃饭时跟小朋友说话，不小心（教师故意在这几个字上加重语气）打翻了饭菜是不太好，但是下次注意就行了，你不要难过。以后吃饭要专心，不要边说边吃，好吗？"浩浩点了点头，脸上的表情也松弛了下来。

　　小班幼儿小肌肉动作还未发育完善，很多时候会因为不小心而犯错误。此时的幼儿不知所措，内心充满紧张和恐惧，生怕会被教师批评。示例中的浩浩因为吃饭时和同伴交谈，不小心打翻了饭碗，这本身是一件小事，但浩浩这样的孩子平时比较自律，一旦出现了过失，很容易产生自责的心理。教师要从宽慰他的角度出发，认可这件事不是故意的行为。教师在"不小心"这几个字上加重语气，让浩浩从心理上接纳教师的劝慰，能心平气和地接受所发生的事情。接着教师又说了原谅他的话，让浩浩宽心不少，紧张焦虑的情绪得到了释放。最后教师对浩浩提出了非常实质性的要求：吃饭要专心，不要边说边吃。这个要求对于小班幼儿来说非常明确。对于年龄小的幼儿，教师更要简单、明确地告诉幼儿怎么做，及时对幼儿的行为作出客观的评价，并且让幼儿易于接受。当幼儿可以接受教师的要求时，教师的教育目的也就达到了。

三、说服语

　　说服是教师通过摆事实、讲道理，借助事实和示范，把外在的社会角色规范内化为说服对象的道德认知，从而引导其态度或其行为趋向预期目标的行为。说服语是指教师在教育活动中，讲述生动的事例，阐明正确的道理，影响、改变幼儿原来的观念和态度，引导其行为趋向预期目标的教育口语。一方面，在对幼儿的教育方面，教师是权威，经常有家长对任性的孩子束手无策而向教师求助。另一方面，幼儿也会在与同伴的交往中或在成长过程中遇到形形色色的困惑，他们喜欢用自己的方式来看待问题，这就需要教师进行说服教育。教师在使用说服语的时候，必须注意以下几个问题：

第一，明确说服目的，了解并理解幼儿。

第二，对不同性格、不同气质类型的幼儿要采用不同的教育方法。

第三，要充分发挥教师的榜样作用，言行要一致。

【示例】

楠楠的阿姨来接楠楠去学钢琴，可是在幼儿园门口等了半天都没有等到出租车，她看到甜甜的妈妈来了，就请甜甜妈妈顺路送送楠楠。甜甜妈妈很爽快地答应了，可是甜甜还想在幼儿园里玩，怎么说都不肯走，又跑到草地上去玩了。甜甜妈妈实在没有办法，就请教师帮忙。教师走到了正在开心地玩着秋千的甜甜身旁。

"甜甜，你妈妈来接你了吗？"

"嗯，我妈妈来接我了。"

"那你怎么还没有回去啊？"

"因为我还想玩一会儿，今天的秋千我还没有荡过呢。"

"甜甜，老师有一个忙很想找人帮一帮，你愿意吗？"

"嗯，愿意啊。"

"我的好朋友急着出门办事，但是又打不到车，想请你妈妈开车帮忙送一下可以吗？"

甜甜迟疑了一下："可是我还很想玩秋千呢。"

"嗯，你喜欢玩秋千我知道，你明天可以早点来幼儿园，我带你们来草地上玩秋千。"

"嗯，好吧，我明天早点来。"

"朋友之间要互相帮助，那楠楠现在也需要帮忙，你是她的朋友，你愿意帮助她吗？"

"好的！"

甜甜离开了秋千，开心地跑到妈妈身边去了。

示例中的甜甜为了自己玩秋千而拒绝帮助楠楠，教师的说服语更多是自然状态下的聊天语气，而这种状态的聊天，能够让甜甜消除戒备心理，慢慢地意识到帮助别人是一种美德。教师在说服的过程中，谈话层层递进，使甜甜转换思维去帮助别人。所以教师在和幼儿进行交流时要注意观察和分析，根据幼儿的性格特点和思维方式调整交谈内容，这样才会更加具有说服力。

【示例】

饭后，中班幼儿在走廊上自由分享着自己带来的玩具，突然有人跑到教师面前告状："老师，冬冬和可可吵架了，你快去看看啊。"教师循声看去，冬冬和可可涨红了脸，怒目相对，一副谁也不让谁的样子，看情况一定是发生了激烈的争吵。教师走到冬冬和可可面前，还没有说话，其他幼儿就七嘴八舌地在旁边说："是可可不好，抢冬冬的玩具。""是冬冬太小气，没有和好朋友一起玩。""玩具不是冬冬的，他们都抢着玩。"他们这样叽叽喳喳，以至于教师搞不清楚发生了什么事。

于是教师把两名幼儿带离，一一发问："可可，你先说，刚才发生了什么事？""刚才我跟冬冬要玩具玩，可是冬冬不给，他就想要自己玩，也不给我玩一下。"

"然后呢？"

"然后，我就去拿了，可冬冬推我了。"可可边说边用手揉着自己的胸膛。

"冬冬，是这样的吗？"教师转身问冬冬。

"我，我，他没有经过我同意就拿玩具，我还没有同意呢。"冬冬低着头，仍然涨红了脸。

"可是，我已经跟你说了啊，你干吗不同意，又不是你的玩具！"可可不让步。

"嗯，冬冬，玩具是谁的？"教师问冬冬。

"玩具是多多的，我说了好听的话，他才借给我玩的。"冬冬答道。

"嗯，多多是个大方的孩子，愿意把玩具和你一起分享，可是可可问你借玩具时，你是怎么做的？"教师问。

"我，我没有给他玩。"冬冬又低头了。

"还有其他不太好的动作吗？"

"我还推他了。"冬冬的声音很轻。

"那这样对吗？你该怎样做呢？"

"我也要把玩具给可可玩。"

"可可，你向别人借玩具时该做什么正确的事呢？"教师又转身问可可。

"我应该说礼貌的话。"可可看着冬冬的玩具，小声地说。

"嗯，做一个有礼貌的孩子，你会得到更多的朋友，"教师说，"下次再有这样的事，你们知道该怎么做了吗？"

"知道了。"可可和冬冬连连点头。

幼儿在自主玩耍中，冲突问题明显增多。中班年龄段是同伴交往的关键期，但也是同伴冲突最多的时期。这个年龄段的幼儿，活动量增大，但自控能力很弱，交往的技能还不强，所以在与同伴交往的时候往往会产生矛盾。在示例2中，中班幼儿在描述事件时，由于每个幼儿的表达能力强弱不一，教师很难从中正确了解事件真相。教师就通过提问来了解事情发生的原委。问题非常具有开放性："发生什么事了？""然后你怎么做了？""你该怎样做好？""该做什么正确的事呢？"这一系列的问题，让幼儿既能具体地描述当前的事情，也能顺着教师的提问继续话题，给教师更多的关于这个事件的信息。如果此时教师的问题仅限于"是不是？""对不对？""好不好？"等，那就很难了解到事实的全过程，从而无法帮助幼儿真正地解决问题。因此，在与幼儿交流的过程中，教师要多用开放性的问题去了解事实，帮助幼儿解决问题。

四、激励语

激励语是教师在幼儿遇到挫折、有畏难情绪、自信心不足的时候，帮助他们树立信心，推动他们向前进的教育口语；也是在幼儿获得成功体验的时候，鼓励他们向更高目标迈进的教育口语。在活动中，激励语能激发幼儿内在的驱动力。对不同的幼儿，在不同的情境下，恰当地使用激励语、掌握好激励语的火候是取得良好沟通效果的保证。

【示例】

镜头一：男孩、女孩分成两组玩抢椅子游戏。第一轮游戏结束时，男孩组输了。第二轮游戏开始后，比赛的气氛越来越激烈了。突然，奕奕离开队伍跑到了教师身边。由于她的退出，大家暂停了比赛，教师问："怎么了？"话音刚落，就有幼儿争着回答："老师，奕奕怕输，她不想玩了。"奕奕低下了头。教师说："奕奕，你刚才抢椅子的时候眼睛不断地向后看椅子，抢的时候也非常迅速，很好啊。"奕奕看了教师一眼，又看了看围成圈的椅子，不作声。教师继续说："你别担心，抢的时候只要看准目标快速抢占坐上去就可以了。再说如果真的不小心输了，也不要紧啊。"奕奕似乎有些心动了。"来吧，加入游戏中来，和女孩们一起努力争取再获胜利，好吗？"奕奕轻轻地点点头，又回到了游戏队伍中。

镜头二：户外体育活动，今天的比赛项目是"障碍接力赛"。奕奕又有点担心了，她稍微朝队伍后面走了走。练习的项目中有一个动作是翻跟头，练习的时候，教师发现很多女孩都翻不过去，奕奕却轻而易举地翻了过去。教师就马上请奕奕给大家做示范："小朋友们，奕奕翻跟头的时候特别轻快，我们请奕奕来示范一下好吗？"奕奕非常神气地走到了海绵垫边上，翻了个漂亮的跟头。小朋友们都为奕奕鼓掌。有了信心后，在比赛时奕奕就忘记了"怕输"这回事，非常投入地进行比赛。

针对这类自信心不足的幼儿，教师需要说一些激励他们的话，使他们肯定自己的行为，树立自信。教师可以在集体面前表扬幼儿、鼓励幼儿，这会给幼儿带来莫大的鼓舞和动力。适当地运用激励语可以改善幼儿的不自信，帮助他们正确地认识自我、树立自信心。

【示例】

手工活动结束了，军军拿着自己做的小手工，非常开心地在教师面前走来走去："老师，你看，我做的手工，怎么样啊？""嗯，真不错，看得出你是很认真完成的。""老师，我剪这个长条的时候，差点把它剪破了呢。""是吗，还好你剪得很仔细、很认真，稍微有点破，也没关系。如果你愿意再试一次的话，会做得更好的。""好的，我还要做一张，做得更好。"

幼儿很希望得到教师的肯定，以获得一种内心的安慰，但泛泛而谈、没有针对性的话并没有什么效果，因此，教师在对幼儿进行评价的时候要具体针对幼儿的某个行为。例如，"你刚才剪的时候特别认真。""你这条线画得很直，看起来很平整。""你帮妹妹拿了小椅子，是个好哥哥。"等等。同时，教师要给幼儿提出努力的方向："如果仔细一点的话就能做得更好。"这样的激励语不仅可以让幼儿非常明确地知道自己好在哪里，而且还可以知道自己的不足之处，教育效果得以凸显。

五、表扬语

表扬语是一种对幼儿的思想和行为给予肯定的评价性语言，恰当地使用表扬语，能够提高幼儿辨别是非的能力，满足幼儿被尊重、被肯定、被赞赏的心理需要，带给幼儿积极、愉悦的情绪体验，增强他们的自信心和自尊心，形成积极向上、不断进取的人生态度。同时，教师的表扬可以培养幼儿欣赏他人、赞赏他人的健康心态，为其长大成人后形成完善的人格打下良好的基础。表扬语与激励语是一对"孪生姐妹"，都是对幼儿的行为表现予以肯定的教育口语，目的都是调动幼儿的积极性。但两者又有所不同，表扬语是对幼儿行为结果的肯定，而激励语是帮助幼儿树立信心、提出更高的要求。

教师在使用表扬语时要注意以下几点：

第一，表扬要恰如其分。

第二，表扬幼儿行为过程而非单纯表扬结果。

第三，表扬的语气要真诚热情。

第四，表扬的形式不能单一，要有趣，符合幼儿的年龄特点。

第五，表扬不同性格特点的幼儿要使用不同的表扬语。

【示例】

例1：豆豆是托班的幼儿，他进幼儿园有近两周了。豆豆平时在家吃饭要爸爸、妈妈喂，可是幼儿园里有这么多的幼儿，保育员来不及喂豆豆吃饭。豆豆安静地坐在椅子上，看看忙碌的保育员，又看看自己的碗，他拿起了自己的小勺子，从碗里挑起了一些饭，慢慢地把嘴凑了上去，吃了一口饭。教师看到了，走到了豆豆面前说："哎呀，豆豆真能干，会自己吃饭了。"豆豆听了更加大口地吃着饭。教师又继续说："要是豆豆能吃一口饭再吃一口菜，那就更棒了！"只见豆豆马上把勺子放进菜碗里，捞了一些菜放进嘴里。

例2：强强是中班的小朋友，自控能力较差，对自己的物品无心看管，几乎每天都要满活动室找东西。班级选管理水彩笔的管理员，强强举手了："老师，我来做水彩笔管理员。""哦？行吗？每天要整理水彩笔的噢！""老师，我会的，我一定会的！"看着强强很自信的样子，教师答应了。

强强做了水彩笔管理员。第一天他就主动去翻看水彩笔，不仅把水彩笔排得整整齐齐，还把相同的一边全都对齐了。教师走到强强身边，先看一看排着队的水彩笔，然后对着强强笑眯眯地点了点头，竖起了大拇指。强强有些害羞地低下了头。在集体活动中，教师当着所有小朋友的面对强强说："今天，强强帮我们整理了水彩笔，非常整齐，我们一起为他拍拍手！希望他以后每天都能帮我们把水彩笔整理好！"看着小伙伴们为自己拍手，强强笑了。

以上两个例子，教师用了两种不同的表扬方式，一是直接对幼儿的行为进行口头表扬，二是运用肢体语言和口头语言两种表扬方式。在例1中，豆豆是托班的幼儿，他愿意自己尝试着吃饭，教师马上对他的行为进行口头表扬，使豆豆对自己进餐这件事感到无比自豪。当幼儿接受了教师的表扬并作出了积极的反应后，教师对他提出更进一步的要求，幼儿就能很自然地接受了。教师肢体语言的运用适合年龄较大的幼儿，因为此时幼儿的理解能力加强了，他们会非常关注教师的言行，并对教师的言行作出判断。在例2中，教师后来在集体活动中，又对强强进行了口头表扬，对强强的劳动成果作出鼓励性的评价，让他体验到了一种成就感。

六、批评语

批评语是对幼儿的不良行为进行否定的评价性语言，它的目的是促使幼儿警觉，自觉纠正错误，规范行为。教师运用批评语是对幼儿错误行为的告诫，是对幼儿正确行为的塑造。教师在使用批评语的时候要注意把握分寸，运用恰当的方式方法，实事求是、平等地对待每一个幼儿。每个孩子都是在犯错误中成长的，教师要把握好批评的度。幼儿对是非的辨别能力较低，特别是年龄小的幼儿往往以自我为中心，这些都决定了幼儿间的冲突很多。教师要仔细观察，分析冲突的性质、幼儿对待问题的看法、幼儿的语言接受能力，以便进行有效的批评教育。

教师在使用批评语时要注意以下几点：

第一，在不同的场合，要采用不同的方法批评幼儿，以达到最佳的效果。

第二，在使用批评语时要控制好自己的情绪。

第三，对于不同气质类型的幼儿要采用不同的批评方法。

第四，就事论事，不要带着成见批评幼儿。

【示例】

饭后，晨晨和同伴在玩新买的积木玩具。天天也想玩，就挤过去边伸手边说："给我玩一下！"晨晨和同伴都不同意并且让他走开。天天就开始大声喊叫："气死我了！"然后用手推开了晨晨，晨晨躲开后又继续和同伴一起玩了。天天气呼呼地转身，正好看见地毯，就搬起地毯向晨晨砸去："气死我了，你们为什么不给我玩？"晨晨拿起玩具车躲开天天，嘴里大声嚷着："你有毛病啊！"其他幼儿也学晨晨的话说天天。天天歇斯底里地对他们几个喊道："气死我了，你们为什么不让我玩？我让我爸爸来把你们的玩具全都拆掉！"天天的气还没有出完，伸手就去推旁边的柜子，被教师及时拦住了。教师轻轻地拉起了天天的手问他为什么这样。天天说："他们不让我玩，还说脏话！""可能是他们人太多了，他们也想多玩一会儿，说不定他们玩好后就会给你玩了，你再耐心等等吧！"天天听了教师的话，情绪稍微缓和了一点，教师又对他说："刚才老师看到你生气时做了一些事，比如打晨晨、用地毯去砸人、推柜子，你觉得这些行为对吗？"天天摇摇头说："不对，可是他们说脏话。""是的，小朋友都不可以说不好听的话，但是尽管他们这样，老师觉得天天也不可以做刚才的事，而且这样反而解决不了问题，你看同伴们都躲着你了，还会把玩具分给你玩吗？"天天摇摇头。

从这个示例中可以看出，天天属于胆汁质的气质类型。天天在交往中由于自己的需求没有得到满足，产生了强烈的不满情绪，出现了一系列的破坏行为，不能静下心来很好地思考自己的行为。教师在处理问题的时候非常冷静，轻轻地拉起天天的手，让他体会到他的情绪教师也能感受得到，让天天产生认同感，同时也让他有足够的冷静时间。等天天慢慢地平复情绪，冷静下来，教师再分析事情的根源，让天天想一想该怎么办，这样才能让他意识到自己哪里错了，最终达到批评的目的。

【示例】

幼儿园里的洗手液这几天用得很快，原来是洗手液换成了粉红色的。幼儿都觉得很新鲜，对使用粉红色洗手液有很高的积极性。特别是新新，隔三岔五就往盥洗室跑，按出许多洗手液在手心，搓出泡泡后玩吹泡泡的游戏，盥洗室经常被他弄得一塌糊涂。

这天，新新又趁教师不注意把一大瓶洗手液全都挤进了洗手池，玩起了泡泡游戏。教师非常生气，但仍然努力使自己平静下来。教师先让新新看一看盥洗室的状况，再让新新看一看空空的洗手液瓶子，然后说："盥洗室应该保持干燥、清爽，新新，你知道为什么吗？"新新摇摇头。"如果地上都是水会很滑，小朋友走路不小心会滑倒，要摔跤，要是水里还有洗手液泡泡，那就更滑了。是你把地上弄得到处是水和泡泡，你这样做是不对的。"教师很严肃，新新不敢抬头看她。"还有，洗手液是给大家洗手的，不是拿来玩的。现在都被你挤光了，多可惜！小朋友下次洗手就没有洗手液了，大家知道了也会很生气的。"教师说。

"老师，我错了，我下次不玩洗手液了！"新新承认了自己的错误。

教师知道新新爱玩肥皂和洗手液不是一天两天的事，在家里也经常玩。于是教师决定和家长沟通，希望家长能一起督促新新改变这个行为。当新新妈妈来园接新新的时候，教师就跟新新妈妈说起了这件事情。没等教师说完，新新妈妈马上批评了身边的新新："新新，你怎么这么调皮，跟你说过不能玩，你还玩。老师，我回家会再批评他的。"

教师连忙制止道："新新妈妈，我已经批评过新新了，他也知道自己错在哪里了，接下来需要我们一起督促新新，适时地在新新洗手前提醒他。另外，新新爱玩泡泡的游戏，家长是否可以专门给他这样的机会和时间，让他满足，那样也有利于他改正，你说好吗？"

"好的好的。"新新妈妈对教师的想法表示赞同。

第二天，新新妈妈送新新来幼儿园时，还专门带来了一瓶洗手液。

在幼儿园里，总有一些幼儿有些不大不小的"顽症"，教师如果希望通过批评来纠正幼儿的"顽症"，就必须"对症下药"。在这个示例中，教师利用玩洗手液后会出现滑倒的危险后果，和小朋友下次洗手就没有洗手液的后果来批评新新，这是一种结果批评。这一批评指明了事件中新新做错的地方：玩洗手液和把地面弄湿、弄滑。而新新妈妈则批评新新是个调皮、爱捣乱的孩子，这是一种能力批评。在教育工作中，要尽量少用这种批评，因为这样不仅不会使幼儿明白自己错在哪里，而且会使幼儿丧失信心。

新新行为的背后，肯定是好奇心在作怪，他对如何产生泡泡的现象感兴趣。所以在日常生活中，教师和家长也可以给幼儿提供吹泡泡的工具，让新新自己来调制吹泡泡的液体并尝试吹出泡泡，鼓励他把实验的结果和大家一起分享。这样幼儿不仅不会再去偷偷地玩泡泡，而且会正确地培养幼儿的探究兴趣，让他体验到探索的快乐，增强自信心。

思考与
实践

一、举例说明在日常活动中，哪些方面需要运用沟通语，在运用沟通语的时候应该注意哪些问题。

二、结合本节内容，谈谈下面案例中的父亲所用的教育方法是否有效，并结合自己的理解谈谈应该运用什么样的沟通语。

诺诺新入园，心情总是有些焦虑，她拒绝参加集体活动，一直让保育员抱着。下午诺诺爸爸来接她，开心的诺诺挣脱了保育员的怀抱冲向门口。可是一到门口，诺诺又"哇"的一声哭开了，嘴里大叫着："我不要你接，我不要你接……"诺诺爸爸被诺诺的哭声给镇住了，脸色阴沉了下来，说："你不要我来接要谁接？""我要妈妈来接，不要你来接。"诺诺还是闭着眼睛哭着。诺诺爸爸毫无表情地拉着诺诺到换鞋处换鞋，诺诺的哭声还是不减。诺诺爸爸一把把诺诺摁到凳子上，搭住诺诺的肩膀，脸拉得很长，大声地斥责道："你为什么不要爸爸接，你不要爸爸接那我就走了，我才不管你呢！"

三、请根据下面的具体情境，设计相应的劝慰语。

1. 明明是个做事特别较真的孩子，妈妈说好五点钟来接他，但单位临时有事来不了，教师让明明到困难班等妈妈，明明不肯，怎么办？

2. 亮亮心爱的玩具被贝贝弄坏了，怎么办？

四、试举例说明激励语与表扬语的异同。

五、联系实际谈谈在运用批评语、说服语的时候要注意哪几个方面的问题。

六、在生活中我们经常会遇到以下类型的幼儿，请仔细阅读下面的两个案例，谈谈在两个案例中，妈妈使用了什么教育口语？你认为是否有效？为什么？

案例1：小安和小伙伴约好明天一起去挖笋。在妈妈的要求下小安提前练习钢琴。妈妈说："今天要好好练习，明天我们就可以出去玩了。"但是小安弹了5分钟就开始和妈妈磨嘴皮子："妈妈，我已经弹好了。"妈妈说："不行，有几个小节的拍子都还没有数好呢，还有两个曲子不太熟。"小安不耐烦地说："我不练了。"还用威胁的口气说："你再让我练习，我明天就不去了。"妈妈说："不去就不去。你不好好练习，明天我们就不去了。"小安开始发脾气了，大哭大嚷。妈妈又问："你要练习吗？"小安坐到了沙发上，以行动抗议着。于是妈妈就拿起电话取消了挖笋之行。

案例2：早上，去幼儿园以前，姗姗想穿裙子，妈妈说："老师说过，今天要上体育课，还是穿裤子吧。"姗姗不肯，开始在门口发脾气。爸爸就说："想穿裙子就穿吧。"妈妈说："不行，孩子不能总按自己的想法行事！"姗姗听了就哭了起来，于是妈妈就跟姗姗讲起道理来。爸爸说："孩子既然想穿裙子，你就让她穿吧。这也不是什么重要的事。"妈妈也觉得或许可以换另一种方案：带一条裤子过去，上体育课的时候换上。于是妈妈说："那好吧，就穿裙子去吧！"可是姗姗改变主意："那就穿裤子吧！"这下妈妈不同意了："我既然同意你穿裙子了，你干吗又要穿裤子？"爸爸不满了："真是的，大清早你们两个为这个争论！既然孩子同意了穿裤子，你干吗又要她穿裙子？"妈妈也不高兴了："我都同意她穿裙子了，她干吗非要穿裤子！"

第十章　幼儿教师态势语运用训练

训练目标

1. 了解态势语在幼儿教师职业口语表达中的作用，在具体案例的分析中掌握态势语运用的基本要领。

2. 养成正确运用态势语的良好习惯，在幼儿教育教学活动中能自如地运用得体、恰当的态势语和幼儿进行沟通。

第一节　幼儿教师态势语的作用

态势语是指人们在交际过程中，用来传递信息、表达感情、表示态度的非言语的特定身体态势，包括表情、手势、身体姿态等，又称"体态语"。态势语是配合有声语言传递信息和表情达意的一种形式，它是一种无声的语言。研究表明，在人际交往的过程中，非语言表达的作用大大超过了语言表达的作用。人们在日常的交际过程中，很自然地会有一些无声的语言，使自己表达的意思更为明确。

态势语既可以支持、修饰言语行为，又可以否定言语行为；可以部分地代替言语行为，发挥其独立的表达功能，同时又能表达言语行为难以表达的感情与态度。这种特定的身体态势，既有约定俗成的一面，又有灵活变化的一面。

教师职业口语的运用，离不开态势语的支持与修饰，态势语具有不可忽视的作用。教师要有效地进行教育教学活动，不仅需要运用良好的有声语言，也有赖于适度、恰当的态势语。在幼儿园教育教学工作中，态势语运用范围广，应用频率也高，其作用就显得尤为重要。教师在与幼儿互动的过程中，必须恰当地运用表情、手势、眼神等态势语辅助口语的表达，这样才能更好地与幼儿进行沟通。

幼儿教师态势语的作用如下：

（一）直观形象，强化信息

在口语交际活动中，说话人的身姿体态、举手投足、神情容貌始终伴随着有声语言，传达着各种信息。态势语通过动态的、直观的形象，与有声语言协调统一，同时作用于人们的视觉和听觉，拓宽了信息传输渠道，补充和强化了有声语言的信息，使有声语言更具有表现力和感染力。例如，当称赞对方时，向对方竖起大拇指说："你真棒！"又如，在观看球赛时，攥紧拳头，举起来用力晃动一下对大家说："这场比赛我们一定能赢！"这些伴随着口语出现的态势语对有声语言的表达会起到很好的强化作用。

在交流的过程中，教师和幼儿相互作用的主要媒介虽然是口语，但幼儿受年龄特点的限制，理解语言的能力较差，抽象思维能力和概括能力还处在初级发展阶段，对直观形象的事物容易理解并感兴趣。如果教师在教育中仅仅注意有声语言的作用，忽视态势语在交流过程中的影响，就可能会使教师与幼儿之间的交流受阻，教师的教育教学效果也会因幼儿不能全部理解其意义而受到影响。态势语本身具有直观性，符合幼儿的年龄特点，能够产生生动的表达效果，它给幼儿的印象是十分深刻的。教师运用动态、直观、形象的态势语，不仅可以拓宽信息传输的渠道，更有利于帮助幼儿接受信息，还可以增强教师口语的感染力。

（二）沟通思想，交流情感

"言为心声"，态势语则是无言的心声，是交际双方心理状态和情感的自然流露或有意识的表现。人们可以通过态势语表情达意，也可以通过观察态势语来分析对方说话的内容是否表达了真情实感。不同的态势语所表达的思想感情是不一样的。例如，"拍案叫绝"表示失声叫好，"摩拳擦掌"表示跃跃欲试，"趾高气扬"表示得意忘形，"暴跳如雷"表示愤怒急躁。在幼儿园我们经常会看到教师牵着幼儿的手，或教师用手抚摸着幼儿的头以示亲近，这种无声的语言会使幼儿感到教师非常"喜欢我"，从而得到心理上的满足。

态势语较之于口头语言具有更强的真实性，态势语是人的内心意识或潜意识的一种反应，能够较真实地反映人的内心世界。对于幼儿来说，这种表现更是无法掩盖的。研究表明：当人的情绪发生变化时，在中枢神经的调节下，皮质与皮质下中枢神经协同活动，结果人体会发生某些生理变化：一是呼吸系统的变化，表现为呼吸的加快或减慢；二是内分泌腺与外分泌腺的变化。所有这些变化都会在人的体态上表现出来，其内心情绪的变化也就一目了然了。例如，有的幼儿在幼儿园做错了事，在教师面前又不敢承认，但他在态势语上所表现出来的紧张、不安实际上已经告诉教师是他做错了事。

（三）调控交际，昭示关系

在口语交际中，态势语所表达的情感信息往往具有暗示作用。说话者或听者有意识地通过身姿、手势、表情、目光等手段传递信息，可以调动或影响口语交际对象的情绪，启发或引导对方的思路，调节口语交际的气氛，从而掌握口语交际的主动权。以态势语辅助有声语言调控口语交际活动，可以化不利的、被动的局面为有利的、主动的局面，以达到口语交际的目的。

在口语交际中，双方空间距离的远近，往往也反映了交谈双方的人际关系。一般说来，近距离交谈，显示双方关系较密切或话题具有不宜扩散性；中距离交谈，显示双方关系一般，大多是公事交谈；远距离交谈，双方关系显得比较疏远。在教学活动中，教师要根据特定的谈话情境和对象，适当调节空间距离，以实现口语交际目的。但要注意，距离过近会使对方感到"空间侵犯"；距离过远会使对方感到被冷落，削弱谈话效果。在幼儿园教育教学活动中，教师对幼儿可用较近的距离，可用手抚摸幼儿的头以示亲近；但对中小学生，尤其是异性学生，空间距离过近，随便用手触摸学生的头部或肩部，反而会引起学生的反感。

思考与实践

幼儿教师态势语的作用有哪些？结合实例加以说明。

第二节　不同类型态势语的运用

　　幼儿教师在教育教学活动中运用态势语必须和谐，即自然、得体、适度。态势语要同说话的内容和说话者的心态、情感相吻合，避免各种纯属个人习惯的下意识动作、表情、手势出现。态势语应当随情所致、自然大方，是内容、情感的自然表达，是个性风格的自然流露。态势语的运用特别要注意适度，把握好分寸，动作幅度不宜过分夸张，形式不宜复杂，力度和频度要适中，要有助于口语表达，不要喧宾夺主、哗众取宠。

　　态势语在具体的表现过程中是丰富多彩的，在不同的情境中，其所表达的意义和发挥的作用也是不同的。下面分别进行阐述。

一、表情语

　　人的表情是信息的重要载体之一，它能把各种复杂变化的情感信息充分、迅速、敏捷地反映出来。人们通过表情的变化，向周围的人传递各种各样的信息。许多研究发现，幼儿首先会把注意力集中在人的面部，所以教师的喜怒哀乐，是吸引幼儿注意力、感染幼儿情绪的强烈刺激物，这对教师组织教育教学活动是非常重要的。它提醒教师要学会运用面部表情帮助自己与幼儿进行交流。

　　表情包括面部肌肉、眉、唇等的运动变化。微笑是表情的基本形式，在日常生活中多一些真诚的微笑，有助于和对方沟通。在教学中，常带着和蔼、亲切、热情、开朗的微笑，是教师表情的基本要求，它能使幼儿产生良好的心理态势，并能创造和谐轻松的学习氛围。教师的表情应随教学内容、教学情境与幼儿的共鸣而变化。教师的表情变化要适度，不能过分夸张，以免哗众取宠；也不能板着面孔，毫无生气。

　　【示例】

　　开学一周了，小班的月月还是不愿意走进幼儿园。月月抱紧妈妈，两只手紧紧地抓着妈妈的衣服。教师出来了，微笑着看着月月："月月今天这么早来幼儿园啊！让老师看看月月的小眼睛是不是亮亮的？"教师凑到月月的面前，月月也抬头想让教师看看。"哇，月月的眼睛里有老师啊！"教师惊奇地张大眼睛，笑眯眯地说，"月月是个乖娃娃。赶紧让老师抱抱！"月月张开双臂，投进教师的怀抱里，可是还是转头看着妈妈，有点恋恋不舍。教师冲月月点点头说："月月是乖宝宝，妈妈早点来接月月好吗？"月月被教师紧紧地抱着，冲妈妈挥挥手："妈妈早点来接我！"

　　月月刚入园，还未去除分离焦虑，教师亲切的微笑不仅给了她温馨的感觉，更让家长感到踏实。在和月月对话的时候，教师始终是笑眯眯的，让月月感到教师就像妈妈一样，从而产生了信任感和安全感，这对幼儿适应幼儿园生活是非常重要的。

小班幼儿离开父母，来到新的环境与陌生人相处，那种孤独与焦虑是可想而知的。幼儿能早日适应环境，除了父母的配合外，教师的引导水平也起着重要作用。在教师与幼儿感情建立的初期，教师面部表情的变化最容易影响幼儿的情绪。教师笑眯眯的表情让幼儿感到亲近，减少陌生感，使幼儿心情舒畅，愿意亲近教师。如果教师露出平淡的表情，就会传递给幼儿冷冷的感觉，让幼儿认为教师并不关注他，并不喜欢他。如果教师对幼儿总是一副生气的表情，幼儿每天生活在否定中会感到恐惧和担心，也就更加不愿意上幼儿园了。

【示例】

"老师，迪迪掐人了！"听到幼儿的叫声，教师寻声望去。迪迪睁大了眼睛紧张地看着教师，旁边的瑞瑞用手捂着自己的手臂，眼圈有点红了。教师生气地走近两个幼儿，瞪大了眼睛大声地问迪迪："迪迪，怎么又是你？你怎么又掐人了？"迪迪更加紧张了，眼泪簌簌地滚落下来，他抬头看着教师，没有作声。教师更加生气，厌烦地看着他说："哭，你还哭什么，你掐了别人，别人都还没有哭呢！"迪迪终于忍不住，"哇"的一声哭了出来。教师把迪迪拉到外面走廊，对他说："你还哭，这么不乖，不让妈妈接你回家！"说完，狠狠地瞪了迪迪一眼，然后不去理会他。这时，迪迪哭得更加厉害了，他拖着教师的手一直不松开，抬着头恳求教师："不要，我要妈妈来接，我要妈妈来接！"

表情是反映人们内心情感的透镜。在一般情况下，教师的表情受到两种情况的制约：一是对幼儿的态度、情感，二是所表达的言语内容。在示例中，教师对迪迪的掐人行为非常恼火，所以出现了生气的表情。在整个教育过程中，教师生气的表情使幼儿处于紧张与恐惧之中；教师对幼儿不予理会的表情，让幼儿感到无助。教师没有平等地对待幼儿，教育行为有失理性，没有尊重幼儿的感情，容易伤害幼儿。此时教师的表情语并没有起到解决问题和引导教育的作用。在面对幼儿犯错误的时候，教师不能过分夸张地表露自己的情感，一定要表现温和，这样反而更有利于幼儿接受教师的批评，从而收到事半功倍的教育效果。

【示例】

离园时，皮皮妈妈来接皮皮，看到教师站在门口，就迎上来问教师："老师，我们家皮皮今天表现怎么样？"正好皮皮今天又抓了人，教师正想向家长反映呢，听到家长主动问起，便皱起眉头说："上午，皮皮和小朋友在玩的时候，又抓了熙熙，这个星期他已经抓了好几个人了，你们回家也要好好和他说说！"家长听了，一脸尴尬，只好笑着对教师说："对不起，老师，给你们添麻烦了，回家我一定好好批评他！"然后转身拉起皮皮，对他一顿训斥："今天你怎么又抓人了，不是告诉你不能抓人的吗，回家不给你玩具玩了。"教师则靠在门上无奈地看着他们母子俩离去。

皮皮屡次抓人的行为的确让教师很头疼，教师在向皮皮妈妈反映他的不良行为时，露出不满的表情，容易让家长认为教师对自己的孩子很不满，甚至会怀疑平时在幼儿园教师会对孩子不好，这样的一种心理会影响家长对教师的信任。在幼儿园，教师经常会碰到类似皮皮这样调皮捣蛋的幼儿，在和这类幼儿的家长沟通时，尤其是在反映幼儿不良行为习惯的时候，教师的表情一定要尽量保持温和、平静，也可以略带微笑；反映情节严重需要家长重视的事情，也可以略带严肃。这样一方面可以避免引起家长的消极情绪，另一方面也可以让家长感到，虽然自己的孩子有缺点，但教师还是喜欢、重视自己的孩子。这有利于获得家长进一步的支持与配合。

二、手势语

手势语是指手指和手掌、手臂的结合语，它是教师向幼儿传情达意的动作姿态。如食指放在嘴边示意"不要出声"，手掌做出丁字形示意"安静"，挠头表示"怎么办"，颤动表示"激动"，鼓掌表示"表扬激励"，双手上抬表示"起立"，用手比画表示物体的形状、大小。手势语不仅能增强表达效果，还有助于增强说服力，加深语意和语感，使教育教学活动收到更为深刻的效果。

有人说"手是人的第二张脸"，手势语所表达的含义非常丰富，它是构成态势语的重要部分。手势语可分为以下几种形式：一是情意手势，主要用于表达说话者的情感，如教师用手摸着幼儿的头；二是指示手势，主要用于指明要说的人、事物、方向等，如给人指路；三是象形手势，主要用于描摹具体事物或人的形貌；四是象征手势，主要用于表达抽象的概念，如OK（同意）与V（胜利）的手势等。

在教学活动中，教师经常要以手势辅助说话，在使用手势语时要注意：手势的目的要明确，努力克服随意性，针对不同的教学对象和教学内容要正确选择不同含义的手势。使用手势语要适度，包括速度、频率、幅度等。在教学中教师应尽量克服不良的手势语，如抓耳挠腮、抠鼻子或用手敲击桌子、用手对着幼儿指指点点等。

【示例】

教师给小班幼儿念儿歌《小白兔》："小白兔，真可爱，两只耳朵竖起来。"念到这里，教师两只手放在头上，竖起两个手指头，左右摇摆了一下，眼睛笑眯眯地看着幼儿。这时，原先坐在那里不动的幼儿也开心地伸出小手放在头顶上，跟着教师一起摆动。当念到"爱吃萝卜和青菜"时，教师用手做出拿青菜、萝卜的动作；当念到"蹦蹦跳跳真可爱"时，教师又将手再次放在头顶左右摆动。幼儿看了，一个个都积极地跟着教师做动作，于是教师又边做动作边带着幼儿念了几遍儿歌，幼儿很快就学会了，而且个个都很开心。

手势语具有直观形象性，教师用手势语讲述教学内容时，幼儿既可以听又可以看，这种视听结合的方式非常适合幼儿的接受水平，尤其是对年龄小的幼儿来说，不仅能激发他们的兴趣，也能积极发展他们的形象思维。在示例中，教师就很好地运用了手势语，例如，边念儿歌边竖起手指放在头上，代表小白兔的耳朵，生动地表现了小白兔的形象，增强了儿歌中语言的感染力，激发了幼儿学习的兴趣，同时加深了幼儿对教学内容的理解，强化了幼儿的记忆。

手势语还具有象征性，它是最直接的态势语，教师常常用具有象征性的动作代替某种事物以引起幼儿的想象。例如，教师将两只手五指张开，手心面向脸左右打开，幼儿就明白是小花猫；把两只手放在胸前，五指张开当成爪子，配上适当的身体姿势，幼儿就能想象出大灰狼、老虎、狮子等。手势语简便实用，容易变换、表演，能引起幼儿的注意，不需要创设太多的情境，可以随时随地根据需要运用。因此，在与幼儿的互动交流中，教师所要传递的信息及思想有相当大的一部分是由手势语来承担的。例如，摸摸幼儿的头表示喜欢，伸出大拇指表示表扬幼儿，双手合掌支在头的一侧表示睡觉，手臂在体侧上下波浪式摆动表示小鸟飞。手势语是态势语中最能动、最显要的部分，也是幼儿园教育教学中应用得最多、最广泛的态势语。

【示例】

例1：在小班语言活动中，教师正在给幼儿讲《拔萝卜》的故事。潇潇有点坐不住了，开始东张西望。教师发现了潇潇心不在焉，就边讲故事边走到潇潇面前，轻轻地摸了摸潇潇的头，潇潇于是就把身子转了回来。当教师拿出图片让幼儿看图说话时，潇潇又开始坐不住了。一个幼儿站起来描述图上的内容，潇潇却和旁边的同伴讲话。教师一直看着潇潇，潇潇似乎有所察觉，将身子转回，教师竖起食指放在嘴巴前，示意潇潇不要发出声音。潇潇很快就领会了教师的意思，马上就抬头看图片了。

例2：遥遥的手上沾了水粉颜料，小语去取面巾纸给遥遥，可是面巾纸盒被教师放到了饮水机的上面，太高了，小语够不着。小语转身看了看教师，似乎是请求教师来帮忙。教师两手一摊，耸耸肩，意思是无法帮忙。小语迟疑了一下，跑到墙边搬了一把椅子，稳稳地站到上面，抽了一张面巾纸下来。她又转身朝教师看，教师冲她微笑着，同时竖起了大拇指。小语高兴地拿着面巾纸跑到了遥遥的身边。

手势语适用于集体活动和个别指导。在例1中，潇潇注意力分散，教师轻轻地摸了一下她的头让她回神，之后当她再次无法控制自己而影响到课堂纪律的时候，教师将食指放在嘴巴前做了一个表示安静的动作，潇潇就领会了教师的意思。在整个集体教学活动中，教师自始至终都用很自然的手势引导潇潇集中注意力，并没有直接提醒或呵斥潇潇，以免影响或中断正常的教学活动，这就是运用手势语的优势。

值得注意的是，在集体教学活动中运用提醒的手势语是不想引起大多数幼儿的注意，只让某一幼儿领会教师的意思，这样的手势语要简单带过，可以轻描淡写，但是必须要让这个幼儿看到。而个别指导中的手势语运用可以夸张或更加亲切一些，在例2中，教师两手一摊、耸耸肩、竖大拇指等手势语传达了对幼儿的鼓励和肯定。在教师与幼儿的无声交流中，让人感受到的是教师和幼儿的一种和谐关系。

运用手势语要讲究艺术性。手势必须明确、精练、自然、活泼。所谓明确就是教师每一个手势，都应有内在的根据和清楚的用意，让幼儿一看就明白，以便对语言表达起到补充和强调作用。精练就是教师运用手势不能过多、过乱，要用比较少的手势动作衬托强调关键性语言，实现高效率的交流。自然就是不能做作、随心所欲、无中生有，应该自然得体，与教育内容和谐一致。活泼就是不能死板，做出的手势应符合幼儿的年龄特点，这样既能发挥作用，又能让幼儿喜欢。

三、身姿语

身姿语是指头部、肢体以及躯干各个部位体态语的运用，包括行姿、站姿、坐姿等。从幼儿教师职业性质来说，行姿要注意身体协调，姿态优美、步伐稳健，给人从容稳重、不急不躁的感觉。站姿要自然，给人亲切、平和、自信的感觉，要求肩平、腰直、身正、立稳；身体的重心均匀分布在两脚之间，不要上身后仰、左右摇晃，也不要两腿抖动，以免给人轻率、傲慢或慌张的感觉。坐姿要端正、挺直，给人精神饱满的感觉，两个膝盖要并拢，不要抬头仰身靠在椅背上，也不要欠身或侧身坐在椅子的一角，更不要跷二郎腿。良好的身姿语反映出一个教师优良的素质与修养，使幼儿和家长对教师产生尊重与信任感。借助身姿语教师还能更准确地表达情感和意图。

【示例】

户外活动回来，天天跑进活动室，碰倒了桌子上的玩具，天天头也不回地直接走进盥洗室。从盥洗室出来后，天天绕到了另一张桌子旁边去喝水。教师都看在了眼里。等天天喝完水，教师从容地走到天天身边，拉起天天的小手把他带到玩具旁边。天天紧张地看着教师。教师面对着天天蹲了下来，眼睛正视着天天说："天天，老师为什么带你出来？"天天低下了头："因为我做错事情了。""那你做错什么事了？""我把玩具弄倒了。""那你应该怎么做？""我应该收好的。"

教师摸了摸天天的头，微笑着说："嗯，既然你知道自己错了，那就赶紧改正，好吗？""好！"天天露出了笑容，然后动手开始整理玩具。

在幼儿园，教师经常会遇到类似天天这样的孩子，他们活泼好动，在无意中碰撞、打翻物品或伤害到别人后，却没有采取任何补救措施。对于幼儿这样的行为，有些性格急躁的教师，往往会拉住幼儿，劈头盖脸一顿批评，马上让幼儿认错或进行改正。久而久之，这会让幼儿感觉到教师对自己不认可，处处监视、控制着自己的行为，从而产生不满情绪。教师的行为举止会影响幼儿，容易使幼儿也变得粗暴与急躁。在示例中，天天碰倒了玩具，教师一直在耐心地旁观他的行为，观察他是否能自己认识到行为的不当。当发现天天没有任何反应的时候，教师从容地走到天天面前，蹲下来正视他的眼睛，表现出对他的尊重，因此天天很愿意接受教师的提醒。从这名教师所表现出的身姿语中，我们感受到的是这名教师遇事不急不躁、从容淡定的良好品质，以及对幼儿的尊重与宽容，这也是身姿语所展现出的教师的人格魅力。

【示例】

乐乐一大早来到幼儿园，兴高采烈地冲进活动室大声喊："老师，早上好！"教师正在捡地上的玩具，没有抬头，对乐乐的招呼只是应了一声："哦，你来了。"然后继续整理玩具。乐乐见教师没有看她，就跑到教师身边，又对教师说："老师，你看我妈妈给我买了一个红色的啪啪圈，我家里还有很多其他颜色的！"然后举起手里的啪啪圈在教师眼前晃动。教师边整理玩具边回应："哦，是吗？在哪里买的？"教师看了一眼乐乐的啪啪圈，又站起来走到柜子前放玩具。"是我妈妈在网上买的。"乐乐跟在教师的后面回答。"哦，怎么玩的？"教师继续问，没有停下手里的活。乐乐拿着啪啪圈在手上比画着准备示范给教师看，发现教师没有回头，就走上去，拉了拉教师的衣服说："老师，你看，老师……"教师转了过来，乐乐拿着啪啪圈对着手腕示范了起来，这时教师又转过身去放手里的东西。乐乐示范完了，抬头一看，教师正背对着她，乐乐原本兴奋的表情变得有些失落，于是她转身向外走去，正好看见明明从外面进来，乐乐急忙冲上去对他说："明明，你看，我有一个啪啪圈！"

很多幼儿经常会自发地与教师进行交流，这时教师扮演的角色应该是一个优秀的倾听者。在示例中，乐乐主动和教师分享自己的快乐，教师虽然用话语回应了乐乐，但是并没有表现出一个良好倾听者所应有的身姿语。教师没有正视乐乐，而是经常背对着乐乐和她说话，这不仅没有尊重幼儿，而且也错过了幼儿通过身体姿势、表情和眼神所表达的意思，很容易让幼儿感觉到自己不被教师关注，打击幼儿与教师交流的积极性，使幼儿产生失落感。同时教师也错失了一次与幼儿沟通交流，了解幼儿，拉近自己与幼儿距离的良机。一名优秀的教师，也应该是一名优秀的倾听者。当幼儿和自己交流的时候，教师应该面对幼儿，认真倾听幼儿的谈话，同时还要用眼睛注视幼儿，观察幼儿的非言语信息，根据幼儿谈话的内容，给予适度的身姿语，如上身前倾、点头、微笑或摇头等，传达自己对倾听到的内容的理解、认同或反馈。

四、目光语

俗话说，眼睛是心灵的窗户。一双灵动的眼睛，能折射出内心世界的话语。最能传达感情的态势语莫过于目光语。目光是表情达意最丰富的渠道，目光语和表情语是一个和谐的整体，表情与眼神的变化不要过于频繁，要适度，要与口语表达的内容和目的相一致。如正视的眼神表示庄重、诚恳，环视的眼神便于和幼儿交流，点视的眼神具有针对性和示意性。

凡是有经验的教师，都能恰如其分地、巧妙地运用眼神，发挥其独特的传情作用。教师的眼神能够促使幼儿进行积极思维，引起幼儿爱与恨的情感，其无穷的变化表述着教师种种思想、情感和希望。特别是在无声的教育环境中，教师的眼神能发挥"无声胜有声"的特殊功用。如对于违反集体规则、影响集体活动的幼儿，教师突然中断讲话，用严厉的眼神长时间地注视幼儿，直至他感觉到并停止自己的行为，这就起到"此时无声胜有声"的效果。有些幼儿胆小，自信心差，想回答问题又不敢说，教师要用信任的眼神鼓励他，要求他大胆勇敢地回答问题，从而培养幼儿的自信心。

【示例】

一天下午，教师发现幼儿表演"小猫钓鱼"时还缺几条"小鱼"，便又剪了几条，涂上广告色后放在美工角的筐子里。教师嘱咐幼儿："现在谁都不要去碰小鱼，等颜色干了以后，再用它们来表演。"

不一会儿，强强来向教师"报告"："老师，杭杭用手摸小鱼，把小鱼弄脏了。"果然，杭杭手上、脸上都沾满了红红绿绿的颜料，而且颜色把地都弄脏了。

教师用责备的眼神看着杭杭，那可是她花了一个下午做成的小鱼。教师正考虑着如何来处理这件事的时候，忽然听到杭杭哭叫着："我要妈妈……"杭杭的嗓门特别大，一哭起来声音特别响。同伴们被她的哭声吓坏了。有的幼儿连忙捂住了耳朵，一边叫"吵死了！吵死了！"，一边跑到活动室的一角。有的幼儿趁着混乱，在活动室里跑来跑去，椅子翻倒了，玩具掉了——活动室里全乱了套。

教师决定等大家冷静下来后，再来解决问题。于是教师就像什么事情都没有发生过一样，什么话也没说，只是拿了拖把将地拖干净。她没有理杭杭，而是组织幼儿一起将玩具收拾好，开始了游戏活动。杭杭慢慢地停止了哭泣，开始观察教师。同伴们也发现了杭杭的变化，邀请她参加游戏。但是杭杭就是不愿意过来，又打算号啕大哭。

教师一直没有对杭杭的表现有任何表示，依然投入地和其他幼儿做游戏。慢慢地，教师发现杭杭的头抬起来了，情绪也被带进了游戏中。这时教师侧过身体，微笑着，就像平常那样轻轻地叫杭杭过来，请她坐在自己的身边。

杭杭刚听到教师的呼唤时有点诧异，因为她已经投入到游戏中去了。她摇摇头，但脸上的表情不再那么坚持。教师伸出双手，眼里满是鼓励。就是这么一个无言的动作，使杭杭马上坐到了教师的身边。

"刚才怎么了，老师说过不要碰它，你怎么忘了？"教师问。

"不是我要拿，是蕾蕾要我拿的。"杭杭终于肯面对刚才发生的事了。

"为什么不听老师的话，而听小朋友的呢？"

杭杭难过得又要掉眼泪了。

"因为我们在做'小猫钓鱼'的游戏，她是我妈妈。"

原来是这样——当时杭杭还沉浸在游戏的情境中，教师差点儿错怪了她。

于是教师看着杭杭，拉着她的手说："下次要看清楚了再拿，好吗？"

"嗯。"杭杭点点头。

教师又叫来了蕾蕾："你是'妈妈'，不让自己的孩子做错事才是好'妈妈'。"两个孩子都开心地笑了。

在与幼儿交流的过程中，教师的眼神是十分重要的，眼神里透露出鼓励，可以让幼儿体会到被关注、被爱的感觉；眼神里透露出不满、严厉，可以让幼儿意识到自己的错误。在示例中，教师不经意间流露出的不满的眼神让敏感的杭杭感到不安，她用哭来发泄心中的恐惧。教师也迅速地捕捉到了这一点，先冷处理，避免在大家面前批评杭杭而引起不必要的尴尬，维护了杭杭的自尊；然后用眼神与杭杭进行交流，表达对杭杭行为的理解。这样既起到了提醒的作用，又给了杭杭一段心理调控的时间，同时也使活动顺利地进行。可见眼神的运用，在幼儿园教育教学中所起的作用是非常大的。教师在教学中要扩大目光语的范围，用环视表达对每一个幼儿的关注，多用眼神与幼儿交流，捕捉反馈信息，从而使教学任务能顺利地完成。

思考与实践

一、什么是态势语？它包括哪几个方面？

二、结合实际说说态势语在日常幼儿园教育教学中的作用及重要性。

三、结合本节内容，说说下面案例中教师运用了哪些态势语及所起的作用。

集体活动时，教师请幼儿每人搬一把椅子坐在圆线上。没过一会儿，教师发现宁宁不见了，原来他在区角里玩玩具，嘴里还喃喃自语着什么。于是教师轻轻地走到宁宁身边，蹲下来轻声问道："宁宁，你怎么还在这里，现在小朋友们应该在干什么呢？"宁宁抬起头，看到教师微笑着看着他，反应过来，似乎也有点难为情。"哦，那我先不玩了！"宁宁马上收起了玩具，朝椅子走了过去。等到宁宁拿椅子坐好，教师又走到他身边，摸了一下他的头。宁宁看着教师，教师和他相视一笑，宁宁立刻坐直身体，两手放在腿上安静地坐好。

四、阅读下面的案例，谈谈教师在这样的情境下，应该运用什么样的态势语，并说说你的理由。

幼儿园小天鹅舞蹈班的幼儿高高兴兴地穿好舞蹈鞋，来到舞蹈室里等待着李老师的到来。李老师来了，她留着一头披肩长发，幼儿都很喜欢她。当然妞妞也不例外。有许多次，妈妈因为工作忙要加班，不想让妞妞上小天鹅舞蹈班了，但是妞妞总是坚持要去。每次妈妈给她梳辫子的时候，她总是说："妈妈，我长大了也一定要像李老师一样有长长的头发。"

幼儿看到李老师来了，都冲到前面抱住李老师："老师好！"李老师蹲下来抱抱这个，看看那个。妞妞默默地注视着李老师，嘴里虽然不说，但她知道李老师会来和她打招呼。没想到，今天李老师直接换了舞蹈鞋开始上课了。这下妞妞不高兴了，等音乐声响起来的时候，妞妞就是不肯跳。连李老师走过来劝她跳，她都不愿意。这时妈妈看见了，走进舞蹈室询问原因，但妞妞就是不说，眼泪滴答滴答地掉了下来。妈妈只好把妞妞带出了舞蹈室。等在外面的其他家长和妞妞妈妈一起教育妞妞，和她讲道理。妈妈最后气急了，打了妞妞一下。但是妞妞还是不肯进舞蹈室，哭声越来越大。妈妈一气之下就把妞妞带回了家。

五、在以下案例中，教师运用了什么态势语？结合实际谈谈态势语的重要性。

早晨，幼儿陆陆续续来上学了。东东抱住教师，亲亲教师的脸："老师，我喜欢你。"

"东东在拍马屁！"旁边的丁丁大声说道。班里的孩子也跟着叫："东东拍马屁！"东东被他们一说，"哇哇"大哭起来。班里的秩序一下子被打乱了。

"现在的孩子心眼真多，连成人世界里不好的东西都学会了。"——这是教师在第一时间最直接的想法。当时，教师真想把丁丁好好地批评一下。

"丁丁！"教师提高了嗓门儿。丁丁看着教师，教师的目光是温和的。

"过来帮我整理这筐玩具好吗？"教师语调平静地说。

丁丁迟疑着不敢走过来，两只小手交替着摸自己的头发，眼睛不敢和教师对视，看一眼又游离到别处去了，像一只忐忑不安的小鹿。看来他已经意识到自己做错了。

教师招招手说："我需要你的帮助呢。"

"好吧！"丁丁深深地吸了一口气，终于慢吞吞地走了过来。东东和其他幼儿看到教师请他帮忙，都停止了哭泣和喊叫，争着说要帮忙。

"今天我只需要一位小朋友，就是丁丁。"这时丁丁脸上的表情更加复杂了。

在整理的过程中，教师一边夸奖丁丁干活仔细，玩具摆放得很整齐，一边观察丁丁的神情，发现笑容慢慢地在他的脸上绽放，他的情绪放松了。

"来，我抱抱！"教师蹲下来，张开了手臂。话音刚落，喜悦的神情一下子充满了丁丁的眼睛，他马上就扑进了教师的怀里。

"我也亲你一口吧！"丁丁边说边亲了教师一口。"啧！"教师的脸上满是甜蜜的"口水"。

看来时机已成熟了。教师问："什么是拍马屁？"

说到这里，丁丁兴奋不已："爸爸说，心里不喜欢，但嘴里说喜欢，你就会高兴，这就是拍马屁。"

"你觉得东东是在拍马屁吗？"教师拉着丁丁的手说。丁丁摇着头，害羞地笑了。

教师话锋一转："那你喜欢我吗？"

"喜欢。"

"你肯定是在拍我马屁。"教师灵机一动，趁热打铁。

一听教师这么说，丁丁有些急了："没有，我没有拍马屁！"丁丁眼眶里的泪水快要掉出来了。

教师摸着丁丁的头："老师也喜欢你和大家。我们不需要拍马屁，喜欢就喜欢，不喜欢就不喜欢，这样才会很开心呀！"

听教师这么一说，丁丁笑了，咧开了嘴，露出了一对小兔牙。

六、阅读下面的案例，说说案例中的教师使用了哪些不当的态势语，并结合自己对本节内容的理解，谈谈在碰到类似情况时，你会使用哪些合适的态势语。

在美术活动中，教师请幼儿画小鱼吐泡泡。乐乐拿起笔，在白纸上乱涂，把原来教师事先画好的小鱼也涂得脏兮兮的。教师快速走上前，一把夺走乐乐手里的笔，用手指着乐乐的画大声呵斥："你看看，你在画什么，老师让你画泡泡，你涂得一塌糊涂干什么？"然后一把拉起乐乐，推着他到同伴的旁边说："你看看，别人是怎么画的？"乐乐委屈地看着教师，泪水在眼睛里打转。教师脸色阴沉地看着他，又气呼呼地说："不想画算了！"然后头一转，走过去看别的幼儿画画了。

七、请为童话故事《野猫的城市》中的动物配上适当的态势语，并试着完整地讲述故事。

☞童话故事《野猫的城市》

下篇　　　幼儿教师交际口语

学习提示

　　幼儿教师交际口语是幼儿教师口语的重要组成部分。幼儿教师在不同的交际场合说出合适得体的交际口语，是一名合格幼儿教师必须具备的基本素质。本篇阐释了幼儿教师交际口语的内涵、特征和意义，以及各种场合交际口语的运用原则与方法，其中重点介绍幼儿教师与家长、领导、同事、社区工作人员交流时需要掌握的交际口语运用原则与方法。

第十一章 幼儿教师交际口语运用训练

📝 训练目标

1. 明确幼儿教师交际口语的内涵、特征及意义，了解并掌握幼儿教师运用交际口语的原则与方法，以便今后在工作中能更好地与人沟通。

2. 了解与家长、领导、同事、社区工作人员交流时需要掌握的交际口语运用原则与方法，沟通时做到语言得体、适时、适度。

第一节 幼儿教师交际口语概述

良好的交际能力被认为是现代人必须具备的重要能力之一，是一个人文化素质的综合体现。交际口语运用能力不是一般意义上的"口才"，而是一个人心理、思维以及知识、经验、审美等方面的综合反映。培养交际口语运用能力，不仅对每个社会个体至关重要，而且对促进社会和谐进步、实现人际沟通具有重要意义。良好的交际口语运用能力更是合格教师必备的基本能力。

一、幼儿教师交际口语的内涵与特征

自有人类之日起，交际就是人类生产、生活不可或缺的组成部分。随着社会的不断发展进步，人类的交际活动日益频繁。人际交往是人们运用一定的方式和手段交流思想、传递信息，从而达到某种目的的社会活动。交际口语是特定的人在特定的语境里，为了特定的目的，运用语言手段传递信息、交流思想和表达感情的口头语言。

幼儿教师交际口语是指幼儿教师因各种目的和需求，在各种类型的活动中，与幼儿之外的不同职业、不同类型的人员沟通所使用的口头语言。幼儿教师交际口语有别于其在教育教学过程中使用的教育口语和教学口语，它是幼儿教师为完成教育教学工作，更好地与家长、领导、同事、社区进行沟通时所使用的口语，也是幼儿教师必须掌握的一种口语。幼儿教师交际口语与一般的交际口语不同，它具有以下特征：

（一）规范性

规范性是指用语要规范。首先，幼儿教师要使用标准的普通话，做到语流通畅、节奏明快，慢而不拖沓，快而不杂乱，语调自然、适度；其次，无论叙事状物、说理抒情，都要做到用词恰当、条理清楚、表达得体；最后，幼儿教师还要注意语言的纯洁性，杜绝污言秽语，避免口头禅，学会使用礼貌用语。

（二）教育性

教育性是指幼儿教师的交际口语带有明确的教育目的性。幼儿教师的职责是育人，因此其交际的目的也应与教育相关，交际口语的表达内容和形式受到教育目标的制约，语言信息都带有鲜明的教育性。

（三）科学性

科学性是指幼儿教师在交谈中所表达的教育理念与内容必须科学。幼儿园教育教学内容和方法的科学性，决定了幼儿教师交际口语的科学性；同时，幼儿教师在与他人交流中也要做到概念准确、判断科学、推理合乎逻辑、分析客观。因此，科学、准确也是幼儿教师交际口语的一大特征。

（四）生动性

生动性是指幼儿教师在交谈中应具有较强的语言表现力。首先要倾注真挚的感情，情动于中而言于外；其次要善于运用得体的态势语辅助口语表达，用姿态、表情、动作等来增强口语表达效果。生动而富有变化的态势语能形象地表达幼儿教师的思想感情，给他人留下清晰而鲜明的印象。

（五）可接受性

可接受性是指幼儿教师在交谈中所运用的口语要让交际对象易于接受、乐于接受。交际口语必须针对交际对象不同的年龄特点、心理需求、知识水平、职业地位等进行调整，照顾到交际对象的特征。同时，幼儿教师还应照顾到交际的场合，根据当时的交际环境进行恰当的表述，从而收到交际口语的最佳效果。

二、幼儿教师学习交际口语的意义

当今是一个交际十分广泛的时代，随着社会组织规模的扩大，大众传媒日益发达，社会生活更加复杂多元。当今社会出现了多层次、多方位、多角度、多种类的交际网络。实践表明，善于沟通、交往的人更容易被人重视、受人欢迎，能赢得他人的友谊、信任、理解、支持和帮助，事业上也更容易成功。交际口语正是建立良好人际关系的重要纽带。

（一）交际口语是传递和交换信息的重要方式

现代社会，各类信息迅猛增长，传播频率日益加快，传播媒介相当发达。人们可以随时随地通过报刊图书、广播电视、计算机网络传递和获取各种各样的信息。尽管如此，人们通过口语进行传递和交换信息的方式永远无法被大众媒体所替代，用口语进行交际是一种最便捷、最高效、最直接的传递和交换信息的方式。

首先，交际口语是一种直接的、双向的、互补的信息交流方式，其具体、细致、全面、深入等特征是其他任何一种传递和交换信息的方式所不具备的。例如，幼儿园会定期举行教研活动，让教师们一起交流教育教学信息，教师通过口语可以快捷又广泛地收集信息，获取知识与经验，从而解决教育教学中的问题与困惑。其次，通过口语进行信息传递和交流，比公众传媒更具有效性、实用性。例如，教师每天都要与家长、同事、领导进行面对面的接触，用交际口语进行交流效率高，信息量大，比较快捷。最后，某些个人的、隐私的、微妙的信息，只能采取会话、问答等口语形式来表达，不宜通过公众媒介进行交流。

（二）交际口语是交流思想的重要途径

"听君一席话，胜读十年书"，这句话充分说明交际口语在人们思想交流过程中的重要性。思想交流的方式是多种多样的，如阅读、听广播、看电视、网络聊天等，但最基础、使用最广泛的交际方式仍是交谈。萧伯纳曾经说过：你我是朋友，各拿出一个苹果交换，交换后仍然是各有一个苹果；倘若你有一种思想，我也有一种思想，而朋友间相互交流思想，那么我们每个人就有两种思想了。[①]一方面，一个人的思想认识总是有局限的，不可能对任何事物都认识得非常到位，对任何问题都认识得非常全面、深刻。人的思想只有通过彼此间的不断交流，才会得到相互补充、促进、纠正、提高。另一方面，一个人即使有一个很好的想法，如果不表达出来，不与别人交流，那么这个想法对社会也就毫无意义、毫无价值。事实上，在学前教育中，许多教师的好思想、好建议，正是通过口语交际被人认识、了解并实现其价值的。

在交流思想时口语比书面语更直接，更能引起情感上的共鸣，所以许多无法通过书面语进行交流的问题，一旦通过交谈的形式传达，往往能很快得到解决。例如，当一名教师将自己在教育教学中的经验向同事介绍时，如果通过书面语呈现，别人接受起来会费时费力。如果用口语进行交流，教师不仅能够全面阐述自己的经验，更重要的是在这个过程中还会与同事发生思想上的碰撞，使经验更完善、更具可行性。

（三）交际口语是协调人际关系的重要手段

人际关系把握和处理的好坏直接关系到一个人的生活是否安宁幸福，事业是否顺利发展，社交是否愉快有益，因此，协调人际关系具有重要意义。对幼儿教师来说，把握和处理好与家人之间、家长之间、同事之间、朋友之间的关系，会使家庭和睦、家长信任、同事合力、朋友情深；如果这些关系把握和处理得不好，就可能造成夫妻反目、家长挑剔、同事离心、朋友相悖。那么人际关系靠什么去协调呢？最重要的方式就是用口语进行交际。俗话说："良言一句三冬暖，恶语伤人六月寒。"一句话说好了可以产生巨大的亲和力，说不好就会产生强大的离心力。正所谓："一言可以结友，一语可能树敌。"所以教师要十分重视交际口语在协调人际关系中的重要作用。

在人际交往中，交际口语可以促进人们的相互了解，增进彼此的友谊，消除不必要的误解，解决相互间的矛盾。教师要想利用交际口语在协调人际关系中取得良好的效果，首先要做到以诚相待，这是心灵沟通的基础；其次是要以礼相待，这是心灵沟通的前提；最后要有较好的交际口语运用能力。

三、幼儿教师运用交际口语的原则

幼儿教师要接触不同职业、不同类型的人，要参加各种目的、各种类型的活动。这就需要教师具备良好的口语交际能力，能针对具体交际情境和交际对象说

---

① 刘晓明，等．口语交际的理论与技巧［M］．北京：高等教育出版社，2003：14.

出合乎交际场合的语言，让交际对象满意，使自己的工作能够顺利开展。教师要想在各种场合合理、恰当地运用交际口语，必须遵循以下原则：

（一）职业性原则

职业性原则是指教师在与对方交流时，语言的运用要符合教师职业特点。首先，教师职业要求教师的交际口语必须使用规范的、标准的普通话；其次，教师要有身份意识，与不同职业、不同性格的人进行交流时都要表现得体，都要体现教师的修养与学识，都要展示端庄大方的教师形象。

【示例】

某个教师初次到一名幼儿家里家访时，见客厅里有两个年纪相仿的成年男子，她看到其中一名男子与幼儿容貌相似，就对他说：“我是某某的班主任，如果没有猜错的话，您是某某的父亲。”对方点头称是。另一名男子指着孩子父亲插话道：“他是我们的总经理。”这个教师微微一笑，答道：“这我已从幼儿登记表中了解了。不过，我这次可是来找学生的父亲的。”通过巧妙的回答，该教师把自己置于与幼儿家长平等的地位。接下来，她侃侃而谈，赢得了家长的敬意。

这个教师在交际场合中时刻意识到自己的教师身份，注意使用得体的语言，体现了教师的职业内涵与文化修养。

（二）对象性原则

对象性原则是指教师交谈的内容要随着交际对象的不同而有所区别。例如，与文化水平较低或非教育界人士交谈时应尽量少用专业术语，非用不可时尽量给予通俗的解释；与教育界人士交谈时则应多使用专业术语。与领导交谈时尽量多使用敬语，多用征询、期望的语气，避免使用越级语言，避免口气强硬。与同事交谈时要尊重对方，平等待人，少用客套话，以免拉大双方的心理距离；与同事意见不合时，避免恶语伤人、冒犯对方，要虚心接受同事批评，避免反唇相讥或讽刺对方弱点。与幼儿家长交谈时，不卑不亢，既不巴结也不居高临下，把交谈的重点放在交流幼儿信息、共同寻求教育方法上。总之，交谈对象不同，教师的交谈内容、方式都应作出相应的调整。

（三）真诚性原则

真诚性原则是指教师无论接触哪一类人都要真心实意，发自内心地表达自己对谈话对象的要求、赞美、评价等，不能给对方一种虚伪的感觉。

【示例】

小班的鹏鹏喜欢咬人，短短一个月内就咬了好几个同伴。教师向家长反映了几次。起先家长表示回家好好教育他，后来次数多了，教师再反映家长就拉下脸来不吭声。后来，教师特地去鹏鹏家进行家访。一开始，教师并没有提及鹏鹏咬人的事，而是大大夸奖了一番鹏鹏，家长听了非常高兴。教师借此机会委婉地说：“鹏鹏真的很讨人喜欢，但不知为什么最近很喜欢咬人，我们一起找找原因，帮他改正,这样他在集体中会更受欢迎。"家长觉得教师是真心为孩子好,因此与教师一起分析原因。教师趁机提出几点需要家长配合的建议,家长表示愿意配合并非常感谢教师。

这名教师以自己的真诚换得家长的信任与配合,从而顺利地开展工作。在任何交际场合中,真诚待人都是交际目的达成的重要保证,对教师而言也是如此。教师无论接触何种地位、何种类型的人,都要抱着真诚的心态与其交谈。只有这样,交际才能取得预期的沟通效果。

(四)场合性原则

场合性原则是指教师面对不同的交际场合,同样的意思要用不同的语言表达出来。同一个意思,郑重的场合用正规的语言表达,轻松的场合用诙谐的语言表达,领导在的场合与领导不在的场合语言也应有所不同。

【示例】

一次幼儿园骨干教师培训,班上的学员需要做自我介绍。一个学员第一次自我介绍时,主办单位的各级领导都在场,场面比较正式。她这样介绍自己:"我叫胡雁,来自山东,很高兴有这次学习的机会,希望在这次培训中得到各位专家、领导的帮助。"第二次自我介绍是在当天晚上的学员联欢会上,胡雁是这样介绍自己的:"人过留名,雁过留声,我姓胡名雁。人人都说江南是多山多水多才子,我的家乡则是一山一水一圣人。我的家乡在哪里呢?有的老师已经猜出来了——山东。欢迎大家到山东一睹泰山、趵突泉、孔子的风采。"

同样是自我介绍,这个教师在不同的场合用不同的语言表达同样的意思,收到了良好的效果。

(五)灵活性原则

灵活性原则是指教师针对具体情况、具体交际对象,及时调整交际策略,灵活地运用交际口语。在交际实践中,交际对象高兴与不高兴、热情与不热情、重视与不重视、内行与外行、性格内向与外向,都会影响当时口语交际的效果,教师要针对具体情况在语言上及时进行调整。

【示例】

一次幼教学区竞选团干部,有十几名教师上台作了竞选演讲,每名教师的发言内容都包括对自己优点的展示、对未来工作的决心、对在座教师支持的感谢。每名教师发言时间为10~20分钟。开始时,台下的教师听得挺认真,但每人依次下来,讲的内容大同小异。随着午饭时间的临近,不时有人看手表,脸上流露出不耐烦的神情。这时最后一名竞选教师临时决定缩短发言时间。上台后,她表明:"我是××单位的××……关于开拓未来,我只想说,良好的愿望将化为勇敢者的实践。"她用非常简练的语言清晰地表达了自己对未来工作的决心和信心,她的发言赢得了在座所有教师的热烈掌声,她也因此被推选为学区的团干部。

这名教师善于观察，在了解了听众的心态后灵活地调整了自己的发言，并用一句话简洁地表明了自己的决心，言简意赅，赢得了大家的好感。

一、幼儿教师交际口语的内涵是什么？幼儿教师交际口语与一般的交际口语相比，主要有哪些特征？

二、幼儿教师为什么要学习交际口语？具备良好的口语交际能力对幼儿教师来说有哪些意义？

三、幼儿教师要在各种场合恰当地运用交际口语，要遵循哪些原则？

四、有人认为真正的好教师要具有较强的教育教学能力，口语交际能力好不好无所谓。你认为这种观念对吗？为什么？

第二节 不同场合交际口语的运用

幼儿教师除了在教学过程中要与幼儿进行交流外，还要与其他的人接触：每天与接送幼儿的家长交谈，在日常工作中与领导、同事交流，参加座谈会时与与会人员交流，参加娱乐活动时即兴发言，等等。这就需要幼儿教师掌握在各种场合运用交际口语的原则与方法，并能正确运用这些原则与方法，做到讲话得体，富有说服力与感染力。

一、与家长沟通时交际口语的运用

在幼儿园工作中，与家长进行沟通是教师的一项常规工作。与家长沟通有多种形式：个别沟通，包括来园、离园接待，家访，通过家园联系册与家长进行的书面沟通，等等；集体沟通，包括家长会、亲子活动、家长沙龙，等等。这些沟通能让家长了解幼儿园的教育教学工作，了解孩子在幼儿园的情况，还能挖掘家长教育资源，发挥家园共育的最大功效。在与家长的沟通中，交际口语运用得是否得当，决定了教师能否准确地传达自己的想法，从而达到预期的目的。

（一）与家长日常沟通时的交际口语

教师每天要与家长接触，一些家长自身素质不高，在教育孩子的过程中存在不少偏差和问题。教师与家长进行必要的沟通，可以引导家长共同参与对孩子的教育，向家长呈现幼儿园的教育理念、教师的专业水平和责任感，培养家长对幼儿园和教师的信任感，培养家长与幼儿园的合作态度。教师在与家长的日常沟通中，经常要面对各种突发事件，这就需要教师运用得体的交际口语将事情处理得当，以便顺利地开展工作。

1. 来园、离园接待的交际口语

来园、离园是家长把孩子交给教师，和把孩子从教师手里接回家去的短暂交接过程。来园、离园时间是教师与家长接触最频繁的时候，也是教师及时和家长沟通的最佳时机。此时，教师的交际口语要简短、有效。

【示例】

例1：明明的父母在外经商，很少和教师联系、交流。明明是一个调皮的孩子，各方面都不算出色。这天，明明的父母从外地回来，主动来到幼儿园向教师询问明明的情况。以下是他们之间的对话：

爸爸：明明这段时间在幼儿园表现怎么样？

教师：（一提起明明，教师就皱起眉头，劈头盖脸地数落起来）明明啊，怎么搞的，在幼儿园里调皮都出了名了。就说昨天吧，他又把椅子弄坏了，这不是第一次了，为此我们班还在晨会上被点名批评了。

妈妈：（一脸质疑）是吗？在家里也看不出有这么调皮呢。

教师：他经常欺负别的小朋友，喜欢和别人争抢玩具，经常有家长来告状，还有吃手指的习惯，有时候跟他说了也不听，你们回家要好好教育教育他。

明明的爸爸、妈妈听了教师的话后，脸色顿时阴沉了下来，拉着明明的手离开了活动室。

例2：强强年龄比同班小朋友小几个月，家长担心他适应不了幼儿园生活，每次送到幼儿园都有点不放心，天天向教师询问强强在园表现如何。以下是某一天强强的家长和教师的对话：

家长：老师，强强今天表现得怎么样，有没有哭闹？

教师：（笑脸相迎，首先消除家长的担忧）强强是个很活泼开朗的孩子，这些天进步了，他喜欢上幼儿园了，能和小朋友一起做游戏、玩玩具，像个开心果。

家长：我怕他比别人小，会不会有些事情做不好？（家长在试探可能发生的事情。）

教师：您放心，我们会多照顾他一些的。要是有什么情况，我们会及时与您联系的。

在接下来的几天里，带班教师注意到强强身体较弱，家长也比较担心孩子在园进餐的情况，于是，教师在家长来园接送时主动和家长说："您的孩子这几天在老师的帮助下能吃完一碗饭了，他回家后晚饭吃得怎样？有没有觉得肚子饿？"

家长：这几天没听他说肚子饿，他平时胃口就不怎么好，所以在家里都是大人喂的。老师，真谢谢您，让您费心了。

教师：不客气，我们会尽量照顾孩子的。（转身又对强强说）强强在幼儿园也能自己吃饭了，强强很棒，是不是？如果在家里也试着自己吃饭，老师和小朋友都会更加喜欢强强的。

强强点点头，一家人高高兴兴地回家了。

在例1中教师说话过于直白，没有采取迂回、委婉的方式，情绪激动，用居高临下的语气教训家长，使家长感觉教师不喜欢自己的孩子，因此产生不信任感。在例2中，教师以诚待人，主动沟通，在沟通过程中让家长感觉到教师工作的认真细致，从而获得了家长的信赖。家长职业不同、素质不同，与教师沟通时的心态也各异，因此，针对不同的家长，教师应采取不同的语言沟通策略。

教师与家长进行个别沟通时，交际口语运用应注意以下几点：

（1）态度诚恳，语言平实，少用或不用专业术语。诚恳的态度一方面可以缓解家长内心的不自在，另一方面也可以让家长感觉到教师的诚意，因而愿意与教师深入谈一些问题。在语言选择上，教师要尽量用平实的、家长能理解的语言向家长解释一些问题。过于专业的教育术语一方面会增加家长的心理压力，让家长不敢表达自己的意见；另一方面也可能导致家长不理解或误解教师的意思，以至于不知采取什么措施来配合教师的工作。

下面这些说法有助于沟通：

● 您的孩子最近某方面表现很好，但是今天发生了……如果改进一下，孩子的进步就更大。

● 这孩子太可爱了，老师和小朋友都很喜欢他，继续加油。

● 请相信孩子的能力，他会做好的。

（2）针对具体问题提建议并注意表达的技巧。对幼儿犯的错误，教师要婉转地向家长提出建议并与其协调，使家园产生教育合力。教师跟家长要多谈幼儿的优点，让每个家长都感觉自己的孩子受到教师的喜爱，在此基础上教师再指出幼儿的不足时，家长就比较容易接受。但在指出不足时教师不能带有很强的感情色彩，一定要给家长具体的建议，提出改进的办法和思路，让家长心服口服。

下面这些说法有助于沟通：

● 请家长不要着急，孩子偶尔犯错误是难免的，我们一起来慢慢引导他。

● 孩子之间的问题可以让他们自己来解决，放心吧，他们会成为好朋友的。

● 我们向您推荐一些好的育儿知识读物，您一定会有收获的，孩子也会受益。

（3）多使用描述性语言，少使用判断性、绝对化的语言。在与家长沟通时，教师要把介绍的重点放在实事求是地描述幼儿在园的各种具体表现和具体行为上，尽可能详细地向家长讲述幼儿在一日生活中的各种表现。教师不要简单地用"你的孩子在幼儿园表现很好""你的孩子表现还可以""他就是心太散了"等判断性、绝对化的语言来总结一名幼儿的情况。前面两句判断性评价太笼统含糊，没有为家长提供具体的信息，家长也不知从哪方面努力来配合幼儿园教育。后面一句用"就是"这样绝对化的评价会造成两种后果：一种是家长认为教师对自己的孩子有偏见；另一种是家长认为自己的孩子就这样了，在今后的教育中可能形成某种心理定式，不利于孩子的发展。

（4）要关注平时接触少的家长。幼儿来园、离园时，教师要做到主动和平时接触比较少的家长交流幼儿在园的表现，询问幼儿在家的一些情况，尤其是在园表现不突出幼儿的家长，他们往往更在乎教师对孩子的关注。教师在幼儿来园、离园时段不仅要和不同的家长交流，还要照顾好每名幼儿，同时要面对这么多的家长和幼儿，如何把握好"度"很重要。针对来园、离园接待时间短、对象多的特点，教师要做到重要的事情及时说，长话短说，着重与表现不突出幼儿的家长进行交流，尽量把时间留给平时接触少的家长。

2. 面对家长误解时的交际口语

家长和幼儿园之间有时会存在一些隔阂以及各种不协调，在工作中教师被家长误解的原因有教师自己工作不到位、家长对教师的教育方法不理解，等等。要解决这些问题，沟通是必不可少的，教师只有积极地与家长进行沟通才能消除误会，否则就有可能产生矛盾。

（1）教师工作不到位引发的误解

【示例】

冬天，幼儿离园前十分钟。小丽奶奶拉着小丽冲进班里大声嚷道："你是怎么当老师的？我的孙女裤子都尿湿半天了，你都不给换，天这么冷……"小丽奶奶涨红了脸，情绪很激动。教师见此情景，着急地问："啊，那孩子要紧吗？小丽奶奶您别着急，听我说……""没什么好说的，这么没有爱心，我要告到你们园长那里去！"小丽奶奶的叫嚷，引来不少家长驻足观望。

教师见小丽奶奶的情绪非常激动，一时不能平静下来，就抱起小丽说："小丽，你是个很能干的孩子，对吗？平时在幼儿园里很爱动脑筋，老师和小朋友们都很喜欢你，是不是？"小丽看着教师不停地点头，高兴地笑了。小丽奶奶见孩子开心地笑，便停止了叫嚷。教师抱着小丽往办公室走，奶奶跟在后面。到了办公室，教师请小丽奶奶坐下，给她倒了一杯水。这时，小丽奶奶的情绪似乎平静了一些。教师说："真是对不起，是我太粗心，没有注意到。那您有没有问问小丽是什么时候尿湿的呢？"小丽奶奶说："这倒没有，我一看到尿湿就……"教师回忆："午睡时，我帮小丽脱衣裤，当时裤子是干的。起床后上厕所时她不会提裤子，我帮她提好，当时裤子没有尿湿。下午游戏活动开始前，我帮全班孩子整理衣裤，小丽那会儿还好好的；游戏活动期间孩子们也没说要上厕所，游戏结束时我还观察了一下，这样看来，应该是——等待离园的时候尿湿的。小丽，你说对吗？"小丽羞答答地点点头。奶奶说："老师，不好意思，我没问清就……""是我的工作做得不到位，才会出现这样的情况，真是对不起。将心比心，我能理解。天冷了，我们也教育孩子想小便要大胆地说，也一直在观察，一旦发现孩子尿湿，我们一定在第一时间给孩子换好干净的衣裤。小丽可能胆子比较小，或者怕难为情。"奶奶说："对，对，那我走了。"

这名教师对于孩子尿湿裤子这一事件，能够将心比心，充分体谅家长的心情，也充分表达了对幼儿的关心和对家长的歉意，让家长感受到了教师的真诚，使家长在情感上认同该教师的工作。

如果是教师工作不到位使家长产生误解，教师与家长沟通时要注意以下几点：

一是保持冷静，心平气和。面对情绪激动的家长，教师要保持冷静，以静制动，将安抚、稳定家长情绪放在首位。心理学研究表明，一个人在情绪激动的状态下，认知范围会缩小，认知水平会降低，人们意识不到自己在做什么，更不可能预见自己行为的后果，也就不能评价自己的行为及其意义，因此会产生短时间的"评价失语"。也就是说，在家长情绪激动的时候，教师与其交流是无效的，只有在家长情绪平静下来以后，沟通才能进行。因此，面对家长激烈的情绪，使家长平静、稳定下来，是教师要解决的首要问题。

下面这些说法有助于沟通：

- 您有什么想法，我们可以坐下来谈谈，都是为了孩子好。
- 您有这样的心情我很理解，等我们冷静下来再谈好吗？
- 您有特别需要我们帮助的事情吗？
- 谢谢您的提醒！我查查看，了解清楚了马上给您答复，好吗？

二是运用角色置换法，以理解、商讨的心态面对家长。在处理问题时，教师要了解事情发生的前因后果，通过客观的分析作出准确的判断，得出科学的结论。在上面的示例中，教师运用角色置换法，承认家长情绪的产生有一定的合理原因，这为有效地稳定家长情绪提供了一个重要的"信度"保障。因此，教师应当主动去体验家长的情绪。家长只有情绪稳定了，才能冷静思考。这时，教师再动之以情、晓之以理，矛盾就可能化解，转机就可能出现。

三是转移注意力。在上面的示例中我们还看到，教师在意识到小丽奶奶因情绪激动听不进解释时，便抱起小丽，对她表扬了一番，这对消除小丽奶奶的激动情绪立即产生了作用。这是教师运用转移注意力的方法缓和家长的对立情绪，让家长对教师的行为产生"情感认同"，为问题的解决创造了一种善意的、友好的氛围。

四是真心认错，以诚相待。人非圣贤，孰能无过。即使业务能力较强的教师，也不可能完全避免工作中出现疏漏，此外，师幼比例不协调、日常工作繁忙也难免会让教师觉得力不从心。但教师不能以此为借口掩盖工作中的失误。如果教师没有发现差错，而是由家长反映情况，教师应耐心向家长解释当时的情景，真诚地向家长、幼儿道歉。只有这样，家长、教师之间以及教师和幼儿之间才能彼此信任，才能消除家长的怒气，化解猜疑、不信任，家长也会被教师的真诚所打动。

下面这些说法有助于沟通：

● 对不起，今天我没有尽到做老师的全部责任。我知道您作为家长一定很心疼，假如我是您，我也一样，希望您能原谅。

● 我们非常欣赏您这样直言不讳的家长，您的建议我们会考虑的。

（2）家长对教师教育方法不理解引发的误解

【示例】

班上的童童过生日，孩子们围着童童又是祝福又是唱生日歌。小明、蒙蒙、强强三个男孩一直在不停地推来操去，不时地发出怪叫声。教师皱了皱眉头，看了看他们，做了一个"不可以"的手势，小明看到了教师的提醒，便停了下来。可是没过多久，活动室的一角又传来了小明他们三个嘻嘻哈哈的打闹声，扰乱了正在进行的"祝福大奉送"。教师就决定先不让他们吃蛋糕，让别的孩子先吃。看着其他小朋友吃得津津有味，三个男孩早已没有了刚才的调皮劲。这时，教师走过去对他们说："童童今天有些伤心，因为他没有收到你们的生日祝福。刚才你们只顾自己闹着玩，没有好好地为童童庆祝生日，老师希望你们能向他道歉，然后祝福他生日快乐，好吗？"三个男孩低下了头。

这时，在活动室外等候的小明妈妈见到这一幕后，推门而入，一把抓住小明的手说："这个蛋糕我们不吃了！你们老师这种做法是不对的，怎么可以让有的孩子站在一边没得吃，还要看别人吃！"教师等小明妈妈把话讲完，又把事情的经过对小明妈妈讲述了一遍，然后说："事情就是这样，如果您有不同的想法，我很理解，我们可以心平气和地坐下来沟通，好吗？"小明妈妈说："我们小明很调皮，你们老师批评他，我没意见，但不让他吃蛋糕，看别人吃，我接受不了。"教师连忙解释："是的，作为妈妈，我很理解你的感受。但是，我也希望你能理解我们老师。批评孩子是一门艺术，不仅仅只是口头批评，有时批评后面必须伴随一定的惩戒刺激，否则批评会失去作用。小明经老师的提醒后，再次影响别人，在口头批评无效的情况下，我通过延迟他吃蛋糕的时间来加深他对自己错误的认识，从而抑制他的不良行为，这是教育的手段，是符合教育学原理的。老师在惩戒的过程中，跟他讲明了道理，小明也明白了、接受了，不是吗？"小明妈妈听了教师的话，过了一会儿说："老师，你说的话也许有道理，让我回家好好想想。"

面对孩子，家长往往从自己的角度出发来看待一些问题，教师首先要理解家长的这种心理。然而，家长毕竟不是专业的教育人员，并不完全了解幼儿的心理发展规律、特点及应该采取的相应教育措施。他们可能教育观念不够正确，又没有完全掌握对孩子的教育技巧，因此难免对教师产生误解。

在家长对教师教育方法不理解的情况下，教师与家长沟通要注意以下几点：

（1）不要当面否定家长，要抓住时机沟通。面对家长的指责，教师不能与家长针锋相对，以免激化矛盾，最好暂时忍耐，并做出乐于倾听的表示。不管家长的观点正确与否，教师都不要当面否定家长或对家长产生戒心，要听完后再作解释。有些家长有时不太冷静，提出的意见、要求可能不太合理。这时，教师应理解、包容家长，待家长冷静下来，再选择恰当的方式和时机，与家长开诚布公地交流看法，取得家长的理解和认同，然后向家长摆事实、讲道理。只有让家长更多地了解教师，了解幼儿园教育，才能消除误会，才能更有效地做好家园共育工作。

下面这些说法有助于沟通：

- 您有什么事情需要老师做吗？
- 别着急，我们坐下来，好好谈谈吧！

（2）教师要具备扎实的学前教育学、幼儿心理学知识。教师应该加强对学前教育学和幼儿心理学的学习，并且学以致用，理论联系实践，善于分析，这样与家长交谈时才能有理有据、恰到好处地表达自己的教育方法、原则和思想；才能说服家长认同自己的儿童观、教育观，使他们掌握正确的育儿方法。如果教师自身相关知识贫乏，不能对幼儿时期特有的现象作出合理分析和客观解释，胡乱处理，必然会加剧家长的疑虑，从而产生负面的影响。教师在与家长的沟通中，一方面应理解家长的行为，平息家长激动的情绪；另一方面应不卑不亢，以正确、科学的教育行为影响家长。这样才能彻底解决问题。

（二）家访时的交际口语

家访是教师为了特定的目的到幼儿家中，与幼儿家长就幼儿的教育问题进行单独交谈的一种家庭与幼儿园的联系方式。它是目前幼儿园与幼儿家长联系的主要方式之一，也是教师广泛采用的与幼儿家长交流幼儿发展信息的一种方式。家访主要有新生家访、探视性家访、教育性家访等。教师要想达到家访的目的就需要具备一定的口语交际能力。

1. 新生家访

入园前的新生家访，主要目的是了解幼儿的生活习惯、兴趣爱好、个性特点、家庭环境、父母素养以及他们在学前教育问题上所持的观点等，教师通过家访了解幼儿各方面的信息。在新生家访过程中，教师运用自己的专业知识、实际工作经验与家长进行交流，给家长留下良好的第一印象，可以为今后开展教育工作打下坚实的基础。

【示例】

在小班幼儿入园前的一次新生家访中，教师带上亲手制作的"红苹果"小班牌（上面写着幼儿的名字）来到点点家中，一进门就看见点点害羞地躲在妈妈身后探出小脑袋。教师一边牵着点点的小手，一边微笑着对妈妈说："您好，我是××幼儿园××老师，点点今后在幼儿园就是和我，还有一位老师一起生活。"然后俯身对点点说："你叫点点，对吧？我是××老师，我们来做朋友好吗？这个送给你，喜欢吗？"点点一脸兴奋地接过"红苹果"小班牌。

"我们这次家访主要想了解一下您的孩子的一些基本情况，这样可以让我们更好地照顾、教育孩子。"然后，教师拿出调查表，向家长了解孩子在家的生活习惯和个性特点。

教师问："点点会自己吃饭吗？"

妈妈："有点会，但还不太熟练"

教师说："入园前对孩子进行一些简单的自我服务技能培养很有必要，能减少孩子的入园焦虑。"

教师接着问："孩子有午睡的习惯吗？"

妈妈："没有固定的午睡时间"

教师："入园前培养孩子良好的生活习惯能让孩子尽快适应幼儿园的集体生活。"

随后，教师问："点点以前上过幼儿园吗？"

妈妈有点着急地说："点点以前在一家私立幼儿园上托班，老是哭，我们很心疼，上了一个月就不去了。"

教师安慰她说："这可能跟年龄小有关系，孩子刚入园时哭闹是正常的，您不用太焦虑。我们可以家园配合进行教育。我很有信心帮助点点尽快适应幼儿园的生活。"

妈妈接着问："那我们该怎么做呢？"

教师说："我们特别安排了两个接待日，您可以先带孩子来园熟悉环境。"

妈妈笑了："这太好了！"

教师紧接着说："刚入园时可以缩短孩子的在园时间，不过最重要的是要坚持来园。"妈妈听了不住点头、微笑，表示赞同。

示例中的教师在家访时顾及了家长和幼儿双方，这一点难能可贵。一进门亲切自然的自我介绍让家长和幼儿感到亲近，教师叫幼儿的小名，牵着她的手，通过身体的接触使幼儿对教师产生好感。在家访的过程中，教师向家长了解幼儿的一些生活习惯，便于幼儿入园后做好幼儿的保教工作。教师诚恳的态度、谦和的言语，使家长觉得教师平易近人，并深深地感受到教师对自己孩子的关心和爱护，因此容易与教师达成共识。首次家访的成功，有利于今后各项工作的开展。

教师进行新生家访时要注意以下几点：

（1）着装大方端庄，说话真诚自信，以便留下良好的第一印象。新生家访十分重要，是教师第一次以职业身份出现在家长和幼儿面前。初次印象是长期交往的基础，是取信于人的出发点，在心理学中称为"首因效应"。因此，教师家访时的服装必须端庄大方，不要穿得太邋遢或太新潮，这样会导致家长对教师产生不信任感。教师在与家长交谈的过程中，要注意语调与讲话的速度，如语调要体现出自信、真诚，语速要适中，不能太慢，也不能太快。此外，教师还要注意一些肢体语言，如手和手臂的摆放姿势要恰当，面部表情要放松，没有挠头皮、拽耳朵、擦脖子等不良的无意识行为。

（2）明确谈话目的，限定谈话范围。在家访中教师与家长交流的中心是幼儿，目的是了解幼儿、幼儿家长及幼儿家庭的情况，因此，教师一开始必须从幼儿的角度出发，开门见山阐明家访的目的，以便家长能积极配合。教师与家长交谈时要有意识地控制谈话的范围，有的家长东拉西扯地聊到其他话题，这时教师可适当倾听，但接着要有意识地将话题引回原来的话题，切忌生硬地打断，这样会给人留下刻板、不近人情的印象。此外，教师还要把握好谈话时间，不要拖沓。

（3）灵活运用专业知识与经验，适当提出建议。在家访的过程中，家长会表露出好的或者不当的教育方法，这时需要教师运用专业知识与经验去判断、分析，及时肯定与赞赏好的教育方法，为今后家长会储备一些素材；及时指明不当的教育方法，并真心实意地提出建议，帮助家长尽快解决问题。

下面这些说法有助于沟通：

● 您好，我是××幼儿园××老师，很高兴见到您和孩子！

● 今天与您交流，我很有信心让孩子尽快适应幼儿园的生活。

● 原来您的爱好这么广泛，这对孩子影响肯定很大，那孩子的兴趣是不是也很广泛？以后有机会您对其他家长讲讲，让大家一起学习学习。

● 您在入园前对孩子进行一些简单的自我服务能力培养，这很有必要，能减轻孩子的入园焦虑。

2. 探视性家访

教师有时家访的目的是探视，幼儿生病没到幼儿园，幼儿家里出了意外等，这就需要教师到幼儿家中探视。这样做，一方面教师可以及时掌握幼儿的健康状况，根据幼儿的情况采取适当的措施；另一方面教师可以给家长和幼儿的心理以慰藉，让他们感觉到教师的关心和爱护。

【示例】

佳佳生病，几天没来幼儿园了，教师到佳佳家探望。一看到佳佳，教师开心地拉住她的手说："佳佳，老师和小朋友可想你了，你有没有想我们呀？"然后教师关切地问佳佳妈妈："佳佳身体好点了吗？"佳佳妈妈很感激教师的关心，将佳佳最近的生活情况说了一下："孩子几天没去，有点变懒了，饭也吃得少了，但是输液时没有哭，我觉得孩子长大了。"教师对佳佳说："佳佳真勇敢，回幼儿园后老师一定要跟小朋友们说，让大家都向你学习，好吗？你想早点上幼儿园吗？那饭菜要多吃，身体才会好，身体好了就可以上幼儿园了。"接着教师用真诚的口吻对佳佳妈妈说："佳佳是个勇敢的孩子，我在班级里要好好表扬她。胃口不好可能是生病了，您在家做些她爱吃的，在幼儿园里我们也会特别关照她的饮食，这请您放心！"

示例中的教师对生病在家的幼儿进行了探视，教师关切地询问幼儿的病情以表示对幼儿的关心；在家长表露出顾虑时，教师真诚地表示自己会对幼儿进行特别照顾。同时在家访中，教师也对幼儿的良好表现进行鼓励。

教师进行探视性家访时要注意以下几点：

（1）合理安排家访时间。教师在安排家访时间时要注意：一是要提前预约。教师在家访前一定要与幼儿家长联系好，不要做不速之客，避免在病儿休息时打扰。二是谈话时间长短要适中。家访的时间最好限定在一个小时以内，教师在对情况有所了解并表示慰问与鼓励后，应及时告辞，以保证被探视幼儿的休息时间。

（2）小心避开某些话题。在探视病儿时，针对有些家长不愿讲的病情，教师不要刨根问到底，要关注家长的反应，适可而止。教师还要请家长讲清楚幼儿在园需要教师配合的事项。

（3）积极进行鼓励。探视性家访一方面要对家长进行安慰鼓励，有的家长情绪低落焦虑，教师要安慰家长从好的方面想，大人积极乐观的态度会对幼儿产生积极影响；另一方面教师要对幼儿进行鼓励，因为教师的话对幼儿的作用很大，教师的一句鼓励往往比家长的苦口婆心更有效果。

下面这些说法有助于沟通：

● 我想看看孩子，您觉得这个时间方便吗？

● 看到孩子在好转，我就放心了，相信很快就能回到幼儿园了。

● 这请您放心，我和其他老师在这期间会对他特殊照顾的，但如果有好转您也一定要和我们及时沟通，我们会调整教育方法，否则对孩子身心发展不利。

3. 教育性家访

幼儿在成长过程中可能会出现某些问题，教师需要进行家访，争取家长的帮助，共同进行教育，一起帮助幼儿改正。有时候，家长的某些做法对孩子产生了不良影响，或者是家长的某些言辞伤害了孩子的感情，对孩子的成长不利，这时教师也要进行家访。教师家访时，要针对具体情况，采用适当的语言对幼儿进行教育，获得家长的配合，给幼儿创设良好的成长环境。

【示例】

乐乐在幼儿园显得比同龄孩子霸道、不懂事。据了解，乐乐出生不到两个月就由爷爷、奶奶带，过分溺爱，养成了任性的性格。而乐乐父亲的教育方法简单、粗暴，回家看见乐乐的不良行为就批评乐乐，乐乐不但没有改正缺点，反而对父亲产生了对立情绪。这天乐乐在幼儿园又打了同伴，于是教师进行了家访。家访时，乐乐不顾奶奶在吃饭，一会儿要喝饮料，一会儿要吃芒果，奶奶忙得晕头转向却乐呵呵的，丝毫没有责备的意思。

这时乐乐热情地问教师："老师要吃芒果吗？"教师表扬了乐乐："乐乐真大方，真会做主人。"奶奶一听非常高兴，说："我们乐乐嘴特甜，特别招人喜爱。"教师说："乐乐在幼儿园可有礼貌了，我们老师也非常喜欢他。乐乐，你也喜欢奶奶吧？"乐乐点点头。教师继续说："可奶奶饭还没吃好，你一会儿叫奶奶拿饮料，一会儿叫奶奶拿水果，奶奶可累了。"这时奶奶主动搭话道："可不是，就是很调皮，在幼儿园老师肯定也很受累吧？"这时教师客观地说了乐乐在园的情况，提议奶奶不要太宠爱孩子，解释了过分的宠爱对孩子成长不利。最后，教师建议奶奶动员乐乐多和父母接触，多向乐乐说说父母的辛苦和父母对他的爱。这样有利于改善乐乐和父母之间的关系，使乐乐能更健康地发展。奶奶很乐意地接受了。

示例中的教师抓住了溺爱型家长的心理特点，采取了先表扬的方法，对幼儿的优点进行了肯定和赞赏，让家长感受到教师对自己孩子的关爱；然后中肯地指出幼儿的缺点以及造成缺点的种种原因，并给出具体的建议，让家长觉得教师真心实意为孩子着想，因此乐于接受，达到了较好的家访效果。

教师进行教育性家访时要注意以下几点：

（1）考虑家访对象，做好充分准备。教师是带着明确的教育目的前去家访的，因此，教师首先要考虑家访对象的特点，如是否与祖辈共同生活；了解家访对象的文化层次、职业、家庭教育等相关情况，做好充分准备。对不同家庭应当采用不同的沟通方法，如针对严厉型的家庭要采用鼓励法，针对溺爱型的家庭要采用诱导法等，这样才会达到家访的目的。

（2）听说结合，作出积极反应。家访是教师与家长的双向交流活动，只有双方都充分表达自己的意见，才可能就幼儿的教育问题达成一致。因此，在家访过程中很重要的一点是，教师在沟通的同时要注意倾听，了解家长在教育过程中的难处与困惑。双方共同商量、讨论，才能"对症下药"，获得解决问题的良策。

（3）从正面称赞入手，巧妙地提出建议与批评。教师要先理解家长对孩子的感情，既要肯定家长对孩子的爱，也要肯定孩子的优点，家长感觉到教师的认同，才能在情感上接纳教师。然后教师再向家长指出问题所在，耐心热情地帮助家长寻找合理的教育对策。

下面这些说法有助于沟通：

- 您说的我很有同感，如果能坚持做到就更好了。
- 我真的很希望这孩子取得更大的进步，这需要我们双方共同努力。

- 这孩子的优点可多了，但有一个问题需要我们共同探讨。
- 实在抱歉，打扰您了，谢谢您的配合！

（三）各类家长活动中的交际口语

各类家长活动是指教师与家长除了日常的个别交流、家访之外，经常组织家长参加的各种活动，如家长会、亲子活动、家长沙龙、家长辨析会、友好小组等。各类家长活动可以加强教师与家长之间、家长与家长之间信息的交流，帮助家长提高教育能力，最大限度地发挥家园合作力量，形成教育合力，促进幼儿发展。家长活动的顺利开展依赖教师的组织与协调，因此，教师在各类家长活动中需要掌握一定的口语交际方法与技巧。

1. 班级家长会

班级家长会是幼儿园的常规工作，一般是一学期一次。班级家长会召开的时候，幼儿家长按照教师通知的时间来到幼儿园，听取教师对幼儿园、班级及幼儿各方面情况的汇报，并就幼儿的教育问题展开交流。教师是会议的主持人，教师交际口语的运用水平直接影响会议的质量和效果。

【示例】

一位新教师被分配到幼儿园带大班。不久前，班级要召开家长会。新教师在会前做了充分的准备，向家长发放了自己的简历（介绍了自己的基本情况，在班级里担任的工作）；请搭班教师、园领导指导并修改讲话稿的内容，由于多次的修改和梳理，她已记住了讲话稿的大部分内容。会前，她提早半小时到会场，与家长进行交流；会上，该教师镇定自若，面带微笑，用流利而标准的普通话娓娓道来："今天，我们的活动室因为每位家长的到来而显得格外温馨。"她对家长在百忙之中抽空来参加家长会表示感谢。随后，该教师用简短的语言介绍自己，接着重点介绍了班级情况，并从不同角度表扬了全班每个幼儿。家长们纷纷用满意、赞许的目光看着她。在该教师的带动下，家长会在信任与宽松的氛围中结束。会后有不少家长主动找该教师说明自己孩子的情况，探讨共同教育的良方。

示例中的教师在筹备家长会时发放个人简历可以获得家长对教师的好感，给人留下做事认真、责任心强的印象，同时为简短的自我介绍作了铺垫。充分准备讲话稿并提前到达会场，一来帮助教师消除紧张感，二来给人留下守信的印象。在"一对多"的家长会中，教师拥有良好的口语交际方法与技巧对提高家长会的质量、活跃会议的气氛有很大帮助。

教师组织家长会时要注意以下几点：

（1）语言要柔和，氛围要宽松。家长会的目的是促进家园共育。平等交流的氛围在很大程度上决定着家长会的成功与否。家长在一个宽松、平等的氛围里容易和教师进行有效沟通，积极发表自己的看法。教师居高临下的态度会让家长反感。这就要求教师不能以自己是专业教育工作者自居，认为自己比家长懂得更多的教育知识，具有更强的教育能力，而应该明确教师和家长是合作伙伴的关系，双方共同的目标是促进幼儿的发展。双方处在平等的位置上，有益于进一步交流。

（2）教师语调要委婉，坚持正面反馈。在家长会上，教师如果面带微笑，语气中肯，会让家长觉得教师很有诚意，并感受到教师对自己的尊重。家园合作要考虑幼儿园和家庭双方的需求，但家园合作围绕的核心是幼儿，教师谈及幼儿在园表现要从正面肯定入手，这样既能维护家长的自尊心，又能让家长体会教师了解孩子、关注孩子所付出的努力，家长会更欣赏教师的责任心和工作能力，从而对教师产生信赖感，并增强对幼儿园的信任程度。

下面这些说法有助于沟通：

- 各位家长好！我是 ×× 老师，今天我们家长会主要的议程有……
- 今天我讲的是一种现象，并不是针对某一孩子或家长。
- 请相信我这样做的目的只有一个：为了孩子健康发展。

2. 亲子活动

亲子活动是幼儿园牵头组织，幼儿与家长一起参加的各种活动，如亲子运动会、亲子才艺展示、亲子手工、亲子郊游、嘉宾有约、友好小组等。此类活动有助于增进教师与家长、家长与孩子的情感，还可以充分挖掘家长教育资源，弥补学前教育资源的不足。教师在此类活动中起组织、协调的作用。教师必须运用适宜的交际口语，才能取得较好的活动效果。

【示例】

大班幼儿即将毕业了，为了让幼儿在园的最后一天过得更有意义，幼儿园特地组织了一系列活动，具体安排如下：上午进行"友好小组"串门活动，并在同伴家吃午餐；下午由家长负责送孩子入园参加班级活动；晚上，幼儿在园吃完自助餐后分班举行毕业典礼，发放毕业证书，表彰优秀家长；最后由家长陪同孩子在园内举行集体游园活动。

从以上活动进程安排可以看出，家长是本次活动重要的合作者。"友好小组"是把全班幼儿分成若干组，每个小组找一个家庭负责接待，其余小组成员到其家中做客。那么，负责接待的家庭如何产生呢？

A 班（有经验的教师）：

教师在查看了调查表后，有针对性地找家长进行交流。接送幼儿时，教师与家长就此事进行交谈。

教师：菲菲妈妈，最近忙吗？孩子马上要毕业了，我们想让孩子们留下深刻印象，班里准备组织"友好小组"串门活动。菲菲很文静，多参加集体活动，会变得更开朗。

菲菲妈妈：是呀，我们刚搬了新家，用新房子迎接小客人，刚好也可以热闹热闹。

看到菲菲妈妈爽快地答应，教师进一步和其他家长交流。

教师："友好小组"是想让孩子学会与同伴交往，现在的孩子家多是独门独户，他们很少有串门的生活经验。"友好小组"便提供了这样一次交往的机会，负责接待的幼儿也能学习如何当好主人，热情地接待客人。

还没等教师说完，灿灿妈妈也热情地说："老师，我们家也挺大的，来我家吧！"好几个家长围过来，积极报名，欣然地接受了"任务"。家庭接待的问题轻松地得以解决。其余家长也都选择了其他形式的帮助，如摄影、接送孩子、为孩子们准备午餐。在这个过程中，家长的支持与配合是非常重要的。

B 班（青年教师）：

教师在发放了调查表之后，发现平时与自己交往密切、关系比较好的几个家长没有一个人愿意负责接待工作，于是便主动找他们交流。

教师：兜兜妈妈，孩子们就要毕业了，幼儿园准备组织一次"友好小组"串门活动，去你家可以吗？

兜兜妈妈红着脸说：我家里空间太小了。

教师看到旁边的彤彤妈妈，便说：那去你家吧。

彤彤妈妈不好意思地说：最近我太忙了，没有时间接待。

还有的家长说太麻烦，请教师不要把这个任务勉强塞给她。出乎意料的是，最后接受家庭接待任务的几个家长平时都与该教师走得不是很近，这让这位教师心里有些不是滋味，陷入了失落与茫然之中。

积极的情感是教师与家长和谐交流的基础，它能像彩虹桥一样，将教师、家长的心连接在一起。教师的口语表达直接影响沟通的效果。A 班教师从孩子发展的需要出发与家长沟通，交代任务，得到了家长的理解与配合，轻松地解决了问题，促进了家园共育。B 班教师语言过于直接，把"友好小组"当作幼儿园的一项任务，让平时与自己关系较亲密的家长来完成，显得较牵强，既没有从幼儿发展的角度考虑，也没有从家长的生活环境考虑，故屡屡遭到家长的拒绝。

教师组织亲子活动时要注意以下几点：

（1）教师向家长传递的合作信息必须到位。教师与家长的谈论始终围绕一个主题：开展活动是为了幼儿的发展，家园是合作伙伴，要共同担负起培养幼儿的责任。除了发放调查表外，教师还要善于与家长进行其他方式的沟通，如面对面沟通、电话联系等，并向家长分析这些活动对幼儿的意义，找准目标，以点带面，充分调动家长参与的积极性，使每个家长都能发挥优势，成为真正的合作者。

（2）教师与家长的交流要兼顾所有对象。每个家长都有交流的需要，教师的话语过于平淡或过于热情，都不利于双方平等合作关系的确立。尤其是那些内向、话不多的家长，教师可以多给他们创设交流、发言的机会。

下面这些说法有助于沟通：

- 我们这次活动的目的是……真的很需要你们家长的配合。
- 这次活动需要家长配合的有以下几项……请您选出可以配合我们的项目。
- 谢谢几位家长的帮助，相信我们的合作能使孩子们开心、受益。

3. 家长沙龙

家长沙龙是由教师或家长组织，选取家长关心的热门话题展开讨论的活动。此类活动为家长之间、家长与教师之间提供了交流的机会，家长之间可以相互交流教育孩子的经验、体会、方法，家长还可以和教师就学前教育的方法、制度交流看法。在此类活动中主要发言者是幼儿家长，教师的作用主要体现在采取各种有效的调控手段，保证讨论活动顺利、高效地进行。

【示例】

一名教师在平时与家长的交谈中发现，大部分家长都为自己孩子的内向性格而担忧。这些孩子遇到事情就退缩，交往能力差，家长不知道采用何种有效的方法进行教育，为此忧心忡忡。于是，教师针对"如何让孩子学会交往"这一话题，组织了一次家长沙龙。

教师：近段时间，根据家长的反映，班级里部分孩子性格内向，不懂得如何与人交往，今天我们就这一话题展开讨论，请家长谈谈自己的见解。

家长甲：我们佳佳越大越没礼貌，以前还会向叔叔、阿姨问好，现在碰到认识的人，就躲起来。

教师：在幼儿园里她会主动跟老师打招呼。

家长乙：老师，我家孩子到别人家把人家的玩具都弄坏了，还爬到桌子上去，你越说他他越过分，怎么办？

教师：可能是年龄小，孩子自制力比较差吧。

家长丙：孩子同伴关系好与不好主要取决于孩子胆量的大小，我认为胆大胆小是天生的，教也没用，就随他去吧。

教师：这种观点是错误的，后天的培养比先天的素质更重要。

顿时，现场一片安静。

为了让家长积极参与讨论，教师抛出一个问题："面对退缩型幼儿采用吓唬的方式要求孩子与他人交往能行吗？"家长们都面面相觑，有的人还低着头。这时，教师点名请一位家长发表意见，以此来打破尴尬局面，但对于接下来教师提出的几个问题，家长参与讨论的积极性都不是很高。

家园互动的落脚点在于家园达成一致，促进幼儿的发展。一些具有特殊问题的幼儿，如攻击性强、自信心缺乏、有情绪障碍或者规则意识差等，常常会让家长感到困惑。于是，家长带着困惑与教师、其他家长交流，急于探讨教育良方。家长沙龙的主要发言者是家长，教师的作用是点拨、引导，形成良好的交流氛围。如果像示例中的教师，语言模棱两可、含糊其词，或否定过多，使家长无法回应，家长沙龙的目的就无法达到。

教师组织家长沙龙时要注意以下几点：

（1）确定话题，及时抛球。话题往往是家长沙龙的起点和核心。教师在组织家长沙龙之前，一般要确定好话题，即家长关心的热门话题，话题的切入点要小，使参与者能够感同身受，有话可说。在参与话题讨论时，教师要抱着平等的态度，及时有效地抛出话题，并进行适当的总结和过渡，由浅入深、环环相扣，把讨论引向深入。

（2）慎重发言，保留观点。在家长眼中，教师是专业的学前教育工作者，会比自己更加了解如何教育孩子，即使有的家长认为教师的说法不正确，也担心说出不同意见教师会不高兴。所以，教师在讨论中，尤其在讨论刚开始时一般不要轻易发表自己的看法，否则会大大打击家长的发言热情，或把他们的发言引到自己的观点上来，导致讨论失去意义。

（3）自然调和，化解冷场。因为种种原因，讨论有时会出现冷场现象。教师可以针对讨论内容，及时梳理、引导，化解尴尬。假如家长面对孩子的情况，一时找不到教育良方，教师就要对家长进行耐心的启发，以此带动其他家长发言。

（4）疏导矛盾，适时收网。在讨论过程中，家长的观点、意见难免会不统一，严重时会发生争论。教师此时要适时插入、疏导，坚持客观、公正，语气要委婉，还可以引导其他家长，发表各自的看法。如果争论双方分歧难以弥合，教师就应该果断终止双方的争论。

下面这些说法有助于沟通：

- 刚才这位家长的建议让我很受启发，有谁还有不同意见吗？
- 不要着急，请两位有不同意见的家长慢慢地将各自的理由讲一讲。
- 谢谢各位的参与，相信刚才的讨论对我们今后的教育工作会有所帮助。

二、与领导沟通时交际口语的运用

由于工作关系，教师经常要接触各级领导。教师接触领导的目的各种各样：请领导对工作开展作出批示，向领导汇报工作，向领导寻求帮助，向领导征求意见，工作失误向领导检讨，等等。教师接触的领导其性格和风格各异，面对不同的领导，教师要具备一定的交际口语运用能力。

（一）第一次与领导接触时的交际口语

教师从应聘工作起就要与各级领导接触，与各级领导第一次沟通时的优秀表现会给领导留下良好的第一印象，有助于教师今后开展工作。

【示例】

下面是某幼儿园领导（甲）和应届大学毕业生（乙）的对话：

甲：您好。

乙：您好。我叫××，是刚从××大学××学院毕业的学生。

甲：在当前，较其他幼儿园而言，我园在各方面都较弱，你为什么会选择来这里工作呢？

乙：因为我发现这里的教师比较团结，相信在不久的将来，这里会赶超其他幼儿园。

甲：你觉得自己有什么特长可在众多应聘者中胜出呢？

乙：我有较好的美术功底，希望能在今后的工作中得以发挥。各类社会实践工作使我具备了敏锐的洞察力、独立的思考判断能力，最重要的是学会了为人处世之道。我希望能够加入你们的队伍，共同努力。

甲：（一边翻阅乙的个人简历，一边微笑着说）如果你能成为我们的一员，希望我们合作愉快！

示例中的乙用常见的自我介绍方式开头，语言简洁，给园领导留下了良好的印象。从这次谈话，我们可以看出乙对所应聘幼儿园的现状比较了解，并根据实际情况作出了适当的评价，态度诚恳，不卑不亢，博得了园领导的好感。

准教师第一次与领导接触时要注意以下几点：

（1）保持良好的个人仪表。在社会交往活动中，人的外表形象往往会起潜移默化的作用。端庄、美好、整洁的仪表，能使对方产生好感，从而有助于自己今后工作的开展。

（2）自我介绍简短扼要。自我介绍的语言要简洁清晰，将自己的特点、能力等进行最概括的介绍，意在使对方了解自己，并与对方建立联系。讲话时要充满自信、面带微笑，态度要自然、亲切、随和，语速要不快不慢，目光要正视对方。同时，自我介绍的内容可根据实际情况的不同而进行调整，要有鲜明的针对性。

（3）根据谈话内容随机应答。在交谈过程中，双方的心理活动是呈渐变状态的，这就要求准教师在和人交谈时兼顾对方的心理活动，使谈话内容和听者的心境相适应并同步变化，这样才能让交谈意图明朗化，使双方产生共鸣。准教师知识经验的储备是进行有效交际的基础。

下面这些说法有助于沟通：

- 您好！我叫××，是××学校的应届毕业生，很高兴能参加此次应聘。
- 我的优势是……在今后的工作中，我一定会好好发挥这些优势。
- 我还比较缺乏这方面的经验，希望您能在今后的工作中给予指导。

（二）工作失误时与领导沟通的交际口语

教师在工作中出现失误是正常的，特别是新教师。如果在出现失误后，教师一味寻找客观原因，会让领导觉得你不够谦虚，甚至留下自大的印象。当工作出现失误或受领导批评时，教师要运用恰当的口语，客观地向领导汇报自己的情况，实事求是地检讨自己的错误并正视错误，同时表现出勇于改正的决心。

【示例】

某幼儿园要开展"家长陪伴日"活动，在那一天要邀请所有的家长来园陪伴孩子一起上课。教师 A 是工作不到一年的新教师。为了保证活动的质量，根据幼儿园的规定，该教师应在一周前将当天所有的活动试教数次，做到心中有数。但她认为这些都没有必要，自己完全有能力临场发挥，所以并没有把试教当一回事。直到领导前来检查，该问题才被发现。领导当时很生气，狠狠地批评了教师 A 一顿，教师 A 赶紧找各种理由搪塞，甚至当面顶撞领导，表现出一副很不服气的架势，事后她还在同事间不停地发牢骚，显得很不满……

在这个示例中，教师 A 的行为属于有意失误，在失误后还不服领导的批评，这样做不仅影响到领导对她的工作能力的评价，更让领导对她的品行产生不满。

教师工作出现失误与领导沟通时要注意以下几点：

（1）受到批评切忌满不在乎。教师受到领导批评时，最需要表现出诚恳的态度，表示自己从批评中确实吸取了一些经验教训。如果教师对批评置若罔闻、我行我素，会给领导留下工作态度不严肃的印象。

（2）对批评不要不服气，也不要牢骚满腹。批评自有批评的道理，批评得对，就要认真接受批评、改正错误。有些聪明的教师善于"利用"批评，改进工作。

（3）受到批评时，切忌当面冲突。当受到不公平的批评时，教师也可以向领导解释，不能因为怕得罪领导就忍而不言。但教师在表明自己态度时反应不要太激烈，尽量用委婉的语气表明自己的观点，最忌情绪激动，因为激动的情绪会使思路不清晰，如果双方发生冲突，还会导致事情僵化。

（4）受到批评不要过多解释。教师受到领导批评时，反复纠缠、争辩是很没有必要的。如果的确误解，教师可找机会解释，点到为止。适当的让步反而会让领导采取相应措施弥补自己的过失。

下面这些说法有助于沟通：

- 这件事情是我不对，您认为我怎么做能弥补？
- 我这样做行吗？在以后工作中希望您能给我指导。
- 这件事情我有一定的责任，但我还有几点困惑能和您谈谈吗？
- 您为我这事费心了，考虑这么周到，我真的很感激您。

（三）向领导提建议时的交际口语

教师在工作中难免会和领导产生意见冲突，其实有冲突未必是坏事，解决冲突对教师自身的发展、对幼儿园的发展，都有一定的推动作用。所以，教师为了把工作做得更好，与领导沟通、给领导提建议是非常必要的。教师在向领导提建议时要掌握一定的交际口语技巧，因为同一件事情，用不同的方式说，所产生的效果往往是不同的。

【示例】

有家长向幼儿园领导提出，每天下午留在值班室的孩子总是开展单一的看书、看电视活动，能否安排他们进行分组活动。于是园领导建议教师根据幼儿的兴趣开展分组活动。作为教师，虽然每周只轮到一次值班，但面对这种附加要求，应该怎么说？

教师甲：（一脸的不情愿）老师工作了一整天够辛苦了，还要分组活动，那和开展兴趣班有什么区别？人家兴趣班还收费呢！

教师乙：我认为，是不是要让家长知道，我们是体谅双职工没法按时接孩子而开设的值班室。我们在照顾家长实际困难的同时，是否能让家长也看到并且体谅我们的难处呢？大部分孩子都是值班老师不认识的，管理本来就有难度，再加上老师辛苦了一天，精力已经大打折扣，如果还要开展分组活动，老师容易顾此失彼，万一有个孩子跑出去了怎么办？值班老师的首要责任是保证孩子的安全，我们为了照顾个别家长的要求，可能会让更多的家长对我们的工作不放心，所以我个人认为不要开展分组活动比较好。

示例中两位教师表达的是同一个观点。很明显，教师乙掌握了交际口语技巧，她的观点更容易被领导接受。在工作中教师免不了要向领导提建议，但要注意与领导沟通的方式、方法。

教师向领导提建议时要注意以下几点：

（1）从集体利益考虑，诚心诚意向领导提建议。只有具备了全局意识，才能抓住事物的本质，才能避免认识的片面性和狭隘性，也只有从集体利益考虑提出的意见，领导才更容易接受。不可否认，在工作的同时教师也需要"利益"，事实上，大多数领导也都会为教师的利益着想，但如果教师过于计较物质利益，可能会影响领导对其个人的看法，影响对其所提建议的看法，同时对建议的接受度也大打折扣。

（2）分析事情的关键症结所在。教师之所以要向领导提意见，肯定是觉得领导针对某一事情所作的决定存在偏差。教师要深度剖析事情的关键点，再本着顾全大局、务实的原则针对这些关键点提出问题解决的方法。只有这样才能言之有理，领导才容易接受。

（3）提建议要言简意赅，抓住重点。在提建议前，教师要做好充分的准备，尽量在最短的时间内将个人的观点阐述清楚，在分析的基础上列举关键症结，提出解决方法。若有可能，针对比较重大的事情，教师最好能准备一份详细的文稿，在表达结束后递交，这样能让领导有时间更好地理解你的想法，更清楚地认识到你的能力和责任心。

（4）要针对领导的个性采用不同的方式在恰当的场合提出建议。每个领导的个性不同，对建议提出方式的接受度也不同。有的领导喜欢在公开场合接受建议，共同探讨、解决问题；有的领导则喜欢个别交流，私下探讨后再接受建议。提出建议的方式有很多种，包括正面直陈式、迂回暗示式、制造悬念式等，教师要根据场合、待解决的具体问题等，有选择地使用。

下面这些说法有助于沟通：

- 请领导认真考虑我班的方案。
- 您看我的意见可以采用吗？
- 您对我的看法意见如何？请多多指导。

三、与同事相处时交际口语的运用

在工作时间里，教师接触最多的除了幼儿就是同事了。教师在与同事共事的过程中，可能会与同事意见相左而发生争论；可能需要请同事帮忙，也可能想友善地帮助同事；工作之余，同事之间还会就某一话题进行广泛而深入的探讨。教师与同事建立良好的关系，形成良好的工作氛围，对于形成良好的心境至关重要，而良好的心境对于教师提高工作效率有很大的帮助。因此，教师要掌握一定的与同事相处的交际口语技巧。

（一）与同事意见相左时的交际口语

在工作中，和同事相处难免会有意见相左之时。两名教师在共同管理一个班级的时候，无论是班级的常规建设，还是教学计划的制订、环境的创设等都需要两个人的合作，如何分工、如何协商变得尤为重要。在相处过程中，双方会遇到很多琐碎的小事，如果交际口语运用得好，能使工作达到事半功倍的效果。

【示例】

在新学期的环境布置中，两名教师最初对主题墙的布置意见不同，教师甲注重环境的功能、教育价值，教师乙注重环境的美观。下面是两名教师的讨论：

教师甲：你说我们为孩子们创设怎样的主题墙好呢？这样吧，我们都把各自的设想说出来，看怎样创设主题墙更好。（教师甲在说这些的时候态度诚恳，始终面带微笑，语速缓慢。）

教师乙：孩子们都很喜欢卡通形象，所以我找了很多可爱的卡通图案。你看看吧。

教师甲：（一边看，一边赞叹。）真可爱！孩子们肯定很喜欢。可是怎样体现主题墙与孩子对话的功能，怎样让孩子也参与我们的环境布置呢？如果我们把那些可爱的卡通图案作为分隔或背景，再对主题墙进行整体布局，那么我们的主题墙肯定会很棒！你觉得呢？

教师乙听了教师甲的话，觉得很有道理，于是两个人开始详细商量主题墙的创设。

在讨论时，教师甲首先做到放慢语速，面带微笑，让教师乙觉得很有诚意，感受到教师甲对自己的尊重，这样从情感上就已经接受了对方。其次，在讨论过程中教师甲始终把握一个宗旨：我们共同的目的就是把班级的主题墙创设好。最后，教师甲善于协调，善于吸纳对方的优点，而不是一味地坚持自己的意见。所以两个人很快就达成了共识，商讨对策。

教师与同事意见相左时，交际口语的运用要注意以下几点：

（1）放慢语速，语气婉转。教师与同事意见相左时，如想表达自己的意见，说话速度一定要放慢，这样会给人留下诚恳的印象。同时语气要婉转，切忌公开批评，公开批评很容易伤害同事的自尊心，即使是合理的批评，同事也难以接受。

（2）对事不对人，切忌揭人短处。如有不同意见，教师应只针对同事的具体行为和具体事情进行分析；不要进行人身攻击，避免揭老底、算旧账，不能使用"你这人总是这样""你一向……""你这老毛病怎么改不了"等语言。

（3）提建议具体明确，切忌含糊其词。如果同事在工作上有失误，教师要明确告诉同事自己不满的地方，让同事知道问题的症结所在，明白应该从哪些方面进行弥补。如在上面的示例中，教师甲"可是怎样体现主题墙与孩子对话的功能，怎样让孩子也参与我们的环境布置呢？"就点出了问题所在。

（4）听取他人意见时要虚心。与同事意见不同时要允许他人发表自己的看法，同时要诚心诚意听取意见。如果是自己失误，要真诚地向对方表示歉意，并承诺及时改正。如果对对方的意见不认同，应该婉转地告诉对方，同时陈述不认同的理由。

下面这些说法有助于沟通：

● 谢谢你的建议，这让我对自己上好课更有信心了。

● 你刚才提的建议某些方面对我很有启发，有一点我认为……你认为呢？

● 你说得很对，很抱歉给你带来了麻烦，我马上去弥补。

（二）有困难向同事求助时的交际口语

在工作与生活中，教师经常会遇到一些困难需要同事的帮助，如帮忙找教学资料、帮忙代课、帮忙制作课件等。这时的交际口语要诚挚，要努力营造互助的人际氛围。

【示例】

教师甲和教师乙是搭班同事，教师甲家里有急事，而活动室的环境布置还在进行中，教师甲拿起背包说了声"我有事先走了"，就离开了。教师乙看着她离去的背影非常气愤。

教师甲在遇到困难时没有告知同事，寻求同事的理解和支持，导致教师乙对其行为非常不满，这样不利于双方今后的交往、合作。在整个事件中教师甲仅用一句"我有事先走了"便推脱了自己的工作，并没有告知教师乙自己为什么先走，让人难以接受。

教师有困难向同事求助时，交际口语的运用要注意以下几点：

（1）诚实说明原因，在情感上征得对方的支持。教师在遇到困难向同事请求帮助的时候，要做到诚实，不说谎，不欺骗对方，诚恳地将事情的前因后果、利害关系说清楚，用真诚寻求对方的帮助，让同事明确到底怎样才能帮上忙。

（2）把握时机，语气谦恭。请同事帮忙要把握好适当的时机，同事时间宽裕、心情愉快时，请他帮忙得到肯定答复的可能性就比较大。请同事帮忙时，教师要多用请求、征询的口气，无论让同事帮什么忙，都应该"请"字当头。

（3）帮忙后要言谢，帮忙不成也要表示理解。如果请同事帮忙会造成同事时间或精力上的消耗，教师要向同事表示歉意，帮忙后一定要真诚致谢。如果同事有客观原因确实不能帮忙，教师要表示理解，不能抱怨，更不能给人脸色看。

（4）同事有困难，亦应帮忙。当同事有困难请求帮助时，教师应认真倾听对方的困难，回应语气要热情，并尽力帮忙。有些事情不能帮忙可以先向同事表示歉意，再委婉陈述理由。

下面这些说法有助于沟通：

- 实在抱歉，今天我遇到了……困难，你方便帮忙吗？
- 你现在有空吗？请你帮我……可以吗？
- 真的很感谢你，帮了这么大的忙。
- 没关系，你也有难处，我找××试试。
- 你说的这件事，我尽最大努力帮忙。

四、在教研活动中交际口语的运用

教研活动是幼儿园定期举行的围绕某一教育教学问题展开研讨学习的活动，是幼儿园的常规工作。教师因为工作关系经常会参加或主持一些教研活动，这类活动是教师专业水平以及个人能力提升的重要途径，同时对于开阔视野、拓展教育信息来源有很大帮助。在教研活动中，参与者多以讨论、传达信息的方式进行交流。教师参加或主持这类活动，由于所处的角色不同，所用的语言也有很大差别。

（一）参加教研活动时的交际口语

参加教研活动时，教师不仅要做个倾听者，还要积极发言表明自己的观点，适当提出或说明工作中棘手的问题，求得集体的帮助。

【示例】

在一次幼儿园的教研活动中，大家以特殊儿童为主题展开讨论。当谈到性格特殊儿童的教育时，一位青年教师专心地听同事发言，听到有价值的内容时，就低头做一些笔记。当这个青年教师发言时，她这样说：

刚才各位老师提出了几点建议，我很受启发，如其中的……其实在我们班，也有几种性格比较特殊的孩子：一种是经常有攻击性行为的孩子，一种是容易退缩的孩子，一种是过分好强的孩子。

首先，我个人认为对那些有攻击性行为的孩子，不能体罚他们，要用讲道理、讲故事、角色扮演等方法让孩子知道不良行为的后果。还可以用"冷处理"的方法，就是……

其次，我说说容易退缩的孩子……

最后，我有一个困惑，就是当我们用尽以上的教学手段仍不能取得好的效果时，如我班有个孩子……这时候用什么办法好呢？

示例中的教师的发言显然是事先准备过的，她根据这次教研活动的主题，查找了相关的资料，并且结合自己班级的实际情况梳理了发言内容。此外，她的发言非常有条理，用"首先、其次、最后"表明说话的层次，让听者易于抓住要点。

教师在参加教研活动时，交际口语的运用要注意以下几点：

（1）积极倾听，明确活动主题。参加教研活动，倾听极为重要，教师只有听清发言者的主要意思，才能了解活动的主题。倾听时要做到眼到、心到。眼到是指倾听时教师注视发言者，观察其表情，偶尔点头，以提高发言者的说话热情。心到是指教师用心思考发言者的谈话内容，吸取有价值的信息，同时对对方发言中的不解之处进行思考，等发言者结束发言时有针对性地提问。

（2）发言简明扼要，语气平稳。发言最好能做到开门见山、言简意赅。发言时语气要平稳，即使发言时间很短或自己情绪很激动，也要尽量用平稳的语调讲话，这样可以保证自己的发言被所有参与者清楚地听到。

（3）发言紧扣主题，条理清晰。语无伦次、次序颠倒的发言会让听者半天摸不着头脑，搞不清发言者到底想表达什么意思。漫无边际、喋喋不休的发言更会招致参与者的厌烦。因此，教师发言时要紧扣主题，条理清晰，可以像示例中的教师用"首先、其次、最后"方式进行表述。教师只要对每一种意见说明自己的观点并适当举例即可，举例不必太多。

（4）提问多用征询语气，巧妙表达意见。当参加教研活动时，教师要适当地提问，巧妙地表达自己的意见。如果要求对方回答或解释问题，提问时尽量做到语气谦恭，多用征询语气，让对方有一种受尊重的感觉。如果要表达自己的意见，教师应先肯定发言者的意见，然后再提出自己的观点。

下面这些说法有助于沟通：

- 大家好……谢谢诸位。

- 我想从以下几个方面谈一下我的意见。第一方面是……

- 刚才你的观点我很赞同，只是当中有个问题我还不是很明白，麻烦你解释一下好吗？

- 刚才你的发言我觉得很有道理，但我在这个问题上是这样看的……请谈谈你的看法。

（二）组织教研活动时的交际口语

教师作为主持人组织教研活动时要阐释议题内涵，说明会议目的；要协调会议冲突，避免冷场、尴尬等局面出现；还要总结会议成果，说明后继措施。组织好一次教研活动，需要主持人灵活运用交际口语。

【示例】

张老师负责组织一次关于如何设计区角的教研活动。

活动一开始，张老师出示了两张照片：一张照片是班级没有进行区角设计时的照片，另一张是教师对区角进行精心设计后的照片。然后张老师从两张照片的对比入手，阐述了设计区角的重要性。

张老师介绍完后请其他教师谈谈如何根据幼儿的年龄特点设计区角，这时其他教师谁也不愿意先发言，张老师就灵机一动："我们就按年龄段来，先从小班开始讲。"接着其他教师就按顺序逐个介绍了自己班区角设计的情况。

在大家交流、分享自己班的区角设计后，张老师总结了各年龄段区角的特点，最后请每个人将自己的困惑提出来让大家讨论。

在这个示例中，张老师在组织这次教研活动前是用心做过准备的，活动开始时用两张照片引出议题，目的明确；随后，请大家发言时用了指名法，要求按从小班到大班的顺序进行；最后通过小结再次明确活动的目标。

教师在组织教研活动时，交际口语的运用应注意以下几点：

（1）开始要简要介绍活动内容。活动开始时，教师要语气平和，神态自然、镇定，声音沉稳，以平视的目光让纷乱、嘈杂的现场安静下来。然后教师简明扼要地介绍活动内容，包括参与人员的情况、活动主要议题、活动目的、活动程序、活动注意事项等。

（2）主持人要注意语言技巧。活动进行得是否顺利与教师主持语言的运用是否得当密切相关。教师主持时要声音洪亮、语速放慢，保证现场所有人能听清楚；不要低头，眼光要平视，要让参与人员感到主持人在与自己进行交流；主持人插话时要使用礼貌用语，不能唐突地打断发言人发言。

（3）灵活处理活动中的突发事件。在教研活动中随时会发生一些影响活动正常进行的突发事件，主持的教师必须针对不同情况作出灵活处理：出现冷场时，教师可以运用激将法、指名法、点拨法、启示法、复述法、比较法、谐趣法、示范法、顺序法等方法达到目的；出现争吵、辩论时，教师可以利用转移注意力，找出冲突双方的共同点，公正评价，及时终止讨论等方法来疏导矛盾。

（4）结束要做总结发言。活动结束时，主持的教师要做总结发言。总结发言要注意用语明确、简要，不拖泥带水，可以再次阐明活动的主题、达到的效果和活动的收获，最后还要感谢所有参加活动的人。

下面这些说法有助于沟通：

- 谢谢诸位参加这次活动，希望我们能有所收获。

- 对不起，我打断一下……

- 抱歉，请在我说明情况后再发言……

- 我请在座的各位冷静一下……

- 张老师的建议不错。李老师，你认为呢？

五、与社区相关部门沟通时交际口语的运用

社区拥有丰富的教育资源，幼儿园通过与社区联系可以有多方面的收获：对于教师而言，可以开拓教育渠道，掌握更多的信息；对于社区而言，可以及时了解社区内的学前教育情况，进而采取相应措施；对于幼儿而言，可以参加社区活动，增强实践能力。在与社区相关部门进行洽谈协商、寻求合作时，教师要掌握与社区工作人员交往的交际口语技巧。

【示例】

为了对幼儿进行消防安全教育，增强幼儿的消防安全意识，提高幼儿逃避火灾的能力，幼儿园充分利用社区消防大队的有关人力、物力资源，制订了参观消防大队的方案。以下是教师与消防队长的谈话：

"您好，我叫××，是××幼儿园的老师。请问队长贵姓啊？"

…………

"××队长，您好，我今天到这儿来，是代表××幼儿园跟你们消防队谈谈关于参观贵单位的相关事项，你们什么时候有空呢？"

…………

"这是我的计划书。这次活动可能会给你们的工作带来一定的麻烦与影响，真是感到很抱歉。但是我们真的希望通过此次活动，能使幼儿具有初步的消防安全知识，提高自我保护的意识及应对突发事故的能力。

…………

"这次活动我们希望你们可以做一个关于消防知识的专题讲座，内容多以图片为主，介绍一些简单的消防器材以及使用方法，如果能让幼儿们坐坐消防车，当一回消防员，那就更好了。另外，请问你们需要我们给予什么帮助？"

…………

"真的很谢谢你们，能够给我们提供这么大的帮助，我代表全体教师和幼儿再次感谢你们！"

从示例中，我们不难看出，教师在与消防队长进行沟通时，首先以真诚的口吻表示对对方的尊重；其次，教师简明扼要地表明了此次活动的目的；最后，根据对方的情况提出自己的建议，使双方合作取得成功。

教师与社区相关部门沟通时，交际口语的运用应注意以下几点：

（1）用语礼貌，积极介绍自己。无论在什么场合，教师都应使用礼貌用语，让对方感到自己被人尊重，进而增加合作的欲望；在交流过程中教师要尽量多使用"请""麻烦""打扰""抱歉"等礼貌用语；在刚与社区工作人员接触时，教师要进行恰当的自我介绍，包括本人姓名、所在幼儿园、从事的具体工作等。

（2）用语得体，说话通俗。教师与社区联系代表的是幼儿园的教师群体，因此用语要符合教师职业特点，同时避免或尽量少使用教育专业术语，多用通俗的语言。社区工作人员不是从事教育的专职人员，他们会因为教师的语言过于专业而产生畏难情绪，以致拒绝与教师合作；即使合作了，他们也会由于不理解某些教育专业术语的内涵而出现工作偏差。因此教师应尽量避免使用教育专业术语，实在无法避免也应作出通俗的解释。

（3）目的明确，符合事实。教师到社区联系是有目的的，因此教师要注意及时将双方谈话的中心转移到自己沟通的目的上，尽可能深入详细地与社区工作人员交流双方合作事宜，包括合作的形式、步骤、负责人员、资金投入、活动安排等，以便使双方合作取得实际进展。同时教师还要注意说话内容要符合事实，不能为了说服社区工作人员而片面夸大活动的作用。

下面这些说法有助于沟通：

• 你好，我是××幼儿园的××老师，是大班的教研组长，这次活动主要由我负责。

• 很抱歉给你带来了麻烦，但我们真的很需要你的配合。

• 以上是我们的活动方案，从你们实际情况看可行吗？哪里需要调整？

• 再次谢谢你对我们工作的支持。

思考与实践

一、在幼儿园教育工作中，与家长进行交际是教师的一项重要工作。与家长日常交流时，交际口语的使用包括哪几个方面？请举例说明教师在各种场合与家长交际时要使用的不同口语。

二、班上一名幼儿与同伴发生争抢，情急之下，他将同伴的手咬破了。下午家长来接孩子，作为带班教师，针对下列类型的家长该怎样去沟通？

1. 家长是位脾气有些急躁的父亲。

2. 家长是位因工作繁忙而无法照顾孩子的母亲。

3. 家长是位溺爱孩子的祖辈。

三、家访有哪几种形式？在进行教育性家访时教师运用交际口语要注意哪些方面？

四、开班级家长会时教师运用交际口语要注意哪些方面？某个教师刚踏上工作岗位就要召开小班新生家长会，请你帮忙设计家长会的议程与讲话稿。

五、当向领导提建议时，交际口语的运用要注意哪些方面？幼儿园领导同时交给你两个任务，你感到力不从心，请你结合本节所学内容设计一段交际口语。

六、当与同事意见相左时，交际口语的运用要注意哪些方面？当一节展示活动课结束后，同事提出意见你不赞同时，你该怎样表述？请你结合本节所学内容设计一段交际口语。

七、在参加教研活动中，交际口语的运用要注意哪些方面？

八、案例分析：

1. 以下是某教师与某家长的一段对话，请分析教师的话语是否得当，并说明理由。

"这是今天你孩子画的图画，你看看，乱七八糟的，动手能力这么差怎么行，回家后你要多让他画画。"

2. 请结合本节与领导沟通时交际口语运用的内容，分析下面几段对话是否妥当，并说明理由。

"这个任务我没办法完成。"

"我认为这个活动这样做是对的，请您相信我。"

"你要是多关心关心教师，就不会作出这个决定了。"

3. 同事有事请求一个教师帮忙，而这个教师确实有点为难，请判断以下几段交际口语哪一种妥当，并说明理由。

"你没看我正忙着吗，等我忙完了再说吧。"

"真的很不好意思，我也很想帮你，可现在有点为难，要不迟一会儿我再找你？"

"帮你可以，准备怎么谢我？"

4. 在座谈会上，一个教师不同意另一个教师的发言，她这样说：

"刚才王老师的观点我不认同，你这种观点与《幼儿园教育指导纲要（试行）》是相违背的，我建议你先去看看《幼儿园教育指导纲要（试行）》，然后再发言。下面我讲讲自己的观点……"

这个教师的发言让人听了很不舒服，为什么？请结合本节参加教研活动时交际口语运用的内容提出修正建议。

主要参考文献

［1］刘伯奎，王燕，段汴霞.教师口语训练教程［M］.北京：中国人民大学出版社，2000.

［2］程培元.教师口语教程.［M］.3版.北京：高等教育出版社，2019.

［3］魏丽杰，魏丽华.教师言语艺术［M］.济南：济南出版社，2003.

［4］汪缚天，张祥华.师范生口语读本［M］.北京：开明出版社，2005.

［5］王素珍.幼儿教师口语训练教程［M］.上海：复旦大学出版社，2006.

［6］浙江师范大学杭州幼儿师范学院附属幼儿园.故事在主题中开始［M］.杭州：浙江教育出版社，2006.

［7］陈国强，徐蓓珍.幼儿园建构式课程指导：教师用书［M］.上海：华东师范大学出版社，2003.

［8］刘晓明，等.口语交际的理论与技巧［M］.北京：高等教育出版社，2003.

［9］梁执群.社交心理学［M］.北京：中国城市出版社，2001.

［10］张先亮.语言交际艺术［M］.北京：科学出版社，2000.

［11］方富熹，方格，林佩芬.幼儿认知发展与教育［M］.北京：北京师范大学出版社，2003.

［12］王芳，葛列众.我们的批评哪里去了［M］.杭州：浙江教育出版社，2006.

［13］徐德清.趣味逻辑［M］.上海：上海古籍出版社，2002.

［14］彭志平.汉语阅读教程：第二册［M］.北京：北京语言大学出版社，2000.

［15］郭启明，赵林森.教师语言艺术［M］.北京：语文出版社，1996.

［16］国家语委普通话培训测试中心.普通话水平测试实施纲要［M］.北京：商务印书馆，2004.

［17］张颂.朗读学［M］.北京：北京广播学院出版社，1999.

［18］邵守义.魅力演讲致胜术［M］.长春：时代文艺出版社，2003.

［19］莫非.实用口才学［M］.广州：暨南大学出版社，2000.

［20］张培弛.怎样提高说话水平［M］.北京：中国致公出版社，2001.

［21］高格堤，舒平.幼儿文学实用教程［M］.北京：高等教育出版社，2006.

［22］方美波.幼儿文学作品导引［M］.杭州：浙江大学出版社，2009.

郑重声明

高等教育出版社依法对本书享有专有出版权。任何未经许可的复制、销售行为均违反《中华人民共和国著作权法》，其行为人将承担相应的民事责任和行政责任；构成犯罪的，将被依法追究刑事责任。为了维护市场秩序，保护读者的合法权益，避免读者误用盗版书造成不良后果，我社将配合行政执法部门和司法机关对违法犯罪的单位和个人进行严厉打击。社会各界人士如发现上述侵权行为，希望及时举报，本社将奖励举报有功人员。

反盗版举报电话　（010）58581999　58582371　58582488
反盗版举报传真　（010）82086060
反盗版举报邮箱　dd@hep.com.cn
通信地址　北京市西城区德外大街4号
　　　　　高等教育出版社法律事务与版权管理部
邮政编码　100120